WILLSENSE

报海旧闻

| 修订版 |

徐铸成
作品

03

MOMENTS:
AN EXPERIENCE
BOOK

徐铸成 著

上海三联书店

1947年5月，作者在上海中山公园

1939年春节，香港《大公报》同仁合影

前排左起：陆联芳、秦溢清、谢道朋、黄緻华、张蓬舟、张晶、毕同文、潘剑农；

二排左起：罗集谊、杨历樵、徐铸成、胡政之、张季鸾、金诚夫、杨刚、蒋荫恩夫人；

三排左起：戚家祥、尹任先、马廷栋、李某某、温功义、王文耀、曹世瑛、李侠文、

　　　　　章绳治、蒋荫恩、程万扬、李纯青、沈颂芳；

后排左起：彭玉棠、郭继先、张觉可、郭炜文、左芝蕃、麦隽曾。

出版说明

　　徐铸成先生是中国著名的记者、新闻评论家和新闻学家。他先在国闻通信社和《大公报》工作，从记者、编辑到担任地方版总编辑；其间和后来又主持《文汇报》笔政，实践自己的办报理念，在新闻界赢得了应有的地位和声誉。他的人生经历，与国家的命运休戚与共，除了青年时期经历内忧外患中的流徙和辛劳，中年还经受了被划成"右派"的屈辱和磨难，晚年则回首前尘，笔耕不辍，时有新著问世。

　　徐铸成先生的著作，迄今统计有300余万字。其中包括他在《大公报》和《文汇报》期间写下的难以计数的新闻、通讯、游记、评论等；他在20世纪60年代前期撰写的旧闻掌故类文章；他在1978年后陆续撰写的大量回忆史料、小品掌故、人物传记和新闻学术论著；

还有日记、讲稿、政治运动中的思想检查和活动交代以及一些未发表的文稿。

本系列作品收入了徐铸成先生撰写的回忆史料和小品掌故类著作，包括他在 1964 年撰写的《金陵旧梦》，1978 年后撰写的《报海旧闻》和《旧闻杂忆》，以及他在 1947 年至 1957 年、1977 年至 1978 年的日记。

《报海旧闻》是徐铸成先生于 20 世纪 80 年代初期写作的一部忆旧掌故文集。

在 1957 年以后的 20 多年里，徐铸成先生认真而冷静地反思了自己前半生的坎坷经历，追忆了历历往事。1978 年，他恢复写作权利后，就开始写作这部《报海旧闻》。该书于 1981 年出版，这是作者被"改正"后写作的第一部著作。1989 年至 1990 年间，徐铸成先生又对《报海旧闻》做了修订，并在书的扉页上写道："这是我的代表作"。

1983 年，徐铸成先生出版了另一本文集《新闻丛谈》。在《新闻丛谈》的前言里，他写道："我在《文汇报》工作 20 年（不算 1980 年起重回老家，担任顾问），别人的评价如何且不论，就我自己的回忆和体会来说，解放战争时期那一段以及 1956 年 10 月起复刊的那一段，自以为全神贯注，花精力最多，创造性也最多，可以说是两个'黄金时代'。这本书的第一部分，就是紧接《报海旧闻》，追叙我在香港、桂林、重庆、上海的经历、见闻，以及由《大公报》重回《文汇报》的经过，直至 1957 年搁笔为止。"

  本版将经作者修订过的《报海旧闻》和《新闻丛谈》的第一部分合并刊行，仍以《报海旧闻》为书名出版。

徐铸成作品编辑部

2022 年 8 月

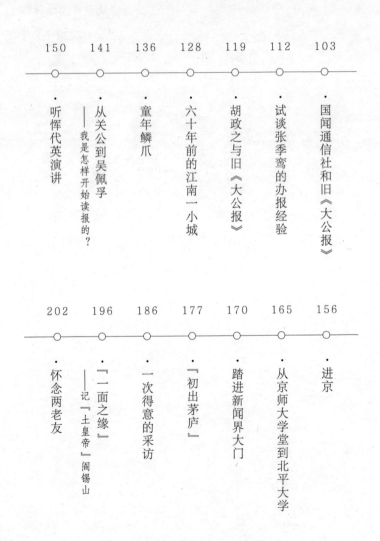

目 录

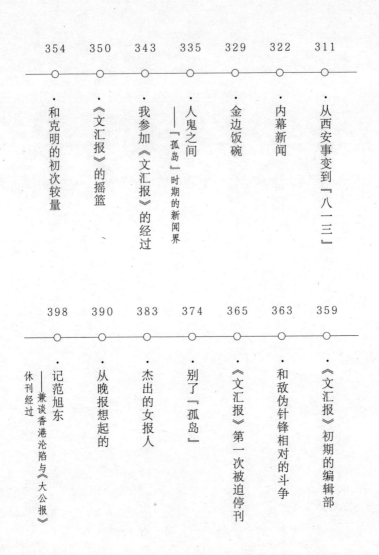

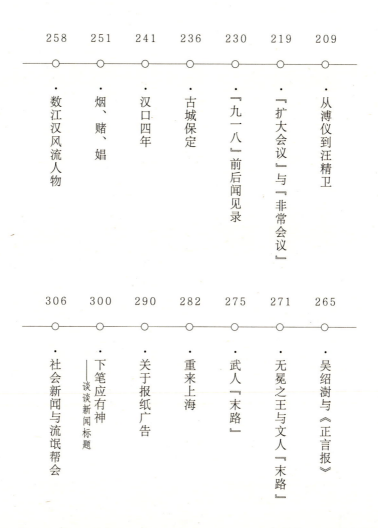

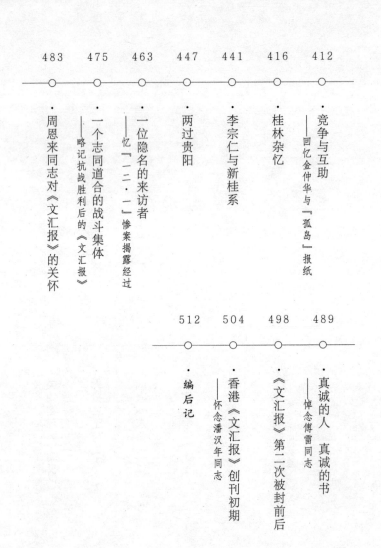

从"苏报案"看清末的报界

 鲁迅在逝世前二十多天，写了他最后的一篇杂文：《因太炎先生而想起的二三事》。那时，他正在一场大病之后，刚刚有点转机，"好像还可以写一点闲文，但已经没有力气"。但他终于力疾把这篇战斗性极强的文章写出来了。那年，章太炎刚死，吴稚晖就"反攻倒算"，写了一篇文章讥刺太炎，企图推翻三十年前的旧账，把"苏报案"中他扮演的可耻角色，加以美化，颠倒是非。他以为章氏已死，没有对证了，而他又是"党国元老"，一些了解三十年旧事的人，未必敢站出来辩正。更重要的，太炎在他生前手定的《章氏丛书》中，却把当时"攻战的文章"（主要的就是揭斥吴出卖战友的真相）都刊落了。

 于是，鲁迅在病榻上投出了最后的匕首。尽管文网严密，还约略揭露了吴稚晖当时的丑恶面目，而最后指出："但由我看来，其实是吃亏、上当的，此种醇风（指章氏删去其与吴攻战文章），正使物能遁形，贻患千古。"

鲁迅逝世后七年，即一九四三年，吴稚晖还在重庆发表了一篇《上海苏报案纪事》，呶呶数千言，企图竭力洗刷他当时向俞明震（他还故意写为俞明夷，表示与俞很陌生）告密的丑行，而极意诬蔑章氏。

但是，历史的真相，终究是掩盖不了的，旧报尚在，近几十年中，又发表了当时的清宫档案，证据确凿，"小丑"们要抹掉鼻子上的白粉终于是枉费心机。章太炎纵然在后半辈子有"白圭之玷"，而在苏报案前后的战斗业绩，虎虎有声，是足以彪炳千古的。

《苏报》创刊于一八九六年，原为一外人投资由胡璋经营的小报。戊戌政变后，由落职知县湖南人陈范接办。一九〇二年起，增设"学界风潮"栏，开始宣传革命。时在庚子事变、辛丑和约以后，帝俄拒不立即从东北撤军，举国愤激，章太炎、蔡元培、吴稚晖等在上海创设中国教育社，旋又成立爱国学社，收容被驱逐归国留日学生及因爱国而被开除的南京江南陆师学堂、上海南洋公学学生。《苏报》约章、蔡等七人轮流为该报撰文，宣扬革命，每月致酬百元，以补助爱国学社经费。翌年五月，又约请该社学生章行严为主编。在他们所撰的文稿中，以章太炎的介绍邹容《革命军》的文章和《驳康有为政见书》《客民篇》等最为激烈。如驳康文中，有"载湉小丑，未辨菽麦，铤而走险，固不为满洲令部计"等语，而所介绍的《革命军》中，则有"如近日之崇楼杰阁、巍巍高大之颐和园，问其间一瓦一砾，何莫非刻刮吾汉人之膏脂，以供一卖淫妇那拉氏之笑傲"等恣肆激烈的文句。现在看来，也似乎有些超越言论自由的范围，而涉及人身攻击了。当时则风行一时，对激起革命高潮，起了不小的作用。

对此，清政府决心镇压，由当时的大学士张之洞、湖广总督端方及两江总督魏光焘主持其事。他们利用与清廷合作的福开森，与租界当局勾结，封闭报馆，并逮捕章太炎、邹容、龙泽厚、程吉甫等七人。章被判徒刑三年，邹二年。邹不幸于一九〇五年出狱前病死，章则于翌年出狱后即东渡日本，主编同盟会的机关刊物《民报》，继续革命战斗。这就是苏报案的简单经过。

为什么连小职员程吉甫、钱允生等都被捕了，而作为主编的章行严反而"逍遥法外"？更引人注意的是，同被清政府上海道指名逮捕的革命党人章太炎、吴稚晖、蔡元培、邹容等四人，除蔡是闻风逃往青岛外，何以独独吴稚晖得以漏网，而且在章、邹被系"西牢"数日以后，还能自由自在地去探监？这就是后来章、吴展开笔战的关键问题。

据说，清政府在对《苏报》下手以前，江督魏光焘拟派一干员到沪会同上海道袁树勋主持其事。候补道俞明震自告奋勇，讨了这个差使。俞明震何许人？他曾任南京江南陆师学堂的总办（校长），故章行严在《苏报案始末记叙》中解释他所以未被捕的原因，是"此其枢纽，乃查办大员江苏候补道俞先生明震为之，不可不记。余陆师生也，向为俞先生所赏拔。顾余为革命故，不得不与俞先生翻异，率高材生三十余辈退学至沪。乃先生阳怒之而阴佐之，其情不为世人所知。……又本案初起，查办员未定，先生恐伤士类，曾争取此案入手。到沪之后，即命大纯（俞子）招吴敬恒参谒。蔡（元培）吴之逃，皆先生故意纵之。凡此种种，皆足说明俞先生之不肯名捕及余"。他也曾当过南京路矿学堂的督办，是鲁迅的老师。所以《鲁迅日记》中曾一再提到他，称为"恪士（俞字）先生"。二十年代末，鲁迅由沪赴京探亲时，曾去拜访过他。国民政府末期曾任国防部长的俞大维，以及三十年代曾以演出《少奶奶的扇子》而闻名的俞姗女士，是他的侄辈。一九五一年第一次赴朝慰问团回国后，在津小住，黄敬市长设宴招待，俞姗女士亦在座，黄对她执礼甚恭，我怪问其故。她微笑说："他是我的侄儿，您不知道？"这些都是后话。

俞明震那次到沪后，即由其子大纯招吴稚晖到其寄寓长谈。吴后来辩解的文章中，曾吞吞吐吐记述其事："至大兴里（约在今三马路浙江路附近）七号，……彼等即让余等上楼梯，既登楼，即见靠窗坐一老官僚，面目依稀俞大纯，心知必系俞明夷（震）恪士，彼起立笑面相迎曰：'是稚晖先生乎？'余想既客气，或无危险，即应之。……坐定，见送信之蓝马褂人抱水烟袋坐床上，不与余等招呼。俞开口即曰：'苏报闹得太厉害了，梦坡我熟人，余昨往访，彼适出门，……太炎先生似乎闹得亦太凶。'余曰：'二人脾气，恪士先生所知。但朝政如此，亦难怪出言愤激。'彼皱眉曰：'话如此说，太厉害，亦叫当道受不了。'即起至窗前案上，抽下一公文示余，即两江总督部堂魏（光焘）所发：'照得逆犯蔡元培、吴敬恒，倡言革命，煽乱谋逆，着俞道会同上海道密拿，即行审实正法。'看至此，彼即抽回，压入书堆曰：

'笑话，笑话，我们吃面。'其时下面着青衣长衫之先生，托一木盘，有面三碗，浇头两盆。俞先生坐下，且每碗先吃一筷曰'我们不客气'。若表示面与菜皆未下毒。余等亦泰然而吃，且曰：'请先生照公事而行可也。'……彼又曰：'笑话笑话，我想最好多到外国去留学，可帮国家改新。'……余等见无话，即起身告辞。彼送至楼梯头不下，曰：'我住南京芝麻营六号，我们可以常通信，称我俞燕，你叫吴谨好了。'我莫名其妙，唯唯而别。"

即照上述吴这一段辩解看来，也破绽百出，难怪太炎要疑心这次会见，吴有出卖献策的勾当。俞把江督的"审实正法"的拘票给他看，难道没有下文？如果吴没有出卖献策，为什么临别时，俞要和他约好仿佛秘密接头的通信关节？俞那次到沪主办此案，可能是有些"恐伤士类"的动机吧，那末，同属当时的名士，为什么章太炎终被拘捕，清廷还要力求引渡，必欲置之死地而甘心，而蔡元培、吴敬恒被清廷拘票中列名"逆犯"的却得以漏网？而且，蔡是闻耗早已远走青岛了，吴却依然逍遥法外，扬长过市。据太炎《与吴稚晖谈论苏报案》一文中所叙，吴在章等被捕后数日，还公然去探监，洋洋自得。原文说："案仆入狱数日，足下来视，自述见俞明震屈膝请安及赐面事。又述俞明震语，谓奉上官条教来捕足下，但'吾辈办事不可野蛮'，有释足下意，愿足下善为谋。时慰丹（邹容字）在傍问曰：'何以有我与章先生？'足下即面色青黄，嗫嚅不语，须臾引去。此非独仆与足下知之，目击者尚有钱葆仁、程吉甫辈，可复问也。仆出狱后，见汪君允中，允中曰：'前与俞明震赌骨牌为戏，微及苏报案事，明震亦于邑有自悔状。'……至最后足下献策事，则张鲁望言之，鲁望语不知得自传闻，抑亲闻诸俞明震者。但仆参以足下之屈膝请安与闻慰丹语而面色青黄，及允中所谓明震自悔者，有以知鲁望之言实也。足下既作此鬼蜮事，自问素心，应亦惭惶无地，计穷词屈。"下面还有一段，进一步揭斥吴的卑鄙出卖行径："足下虽以死抵谰，赐面请安之事，卒不可讳。且足下既见明震，而火票（拘票）未发以前，未有一言见告，非表里为奸，岂有坐视同党之危，而不先报警者？及巡捕抵门，他人犹未知明震与美领事磋商事状，足下已先言之，非足下与明震通情之证乎？非足下献策之证乎？仆辈入狱以后，足下来视，自道其情。当是时，足下亦谓仆辈必死，以此自鸣得意，故直吐隐情而无所讳，及今自掩，奈前言不可食何？"

我们再参看章行严、张篁溪、蒋维乔诸人的记述，特别是清宫档案，吴稚晖当时献策卖友的丑行，铁案如山，是无论如何也抵赖不了的。

这也可以说明，为什么鲁迅在气息奄奄时，看到吴稚晖在太炎死后，撰文讥刺，企图翻案而怒不可遏，力疾写了这篇《因太炎先生而想起的二三事》。尽管吴当时是蒋介石最为"得心应手"的"党国元老"，炙手可热，文中还是隐约指出其鬼蜮用心，使不致"物能遁形，贻患千古"。这种一息尚存，战斗不止的精神，真使后来者钦敬不置。

时隔七十多年，我浪费笔墨来重理这笔旧账，一则算是为鲁迅这一篇最后的杂文做一点注释；二则是从中得到一点例证，说明中国的知识分子，从来就有两个类型，或者说两个传统，一类如太炎和邹容，一类如吴稚晖之流，平时分不清，一到紧要关头，就泾渭分明，人鬼判然。这一点，很可以说明，为什么从抗日战争以来，直至解放后的历次政治运动，特别是"十年浩劫"中，知识分子有如此不同的表现。

另外，从中国近代新闻史的角度来看，苏报案也揭示了一些内幕。有些颇使人骇异。我原来以为那时的报业，除外文报外，大约可分为两类，一是政治性强，各为其政治目的服务的（或宣传革命，或宣传保皇、立宪）；二是纯以营利为目的，提供客观新闻，或供人消遣的。前者如《苏报》《神州日报》《民立报》等；后者以《申报》《新闻报》最为著名。想不到《新闻报》的主持人福开森，不仅是西方文化登陆中国的急先锋，而且是经张之洞、端方等收买了的"外籍间谍"，和清廷有着密切合作。从清宫档案中，从《苏报》被告密到被查封，以及章太炎等被拘捕系狱到清方要求引渡，都看到福开森的幢幢鬼影，积极活动，而且从头到尾，几乎天天有他向端方、魏光焘的密报。还有一个后来成为《申报》幕后操纵者之一的赵竹君，却原来是张之洞、端方派在上海的坐探。清宫的档案题签，也不讳言称他为"探员"。如"光绪二十九年（一九〇三年）闰五月十三日探员志赞希、赵竹君致兼湖广总督端方电"中，就报告："申报持论甚正，新闻亦然。中外报不易化导。"福开森给端方等的密报中，也一再说《申报》《新闻报》如何"持论公正"，为官方张目。端方在复电中，除表扬福开森外，还特别提到当时《新闻报》的编辑金世和（按金世和即金煦生，曾由福开森介绍给张之洞，曾去湖北做过一任县令），说："此事深倚大才，为国出力，拿获逆党。金令世和，竭力相助，均甚感佩。"端方还不止一次地密电福开森和金，指示如何工作，还派金的哥哥金鼎到沪协助。如"光绪二十九年闰五月十二日兼湖广总督端方致福开森转金煦生电"说："六犯（指太炎等被捕六人，另一人系陈范之子，已开释）皆系著名痞匪，竟敢造言污毁皇上，妨害国家安宁，与国事犯绝不相同。务将此义著为论说，登诸报端。……此报一出，众论翕然，不必游移。"可见当时这两家所谓民间报纸，完全是按照端方等的指挥棒在转动了。"今之视昔"，后来有些报纸，颠倒黑白，血口喷人，沦为"帮报"，也可见其另有传统了。

这个被雇为探员的赵竹君，以后还一直被目为海上名流，与立宪派头目张謇等深相接纳，互为表里。辛亥革命后，他为袁世凯效劳，与汪精卫等勾结，逼孙中山辞去临时大总统，并挟持清室退位。据说，隆裕的退位"诏书"，就是在他的南阳路惜阴堂中起草的。不仅如此，北洋军阀初期，他一直在幕后起作用，一九一八年至一九一九年在上海举行的南北议和，表面上在公共租界的议事堂举行，而暗中讨价还价，都在惜阴堂，由赵"折冲"操纵。直到他和张謇死后，史量才才能自由发挥他的抱负，把《申报》改成逐步倾向进步的民族资产阶级的报纸。

"余生也晚"，是章太炎被监禁三年、出狱东渡的翌年才出生的。但当时涉及的人物，如爱国学社学生中的胡敦复、曹梁厦、伍特公等，后来都曾认识；沈步洲还是我北京师大的老师，教过我两年英文短篇小说。苏报案的主要角色，则吴稚晖也见过，还承他送给我一幅字，可惜老早丢失了。

一九四二年我在桂林任《大公报》总编时，章行严游桂林山水，龙积之（泽厚）在当地最有名的广西菜馆"桂林酒家"设盛宴招待，由友人朱琴可的介绍，相邀作陪。那时，龙已年近九十，银髯飘胸，白发皓然，但仍神清气爽，步履矫健。这两位苏报案的当事人，席间畅谈四十年前往事。我曾请问他当时被系经过，他只简单说，是"他们故意把我牵在富有票（是唐才常起义前，维新党在武汉为筹军饷发行的一种彩票）案内，关了几个月，后来查无实据，就放出来了"。当时我想，邹大将军（孙中山就任临时大总统后追赠邹容的名号）才华盖世，热血满腔，但是，二十岁刚出头就被迫害逝世了。龙老活到九十高龄，享尽清福（国民党中委焦易堂是他的女婿），老而弥健。但是，在历史的长河中，究竟谁长葆青春，谁短命夭折呢？

谈老《申报》

　　别的地方我不清楚，在我幼年的江南穷乡僻壤，都是把《申报》和报纸当作同义语的。比如，新媳妇要回娘家，会叫他的男人："这些东西不好带，拿张《申报》纸来包包。"窗子破了，或者墙壁漏了气，老公公也会支使小孙儿："拿张《申报》纸来糊糊。"虽然捡出的可能是《新闻报》，或者是别的报纸。

　　去年，有一段新闻很引起我的注意，南朝鲜的独裁者朴正熙被刺身死，有一家名为《汉城申报》的发表了评论。论些什么我不感兴趣，这个报名却耐人寻味。"申"是因春申君黄歇而得名的上海的简称，应属专用词，怎么南朝鲜也会"跑"出一个"申报"来了？可见，在海外也尽有把《申报》和新闻纸画等号的。

　　《申报》创刊于前清同治十一年，即公元一八七二年。这年份很好记，它正是巴黎公社的翌年。它不能算中国近代报纸最老的一张，在它创刊以前，香港早于一八五七年（咸丰七年）出版了《香港船头货价纸》(《孖剌报》的中文版，后改名为《香港中外新报》)，一八七一年（同治十年）出版了《中外新闻七日报》，是《德臣西报》的中文报中报，后独立为《华字日报》，是由字林洋行创办发行的，其英文名中译大致为"中文船期广告"。即在上海，一八六一年（咸丰十一年），也早已出版了第一份中文报纸《上海新报》。

所以，一九六三年《辞海》在编写"申报"这条的释文时，不说它是"近代中国最早出版的报纸"，而写为"出版最久的中国近代报纸"。这样说，在当时应该说是很贴切的。但是，流光如逝，忽忽十七八年又过去了。我默默推算，《申报》在一九四九年终刊时，约二万五千号。而现在还在香港出版的《大公报》呢，一九三〇年在天津出版时，已纪念出版一万号，五十年屡经易地而从未间断，以三十年出一万号这个"毛数"计算，现在该已超过《申报》的年龄了。"不尽长江滚滚流*。"今后，还会有一批一批的报纸，健康长寿，比《申报》更加"年高德劭"。《辞海》当时的概括语，显然又不确切了。

那么，在旧中国，为什么《申报》这样受读者的重视（都尊称为"老申报"）呢？这是因为，在它以前出世的报纸，基本上是外文报的中文版，内容多译自外报，加上一些洋行"告白"（广告）和船期消息，等等，读者只限于买办阶级和高等华人。《申报》问世，才以一般群众为读者对象，开始

---

* 此处为徐铸成先生的原文，原诗应为"不尽长江滚滚来"。

冲破"宫门抄""辕门抄"及政治公报的樊篱，重视对国内外大事的采访和记载，也逐渐注意市井琐闻和社会变化，第一次形成了一张现代意义的中国报纸。而在它生存的七十多年中，正当国内外"多事之秋"，国际上，从神圣同盟到两次世界大战；从自由资本时代进入资本垄断时代；从第一国际到第三国际，发生了十月革命的"划时代"事件。在中国，封建王朝濒于崩溃，外国势力进一步深入，太平天国起事后，接着是捻军起义、戊戌维新、庚子事变、辛亥革命、护国之役、南北战争、大革命、十年内战以及抗日战争；在此期间，外国列强瓜分、蚕食，先后有中法战争、甲午中日战争、由"三国还辽"而引起在中国领土和领海内进行的日俄战争、八国联军、"二十一条"，最后是"九一八"开始的日本军阀的全面军事侵略。总之，七十多年中，内忧外患，灾深祸重，沧海桑田，时势迁移，《申报》也只能寿终正寝了。

可以说，《申报》是一部中国近代史的详细的记录，充满了中国人民的辛酸苦难、天灾人祸和革命斗争的曲折、失败、胜利。虽然它的记载并不是有意识的，观点也多半与当时的进步思想相左，却留下了近代史的极其丰富的素材。

解放以后，上海出版机关曾几次准备把全部《申报》缩小影印。六十年代初，还准备同时为它编一内容索引，为历史研究工作者提供查找的方便。经过一段摸索，工作已开始顺利进行，但"文化大革命"不祥的号角一响，便被作为"修正主义的产物"而全部推翻了。

我曾参加过一段时间的工作，知道徐家汇藏书楼有从创刊到终刊的全份《申报》（原来还缺十几张，经设法向全国征集，补全了）。另外还有一份残缺的，必要时供各方查阅。年深日久，特别是清末和民国初年那一段，纸张已风化，稍一翻动就纷纷脱落。现在又过了十几年，如何保存这一份珍贵史料，影印或用胶片缩印，已刻不容缓了！

说它是近代史料的宝库，一点也不夸张。不要说国际、国内大事，单以出版来说，中国的印刷是怎样发展的？哪一家印刷所、书局是何时开张、如何演变的？官方对出版的压迫如何？出版过哪些书刊？在它的新闻和广告里都可以找到其源源本本，加以整理，就是中国近代出版史的主要素材。再如历年币制的变动、物价的涨落、外国资本的侵入、民族资本的由兴起到衰落，以及各地农村的破产、手工业的凋敝，它都可以提供经济史的第一手材料。

我从懂得看报的第一天起，就是《申报》和《新闻报》的读者。那是在五四运动后不久，记得那时的报纸还没有采取综合编辑法，自然更谈不上版面的编排、美观，从头到尾是一栏题目，电讯根本没有标题，"大总统命令"栏之后，即冠以"本报专电"，重要的排以二号字。大概是表示"专电"的"货真价实"，并未掺假吧，连必要的加工也不做，比如，它刊出的北京专电，电文是"合肥倦勤，偕小徐赴津，东海彷徨，请靳向保、奉疏通"，只有惯看《推背图》而又相当熟悉时局的人，才会知道它说的是：直皖战争后，段祺瑞辞职，和他的心腹徐树铮一同离京赴天津。总统徐世昌不知如何是好，请靳云鹏向直系首领曹锟和奉系首领张作霖请示善后办法。

专电以下，用小一号字排印"外国通信社电"，也是不按事件、不加标题的。然后是要闻，如邵飘萍的北京特约通信等等。评论，应该说是那时《申报》（更不要谈《新闻报》了）最弱的一环。署名"冷"或"冷血"的短评或"小言"，听说是陈景韩写的；署名"默"的，则是张蕴和的手笔。国家大事很少触及，专谈小问题，而且文笔曲折，兜圈子，耍笔头，不伤脾胃，不关痛痒，有人比之为《太上感应篇》。陈景韩原在《时报》任主笔，协助狄平子做了许多创造性的改革，文笔也相当锋利，受到读者的尊重。为什么到了《申报》就暮气沉沉了呢（当时也不过三十来岁吧）？署名也是自我嘲讽。新闻记者应该热情奔放，敢作敢言，歌颂真理，抨击黑暗，怎么可以"冷"而沉"默"，甚至自称血也冷了呢？假使真是如此，就该退出舆论阵地了。可怪的是袁世凯窃国时缇骑四出，特务密布，大批新闻记者被下了狱，那时的《申报》还敢于批逆鳞，反洪宪，为什么到了段祺瑞、徐世昌执政时，北洋淫威已鞭不及驷，江南一隅又长期保持半独立状态的时候，处身在租界里的报纸，反而"冷"了"默"了呢？我的臆测，是与当时操纵江南舆论、控制江浙文教事业的以张謇为首的所谓绅缙、"学阀"们大有关系的。张是立宪派首领，和赵凤昌（竹君）等在辛亥前后直至二十年代初期，一直在政幕后活动，反对孙中山的革命运动，反对革新，提倡复古，那时的江苏学校，一潭死水，我是亲身感受的，而张、赵等又是《申报》幕后的操纵者。他们对于由"五四"掀起的新文化运动、新思潮、白话文、反封建等等，是立于对跖地位的，负责具体言论工作的人，不得不采取"冷"的"默"的态度，也就不足为奇了。

那时，泛滥于上海文坛和出版界的，是徐枕亚的《玉梨魂》、李涵秋的《广陵潮》这样的小说，随之而产生了大批所谓鸳鸯蝴蝶派，《申报》的副刊"自由谈"和《新闻报》的"快活林"，就是在这样的背景下产生的。记得我初读《申报》时，"自由谈"的编辑还是天虚我生（陈蝶仙），后来，陈去经营家庭工业社，以其蝴蝶牌牙粉抵制日本的金刚牌牙粉而享名获利。"自由谈"改由周瘦鹃主编，一般说，它的编辑态度比较"快活林"严肃，不像后者尽是游戏文字和低级趣味。我那时比较欣赏署名"老圃"的短文章，谈的问题虽小，而言之有物，文字也比较隽永。

我进中学的第二年，看到《新闻报》的三十年纪念刊，那是连史纸印的线装本，内容基本是该馆的沿革、发展史，前面有主人福开森、经理汪汉溪的照片，总编辑李浩然等的"玉照"就很小了。还有创刊初期的馆址，一间石库门，门前还立着身穿"号衣"的报贩。他们自然还拖着辫子。不久，又看到了《申报》的五十周年纪念刊，题名为"最近的五十年"，硬面精装一大本，记得也有史量才、陈冷血、张竹平等的"玉照"，也有新旧馆址和新式印报机的照片，文字中也有关于《申报》本身的内容，而主要内容则是胡适等所撰的《五十年来中国的文化》《五十年来中国的经济》等，因作者基本上是这一行的权威，内容也充实可信。这就比《新闻报》的纪念册高明得多了。听说编辑、设计，都是由黄任之（炎培）先生主持其事。黄是史量才先生的好友，他们长期合作从事社会活动。

一九三二年《申报》六十周年，出版了由丁文江等主编的《申报地图》，大的定价五十元，皮面精装，厚厚一巨册。还有小而简的，供学生使用，也采用了新的绘制法，使山川、地形、气象乃至各地名胜、物产，一目了然，真正开辟了中国地图出版的新纪元，对我国文化出版事业做出巨大的贡献。那时，我从事新闻工作已有四年历史，当时正在汉口当特派记者，和《申报》的驻汉记者毕成勋工作上不时联系、合作，"互通有无"。

史量才是中国最大的报业家，他孜孜于经营《申报》二十多年，《申报》后来有如此的规模和影响，是和他的精力和魄力分不开的。举一件事可以看出他的气魄之大。一九二七年国民党在南京建立政府后，《新闻报》的"主人"美国人福开森看到"大势已去"，（在他的眼光里，国民党也是"赤化"了的），决心撒开《新闻报》，而又不愿将它拱手让给汪家（当时汪汉溪已去世，其子汪伯奇任总理），因此，暗下把他的股票出售给史量才。事情公开后，《新闻报》职工大哗，在汪氏的支持下，爆发了抵制运动。据严独鹤先生后来告诉我，他是当时的职工代表之一，曾亲自与史交涉，史答应了几个条件，绝不干涉《新闻报》的内部事务和经营方针，一切仍由汪伯奇全权办理，也不向《新闻报》推荐任何人。他由福开森手中购进的股票，超过全额的二分之一，本来是可以运用股权，采取另一种办法的，但他"提得起，放得下"，做了这个诺言，就始终遵守不渝，直到他被刺逝世，《新闻报》的大门都未跨进过一步，两报的业务，依然保持着对峙状态。

那时，张謇、赵凤昌等已先后去世，史得以自由发挥他的理想和抱负，在《申报》作不断的兴革。特别在"九一八"以后，他同情救国运动和宋庆龄、蔡元培、鲁迅等发起的民权保障运动。对《申报》，则改革版面，刷新内容，并引用李公朴等进步分子，创刊《申报月刊》《申报年鉴》，举办流动图书馆和补习学校等，一步步倾向进步，主张抗战。他还和黄炎培等组织战后援会，支持十九路军的淞沪抗战，后来改为上海地方协会，他任会长，积极从事社会活动。现在看来，他和《大公报》的张季鸾、胡政之走的是交叉路，都以"九一八"为转折点。在此以前，《大公报》对蒋介石和"宁国府"（国民党南京政府）还是采取讥弹态度的，"九一八"后却开始转向了，而史量才则由保守趋向同情进步，对高压采取不驯服的态度。这一点，我以为是很值得关心中国新闻史的人探讨的。

一九三四年史量才被特务在沪杭公路上暗杀。凶手的主使人是蒋介石，这是没有疑问的，至于蒋为什么要下此毒手，则猜测不一。我曾听说，蒋对《申报》和史不满，已非一日。当时也在上海地方协会挂名的杜月笙曾拉史到南京见蒋，企图调和他们的"矛盾"。谈话并不融洽，蒋最后说："把我搞火了，我手下有百万兵！"史冷然回答说："我手下也有百万读者。"听说，不久就发生了沪杭公路这一血案。

这传说不一定可靠，但上海是老蒋"发祥"之地，又是"宁国府"赖以生存的经济和外贸中心，而租界里的机关、团体，党徒们有些无法控制，史量才掌握地方协会，俨然超凌于"党部"之外，又身居金融、文化、舆论之重镇，而蒋无法驾驭或羁縻。这大概是"必欲置之死地"的根本原因吧。

一九三六年《大公报》创刊上海版，我首次到上海工作。那时，距史量才之死已两年余，《申报》由其子史咏赓承继，和国民政府的接触，由蒋的"老友"陈景韩出面调处，马荫良以总经理主持馆务，当然要谨慎一些，使史所开创的进步事业，如流动图书馆、补习学校等均维持不坠（改以"量才"命名，以为纪念）。那时，上海各大报有一个同业组织——报业公会，每两周举行一次"星五聚餐"，联欢联欢，乘便交换一些有关发行、广告价目以及对新闻检查的态度等问题。史咏赓只到过一次，只是个二十几岁的青年。经常代表《申报》参加的是马荫良、冯柳堂、胡仲持三位。《新闻报》则以汪伯奇的兄弟仲苇（协理）参加的次数为多，编辑部则有严独鹤。《大公报》的张季鸾、胡政之也难得赴宴，经常参加的是李子宽（沪馆副经理）和我。其他，有《时报》的王季鲁，《时事新报》的项远村，《民报》的管际安、袁业裕，《立报》的成舍我、严谔声和萨空了。每次两席或三席，地点借九江路绸业大楼。记得有一次还到无锡举行，特地雇了一只大船，当地有名的"船菜"极丰盛，一次吃不了，分两顿吃，就在火车站附近上船，遍游惠山、梅园、五里湖和鼋头渚，晚餐后乘车回沪，实际是春游了一天。

"八一三"一声炮响，这个活动自然取消了。上海沦陷，《申报》《大公报》都抗拒日方新闻检查，同日宣布自动停刊。《申报》曾先后到汉口、香港出版，似乎像海水鱼一样，移到江湖就不易生长，不久，即回上海复刊。在复刊筹备期间，还有一个插曲。那时，我主持《文汇报》编辑部，有一天，经理严宝礼兄对我说："《申报》准备复刊，派人和我磋商，希望英商文汇出版公司出面作为发行人，以避免日方检查。我提出两个条件：一、经济上，《文汇报》周转有困难时，《申报》应予支援；二、《申报》刊登的大户广告，应介绍给《文汇报》。"我说："这条件太苛刻了，人家只是借用一块招牌，一定不肯受这种束缚。"

果然，《申报》不久就找到一个美国人出面，挂起美商招牌复刊了。一九四一年十二月，爆发了太平洋大战，日军立即冲进租界，"接收"了所有抗日的机关和团体。"接收"《申报》的是陈彬龢，自任社长，从此，他利用《申报》的招牌，出卖"东亚共荣圈"的毒花。陈是"九一八"后由史量才延聘进《申报》过的，当时以进步文化人的姿态出现，很写了些"进步"文章。听说黄任之先生直到抗战时，还没有识破他的面目，上海沦陷后，黄绕道往内地，经过香港时，还曾在陈家寄居数天。去年，据恽逸群说，陈彬龢早在"一·二八"时就被日方收买，成为日驻沪海军方面的特务了。那倒真正是"埋藏得很深的炸弹"——特务、汉奸。

就因为这个关系，抗战胜利后，国民党大员回到上海，把《申报》当作"敌产"加以接收；后来，经杜月笙等出面"斡旋"，算是承认史家的一部分产权，给史咏赓一个空名，而由 CC 在上海的头目潘公展任社长兼总主笔，陈布雷在幕后操纵，任他的兄弟陈训念为总经理兼总编辑。他们把《申报》变成一张最反动的报纸——CC 系的国民党喉舌，受到广大人民的唾弃。这位中国报业的长老（指《申报》），再一次受到玷污。

可以下个结论，《申报》之所以不得善终，是敌伪和国民党先后绑架致其死命的。在一九〇六年（光绪三十二年），英商把《申报》售给买办席裕福（子佩）经营。一九一二年由史量才接办。一九一五年（民国四年），席子佩借口交接手续有问题，向法院状告史量才，涉讼经年，史败诉，赔偿出一笔钱。席以之创刊了《新申报》，没有多久，就奄奄夭折。"八一三"前后，上海又出版了《新申报》，彻头彻尾一副汉奸面目，显然是盗用名义，借尸还魂的。

张国淦谈袁世凯

　　张国淦（乾若）是北洋时代的老官僚。袁世凯当国时，就历任秘书长、总长、参政院参政等职。袁死后，黎元洪继任总统，不堪国务总理段祺瑞的盛气凌人，遇事专断，发生了所谓"府院之争"。张任总统府秘书长，居间调处，力事缓和双方冲突。后来，又先后任交通、教育、农商等部总长。段下台后，张一直息影天津。七七事变后，为摆脱日方的诱胁，迁居上海。抗战胜利后，我认识他时，已是年近八十的瘦弱老翁，依靠亲戚和旧属的资助为生。曾经历任显宦的人，而四壁萧然，可见他还不失为一个有所不为的人。

　　他早年曾在东三省服官，多年研究中国的交通史，特别是东北的地理交通。我看到他书房里有不少木箱古籍，他说全是多年搜集的各地方志。解放以后，曾被科学院近代史研究所聘为特约研究员，一九五七年后才逝世。

　　抗战胜利后复刊的《文汇报》，任传榜（筱珊）是最大的股东，他看到《文汇报》态度"激烈"，不敢出面，特请他的老上司张国淦老先生（张任交通总长时，任为沪宁、沪杭两路局长）挂名报社的董事长。因此，每隔一段时期，我和严宝礼兄要去访问一次，谈谈报纸的情况。

他从来没有鼓励我们什么，也从不加以掣肘；对于我们走的方向，是抱着同情和欣赏的态度的，决不因自己承担风险而表示胆怯。因为年老体弱，到初夏时，室里还生着火，常使我闷热难耐；但我总还愿意在他那里多留一点时间，听他娓娓地谈北洋时代的掌故。

关于袁世凯，他谈得很多，有两个故事给我的印象最深。一九一三年"癸丑之役"（即讨袁之役，亦称二次革命）后，袁全力对付国民党，企图假手进步党来解散国民党占优势的旧国会，乃命令进步党的熊希龄组织内阁。熊和同党的梁启超、汤化龙等，虽然前一阶段在对国民党的斗争中为袁出过力，但要他们站到前台，充当刽子手，不免有些迟疑。命令发表后，熊一再表示消极，不敢承诺。

在此以前，熊曾一度任热河都统，据说，热河行宫中的古物、宝器、书画，被窃去不少。当时报章曾多次揭载，国会中也有人提出弹劾，因而去职。有一天，袁约熊到中南海总统府谈话，引入内书房对坐密谈。刚谈了几句话，侍从进来说："有紧要公务，请总统亲自接电话。"袁说一声"失陪"就出去了。熊独坐无聊，绕室徘徊，忽见书桌的玻璃板下，压着一张皇皇公文，原来是有不少机关署名"呈请"总统彻查热河盗宝案的。熊看了汗流浃背，正在这时，袁笑容满面回来了，很恳切地说："内阁的事，一定要请秉三先生勉为其难。"本来想了一肚子理由准备婉辞的熊希龄，此时满口答应，说"一切听总统的安排"。袁不经意地走到书桌前，把那一纸"呈文"撕得粉碎，扔入纸篓，一面连声说："笑话，笑话。"这一段故事，据张说，是袁的随身侍从亲口对他讲的，当然已在袁死之后。

袁世凯从小站练兵，成为北洋军阀首领到窃据总统，相从的部下干将，主要为王士珍、段祺瑞和冯国璋，人称"北洋三杰"，又称北洋系的"龙、虎、狗"。他窃国以后，首先是王士珍被投置闲散；"二次革命"后，把冯国璋放在南京，等于给他当一名对南方的看门犬，豢养而不亲信；段祺瑞先被利用去收拾黎元洪，任湖北督军，后任陆军总长，却处处加以掣肘，军权实际由自己掌握。他也和历史上的一切封建统治者一样，打平天下、"黄袍加身"以后，就要收拾功臣，畜养鹰犬，以建立"万世一系"的家天下。他由临时总统而正式总统，任期由四年改为十年，后来改为终身总统，但还不满足，又想当皇帝，最后搞了一出"洪宪"丑剧。

与此同时，袁还成立军警督察处，建立特务系统，诛杀异己，并由他的儿子袁克定训练"御林军"，企图逐步夺取段、冯等的兵权；并策动一些爪牙和无耻文人，组织筹安会、公民党等，为他吹喇叭，抬轿子。所有这一切，显然都是为把天下传子传孙做"万世一系"的皇帝做准备的。

他的皇帝梦只做了八十三天，就呜呼哀哉、忧恨而死，当然是由于失尽人心和蔡锷护国军的奋起讨伐，而他的旧部段祺瑞、冯国璋等的消极抵制，暗中拆台，也是一个原因。

他当了终身总统后，还玩过一个"金匮石室"的把戏：

由他秘密写一张名单，放在一个金匣里，然后放进中南海的在石壁凿出的洞里，加以封固，说是等他死后开启，他所写的人，即作为继任总统的人选。

按照他后来串演的"洪宪"丑剧，他所写的"推荐"人选，必然是他的宝贝儿子袁克定。但他死后，黎元洪曾会同段祺瑞去开启这个"金匮石室"，张国淦也在场，开出来一看，却是写着黎元洪、段祺瑞、徐世昌三个名字，并注明请国会就三个中选举一人继任总统。

这究竟是怎么回事呢？据张国淦对我说，袁的侍从曾告诉他，那是在护国军起义后，各省纷纷响应，袁眼看皇帝梦要破灭，连总统也保不长了，在一个黑夜里，叫亲信侍卫，去把石室凿开，偷偷地换进这个名单的。

这两个故事，可以说明，这个窃国大盗，是如何施用权术，玩弄臣下于股掌之间的。而历史上的一切枭雄，尽管费尽心机，到头来，总还是"机关算尽太聪明，反误了卿卿性命"而自食恶果的。

张乾若先生也和隐居在沦陷区的许多人一样，在抗战胜利之初，对蒋介石曾抱有希望，一度飞渝见蒋，想通过陈布雷献其忠言。回沪以后，就频频摇头叹息。以后，他挺身出任《文汇报》董事长，当《文汇报》的立场日益鲜明，坚决追求民主反对独裁时，他见了我总是微笑地说："你们年轻人真勇敢，有朝气"，从不带点哪怕是极轻微的责备的口气。当国民政府有些人威胁利诱我们屡遭碰壁以后，也曾几次对张先生恫吓，他都一笑置之，不为所动。解放以后，他受到照顾，安排他在历史研究所工作，他也不顾风烛残年，移家北京，尽力提供了不少亲身经历的宝贵史料。

这里，我想起一个问题，即如何历史地全面地评价人物，确是不容易的。一九四九年我初到北京时，曾参加冯玉祥的追悼会，有些人在致辞中，把冯先生描述为一位一贯的革命家，从来就是进步的。而周恩来却实事求是地说，冯先生出身于军阀，大革命时还参加了蒋的反共勾当。但在"九一八"以后，坚决主张抗日，一直和共产党合作，为人民解放事业做出了贡献。

另一个例子，曾经是"筹安会六君子"之一的杨度，晚年认识革命的真理，尽力营救革命人士，做了不少有益于人民的事，并秘密参加了中国共产党。周恩来弥留之际还念念不忘这一往事，要《辞海》在写杨度时，注意到这一点。这是以客观评价人物的生动典范。

公正地对待死者，也可以激励生者和来者。

狄平子与张平子

在近代新闻界中，有不少同名而不同姓的名人，据我所知，邵振青和鲍振青是一例，而且他们都在上海的报上写署名的特约通信。二十年代初，邵振青（即飘萍）在《申报》写北京特约通信。那时，《申报》除彬彬（即徐凌霄）的北京特约通信外，还时常刊载鲍振青的东京特约通信。在当时，也很受读者重视，文笔生动，内容多有为外国通信社所未经报道的。他为《时报》写通信，持续时间很长。一九二七年"宁国府"成立后，听说还做一点情报工作。据熟悉内幕的人谈，"九一八"事件发生后，蒋介石曾问当时的外交部长王正廷："怎么东京事前一点情报也没有来？"王正廷说没有。他回到部长办公室，打开抽屉，发现有不少未经拆开的密件，其中，有一件是鲍早日寄发的密报，说日方即将在沈阳直接行动。这个事例，说明"宁国府"腐败无能、视国事如儿戏到什么程度！真是可惊可叹。

狄平子和张平子也是一例，他们却风马牛不相及，不过名字相同，我想借此介绍一下他们在新闻史上各自的功绩罢了。

关于狄平子的生平，戈公振的《中国报学史》有一段简要的介绍："《时报》于光绪三十年（一九〇四年）四月二十九日，创刊于上海，主持者为狄葆贤（楚青）。先是，狄氏抱革新思想自日本归国后，即与《湘学报》主笔唐才常在上海组织中国独立协会，图大举。假名东文译社，以掩官厅耳目。经济无出，则鬻旧藏古书画以充之。初拟结连各秘密党，乘间入京。寻八国联军之役起，首都沦陷。乃一面邀集各省人氏，组织国会，推容闳、严复为正副议长，以为对外代表人民之机关。一面购置军火上溯汉口，欲占为起义之地。惜内部事机不密，功败垂成。从此狄氏灰心武力运动，乃创办《时报》，为文字上之鼓吹。"

戈公振是出身《时报》的，所记当有可信。所说的"欲占（汉口）为起义之地"，就是近代历史上有名的唐才常起义。从戈氏的介绍看来，狄是一个爱国者，是维新运动中的一员健将。辛亥革命前后，他似乎又与立宪党人过从甚密，据辛亥革命史料，狄是赵凤昌的"惜阴堂"（张謇等在沪的活动中心）中的常客，而狄在《时报》馆建有"平等阁"（在报端撰文写诗，多署名"平等阁主"），也是立宪党人叙谈的地方。由维新派演变成立宪派，这也是合乎逻辑的思想道路。他之终于在政治上碰壁，而转其精力于"文字上之鼓吹"，却做出了巨大成就。《时报》初期，朝气蓬勃，在内容上，做了许多创造性的革新，正如戈公振所介绍的，"延陈冷为主笔，独创体裁，不随流俗。如首立时评一栏，分版论断，扼其机枢。如提倡教育，如保存国粹，……又如光绪三十年之冬，为粤汉路建筑权，发争回权利之议论。次年以美人虐待华工，劝国人制造国货，购买国货。民国五年，因日人'二十一条'之要挟，提倡救国储金，借众力以振兴实业。此皆其荦荦大端。"不难看出，《时报》的初期是丰富多彩，而且很有战斗精神的。狄平子很有魄力，为打开一条"文化论政"的道路，的确也做出了成绩的。胡适也说他青年时如何对《时报》倾倒，思想上接受《时报》的很多影响。

不知因什么缘故，一九二一年，狄平子将《时报》售让予上海大地产商黄伯惠。黄多财善贾，在福州路广西路口附近造了一幢大楼，并订购了新式印报机，以三色印报创当时报纸印刷的新生面，印写版印制的画报，也使读者一新耳目。从此以后，《时报》除印刷外，主要以社会新闻和体育新闻取胜。往往以整版篇幅，用红字大标题刊载强奸、凶杀、绑票等社会新闻。情节绘影绘声，人物有名有姓，还附有照片。有些"老上海"说，不少新闻，是访员凭空想象的，所记的门牌，那条路上根本就没有这个号码。究竟如何，也无从查考。

至于体育新闻，那是一九三五年在上海举行的全国运动会引起了高潮。当时，北平《晨报》的体育记者滕树毅到京采访，以写"花絮"见长，被《时报》当局看中，和《大公报》的一个年轻记者一起受聘，从此天天以大约一寸见方的大红字标题，刊载花花绿绿的体育新闻。杨秀琼之被称为"美人鱼"，也是从《时报》开始。由于这几个特色，《时报》的销路上涨了，而狄平子所树立的报格却大大下降了。一九三八年上海沦陷后，《时报》接受敌方的新闻检查，经理王季鲁出面与日方周旋。此时在读者心目中，《时报》已等同于汉奸报了。不知它是什么时候停刊的，总之，是"一蹶不起"，抗战胜利后，再没有听到复刊的消息*。每次经过四马路（福州路）山东路口，看到狄平子所建造的宝塔式的"平等阁"，屹然尚在，已变成什么公司的堆栈了罢，每不免低徊往事，感慨系之。

张平子先生是长沙《大公报》的负责人。我于一九三二年到一九三五年在汉口工作期间，常有人问我长沙《大公报》是否与天津《大公报》有关系？其实，一看报头就清楚，天津"大公报"三个字，是扁扁的隶书，听说是严复的手笔，也有人说是英敛之先生题写。长沙的，则是长长的行书。它的年龄，比胡政之、张季鸾的新记《大公报》大八九岁。据湖南出身的老报人陶菊隐先生告诉我，湖南《大公报》的前身是《湖南公报》，大约在一九一五年左右改称。除张平子外，主编人有龙兼公和李抱一。前者接近革新势力，后者则接近官方，趋于保守。两人斗争颇激烈。在轰轰烈烈的驱张（督军张敬尧）运动中，该报曾起推动的作用。张平子认识毛泽东，所以《大公报》曾刊载过毛泽东的文章。

一九三四年，湖南首次"发明"以木炭作燃料的汽车，我前往参观，在长沙逗留了一周。看长沙《大公报》，一点也没有生气，新闻几乎全是转载沪、汉各报的，本市新闻少

---

* 《时报》于1939年9月停刊。

而短，副刊只登一些诗词和投稿的短篇小说。我曾对长沙一位同业说："这样的报纸，出版干什么！"朋友说，这张报经费极困难，全靠张平子艰苦支撑了多年，全编辑部只有他一个人唱独角戏，此外，只有一个信差到各机关取稿兼收发并料理伙食。四版稿子，全由张平子一个人编辑，尽管主要靠剪子、糨糊，也要费些功夫，校对也由他一人包办。每天从早到晚，要工作十几小时。我听了不禁肃然起敬。当时的报馆，尽有十分简陋的，但像这样的"独角戏"，却没有听到先例。

　　五十年代初，张平子先生已是年近七十的高龄，听说曾任湖南省政协委员、湖南省政府参事，他要听到今日的报纸，发行几百万份，编辑部的队伍，动辄几百人，一定会咋舌不止吧。

邵力子与《民国日报》

　　最近看到邵力子先生的遗著《出使苏联的回忆》，谈他一九四〇年五月到一九四二年十一月担任国民政府驻苏大使任职的经过。他说，他的被任此职，因为抗战初期只有斯大林领导的苏联政府大力支持中国抗战。为了争取苏联继续援助，必须改派与苏友好的人为大使，努力改善两国邦交。他说："于右任、冯玉祥、陈布雷、张季鸾等乃建议蒋介石换我去任驻苏大使。……张季鸾是蒋介石座上诸葛之一，极力怂恿我使苏。他对中苏关系的看法，我颇动心。"接着，他引了一段张所写的一九四〇年五月十六日社评《送邵大使赴苏》中的话。一九四二年十一月他回国时，张季鸾早在一年多前病故了，我那时任桂林《大公报》总编辑。十二月中，重庆《大公报》总编辑准备参加新闻界代表团赴美参观，胡政之派我飞渝去主持重庆版言论工作。但我到渝之后，形势变化，因同业的反对，他去不成了。我就乘此机会，看访各方人士，了解一下"陪都"的政治气氛，以便于掌握好桂林版的"舵"。

那时，邵先生回国甫一月，正如他回忆中所说，他原来是准备回国述职后就回任的，但回到重庆后，就遭到CC等反苏反共分子大肆攻击诽谤，蒋介石改派傅秉常继任驻苏大使，而派邵为国民参政会秘书长。

我曾去拜访这位新闻界的老前辈。过了两天，他特地在参政会宴请我，记得席间有王云五、王世杰等作陪。

他回国时，正当希特勒进攻斯大林格勒极为激烈的时候，重庆的有些政客，以为斯大林格勒终难久守，认为苏联将从此一蹶不振了。而邵回渝后，到处演讲，说苏联一定能抗住希特勒的进攻，转败为胜。我到渝时，还听到他在上清寺某团体做的一次报告。他举出一个例子，十分使人信服。他说莫斯科被围攻时，苏联发表一个剧本《前线》，指责一个叫"客里空"的记者，报道的前线捷报都不尽属实，虚构夸大。他说，凡是敢于揭露自己缺点的，就说明自己有克服缺点的自信；这一例子，就可以证明斯大林有信心，一定能最后战胜敌人。

他这些演讲，使CC之流极为恼火，到处诽谤，说邵力子不是中国的驻苏大使，而是苏联的驻华大使了。而苏联却希望他回去，据闻，邵离莫斯科时，曾谒斯大林辞行，斯大林说："希望你早日回来。"当重庆政府将撤换大使之际，苏联驻华大使鲍格莫洛夫还特地访问外交部，说他已接到本国政府来电，要他向中国政府郑重说明，"斯大林委员长在送别时对邵大使说的话，决不是一般外交辞令"。但蒋介石终于把邵调职了。也许苏联这一表示，反而坚定了蒋的决心，得到相反的效果。

邵力子和叶楚伦是上海《民国日报》的创办人。据邵自己说："我当时（一九二六年）是一个跨中国共产党的国民党员，到上海时，中国共产党中央召开欢送会，会上主席发言，愿我以纯粹的国民党员代表国民党去苏联开会；欢送我退出共产党，并说我过去为共产党做了一些工作，今后相信我虽在党外，也照样可以为党为革命效力。我不能提出反对的意见，就这样退出了中国共产党。"

从别的史料中看出，他的确是共产党建党初期的党员；而那时他在上海，主持的《民国日报》（尤其是它的副刊"觉悟"），对宣传民主革命、倡导新文化运动，态度鲜明，做出不小的贡献，而且邵还努力从事进步的学生运动，如震旦大学进步师生反对外国势力的高压，另创复旦大学，他曾尽了不少力。而叶楚伦则后来参加西山会议，和邵的政治态度显然是不一样的。

《民国日报》初创时，是相当艰难的。当时，上海各报用以开展竞争、招徕读者的项目之一是北京专电，都用二号字登在新闻版的最前面，《申》《新》两报，凭其资金雄厚，以每月三百元的厚薪，聘请邵飘萍、张季鸾等名家任驻京记者，发电和撰寄通信。《时事新报》和《时报》也约请专人每天酌发专电。《民国日报》没有财力，但也要登些专电以资号召，听说这些专电，大多出自邵氏手笔。上海新闻界曾流传这样的故事，说几家大报的要闻编辑，每每到望平街左近的小烟馆去吸鸦片；力子先生无此嗜好，却也总去和他们叙谈；报馆的工役往往把电稿或小样送来，他们也往往就鸦片灯上加以审阅，力子先生总在不经意中得知许多新闻，参考外国通信社电报，就不难写出自己的"北京专电"了。这可能全是传闻，也可见当时《民国日报》筚路蓝缕的精神。

一九二六年北伐开始，邵力子和叶楚伧都到广东当了大官。《民国日报》由胡朴安继任社长，而掌握编辑大权的陈德徵，在北伐军占领上海之后，也成了上海的党阀之一。"四一二"后，陈一度"红得发紫"，除《民国日报》的总编辑外，还掌握市党部和文教机关。一时的风云际会，使他头脑发胀。有一次，《民国日报》发起"民意测验"，"选举"中国的伟人，揭晓时，第一名竟是陈德徵，第二名才是蒋中正。这一下，闯了大祸，蒋"总司令"赫然震怒，借故把陈押解到南京。几个月后，人虽释放了，却得了个"永远不得重用"的处分，由三十三天跌入十八层地狱。

一九四二年冬，我去重庆，曾往《国民公报》访友，座中有一个两鬓斑白、一脸凄苦的中年人，他走后，我这位朋友告诉我，此人就是陈德徵，新近又受了一次意外的大打击。原来，三个月前，陶百川被任《中央日报》社长，顾念旧情（陶在上海市党部时曾由陈提拔），派陈当了一名挂名的主笔。不久，因为《中央日报》透露了一件外交机密——英、美等国在战后准备"交还"租界，本来相约"盟国"同时发表的，《中央日报》先发了，引起英、美使馆的抗议，蒋下令彻查，并把《中央日报》的名册"吊"去审查，看看有无"可疑分子"混杂其间。当他看到陈德徵的名字时，又勾起了十几年前的余怒，特在上面批了两句话："此人尚未死乎？

着各机关以后永不录用。""御批"一下，陈自然又失业了。赖有一同乡在重庆开一纸张文具店，请他去当司账，才得了一个饭碗。这是后话。

一九三二年淞沪抗战前夕，《民国日报》因刊载一条有关日本浪人借陆战队掩护焚烧三友工厂的新闻，日方目为破坏陆战队名誉，正如杜重远的《新生》杂志刊载《闲话皇帝》被认为冒犯天皇神圣尊严一样，向外交部提出严重抗议，非把《民国日报》封门不可。租界当局和"宁国府"乃下令该报停刊。但不久即改名《民报》重新出版。一九三八年上海沦陷后，与《大公报》等同时自动停刊，胜利后以原名复刊，无声无嗅，甚至已不被国民党所重视，直至上海解放时停刊。报馆的经理，多年一直是管际安，他是昆曲的名票友，解放后还时以拍曲自娱。

在国共和谈期间，邵是国民党方面的开明派。一九四九年三月，他任和谈代表，和张治中一起，力主和平，接受八项条件。南京拒签和约，和谈破裂，百万雄师渡江。邵、张等留居北京，从此，作为民主人士，参加人民政府工作。

邵夫人傅学文是我的小同乡，留苏时和邵结婚的。一九四九年四月，我们一起南下，等待上海解放。以后几年，我曾去拜访邵先生夫妇，邵先生也曾应邀到我们的办事处便餐。

邵先生对新闻事业还抱有浓厚兴趣，有一次，我和他谈新闻界往事，谈到旧《大公报》和张季鸾，他也认为张的文笔好，富有新闻敏感，但旧的士大夫积习太深，容易受人利用。我说："他在《大公报》的编辑方针之一，是反党（国民党）不反蒋。"邵先生说："这就是他的糊涂处。国民党原是中山先生领导的革命政党，有什么可反的。正是由于蒋篡夺了领导权，才把国民党拖入反共、反人民的泥坑。他这样主张，是本末倒置，黑白不分，说穿了，是旧文人受不了统治者的恭维，因而自以为是'国士'，对蒋要以'国士'相报。对他来说，是一个悲剧。"对于这些评议，我认为是十分中肯的。

一九五六年我在筹备《文汇报》复刊时，曾在北京邀请陈叔通、张奚若、陈劭先等民主人士座谈，征求他们对报纸的意见。邵先生也应邀参加。谈到报纸如何响应中共的号召，贯彻"双百"方针时，他诚恳地对我说："一股风吹起时，办报的人往往不容易保持冷静。不要单凭一股热情，要从多方面考虑考虑才好。"他毕竟是老报人，又对政治富有经验。他已看出了我的弱点，好像也已预见到后来的结果。

陈布雷与《商报》

二十年代初，我们中学的阅报室里，只有五份上海报——《申报》《新闻报》《时报》《时事新报》和《民国日报》。

那时，上海还有一份大型报《商报》，那是在无锡市立图书馆看到的。图书馆设在城中心的崇安寺附近，正对公园大门。每星期天下午，学校向例放假时，我总到崇安寺书店和公园兜了一圈，然后去图书馆"泡"上两小时，浏览一些学校里看不到的书报。

名为《商报》，其实连经济、市场新闻还不及《新闻报》，其他更无特色可言，只有一篇署名"畏垒"的社论，铿锵可读，立论也还有些锋芒。

若干年后，我才知道，畏垒就是陈布雷的笔名。上海原来还有一张《中华新报》，也以社论闻名，主笔是张季鸾。而这两张报，因不善经营，始终未放出过什么声光，我进中学时，《中华新报》已停歇了。

听说，就在这段期间，陈、张二人时相过从，订了文字之交。

一九二七年初，大概就在上海的大买办虞洽卿赴赣拉拢蒋介石的前后，陈布雷也应邀到南昌。从此，入了蒋的"幕府"。《商报》则委潘公弼继任主笔，潘原在北京《京报》工作，和他的兄弟劭昂，是飘萍一手培养出来的骨干。

陈布雷先是当蒋的秘书，为蒋起草文稿。"宁国府"成立后，一度"外放"，任浙江教育厅厅长，不久仍"内调"。从此以后，尽管先后加了不少官衔，如国民党的执行委员、宣传部副部长之类，而实际上则一直是当蒋的机要秘书，作为第一支"笔"，为蒋捉刀，也为蒋出谋献策，拉拢或对付一些文人。比如，张季鸾和蒋结识，最初就是由陈介绍的。

我和陈见过三面，第一次在一九四二年冬。那时我任桂林《大公报》总编辑，胡政之派我赴重庆，短期任渝报的社评撰写工作。那是我第一次去重庆；到达后，知道情况发生变化，王芸生不参加记者团赴美了，工作不需要我代理，胡政之函嘱我在渝稍作逗留，乘机接触各方人士，了解些政治气氛，以便于编报。

在此以前，我曾在香港《大公报》主持编辑工作约两年半，经常和邓友德（国民党中宣部驻港特派员）、陈训悆（国民党机关报《国民日报》总经理）有所接触。香港沦陷后，他们都已到了重庆。陈训悆是陈布雷的兄弟。正如一则笑话所谈的："天下的文章数我们绍兴，绍兴的文章数我的家兄。"他对这位"家兄"，是逢人称道，一向敬畏的。我到重庆后，邓、陈二人，特别是陈训悆，热心要介绍我和陈布雷见面，当时他的名义是蒋的侍从室第二处（负责蒋的秘书、文稿工作。第一处负责警卫，钱大钧、俞济时任正副主任）主任。我也想借此探测国民党的政治气候。

也和张季鸾一样，陈布雷干瘦文弱，是旧式士大夫的典型，一口绍兴腔的国语。他先叙谈和张季鸾的多年交情，接着，对我做适度的恭维："季鸾生前，常常对我夸奖老兄，我也留心拜读你写的社论，深感季鸾虽不幸去世，有了芸生和你老兄，他的事业是有传人了。"接着，他把话锋一转，说："老兄的前途是无量的，但单枪匹马是很吃力的，最好要参加一个组织，取得朋友们的帮助，一九二七年我赴南昌首次见蒋先生时，也是个无党无派，蒋先生即把这些话勉励我，并亲自介绍我入了党。现在，我以这番话转赠老兄。我是从来没有介绍过人参加党的，公弼（指潘公弼）入党时，要我做介绍人，都婉辞拒绝。老兄如有意，我愿破例介绍。"我说："你是新闻界的前辈，又是季鸾先生的好友，感谢你对我的过奖和好意。但是，我一向认为，新闻记者是应超然于党派之外的。而且，我以为，参加一个党派，像女人出嫁一样，是终身大事，应该郑重考虑的。你的好意，让我好好考虑后再答复吧。"

他大概没有想到我这样"不识抬举"，脸色很不自然地说："那也好，你想通后，让训念转告我一声好了。"我回桂林后，立即写信给陈训念，说我无意改变无党派的立场。

一九四四年桂林沦陷后，我到重庆主持《大公晚报》，直到抗战胜利，在渝住了近一年，深居简出，一次也没有再去看过他，虽然国民党曾几次找过《大公晚报》的麻烦。

一九四七年初，和谈已濒于最后破裂，国民党疯狂掀起内战，镇压人民。《文汇报》的反抗态度，日益明显而坚决，曾被"勒令停刊"过一周。那时，更在黑云压顶之中，时刻传来国民党将组织暴徒来捣毁报馆的消息。正在那时，国民政府行政院改组，张群出任院长，邓友德被任新闻局局长。邓来上海，劝我到南京去"走走"。我和严宝礼兄商量，认为也许可以缓和一下空气，就作了短暂的南京之行。

在南京玩了四天，曾参加过张群的记者招待会，并在中央社的成立二十周年庆祝会那天去道个"喜"，此外没有看过什么人。

回来的前夕，邓友德来电话说："布雷先生渴望见见你，我马上驾车来接你同去。"推辞不得，我同他去了。

陈殷勤地接待我。寒暄后，他先转弯抹角地说："《文汇报》我是常看的，办得有声有色，我真为你高兴。老兄的文章写得极精辟，政府有些举措，的确也有不少可批评的地方，连我们自己也不满意，希望有这样的'诤友'。不过，老兄毕竟还年轻，恕我老气横秋地说句话，世事是复杂的，在下笔的时候，千万要注意，勿为人利用。"我听出了他的话音，直截地答道："我们办的是真正的民间报，唯一的宗旨，就是想代表人民说出几句真话。我年纪虽轻，但也做了二十年新闻工作，相信能够明辨是非黑白。我们的同事，也都抱着同一的志趣，想为中国新闻事业尽一分力，留一点正气。"

他苦笑地说："我是相信老兄是无党无派的，友德也常对我谈起你的为人、操守，但我还要进一句忠告，世事是复杂的。还有，我们党里也是复杂的，有些人的看法，就不一定和我们的相同。老兄的锋芒太露，怕要吃亏的。恕我直言，还是适当收敛些好。"我谢谢他的"好意"就辞出了。

以后，《文汇报》受到的压力愈来愈大，国民党曾三度企图收买，最后一次还由陈布雷亲自出马，找《文汇报》的挂名董事长张国淦先生，请他把一张空白支票转给我和严宝礼兄（说明我们要多少钱，自己在支票上填好了），都被我们严词拒绝（经过详情，我已另写一篇《一次鸿门宴》加以叙述，在下册刊载）。这时，南京当局决心单独召开"国大"，随后全面内战爆发，《文汇报》和其他进步报纸的被摧毁，只是时间问题了！

《文汇报》和《联合晚报》《新民报·晚刊》三报，终于一九四七年五月二十五日被国民党市政府下令"永远停刊"。第二天，《大公报》还发表了一个短评《保障正当舆论》。大意说，三张报已封了，希望政府从此保障正当的舆论。在这位执笔先生的眼睛里，这三张报都是别有用心，不属于"正当"之列的。对这一投井下石的态度，《观察》和《密勒氏评论报》曾愤慨著文斥责。我是"寒天饮冰水"，要从记忆里抹去，也是不容易的。

大约过了半月，南京传来消息，要三家报的负责人去谈谈复刊问题，我不想去，严宝礼兄的事业心很重，说明知没有多大希望，不妨去谈谈。他还说，有人曾对他提出警告，如果不去，说明与"政府"敌对到底，"政府"就要"不客气"了。因此，我只得又去南京一行。《联合晚报》的经理王纪华和《新民报》的邓季惺也同时去了。

出面代表"政府"跟我谈的是邓友德，他开门见山提出两个复刊的条件，一是由"政府"资送宦乡出洋留学；二是由"政府"派一人任编辑副主任。我坚决予以拒绝。我说："《文汇报》的言论，由我一人负责。复刊应是无条件的，任何条件，我们决不接受。"

第三天，我已买好车票，准备晚上离宁。中午时，邓友德驱车到办事处来找我，说"布雷先生还想请你谈谈"。我说："事情已最后决定了，还有什么好谈的呢？"他说："布雷先生每天必午睡，今天他特地牺牲了午睡在等你，你还是去一趟吧。"

陈布雷还像上次一样，含笑接待我。他说："听友德说，老兄已决定不复刊了，难道没有一点商量的余地吗？"我说："您是报界的前辈，凭报人应有的人格，我只能做此决定。"他说："老兄今年几岁了？"我答："恰恰满四十岁。"他说："我们国民党的举措的确是不能尽如人意的，但是，再腐败，至少二十年的天下总还可以维持。那时，老兄的头发也该斑白了，难道准备一直等下去吗？"我冷冷地说："但愿如此，我愿意老死书斋，做一个太平盛世的平民。"

那天晚上，我即乘车回沪，哪里知道，在车上还碰到一件不愉快的事。夜快车是十二点后开出的，车票要算第二天的日期，办事处给我订的卧铺车票是当天的，检票时，说是过期作废了，只得另购一张坐票。而车厢里挤得连插足的地方也没有，幸好邓季惺也同车回沪，她邀我到她的车厢里坐坐。车刚开出，管车的就来通知，非本车的乘客，一律要退出去。正在无可奈何的时候，车守通知，还有三张空铺，可以登记抽签。我连忙登记，而且侥幸抽着了，付款的时候，却要出示身份证明，我已是无业"游民"了，有什么可证明的呢？车守说，除非本车上有人担保，否则铺位就要让给别人。感谢当时还是一位不相识的青年同业，抢着给我担保，才度过了这一关。这位青年同业，就是解放后参加《文汇报》的谢蔚明兄。

我当然也不甘老死书斋，第二年春夏之交，就摆脱监视，去香港筹备创刊《文汇报》。一九四九年初，记得在淮海战役以后，中央社发出一条消息，说陈布雷去世了，接着来的消息，证明他的死是服毒自杀的。当时，正是金圆券全面崩溃的时候，报上推测，说他是因为存款被迫都换成金圆券，私蓄荡然，因而寻此短见的。我不相信这说法，以他的地位，怎会被迫交出存储的黄金、美钞呢？

他是一个旧时代的士大夫，一脑子封建意识，一旦被蒋介石看中，就以为遇着了"真命天子"的"明君"，不胜"知遇"之感，从此，以"臣妾"自居，全力翼赞"明君"，像历史上的许多开国功臣一样。他不仅一心一意跟着蒋走，而且千方百计为蒋拉拢人才。据邹韬奋遗著，当年《生活》被封前，陈布雷也曾威胁利诱过韬奋先生，当然被严词拒绝了。而张季鸾等声应气求，却由他拉上了和蒋的关系。

我想，后来蒋的所作所为，他不是完全不清楚，但是，"妾身已分明"，他真的认为，蒋的天下总还能维持二十年，准备"从一而终"了。他没有想到，形势来得那么快，淮海、平津战役以后，"宁国府"土崩瓦解，蒋被迫宣布下野，他根据古来的"主辱臣死"之义，才走上了这条绝路。这是我的毫无根据的看法。

在解放前夕自杀的，还有戴季陶，情况就不一样了。了解一点现代历史的都知道，戴是蒋早年的密友，曾共同出入于上海的交易所和赌场、妓院。蒋"龙兴"以后，他一直是蒋的精神支柱，他所宣传的一套"戴季陶主义"，就是要维护蒋王朝的正统。我在一九四二年底去重庆那一次，为了摸摸政治气候，也曾去看过他一次，那时，他是装疯卖傻，早已宣称佞佛了。他合掌接见我，会客室里，四处是大小的佛像。他避而不谈时局，只谈他学佛的"心得"，仿佛真超然物外了。

抗战胜利后，据一位熟悉政治内幕的朋友告诉我，在重庆和谈期间，蒋收到戴的一封密信，里面只有一张字条，写着"自古未有江淮未定而建都金陵者"，这才加强了蒋的决心，要在"还都"以前，先调集重兵，向淮南、苏北、苏中的解放区进攻。可见，这个"文胆"，还一直是在蒋的幕后摇鹅毛扇的。

"金陵王气黯然收"，这个"孔明先生"，大概也是抱着余恨而离世的吧。

《新闻报》与汪汉溪

　　《新闻报》的创刊,后于《申报》二十一年而后来居上,长期以来,销数一直凌驾于《申报》之上,成为中国一九四九年前发行最广的大型报纸。这主要得力于总理汪汉溪的善于经营。

　　关于《新闻报》的历史,戈公振的《中国报学史》有一段简要的叙述:"《新闻报》发刊于光绪十九年(一八九三年)之元旦,初为中外商人所合组,推英人丹福士为总董,延蔡康为主笔。嗣以经济竭蹶,遂为美国 Buchesster 公司所有。丹福士于光绪二十五年,以个人所办浦东砖瓦厂折阅,由美公堂宣告破产。该报遂由美人福开森出资购得。光绪三十二年,改组英国公司,照香港法律注册。民国五年,又改组美国公司,照特来福省法律注册。福开森任汪龙标(汉溪)为总理。汪事必躬亲,二十余年,未尝稍懈。故中国报纸能经济独立者,以《新闻报》为最早。汪氏逝世,由其子伯奇继任。"

汪汉溪的被任总理，是在福开森兼任南洋公学监督的时候。当时，福开森不仅是积极传播西方文化的先锋，而且已积极与张之洞、端方等清朝督、抚合作，兼做他们的"间谍"；他曾在南京办过教会学堂，被目为"内行"，因此，由端方等推荐，出掌南洋公学。实际当他们在上海的"坐办"，作为他们的"列强"的居间人。

据前辈们谈，福开森每晨乘坐双骑马车到学堂办公，发现庶务处的汪汉溪总是最早签到，最迟签退，而且处处精打细算，办事井井有条。经过查问，才知汪家住在南市，上下班都是步行，要穿行长长的一条宝昌路（后称霞飞路），来回不下三十里，风雪天也从不请假或迟到。

福开森看中了这个看家的好手，先叫他兼任《新闻报》的管事，后来，他不再兼任南洋公学监督，就索性把汪调到《新闻报》任经理。当时，这个经理的职务，近于洋行的买办。所以报馆的工役，一直称福开森为总办，而且一定要加上"大人"，而对汪，直到他独揽经营大权的时候，老工友还称他为师爷。

旧时的报馆，集权于总经理，编辑部也要听从总经理的指挥。汪氏初接事的时候，各华文报大都译载外文报的消息，很少自己采访。正如《上海闲话》所记："上海报纸于不受政治暴力（因在租界）之外，尤得有一大助力，即取材于本埠外报是也。查本埠外报，以字林泰晤士为最大，继之者为《文汇报》《大陆报》，皆英文也。此外复有法文报、德文报、日文报，皆各国殖民政策中之一手段也。沪上华报所得消息，其始既无本报专电,即路透电亦仅代表外人为喉舌,而各外报则均受各该本国政治上之委任,即各方面之消息,亦较灵通,故十数年前华报所得紧要消息,十九均自外报转译而来。且一经登载,声明由外报译录,即有错误,本报可不负责。"

汪氏的功绩,在于集中主要力量,开辟经济新闻,不惜费用,不嫌琐细,竭力把市场情况,商货行情,翔实地刊之报端。到后来,经济新闻和行情表刊登两版。因此,不仅上海的工商界,大至工厂、公司、洋行,小至澡堂、理发店,都订阅一份,即江南各县镇较大的商号,凡需向沪批发,要随时了解上海行情的,也都要订阅《新闻报》,这样,在商界的发行面既广,广告也就源源而来。《新闻报》能够在销路上超过老牌的《申报》,主要原因在此,而能够首先做到经济上独立,原因亦在此。

而且,广告多而齐备,反转来又促进了发行。我初到上海时,就听到"老上海"的同事说,上海的各界名流和商店、工厂的老板,不看《新闻报》就不敢放心,因为《新闻报》刊载有关婚丧事、做寿、开张的广告最齐全,看了后,才便于"交际",免于"失礼"。即使是一个小理发店吧,如果这一地段的流氓"大亨"或包打听头头,登出广告,说某日是"三小女出阁之期",或某日"为先母八十冥寿",看了《新闻报》,就可以及时打点礼金礼物,否则,就必然会招来不测之祸。

当时,《新闻报》成为绅商各界所必读之报,是汪汉溪已逝世后的事,而最初开辟这条道路的是汪氏。

据我看到的《新闻报》三十周年纪念刊,该报从一楼一底的狭小馆址，发展到自建大厦，购置当时最新式的印报机；经济上从东挪西借到大量盈余，都是在汪汉溪主持下达成的。汪氏逝世后，其子伯奇继任总经理，并保持勤俭朴质的传统。他是圣约翰大学毕业的"洋学生"，但穿的经常还是并不讲究的中装，一辆旧的汽车，有时还步行或雇黄包车代步。与史咏赓的花花公子，适成对照。

汪氏父子，也颇能识、用人才。比如，曾以每月三百元的高薪，请张季鸾任驻京特派记者（笔名"一苇"），直到一九二六年张主持《大公报》笔政，无暇兼顾时，还有好几年请其兼任，而派一姓沈的年轻记者为其助手。据陶菊隐先生告诉我，他原来只在长沙、汉口为《新闻报》投寄通信，汪汉溪一再邀请他来沪参加报馆的编辑、采访，后来，在汪伯奇主持时，他才来沪参加。汪是徽州人，馆内核心干部，大多是徽籍，而伯奇对陶极尊重，有所献替，多被虚心采纳。

因为《新闻报》以经济新闻取胜，对言论及一般新闻的采访、编辑，比较忽视，也不免使有些人才无用武之地，长期任总编辑的李伯虞（浩然）先生，就是一个显著的例证。

李先生是张季鸾的陕西同乡，幼年又同学于关西大儒刘古愚。我曾不止一次听到张极口称崇李先生，说："伯虞先生的道德、文章，是了不起的，是我生平的畏友。"记得二十年代初看《新闻报》，常常看到署名"浩然"的时论和短评，文笔是很古朴而清丽的。

一九四五年抗战胜利后，《大公报》在沪复刊，印报机器和排字房等一时安装不起来（在一九三九年《文汇报》被迫停刊后，不再承印其他印刷品，就把机器拆开存入银行仓库了），而那时《新闻报》正在被国民党停刊"整理"中，我们商之汪伯奇的兄弟仲苇（《新闻报》的协理），请他们代印，因此，编辑部也暂时借用。我在总编辑室写稿、看稿，看到桌子的旁边，放着一张躺椅，一位在《新闻报》工作多年的老工友告诉我："李先生上班后，就躺着写写稿子，往往睡熟了。我看到桌子上积稿多了，排字房又来催稿，就拿了一块热毛巾，把他叫醒，他擦过脸，戴上眼镜，就在躺椅上看稿子，盖上图章发下去。一忽儿又入睡了。"一位这样有才华、又有几十年新闻经验的老报人，最后只起个"橡皮图章"的作用，岂不令人叹息、扼腕！

《新闻报》的老人都说，李先生对同事极和蔼，从无疾言厉色，对外很少酬应，无不良嗜好，从未涉足酒楼、妓院，也不和任何恶势打交道。解放后，上海政协文史资料委员会曾努力调查上海流氓资料，发现有不少新闻界中人和所谓"黄门"（黄金荣）"杜门"（杜月笙）有或深或浅的联系，而李先生没有一丝一毫的牵连，真不愧是一个出淤泥而不染的"谦谦君子"。

这样一位发行最广、赚钱最多的大报馆的总编辑，在抗战胜利以后已届高龄，上班时还要去挤电车。有一天，在他出弄堂上电车站时，被横冲的车子挤倒受伤，送进医院，就不治而逝世了！

我当时听到这个噩耗，十分悲愤，曾在《文汇报》写一悼文，针对当时新闻界的情况，认为李先生至少是一位"有所不为"的人，是该受尊敬的前辈。

大约在一九三五年前，《新闻报》曾请一位名会计师到馆监印，证明那天的印数是十八万余份，第二天，由会计师签字证明，在报上揭露。这是带有招徕广告作用的。这个数字，一直被认为解放前大报发行的最高纪录。当时，听说日本的《朝日新闻》和《每日新闻》，日销一二百万，辄为之咋舌，以为中国落后，要达到这个数字，不知何年何月。想不到今天的《人民日报》，已达三五百万份，上海的两家报纸，也早已突破百万大关了。

在上海成为孤岛时期，《新闻报》没有停刊，接受了敌方的新闻检查。为了舍不得一时利益，埋下了以后的祸根，应该说，该报当局的目光是短浅的。

太平洋战争爆发后，《新闻报》被敌方劫持，李思浩任董事长，吴蕴斋任总理。从此以后，也和《申报》遭到同样的命运。一九四五年抗战胜利后，国民党把它当敌产接收"整理"，杜月笙、钱新之等控制董事会，詹文浒任总经理，程沧波任总主笔，完全变成了一张CC系的党报，汪氏兄弟靠边站，只收取一点股息，编辑部老人如严独鹤等，全被一脚踢开。一九四九年解放时，终于断了气。

严格讲来，《新闻报》在一九三八年一月就结束了它的生命，因为从此以后，或受束缚，或遭劫持，或被借尸还魂，不能再重现它的本来面目。

这样算来，它的寿命不过四十五岁，在今天看来，只能说是中年夭折的了。

邵飘萍夫妇

梁任公（启超）是清末维新运动的闯将，又是一个卓越的新闻工作者。他在先后主编的《时务报》《清议报》和《新民丛报》上，发表了不少政论文章和夹叙夹议的通信，文笔通俗（按当时的文风来衡量）、畅晓，"笔锋常带感情"，开一代之文风，对以后的新闻写作，影响尤大。这些文字，后来收入《饮冰室文集》，也曾成为我们这一代青年所爱好的读物。

但他是一个学者，又喜爱参加政治，新闻只是他的副业，或者说只是他政治活动的一种手段而已。

真正以记者闻名的，首先是辛亥革命后的黄远庸和刘少少，尤其是黄，他为《申报》《时报》写的特约通信，记事则源源本本，状人都栩栩如生。他也是维新派的一员，曾参加梁启超等组织的进步党（被袁世凯利用来对抗孙中山、宋教仁领导的国民党）。一九一五年袁世凯的帝制阴谋日益显露，黄为摆脱罗网（袁强迫他担任"御用"报纸《亚细亚报》的总主笔），逃往美国，不幸被狙而死（有一说是爱国华侨认为他是袁党，出于义愤而加暗杀）。他留存的《远生遗著》，既是民国初年政治斗争的实录，也是一部新闻名著。

以后，则首推邵飘萍。辛亥革命后，他就从事新闻工作，一九一二年起，在故乡杭州（他是浙江金华人）与杭辛斋合作创办《汉民日报》，不久，杭入政界，当旧国会议员，报纸实际由飘萍独力负责，他坚决站在进步方面，揭斥袁政府的种种阴谋。

"二次革命"（即讨袁之役）失败后，《汉民日报》被封，他东渡日本，习政法，并于课余创办通信社，投寄国内报纸，内容大都为揭露日阀侵略野心（特别是"二十一条"），唤起国民注意。

一九一六年袁世凯帝制失败，惭恨而死，飘萍应《申报》之聘，回国担任该报驻京特派记者，写了不少脍炙人口的通信。他还创办新闻编译社，并在北京大学及私立平民大学新闻系授课，他的讲稿后来编辑出版《新闻学总论》和《实际应用新闻学》，可以说是我国最早也是最好的结合实际的新闻著作。

一九一八年创刊《京报》，对五四运动和在此以前发动的新文化运动，起了宣传、推动的作用。以后，一直对北洋政府及一切复古、保守势力，进行不屈的斗争。

一九二四年第二次直奉战争，直系政府垮台，中国政局又面临一个关键时刻。在反直系的三角联盟（孙中山、段祺瑞和奉系军阀张作霖）中，段、张一心想全面恢复北洋军阀的统治体制，在外国势力的支持下，准备召开"善后会议"和"关税会议"，对内镇压，对外媾和。冯玉祥一派国民军，则主张迎孙中山北上，共商国是。已主张"联俄容共"的孙中山，毅然北上，并提出召开国民大会，取消不平等条约、关税自主等主张，受到广大人民的拥护。到京后，受到段、张等的抵制，于一九二五年逝世，翌年三月，段、张勾结外国势力，利用辛丑和约，对付国民军，镇压学生的爱国行动，因此，造成了"三一八"惨案，爱国群众死伤达二百余人。当时，《京报》鲜明地站在进步方面，揭斥军阀和外国势力的阴谋，飘萍写了不少义正词严的报道和文章。

一九二六年三月，国民军退出北京，奉系军阀控制北京政府，宣布通缉李大钊、鲁迅等四十八人，飘萍亦在其内。飘萍不幸被捕，旋即被枪决，一代报人，以身殉职！

我在中学时代，就喜欢看《申报》的飘萍北京特约通信。到北京进大学那一年（一九二六年）上半年，听到邵飘萍先生被奉系军阀杀害的消息，十分愤慨。到北京后，看到《京报》还照常出版。我还在《语丝》中看到鲁迅的文章（当时鲁迅已南下赴厦门），不时提到飘萍和《京报》副刊。看到《京报》，总觉得有一种"人亡物在"的感情，特别爱好，虽然已看不出它有什么特点，似乎趋于平淡了。

一九二九年夏，我第三次赴太原采访，正当时局又面临一微妙关头。冯玉祥还被阎锡山软禁于五台建安村，而阎锡山和蒋的关系，似乎又发生了裂痕。各方代表云集，采访工作相当紧张。一天的傍晚，我回到正大饭店，正预备休息一下就去吃晚饭，茶房进来说："住在某号的汤先生请你去一趟。"

　　站起来迎接我的是一位微胖的中年妇女。一开始她就微笑地说："你在这里采访很活跃呀,《大公报》的电报和通信我都拜读过了。"经过照例的寒暄,才知她就是飘萍夫人汤修慧女士。她承继飘萍的遗志,把《京报》这副担子独立挑起来,在那样的年月,真是不容易。她请我在旅馆餐厅里一起进餐,席间,问了我一些新闻和工作情况,然后说:"能不能便中也给我们打些电报?"她看到我有些迟疑,微笑地接着说:"我知道你们《大公报》的规矩,记者是不能兼职的。你放心好了,我们不要你的特殊新闻,只要一般的公开消息,简单地打个电报。"态度这样诚恳,我只得答应了。

　　吃完饭,她交给我《京报》的发电执照(凭这个发新闻电,每个字三分,由收报人付费),并说:"我明天就回去了,一切费心。你回京后,请常来《京报》谈谈。"说毕,又取出了一百元给我,说:"这算是补贴一点车马费吧。"我还来不及推托,她就告别了。

　　以后,我大约还在太原住了约一个月,曾为《京报》打了十几次电报,写过一两段简短的通信。至于这一百元,就在太原买了一只手表。这是我生平第一只手表,后来,我大儿子上中学,小儿子结婚,都还戴过,仿佛成了"传家宝"。

　　就在那年秋天,我回家乡结婚。假满,被调至天津工作,月薪虽一下由三十元"跳"到七十元,但维持一个小家庭也常感拮据。不久,我妹妹又来津上学,眼看孩子快要出世,常不免寅吃卯粮,靠借支度日,也曾几次把妻子带来的一点首饰送进当铺。正在这时,汤先生给我汇来一笔钱,请我兼当《京报》的驻津记者，有新闻时，给北京报馆挂个长途电话。工作是轻松的，每月有几十元，也的确是雪中送炭。但干起来，困难也不少，首先是我只编过教育新闻，天津人地生疏，又不负采访的责任，一般新闻无来源。其次是，电话怎么打呢？自己装不起，又不能在报馆里打。最后，想出了一个法子，教育新闻版一般在十点半钟就可以看大样了，而劝业场商场附近之天祥市场有一家弹子房深晚还继续营业；我从晚报上看到一些认为值得发的新闻，就"光临"这个球房，先挂个北京电话，一面打球，一面等电话叫通。

真是"天下没有不透风的墙"，这样做了约两个月，胡政之不知怎么知道了，他一天找我个别谈话，很关切似地说："听说你夫人快要分娩了，家里开支要增加了。我已关照会计课，从本月起，你的薪水改为一百元。"他绝口不提《京报》的事，而我是"瞎子吃馄饨"，肚里有数的。第二天，就写信给汤先生，抱歉地把这事辞谢了。

的确，《大公报》有一条"戒律"，职工一律不准在外兼任"有给"职，"一经查明，立即开除"。但是，我明明一再犯了这条"戒律"，这位铁面无私的老板，却给我加了薪。可见，"戒律"有时也是"活学活用"的。他认为你这个人有用，也就掩盖过去了。

同样，《大公报》的章程中，首列"不党、不卖、不私、不盲"这"四不主义"的"戒条"，第一点就是不许职工参加任何党派。但"为了工作的需要"，不仅容许，而且胡政之还设法帮助驻南京的特派记者，去兼《中央日报》的编辑主任；驻上海的特派记者，兼任《民国日报》的编辑，并且都被鼓励参加了国民党。最后，连社长吴鼎昌也参加南京政府，担任了"有给"职——实业部长，开口闭口，也不离"我党"了。他虽然登报"声明"辞去《大公报》社长的职务，事实上不是还实行着"遥控"么。

我在平、津工作这几年，特别是住在北京时，公寓在香炉营，离《京报》所在的魏染胡同近在咫尺，但总觉得汤先生的关怀多，而答报太少，只去《京报》拜访过一次。《京报》的总编辑潘劭昂，是潘公弼的兄弟，一直在飘萍先生指导下工作，飘萍逝世后，始终坚持这个岗位，我也只在电话里和他接触多次，直到抗战后期，才在重庆碰面，那时，他在饱经风霜之后，看来已情绪消沉，终日酒杯不离手了。

重见汤先生，是一九四○年在香港。七七事变后，她毅然把《京报》停刊，并抛弃了全部资财、产业，只身逃出被敌人包围的故都。到港以后，赖赈济会的一点微薄的救济勉维生活。她介绍她的女婿郭根到《大公报》工作。提起郭根，我也可以说一段"老话"。我在北京住公寓时，常看到一位女学生来找对门的一个修长的青年。公寓的"伙计"当作一件秘闻偷偷告诉我："他们都是师大附中的同学，女的就是《京报》老板的女儿。"十几年过去了，郭根早已毕业于山东大学，而这位邵小姐，生了两三个小孩，已经夭亡了。

此后，郭根曾和我一起化装逃出被日军占领的香港，先后在桂林、重庆《大公报》工作，后来也参加过《文汇报》，一度任总编辑，并担任过驻北平记者，长期和我合作。

汤先生在香港沦陷后，也流亡到了桂林，我们还不断见面，有一次，她看到我喜欢养鸡，特地把她豢养的一窝纯毛白鸡送给了我。一九四四年桂林吃紧时，鸡都长大了，每天下的蛋有满满的一大碗。曾杀过一只，但孩子们都不肯下箸，说看了它的眼睛就像活着的一样。结果，我还没有逃出桂林，鸡就被进驻的国民党军捉去，一夜之间杀光了。

汤先生后来也逃到重庆。抗战胜利后，一直没听到她的消息。最近才知道，她已届九十余岁的高龄，精神还好，正在整理飘萍先生的遗著，回忆有关《京报》的史料，祝愿她健康长寿，亲眼看到飘萍先生曾为之努力并牺牲性命的祖国日益安定，富裕强盛。

还想到一个故事。大约在一九二九年左右，北京报载一件轰动的社会新闻，说有一个"神志失常"的青年，到无量大人胡同梅兰芳先生的寓所，指名要面见梅先生。当时，梅处有一个叫张三的在座，便自告奋勇地愿意先出去看看来客，代为敷衍。想不到他出去刚说几句话，那个青年就拔出手枪，一下把张三打死了。以下，自然是军警赶到，把凶手逮捕法办。

而这个张三，据说是有名的"京油子"。当年奉军进京后，声言要逮捕"三一八惨案"的"赤化"份子，飘萍先生闻风已匿居东交民巷。是张三打电话到六国饭店，说没有事了，赶快出来吧，飘萍正挂念着报馆和家事，听信了这个帮闲的话，汽车刚开出东交民巷，预伏的军警一拥而上，架到了宪兵司令部，不几天就被难了！

记徐凌霄兄弟

徐凌霄是民国初年的名记者。我在中学时代，就极为倾倒他以"彬彬"笔名刊登在《时报》上的北京特约通信；也像《申报》的飘萍写的通信一样，每篇都吸引我细细阅读，不仅分析局势和各方的利害关系清清楚楚，而且文笔恣肆，鞭挞入里，刻画那些军阀、政客，如"鬼趣图"，个个跃然纸上。

他是我们宜兴同乡，又是同族，但很早就迁居北方；他的伯父徐致靖曾任山东"学台"（仿佛后来的教育厅长），戊戌时任户部侍郎。康有为和梁启超就是他向光绪保荐的。所以，戊戌政变时，被逮捕押入"天牢"，永远监禁，慈禧死后才得释出。他的儿子仁铸，也是维新党，在掌湖南"学政"时，吸引梁启超到长沙办时务学堂，戊戌政变时也罢了官。《时报》的主办人狄葆贤（平子），也是个维新人物，凌霄和《时报》的关系，可能渊源于此。

一九二六年《大公报》复刊后，他主编《戏剧周刊》，他自己写的文章很多，有时整版只登他一篇文章，署名有时还用"彬彬"，更多的署"凌霄汉阁主"。完全不像那时的一般"剧评家"那样吹捧名角，而着重于剧情分析和对京剧规律的探讨；据我看，他在这方面的知识和见解，似乎比齐如山还要高明。

大约在一九三〇年，《大公报》副刊《小公园》的编者何心冷因病回沪休养，胡政之请凌霄接编，但凌霄还兼任清史馆的工作，不能到津，必须有一人做他的助手。当时，编辑部人员很少，几乎每人都兼做两项工作。比如，王芸生任各地新闻版编辑，兼任通信科工作，何心冷编《小公园》外，还要编本市新闻、指挥外勤工作。我那时主编教育新闻，比较清闲，胡就派我兼任这个工作。虽说是助理，工作也很费时，来稿都要先看过一遍，选出可用的寄到北平。凌霄把每期选用的稿子寄给我，要给它拼版，看大、小样。我们这样合作了约一年多。

中间，为了联系工作，我曾几次去京。他住在宣武门外校场头条。那时，他已五十多岁，瘦长而清癯，两目炯炯有神。使我惊异的是，他早年就离开家乡了，但一般生活方式，似乎还保持江南小城市的那套习惯，老式床，粗夏布帐子，木椅竹榻，书桌和文房四宝，完全也是老式的，没有一件沙发之类的新式陈设。他留我便饭，风鸡、咸肉、青菜肉丸，也完全是家乡口味。

他的兄弟一士，身材高大而微胖，也常来一起谈话，凌霄先在《国闻周报》刊登《凌霄汉阁随笔》。后与一士合作，改称《凌霄一士随笔》。再以后，这工作由一士单独承担，称《一士谈荟》，凌霄有时也另写《凌霄随笔》。他们都写近代掌故，对清末民初人物，真是如数家珍，不仅熟悉各人的履历，而且能细述这些人是哪一年中的进士？同榜和座师是什么人？因何种关系升迁起来的？对事件经过，也交代得清清楚楚。在史料的搜集、整理上，他们的确做出了不小的贡献。当时，都是《国闻周报》最吸引读者的连载，后来都印有单行本，可以说，是那一段历史时期最可信的野史。

　　一九四九年三月，我从香港经烟台、莱阳、济南到了解放不久的北京，特地去拜访他们，差不多二十年不见，他们两兄弟已年过六十，熬过了八年抗战和四年内战的苦难，幸喜都还矍铄，家里的陈设依然，当然是更破旧了些。我们有过几次酬酢，闲谈间，凌霄对时事已不感兴趣，而津津于谈戏。他对京剧的观点是保守的，不仅反对连台本戏和采用布景，连新式的半圆形舞台，他也认为不适合京剧的表演。他说，京戏是一种歌舞剧，造型要美，要做到从四面看去都是美的，所以同、光年间的名小生徐小香的练功房里，四面放着长镜，看每一个动作是否从每一角度看去都美。很多老的观众，要在老的茶园里，选取戏台旁边的座位，以便欣赏角色的背部表演。他还给我讲一个故事，说他童年时曾看过余三胜（名演员余叔岩的祖父，与程长庚齐名）主演的《金沙滩》（《李陵碑》的前折），钱金福还很年轻，扮演杨七郎。当他告别因守孤垒的父亲，去挡杀如潮涌至的辽兵的时候，走到门外，又回进来，看了父亲一眼，深情地把武器放在台角的柱上，走到父亲面前，捧起父亲的白髯，放在自己颊上亲了两下，然后擦擦眼泪，一声不响，拿起武器走了。这一场，没有一句道白，表演了七郎杀敌前念念不放心年迈苍苍的老父，表演杨家父子以身许国的一片深情，多么细致。他说，这一折戏，多年不见人再演了，而新式舞台，前台两角没有了柱子，也无法演出了。他这段话，给我的印象也很深，所以迄今还记忆犹新。

以后，我在上海工作，再未见面，听说凌霄在六十年代初就已作古，一士则常为全国政协的《文史资料选辑》写一些短稿，订正人物和事件的出入，那时他大概已七十余高龄了，不知他能否安度过这"十年浩劫"！

写凌霄兄弟，连带想到另一位维新老人。一九四九年九月开国前夕召开的全国政治协商会议，集中了各个时代各方面的代表性人物，代表中最高龄的，是张元济菊生先生，已八十有二。开幕前，他还清健，驱车游览中南海，我也陪着参观，到勤政殿，他特别进去，指点着戊戌那年光绪在那里召见他，他怎样叩见，光绪怎样和颜悦色地慰勉他。四十多年前的旧事，他回忆起来还情景宛然。

后来，回到上海，陈毅为征集各方人士对即将组织的华东军政会的意见，召开座谈会，我和张菊老、周孝怀（辛亥革命时的反面人物）等同组，菊老欣然参加，并发了言。以后就听说他瘫痪了，还很关心商务印书馆和新中国的出版事业，匆匆三十年又过去了！

北京《晨报》和上海《时事新报》

　　《晨报》和《时事新报》，是南北呼应的两张报纸，以研究系为其政治背景。

　　提起研究系，当然要联系到梁启超（任公）。他是一位富于才学的学者，又是一位杰出的新闻工作者，他早年先后创办的《时务报》《清议报》和《新民丛报》曾风靡一时。

　　但他也和他的老师康有为一样，不仅喜欢文人论政，而且以政治家自居。从戊戌百日维新失败后，继续保皇，和革命派对抗。辛亥革命后，康顽固到底，梁则"不惜以今日之我与旧日之我战"，表示拥护共和，但总脱不了改良主义的窠臼，往往被有野心的军阀所利用。民国以来，先是和立宪派的汤化龙等合流，组织"民主党"，想在国民党与拥袁世凯的共和党之间，成为举足轻重的第三势力，结果，受袁利用，和共和党合并成为进步党，变成袁镇压进步势力的工具。一九一五年的护国之役，他发表了《异哉所谓国体问题者》

的讨袁檄文。这是戊戌以后，他从政最光辉的一页。但后来段祺瑞上台，他又因热衷政治，变成段的"猫脚爪"，还一度担任财政总长。《晨报》一九一六年八月创刊，正是梁等得意忘形的时候，他们组织了"宪政研究会"（所以，后来被人称为研究系），还曾一度组织了以该系政客为主体的所谓"人才内阁"，被段利用来抵制黎元洪和旧国会里的国民党力量，等到黎被赶下台，段系政客徐树铮等直接操纵新国会（时称"安福国会"），研究系便被弃置一旁了。《时事新报》的创刊，正是梁等在政治舞台上最后挣扎的时候。它的前身是《舆论日报》，原是清末官僚上海道蔡乃煌创办的，此时已停刊，梁和张东荪等集资接盘过来，创刊了《时事新报》。

从此，任公专力于文化学术方面，写了几本如《清代学术概论》等有分量的书。新文化运动兴起，他也以偏师参加，特别是白话文，积极以他"笔锋常带感情"的笔调，率先实践，虽然写的文章，还带些"放足"的痕迹，精神是可佩的。

当时的《晨报》，似乎也朝气蓬勃，延请李大钊任副刊主编，派瞿秋白作为特派记者，赴十月革命甫告成功的苏俄采访。上海的《时事新报》也不落后，尤其是它的副刊"学灯"，积极介绍各种新思潮，真正成为上海报坛的一盏明灯，在青年和进步知识分子中起着鼓舞的作用。茅盾和郭沫若都曾在《时事新报》的"学灯"发表过文章。

但时间往往是作弄（也可以说是考验吧）人的，正像叶公好龙一样，新的思潮真正掀起了，包括马克思列宁主义在内的各种思潮开始汹涌地流进来了，梁任公却不能广为接纳。《晨报》和《时事新报》也日趋保守，连孙中山也成为他们积极攻击的目标。

当时，在青年的心目中，梁启超三个字，几乎成为保守派的代名词。一九二六年秋，我就读清华大学，他那时与王国维（静安）等同为研究院教授。每星期六，学校举行各种学术演讲，学生自由参加，我曾听过任公先生和静安先生的几次演讲，内容都极精彩，渊博而深入浅出，但听者寥寥可数，而年轻教授如钱端升等的时事讲座，每每涉及当时正在胜利进行的大革命，则座无虚席，不时响起阵阵的掌声。当时的梁任公，似乎"与世两忘"了！

第二年，我转学北京师大，常往设在西单以北北海公园内快雪堂的松坡图书馆阅览，那是任公捐集书籍，为纪念他的学生蔡松坡（锷）而创办的。书虽不多，但有不少珍本、善本，而且阅览处是三楹高轩，窗外树木扶疏，很宜于静读。以后，北海公园开放，在五龙亭一面的一座小山上，也有一座小院，设立松坡图书馆分馆，我也去借阅过几次，在这两处，我也见到过任公先生，大概是因病割去一个腰子，健康迄未恢复吧，越发显得老迈颓唐了。

《晨报》具体由蒲殿俊（伯英）负责，陈博生任总编辑。蒲是四川有名的立宪派，一九一一年四川保路风潮掀起后，他曾任都督，不久即下台，李劼人的小说《大波》，曾生动描述这一段经过。辛亥革命后，他到北京任旧国会议员，是进步党到宪政研究会积极的成员。

我进师大时（一九二七年），《晨报》还是北京各报中规模最大、发行最广的报纸，虽然它的副刊已不大吸引人，但在阅报室时，早晨大家还首先抢看《晨报》，下午，天津报送到，才抢看《大公报》。

翌年，国民革命军攻下京、津及华北各省，《晨报》宣告停刊。陈博生旋被中央社罗致，先任该社的驻东京特派记者。抗战开始后，被调回总社，任总编辑。《晨报》的两位"硬里子"编辑张琴南、许君远，一度转入天津《庸报》，一九三六年被胡政之聘请，参加刚创刊的《大公报》上海版。

《时事新报》也于同时出盘，由张竹平接手经营。张原是史量才接办（一九一二年）后的《申报》经理，长袖善舞，被目为经营的能手，《申报》在史量才时代不断飞跃发展，他也有不小的功绩。后来，和史发生龃龉，辞职而接办《时事新报》，以后，还陆续接办英文《大陆报》，创办《大晚报》和申时通信社，号称"四社"，在当时的上海报界，张颇有叱咤风云之概。

他一下子接办和创办了四个新闻企业，是独资还是合资？资金来源如何？就不得而知了。反正，在他经营的时期，这四个企业，似乎颇有声光，并无周转失灵的竭蹶现象。

大约在一九三五年左右，他忽然以二十万元的低价，把"四社"全部售给孔祥熙（在此以前，宋子文收购了《大美晚报》中文部）。据说，孔祥熙只付了五万。

报纸毕竟是要靠人办的，主要在能争取广大读者的支持。黄金是"铺"不好一张报纸的。这"四社"被孔祥熙收购后，先由崔唯吾（曾任初期的中央社主持人）任总经理，并无起色。

一九三七年底上海沦陷，《时事新报》与《申报》《大公报》等同时停刊。旋在重庆复刊，初由孔的门生（山西太谷铭贤学校的学生）高向呆任总编辑，虽然得到贷款、结汇等方面的特殊待遇，报纸却"面黄肌瘦"，读者大概是重庆各报中最少的，后改由张万里任总经理，也并未在发行上迈出一步。

一九四五年抗战胜利，张抢先到上海复刊，由朱虚白任总编辑，日销不过几千份，后改请马季良任总编辑，稍有起色，又因"左倾"而被辞退，由胡鄂公主持，从此，更气息奄奄，病入膏肓了。一九四九年上海解放前夕停刊时，早已是一把瘦骨头了。

张竹平像有先见之明，"八一三"以前，即移家香港作寓公。一九三九年秋上海《文汇报》被敌伪迫害停刊后，我到香港重回《大公报》。张季鸾和胡政之都住在坚道的一座三层的楼房里，张季鸾住底层（时张主持重庆《大公报》，家眷则住港），胡住三楼，张竹平住二楼，恰似"三明治"一样，被《大公报》的两片"面包"夹在中间。

不久，他在皇后大道一座大厦的顶层开设了大华饭店，晚上还有屋顶花园，以"外江"川、扬菜为号召，还出售江浙面点。他虽然没有着"犊鼻裤"，已经以酒楼老板的身份，笑脸招徕顾客了。

他这一"创举"，解决了我的一大问题。我从童年起，就不吃鱼、虾、海鲜及牛羊肉，到了香港，往往满桌珍肴，无从下箸，因此，不敢在宿舍包饭，中午起身，总是买一瓶"豆乳"（瓶装的豆浆）就面包充饥，晚上如无酬应，总去素菜馆就食。自从大华饭店开张后，我就成为它的常客，一碗肉丝面，或者两客"小笼"、一碗馄饨，就适口充肠，吃饭问题，就得到基本的解决了。

　　不久，张季鸾把家眷搬去重庆，空出的房子，张竹平大加修饰，辟为大华饭店的贵宾部，专门承办高价的筵席，光顾者必须先日预订。我曾被邀参加几次宴会，每次都由张亲任招待。那时，看样子，不过五十五岁上下吧，像是很健康的。

　　一九四一年底爆发了太平洋大战，香港旋即被日军攻占，我于翌年一月化装逃出虎口。从此，再也听不到张的任何消息。*

---

* 张竹平先生于1941年12月自香港到重庆，以后一直在重庆居住。1961年5月病逝。

浅谈《益世报》

在旧中国，也有不少出色的业余评论家，经常发表文章，有的还被刊载在社论的地位。我在中学时期，就看到《申报》刊载署名"行严"的时论，那是章士钊写的，基调是反对新文化运动和白话文，还是《甲寅》杂志那一套滥调，对年轻人来说，看了是很起反感的。《申报》还有一个时期，登载署名"心史"的时论，也是文言文，却文笔细密，毫不矫揉造作、卖弄风骚；说古谈今，论断公允，虽然所谈的并不切合当前时局，而言之有物，比署名"冷"的"小言"等等《太上感应篇》式的空洞文章，高明得多了。后来知道作者即有名的历史学者孟森先生，那就无怪其然了。

一九二六年到北京就学，看到天津《益世报》经常在社论地位，刊出署名"旨微"的评论，也很引起我的注意，觉得他分析问题比较细致，文笔虽不及"心史"，也还流畅，逻辑性也颇强。后来，只知道作者姓颜，其他就不了解了。

北方的报纸，和南方显有不同，控制力量最强的，一是日本，二是天主教会。北京也有英美人办的报纸，如英文《北京导报》。天津则《京津泰晤士报》英文版外，还有中文版，但影响限于一部分上层。而日本人办的北京《顺天时报》和沈阳《盛京时报》却在华北、东北广泛发行，有相当大的影响。袁世凯称帝前，袁克定特地叫《亚细亚报》的薛大可（此人是袁世凯的"御用"记者，"洪宪"时，他给袁的"呈文"，自称"臣记者"，一时传为笑柄。可见"帮"派记者，"古"已有之了）等伪造《顺天时报》，"恭呈御览"，就可见它的作用了。这两张报，都在甲午战争和庚子事变后创刊，看它们的报名，就可见其倾向性，它们基本上是日本侵略的工具，是不待言的。它们所以能广泛流传，主要因为当时的政府压制舆论，中国报纸登不出真实的消息，而它们却依恃特权，经常刊登一些真实的消息，读者也更容易从中判断出一些真实的情况。比如，一九二六年到一九二七年间，大家关心南方的军事变化，但《晨报》《世界日报》等，均只能隐约其辞，或者根本略而不载。只有《顺天时报》可以"畅所欲言"。《顺天时报》编报的版式呆板，文字也是东洋式的汉话，半通不通。比如，它的副刊，尽登一些诗词之类，连起码的音韵都不谐，每天登一篇该报记者（日人）辻听花的"听花日记"，有一个一成不变的公式："某日晚，与友人小酌于某某楼，略醉，步至华乐园，则周瑞安之落马湖已成尾声，有顷，大轴昭君出塞登场，绮霞（按即尚小云）饰王昭君，扮相俊丽，歌喉婉转，反二簧一段，尤令人击节。听罢归来，有绕梁三日之感，爱笔记之。"他无聊地吹捧尚小云，记得该报曾发起"选举"四大名旦，竟把尚列于梅兰芳之上。

当然，《顺天时报》的"畅所欲言"，是夹带着许多污蔑和谣言的。如国民革命军攻下武汉后，起劲制造共产公妻、裸体游行的就是它。一九二七年国民革命军北伐时，它天天刊载前线专讯，说奉军已退过保定，党军前锋已近京郊，京师人心浮动，米价又涨等等，虽然有些恶意的渲染，但读者多少知道些战局变化，因此，那时《晨报》等每天至多发行六七千份，《顺天日报》则在一万份以上。等到京、津易手，人民也厌恶它的亲日倾向，它日渐奄奄一息，终于在一九三〇年关了门。

控制北方报纸的另一股力量是天主教。庚子事变以后，教会势力在华北更加无孔不入，农村的缙绅恶棍，多与教会勾结，欺压良民。教会办的报纸，多赖教堂为之推派。英敛之于一九〇二年创刊《大公报》，也挂着天主教会的招牌，所以敢于反对慈禧，偏袒光绪帝和维新运动。《益世报》于一九一五年创刊，更公开宣传天主教义，创办人是外籍教士雷鸣远，一直掌握着经营大权。报纸编得并不出色，但由于教会的关系，发行深入华北农村，销数远在北京各报之上。

一九二六年《大公报》由张季鸾等接办复刊后，与《益世报》的竞争日烈，俨然成为天津对峙的两大报，像上海的《申报》《新闻报》一样，《大公报》吸收日本报纸的综合编辑法，改革版面，刷新内容；《益世报》也抛开暮气，亦步亦趋。但有一点最使雷鸣远伤脑筋，《大公报》的社评由张季鸾主持，密切结合时事，有时还透露新闻中不载的时局动向，成为报纸的主要特色。颜旨微的论评显然过时了，要找一个与张匹敌的人，很不容易。约在一九三二年一月左右，《益世报》曾重金礼聘了新月派的主角罗隆基主"笔政"，一星期发表三四篇社论，月薪高达五百元（当时大学教授不过三百元）外，还供给专用汽车。但这个"强心针"，似乎也未见大效；因为罗的文笔虽流畅，但他毕竟不是新闻界出身，写的都有些隔靴搔痒。不久，于斌的势力控制了《益世报》，它就日益成为蒋在华北的喉舌，罗也直接投身政治活动去了。

抗战以后，《益世报》曾先后在重庆、南京等地出版，并一度计划在新加坡出海外版。刘豁轩父子，也像《新闻报》的汪汉溪父子一样，一直操持经营，但形势比人强，不合时代要求，甚至逆时代而动的一切事业，终究要被时代冲刷了的。

二十年代，北京也出版过《益世报》，那是该报旧人杜竹轩个人创刊的，也打着教会的招牌，但与天津《益世报》并无联系，正如《申报》以外有《新申报》一样。

北京《益世报》始终未受人重视过，只是报海中的一叶扁舟而已。

从第一张小型报《晶报》谈起

　　中国近代报纸的最早一段时期，如同治末年到光绪初年的《申报》，内容除"宫门抄""辕门抄"及译载些外文报的新闻外，大抵有一些市井琐闻，如雷劈死了枯树里的巨蟒等等。

　　此外，有相当一部分篇幅，刊载当时一些斗方名士的诗词、联句、诗钟、谜语等等。由于这个传统，后来的报纸虽以新闻为主，总还有一个或一个以上的副刊，登载一些文人的作品。随着形势的发展，特别在"五四"以后，副刊内容有了明显的分化，一部分态度严肃了，介绍新思潮，刊载新文艺，探讨一些新问题，如《时事新报》的"学灯"，《民国日报》和"觉悟"，北京的《晨报》副刊、《京报》副刊，以及后来黎烈文、张梓生编辑时期的《申报》"自由谈"等等。抗战以后直至解放，有些副刊更加旗帜鲜明，成为战斗的另一阵地。

另一部分,依然以长短小说、游戏笔墨为主,供人茶余酒后消闲遣兴。等而下之,则有以荒诞、黄色的小说为号召,甚至配合社会新闻,吹捧权力者,影射攻击进步人士及一些无拳无勇者。它们似乎有意无意参加了"围剿"的行列。

对于后一种报纸,鲁迅在《论人言可畏》一文中,曾慨乎言之说:"现在的报章之不能像个报章,是真的;评论不能逞心而谈,失了威力,也是真的,明眼人决不会过分地责备新闻记者。但是,新闻的威力其实是并未全盘坠地的,它对甲无损,对乙却会有伤;对强者它是弱者,但对更弱者它却还是强者。所以有时虽然忍气吞声,有时仍可以耀武扬威。于是阮玲玉之流,就成了发扬余威的好材料了。因为她颇有名,却无力。小市民总爱听人们的丑闻,尤其是有些熟识人的丑闻。……"

后来的小报(尊称"小型报"),大抵就是在这背景下产生、发展起来的。当然,其中有不少是有进步倾向和起过进步作用的。

小型报,可以说是中国报刊的后起的一种品种。第一次出现的是《晶报》。它是哪年创刊的,我没有考证过,询之一位长期参加该报工作的朋友,他也记不清准确的年月,大概总在一九二〇年前后吧 *,总之,我在中学时代(一九二二年到一九二六年)就曾看见过《晶报》。学校是道貌岸然的,当然不会订阅那种报纸,记得我在公园附近的无锡市立图书馆,曾几次看过它,印象较深的是每期前面有一篇署名"丹

翁"的短文，颇为隽永，耐人寻味。有时也看到署名"寒云"的文章。

《晶报》的主持人是余大雄。据我那位朋友说，余是安徽人，曾留学日本。民国初年，曾在《神州日报》当副刊编辑和翻译。(《神州日报》有三个时期，清末，由于右任创刊，宋教仁主笔政，是宣传革命的报纸。辛亥革命不久停刊。一九二〇年左右曾复刊了一个时期，大概由蒋光堂任经理，旋亦停刊。"九一八"以后，蒋光堂及董显光把天津《庸报》出售给日人，董到南京任国际新闻处处长，蒋则于一九三六年前后又到上海复刊《神州日报》。七七事变，他又将该报出售，由余大雄等主持，变成为汉奸报。)《神州日报》旋因读者寥寥而停刊，余乃利用该报在望平街的馆址和印刷设备，与同事江红蕉合作，创刊了《晶报》。因为内容别致，体裁新颖，颇受小市民及有闲者欢迎。

它的基本作者，除余、江及张丹斧（即"丹翁"，长期是该报台柱）外，有包天笑（笔名曼妙）、钱芥尘（炯炯、行云）、毕倚虹（清波、闲云）、孙东吴、冯叔鸾、冯小隐等，特别引人注意的，是不时有袁寒云的文章。袁名克文，是袁世凯的第二个儿子，袁称帝时，克文刻有图章，自称"皇二子"，俨然以曹子建自许。他却也有些文才，书、图、诗、文都还有一套，特别是京戏，据说生、旦、净、末都能扮演，小丑尤为出色。他曾在《晶报》撰登《辛丙秘苑》，记述其父袁世凯自辛亥革命后重登政坛，直至一九一五年（丙辰年）洪宪称帝的一些内幕琐闻，长篇连载，轰动一时。除此以外，还有周今觉的《邮话》，周越然的翻译小品，欧阳予倩、徐卓呆、汪仲贤（即汪优游）、郑正秋等戏剧界人士，也不时投稿。经常画漫画的则有黄文农。在此以前，中国报纸的时事漫画，还在幼稚状态，只有西文《字林西报》萨柏求（萨巴乔）的漫画有一定的艺术水平和思想内容。《新闻报》《快活林》常登丁悚及马星驰的作品，前者长于国画，内容较平淡，后者则经常用一种表现形式，即在一幅画内嵌几个白描字，表示讽刺的意义，看了十分浅薄而单调。黄文农的漫画，才开始有一点漫画的味道。当然，水平比之现在的漫画家还差得远。

《晶报》是三日刊，四开一小张，内容主要是消闲性的，但编得小巧玲珑，五花八门，颇受一般小市民的喜爱，到了一九三〇年左右，改为日刊，便显得有些捉襟见肘了。

正如"老大房"以后必有"陆稿荐""杜六房"等一样，继《晶报》之后，不久就出现施济群主编的《金钢钻》，冯梦云的《大晶报》，吴微雨的《福尔摩斯报》等，一时如雨后春笋。一九三六年我首次来沪安家落户，参加上海《大公报》创刊时，小型报不下二三十种，大概已发展到最高峰时期，有专门谈电影、戏剧的，也有专门以吹捧舞女、歌女、妓女为能事的，有的专以黄色小说为号召，内容、文字都不堪入目。更有些是捕风捉影，专门"揭露"进步文化界的"秘闻"，做当局鹰犬的。

那时，大型报一般是零售三分六厘，小型报则定价为一分。当时，报贩们已首先发明了搭卖的办法，把较受欢迎和不易销售的报纸，搭配成一叠，代价是小洋两角。这办法，大概实行了很久。一九四五年九月初，我搭乘了一架特为新闻界开的专机到了南京，准备参加受降典礼。到京后，听说受降典礼改期了，就托人在当晚开出的夜快车包了一个头等包房，这是我生平最阔气的一次短程旅行。倒不是"天上飞来的"特别有钱，一则是票价从"大后方"的人看来，便宜得惊人，一间头等包房，只要伪币二百多元（以后规定对"法币"二百作一），才合"法币"一元，而一元的"法币"，扔在重庆的马路上，几乎很少人愿意去捡了（当时，一包"华孚"牌香烟就得二十元）；更重要的是车上秩序很乱，日本投降已二十多天了，车上、站台上还有不少日军持枪警戒着，多出几个钱，包一个房间，比较安全些。恰好《商务日报》的陈落也决定当晚赴沪而买不到票，我就"慷慨"予以招待。

我们两个人上车时，买了一叠上海的小报，大约花了十元伪币吧，关紧了包房的门，各躺一个皮沙发，抽烟、饮茶、看小报，直至天明到了上海。

写到《晶报》的基本作者，我想乘机介绍几个人。一是冯叔鸾，以"马二先生"的笔名著称。一九三六年《大公报》在创刊后，为了招徕广告，不久即增出本市副刊，除刊载些有关广告的新闻外，还增辟了两个副刊，一个是主要刊载影评的，由唐纳、葛乔主编；另一个是刊载剧评及其作消闲性文字，即由那位冯叔鸾先生主编。那时，大概已年近花甲了吧，满目斑白的头发，总见他埋头发稿。一点没有《儒林外史》里那位马二先生那样风趣。他写文常署"楼桑"或"楼桑村人"，原来，他原籍河北涿鹿，和"刘皇叔"是小同乡。

二是江红蕉。"孤岛"初期我主持《文汇报》编辑工作时，曾由董事兼副经理胡雄飞（原来也是以办小型报起家的，主办《社会日报》）介绍来编副刊《灯塔》，大概也已四五十岁了，只编了一个短时期就辞去，听说他那时主要和人合办一家丝厂，他辞职后，由陈灵犀接编《灯塔》，直至被迫停刊。

最后，值得特别介绍的是钱芥尘。在过去，有逼良为娼的鸨母，新闻界里，也有这类的人贩子。听说，在"九一八"和"一·二八"后，他就和日方的驻沪机关有联系，而自己表面并不落水，悠然站在岸边上。当时，上海新闻界曾组织赴日和赴伪满参观团，背后都是由他策动、包办的。"八一三"以后，汉奸报纷纷出现，听说后面都有他的魅影。有一位和他接触过的朋友告诉我，钱拉人下水的手法很多，而归根到底，是投其所好，"就汤下面"，缺钱的他先给以周济，爱名的他设法在大、小报给你吹捧，两者都不贪的，他还有一手"绝招"，他影印了不少"珍本"的《金瓶梅》之类的书，先是登门拜访，把一两种请加鉴赏，看你并不拒绝，而且偶露喜色，以后就不断访问，使你不得不有求于他，最后就被牵着鼻子走了。

听说二十年代起，以主编《英文模范读本》闻名而且富裕起来的周越然，就是着了他这个"道"儿而变成汉奸文人的。大家知道，他和叶灵凤二人，是同以收藏外文性爱的书而闻名的。

还有，原《申报》记者钱华，因为报纸停刊，生活无着，被拉去当了《神州日报》的总编辑，不到一两个月，被"爱国志士"打死在报馆门前。

那时的《晶报》，已经不再是一张消闲的小报了，和《神州日报》《生活日报》（不是韬奋主持的，而是红帮头子徐朗西创刊的）同为倡导"和平"和"共存共荣"的急先锋了。

而余大雄则经常出入于当时虹口的魔窟新亚酒店（日本的特务机关所在地）。不久，就听说他在"新亚"被混进去的军统特务以斧头劈死了。

钱芥尘呢？胜利以后，又摇身变成"曲线救国"的地下工作者，在军统控制的小报上，化名刊出长篇连载的有关"七十六号"的内幕报道。

解放以后，小型报还未整顿，曾出现过"军统内幕"这类的连载，听说也是钱撰写的。后来听说他在镇反运动中被镇压了。

解放后，经过沙汰，小型报保留了《亦报》和《大报》两家，思想改造运动后停刊。小型报遂成为历史的名词了。它在中国的报坛上，曾生存有三十年吧。

另一种小型报

　　像《晶报》那样的小型报，据我所知，只有汉口有过两三家，除一张名为《戏世界》的较为严肃外，其余都无足观，随生随灭。因为上海十里洋场，毕竟还有些"洋场才子"，别有歪才，如果歪而无才，连借此消闲解闷的人也要嗤之以鼻了。天津当时有《商报》，听说是一个纨绔子弟叶庸芳办的，形式是大报，副刊却完全脱胎于《晶报》，也常刊载袁寒云的文章，还有袁的老师方地山，写了不少诗词、掌故，仿佛《晶报》的张丹斧，很为天津人所推崇，《商报》主要靠这个"报屁股"维持销路。另外，有《新天津报》，刘髯公主办，日出四开二至三张，那是具体而微的大报，国内、国际、本市新闻一应俱全，而销路靠副刊，而副刊则主要赖长篇小说叫座。从二十年代到三十年代之际，在京津各报上写长篇章回小说的，有陈慎言、张恨水、刘云若、李薰风等。他们写的，当然谈不到有什么新内容，却也不同于上海洋场才子的专写"鸳鸯蝴蝶",而多少反映出一些社会问题。这些作者,以张恨水为最有名,他在《世界晚报》及以后的《世界日报》上刊载《金粉世家》等长篇,风靡京津社会。

一九三〇年左右,《新闻报》的严独鹤第一次游华北,特约张写《啼笑因缘》,从此一鸣惊人,编话剧,拍电影,唱评弹,风行一时。我则比较欣赏刘云若的小说。他专写天津的下层社会,描述人力车夫、乞丐、妓女乃至在"三不管"唱大鼓卖艺的凄苦生活,入木三分。

《红杏出墙记》是他的代表作。我以为不论人物刻画及景物描述,精雕细琢,比《啼笑因缘》《金粉世家》等,实有过之。有一次我和郑振铎先生谈及,他也有此同感。他的作品只登天津报纸,同时有《新天津报》等三四家。据《大公报》一位同事告诉我,刘云若的写作过程很特别,他生活潦倒,整天"泡"在"三不管"一带的下等烟馆里,报馆发稿前,要派人到烟馆里催促,等他烟瘾过足了,拿起手边的一支笔,写在一方块手纸上,蝇头小楷,密密麻麻,写满一张,排出来刚好是每天预留的一块地位。而且为三四家写的小说,人物性格鲜明,从不彼此混乱,有时还有伏笔,有倒叙。大概他在吞云吐雾之际,早已对各个故事的发展,人物的刻画,成竹在胸;而他潦倒的一生,说明他对下层社会的各个剖面,是真正深入体验过的。

当时北京的小报中,以《群强报》历史最久,销路也最广,它的基本读者是店职员、人力车夫等劳动者。北京的劳动人民,有两个特点,一是爱听京戏,二是一般都认识字不太多。仅是勉强能对付看报的几百个字,这大概是新文化运动后，北大、师大等校学生长期开设义务补习学校的结果。常常可以碰到这样的情景，几个没有生意的洋车夫，躺倒在柳荫下闭目休息，听一位同伴读着《群强报》："嘿，今天开明的戏真棒，有梅老板的头二本《虹霓关》，还有王凤卿的《文昭关》啦！"于是，华乐园程砚秋明天是什么戏码，后天第一舞台的义务戏唱些什么，津津有味地谈开了。直到有人雇车，"座谈会"才结束。

《群强报》的格式很特别，是四开的长条。内容主要刊载社会琐闻，如《赛金花访问记》以及今天哪里有庙会、赶集等等，经济新闻，主要是一元换多少铜子票，煤、煤球及米、面、杂粮的市价。总之，小市民所关心的有关问题，应有尽有。除此以外，京戏的广告最齐全，不仅有当天各戏院的戏目，和两三天内的预告，而且什么演员唱什么戏，开列得很详细。别的报纸，只有几个大戏院的广告，它却连天桥的小戏院上演什么剧目，也很齐全。所以，戏目广告，至少占全部篇幅的一半以上。

此外，还登一篇极通俗的长篇章回小说，若干篇短的故事和掌故以及谜语、歇后语、民谚等等。可以说，全是小市民看得懂而又喜闻乐见的。

当时，北京的报纸，《晨报》《世界日报》《京报》销数多的不过八九千，少的只有三五千，历史最久的《北京日报》，听说日销只一千多份。日本人办的《顺天时报》销数多一些，因为它敢于刊登些别的报不敢登的新闻（主要是不利于当局的新闻，当然，也有些故意制造的谣言，而对于学潮和工人罢工等，则多歪曲和污蔑），大概也不过一万多份罢。而《群强报》则听说有五六万份，在当时，可说是惊人的数字了（天津《大公报》发行最多时，曾行销全国，不过四万多份）。

也有几种类似的小型报，但总竞争不过它，而且寿命都维持不长，旋生旋灭。

大约在一九三二年左右，出现了小《实报》，那是曾办通信社、当时在北京最活跃的记者管翼贤主办的。四开一小张，国际、国内、本市新闻一应俱全，"礼聘"了一些有名的编辑主编，采取精编主义，大新闻都经浓缩。副刊也精雕细琢，图文并茂。戏目广告虽没有《群强报》多，也力求齐全。本来大概是想替代《群强报》的吧，结果是抢走了一部分大报的销路，《群强报》的发行，一点也未受影响。《实报》的发行数，最多时曾达三四万份。

吸收了这些经验，《世界日报》的成舍我于一九三五年到上海创刊《立报》，集合了严慎予、萨空了等名家，也是四开小张，采取精编的办法，"麻雀虽小，五脏俱全"，而且特别请了对新闻、文艺有研究的陈望道、谢六逸等编副刊。出版以后，曾使上海的新闻界耳目一新。据说，发行曾达到《新闻报》的记录（《新闻报》最多时，销十六万份）。

当时，上海各大报组织的上海日报公会，也不"以貌取人"，吸收《立报》为会员。"八一三"以后上海沦陷，《立报》迁香港出版，似乎并不甚适合当地读者的口味。发行平平而已。在重庆创刊的《新民报》，以及抗战胜利后在京、沪、宁等地发行的《新民报》及其晚刊，大概基本上是走的这条路子吧。

《大公报》三"巨头"

　　《大公报》原是北方的一张老牌报纸，它创刊于一九○二年六月。所以，一九二六年复刊初期的《大公报》，在报名旁附有一行字："本报创办于民国成立前十年"，表示自己是有历史的大报。

　　创刊人是英敛之，满族人。创刊之初，正在庚子以后，是民族灾难深重，国人深惧瓜分、蚕食的时候，他的思想倾向维新，反对慈禧的腐化误国，曾一再著论讥弹。一九○三年美国虐待华工，《大公报》也倡言反美。在这个时期，《大公报》颇以敢言受读者称道。因为报馆设在天津租界，英又是天主教士，清廷不敢加以压制。

　　辛亥革命后，英敛之看到自己的维新思想幻灭，清朝已经覆亡，无意再经营报纸，于一九一二年弃而去北京办学，报纸委樊子馀等维持，在袁世凯阴谋称帝时，曾大力抨击，但营业不振，奄奄一息。一九一六年九月，英将《大公报》

盘售给皖系政客王郅隆，开始了《大公报》的第二个时期。

解放以后，我曾多次与李思浩长谈，整理王的亲身经历，作为文史资料。

王是皖系的骨干之一。据李告诉我，王字祝三，原来是天津的一个"混混"——无赖，早年曾在天津一家妓院当"大茶壶"（妓院中的差役头领），后来自己开设妓院。一天，安徽督军倪嗣冲到妓院寻欢取乐，吵着要打牌而三缺一，王自告奋勇，愿凑趣奉陪。倪一连玩了几天，结算赌账，输了几万元，开了一张支票给王。王说："督军赏脸，已万分感激了。"说毕，当场把支票在烟灯上烧掉了。倪称赞他很"四海"，够朋友，约他担任安徽督署的驻津代表，负责在津采办军需，从此发了财。后来，又在酒席筵间，结识了段祺瑞的"智囊"徐树铮，徐当时正要结援地方实力派以自重，乃引拔王郅隆以勾结倪嗣冲。一九一七年徐纠集议员、政客，组织"安福俱乐部"拥护段祺瑞，以后又包办新国会，他委王为俱乐部的实际负责人，因而被目为徐树铮的"荷包"（钱袋）。王又利用皖系的力量，窃取天津长芦的盐引，成为暴发户。所以，《大公报》名义上由王郅隆接办，实际的后台是徐树铮。

胡政之由王揖唐的介绍而认识徐树铮，大被赏识，由徐的推荐，任《大公报》经理兼总编辑（以后，主持国闻通信社，也由徐的极力保荐）。

那个时间，《大公报》完全变成皖系（即安福系）的喉舌，即使胡有些办报的经验，也无法办好这张报。在皖系垮台后，《大公报》也气息奄奄，胡政之辞职。于是报纸于一九二五年十一月咽气了。王在一九二〇年直皖战争后，被指为"安福十大祸首"之一而遭通缉，逃往日本，长期做寓公，在一九二三年东京大地震中陷入地缝而死亡。

现在一般提到的旧《大公报》，是指它的第三个时期，即一九二六年九月由吴鼎昌、张季鸾、胡政之三人合作接办的"新记"《大公报》而言。

据说，那年的上半年，这三位留日时期的老相识，有一天信步经过日租界旭街，看到这个重门深闭的老报馆（英敛之时代，大公报馆址在法租界，王郅隆接办后，搬至日租界），起意想接盘过来，重振旗鼓。先由胡找到原《大公报》的副经理王佩芝去和王郅隆的儿子商酌，决定连招牌、生财、房子一起买下来。然后三人商定，由吴出资五万元（据金城银行的周作民亲口告诉我，他也是《大公报》的原始大股东；后来我看到周遗留的日记，写到抗战胜利后《大公报》开股东会，决定对吴、张、胡三人以特别优待时，写道"予不被列入发起人之列，不胜喟然"。他要不是在创办时出了一大笔钱，是没有理由"喟然"的。我的判断，这五万元中周和其他四行中人都投了资，而由吴一人出面），除接盘费以外，其余作为基金，准备三年内赔累。同时，吴要求张、胡二人，全力办报，至少在三年内不在外兼任何职务；作为条件，吴负责他们的生活费用。为了表率，张、胡在报馆只各支薪一百元，另由吴给他们在四行储蓄会（吴兼任该会总理）挂一个名，各支三百元月薪。

吴任社长，胡任总经理兼副总编辑，张任总编辑兼副总经理。实际上，吴只管白报纸的结汇、购订进口白报纸和大政方针，参加社评的讨论、写作，张也只管编报、撰文，所有用人行政、干部调度、业务安排等等，全由胡政之一手掌握。所以，职工们一直当面称他"胡先生"，背后叫他"老板"或叫"老总"。他们还定出了八个字的基本方针："不党、不卖、不私、不盲。"一句话，就是言论独立，不盲从，更不受任何方面收买。

以下，先谈谈我所知道的这三位的简历和我对他们的看法。

吴在这三人中年龄最大，原籍浙江吴兴，一八八四年出生于四川华阳（今成都市）的一个官僚家庭。幼年曾考取秀才。一九〇三年官费赴日留学，毕业于高等商业学校。一九一〇年回国，也和曹汝霖、章宗祥、汪荣宝等一样，考取了"经济特科"的进士，任翰林院检讨，旋经人介绍，赴东北在本溪湖矿务局任职，不久参加大清银行，辛亥革命时，任该行江西分行的经理。辛亥革命后，因缘任大清银行改称的中国银行监督。据他一九三〇年和我同车赴沪时对我说，他在日时曾参加同盟会，因为孙中山主张搞金融和外交的最好超然于政党之外，他得同意而退出了同盟会。为了证明这一点，他还说，他当中国银行监督时，第一次印发钞票，有人主张钞票上印孙的头像，他就商于孙先生，认为钞票的头花，只是一种标志，并不表示尊敬。孙先生同意他的意见，改用了传说中最善于理财的古人周公的头像。

但他以后的经历，并不能证明他依然忠于同盟会和孙先生，相反的，他先参加拥护袁世凯的共和党，后来又由熊希龄介绍，成为拥袁各党合组的进步党的重要成员，被任为造币长监督。又走交通系头领梁士诒（时任总统府秘书长，拥袁搞帝制阴谋）的门路，得任林务处督办。

洪宪上场时，被授上大夫、农商部次长。袁世凯的表弟张镇芳（袁的重要爪牙之一，曾任军警督察处长及河南督军），利用职权，独资创办盐业银行。袁死后，张作为"帝制祸首"被通缉，乃请吴出面任盐业银行总理，同时，吴通过徐树铮的关系，又变成安福系的重要成员，曾任段祺瑞内阁的财政部次长兼造币厂厂长。一九一八年任南北议和的北方代表，受徐树铮的指挥，积极从中进行破坏活动。一九二〇年皖系政府垮台，吴被赶下政治舞台，从此以金融界巨头的姿态出现。但他是不甘寂寞的，一九二五年徐树铮被冯玉祥暗杀，吴曾撰文悼念，他说自己的境况同样可悲，惺惺相惜之情，溢于言表。

一九二六年，正是他寂寞无聊，跃跃思动的时候，那时大革命已经开始，北洋军阀政府开始土崩瓦解，一场大风暴眼看来临。他意识到抓一个舆论工具，加上他在金融界的地位——北四行的重要头领，可能是重登政治舞台必要的梯阶。这三人中，张、胡最初只想全力办好这张报纸，而吴则是早有明显的政治目的的。

他工于筹计，《大公报》初期结外汇订购白报纸，选择时机，总由他决定，听说每次总把时机看得很准。他还亲口对我谈一件"小事"，说他的麻将打得最精，全凭推测，能知其他三家手中拿了什么牌，所以每赌必胜。他说，有一年，和梁士诒同到北戴河避暑，一个暑期，赢了梁四十万元，梁把他的北戴河别墅抵给了吴（解放后，听说这所别墅已改建为教工休养所）。吴也能写文章，初在《国闻周报》上发表署名"前溪"的文章，《大公报》复刊后，以经济学者的思维，写了许多评论世界和中国经济发展问题的文章，也写了不少评论苏联和共产党的文章，如《论新经济政策》等。后来被蒋介石吸收入幕府，这可能是一个远因。

一九三五年，他终于摆脱了历时十余年的"在野之身"，参加了蒋府的"人才内阁"（一九二二年第一次直奉战争后，黎元洪复出，曾任颜惠庆为内阁总理，顾维钧、董康、罗文干等任总长，被胡适称为"好人政府"，亦称"人才内阁"。这次，蒋号召"举国一致，共赴国难"，自己兼任行政院长，延聘国民党外的人士、金融巨头张嘉璈、吴鼎昌，文化界名流蒋延黻、王世杰等任部长或秘书长，也被胡适等人目为"人才内阁"），任实业部长，他把《大公报》的驻京特派记者金诚夫和原国闻社记者严慎予带去当班底，分别任部长的机要秘书和总务司长。这也是对"不党、不卖"和社规上明列"不做官"的一个讽刺。为此，他曾登出启事，声明已辞去《大公报》社长职务。其实，他对《大公报》，本不管具体事务，"辞职"后，"遥控"如故。举例来说，一九四二年我任桂林《大公报》总编辑，曾赴渝小住，陈布雷邀我恳谈，想拉我进国民党，我婉言拒绝。事后，我写信给在桂的胡政之，告以经过。他复信说："兄入党事，过筑希与吴先生一谈。"我回桂过贵阳时，访晤这位吴老板（当时他任贵州省政府主席，还兼滇贵绥靖公署副主任，听说不时着上将军服检阅军队，俨然是"方面大员"的儒将了）。谈起我的"入党"事，他说："政之已写信告诉我了。你自己的意见怎样？"

我说："我生平没有参加任何党派，这次也不想参加。"他微笑说："不参加也好，置身局外，说话方便些。"这并不是什么大事，胡政之还要向他请示。可见他"遥控"的程度之严密了。一九四四年桂林沦陷，我到重庆馆工作，他不久调任蒋介石主席府的文官长（相当于日本的"内大臣"），曾偕同他的中国太太（他早年留日时，先娶了一个日本太太，回国后，又结了婚，算是"平妻"吧）来到报馆，曾召集我们这些"总"字一级的人员谈话，大概算是慰劳吧。这是我和他的最后一面。一九五〇年，我为香港《文汇报》事曾去香港住了一个多月。一位朋友曾对我说："你何不去看看吴鼎昌，看他是否有意回国？他虽列名战犯，如果愿意回去，还会有作用的。"我本无意再去见他，但想想应该为此尽点力，正在踌躇不决的时候，一天清晨走过雪厂街，看到花店门前放满大花圈，我低头一看，见一个大花圈的飘带上款写着"达诠仁兄千古"，下款是"弟吴铁城拜挽"。见此，我不禁有些怆然。

在上海成为孤岛的初期，各报曾刊载一件轰动的社会新闻，说有一个富家子弟吴元龙，终日沉溺酒色；一天晚上，和一个舞女在国际饭店厮混，他开了一张三百元的支票给她，她乘吴酒醉，在"300"之后，加上一个"0"，不知怎么，被银行戳穿了。这个富家子弟，就是吴鼎昌的大儿子，是日籍太太生的。这也可见他的家庭生活的一斑。

关于吴鼎昌，琐琐就谈这些吧。下面，谈谈我所了解的张季鸾。我不是给他作评传，所以，他晚年的政治立场如何，我不想在此加以分析；其次，他办《大公报》的一些成就和经验，我也想在下节详加叙述。这里，先简单介绍他的生平、对人处事的作风以及我和他的关系。

他是陕西榆林人，一八八八年出生。他的眼睛炯炯有神，黑中带一点青黄色，加上高鼻梁，我一直猜想他的祖先，是否有少数民族的血统。他的父亲曾是个老进士，长期在山东邹平等县当县官，张就在邹平县出生的，母亲是继娶，只生他一个儿子。十三岁时父亲去世，赖同僚们的资助，张同寡母扶柩归葬榆林，听说母子很受同族的欺凌。他曾先后在榆林榆阳中学和三原宏道学堂就学，并问学于"关西大儒"刘古愚等，刻苦勤读，在经、史、地理和语文上打下了"基本功"。

关于他的幼年，一九四七年沈衡山（钧儒）先生曾对我谈了一件故事。

他说："大约在光绪末年，我已中了进士。我的叔父兼巢先生（沈卫）任陕西提学使，招我去附读，实际当他的助手。有一年考拔秀才，各县的童生纷纷入闱。在截止报考的号角已经吹响，考棚的大门正将关闭之际，跑来了一个瘦弱的童生，手提考篮，陈诉赶路的艰苦，要求破例准其入闱。我叔父叫他进来，问他平日所学有什么擅长，他说，对北方的山川形势，曾加研究。我叔父叫他把长城各口的险要写出个大概来。他不假思索，很快就写出了。我还记得，他写时，坐在较高的条凳上，两足还着不了地呢。我叔父看他写的，很满意，特准他一起参加考试。以后，他在学官读书，我还帮助叔父批改过他的卷子。所以，我们算是忘年交。直到他晚年，我们的政治观点虽不同，但一直维持着较深的私交。"

最近，我看到美国人包华德写的中国近代名人传记，对张季鸾倍加推崇。但所记张的经历，与事实颇多出入。他说，张于一九〇五年经陕西省试，考取官费，因学习日文，到一九〇九年才赴日留学，一九一一年归国。留学要先在国内做四年之久的准备工作，没有这个道理。

事实是，他一九〇五年就赴日了，他的日文、日语都很好。我参加《大公报》工作后，听说他写的日本书翰，连日本人都十分称赞，完全合于日本的风格。他要是在日本留学只两年，很难相信会有这样的造诣。

包华德还说，辛亥革命后，张回国，参加《民立报》工作，孙逸仙辞去临时大总统后，张去京创办北京《民立报》，因斥责袁世凯暗杀宋教仁，被捕入狱。

据我所知，张早在武昌起义前就回国。《民立报》创刊初期（《民立报》于一九一〇年创刊，它的前身是《民呼日报》和《民吁日报》，被称为宣传革命报纸的"竖三民"，于右任是主要创办人），张就参加工作。所以，张、于后来一直保持联系，于还一再赠诗给张，怀念《民立报》创刊时的旧友。一九一二年一月，孙中山任临时大总统，张由于的推荐，任总统府秘书，同事有任鸿隽等。张曾一再对我们谈过，孙先生就职时，他以电报向《民立报》报告这一新闻，是民国成立后的第一个新闻电报。

张被袁世凯的军政执法处逮捕下狱，是因为他大胆在上海《民立报》揭露袁秘密向五国进行大借款、准备对付南方革命党的阴谋。

他做了几十年记者，曾两次被捕入狱。第二次是一九一七年，他任北京《中华新报》主笔，兼上海《新闻报》驻京特派记者。也是为了大胆揭露段祺瑞政府，以胶济铁路为抵押向日方借款，触怒当局。当时的皖系政府，和日方秘密商订了许多条约，以参加第一次世界大战为名，出卖主权，向日本借款（有名的是"西原借款"）、购买军火，企图大举扩充军队，以武力对南方用兵。张揭斥了这个阴谋，被关禁了一段时间。

他一直参加同盟会和国民党的活动，但从未参加党组织。他曾先后主持北京和上海的《中华新报》笔政，该报是旧政学系（当时是国民党的一个派系，在孙中山和黄克强[兴]这两位领袖中，倾向拥黄）的机关报，但是，他从未参加过政学会。

他文笔很犀利，写的社论和通信，往往被外报记者转发国外，但他所主持过的报纸，总不能畅销。到一九二四年第二次直奉战争后，《中华新报》停闭，他闲居上海，曾为《国闻周报》写些时评，觉得不过"瘾"，到北京继续任《新闻报》记者，但也不能发挥他的所长。

直系的曹锟政府被推翻后，国民二军军长胡景翼任河南军务督办。张和胡私交很厚，曾被邀去当陇海路会办，不久就弃职离去，依然到北京当记者。

正在他遭遇坎坷、办报屡试屡败的时候，吴鼎昌邀他合办《大公报》，并备有充足基金，还保证他的生活，他就欣然参加了。

在《大公报》复刊以前，在他们三人中，应该说，张季鸾的历史最摊得开，基本上是站在进步方面的。为了揭发黑暗，攻击权贵，他曾两度入狱，长期过着清苦的生活，孜孜于新闻事业。

《大公报》复刊初期，受到读者的欢迎，这也是一个重要原因，因为他还保持前一时期的锐气，笔锋常常敢于刺痛当权者，包括一九二七年以后的蒋介石。他在蒋、宋联姻时，曾著论肆意讥刺。我当时对这篇社评，留有深刻的印象。当然，谈不上有什么革命思想，他是站在旧道德的立场写这些文章的。我只是说明，他当时的态度，和后来是很有区别的。

我第一次见到他，是在一九二九年春。那时我任国闻通信社记者只有半年多，是代表《大公报》去沈阳采访华北运动会消息的。归程，胡政之留我在津小住，并把我郑重介绍给张。他对人和蔼、淳厚，谈吐很有风趣，仿佛有一股吸引力，使我感到他是循循善诱的前辈。是年年底，我调津工作，直接受他的指导。他对工作的要求很严，但对同事，从无疾言厉色。也不像胡政之那样终日一脸秋霜。他审阅各版小样时，认为不合意的，就直接改了，只有显著的错误时，才把他改的小样送给编者看，说："我看这样改好些，你看呢？"自然，他改的的确是好，使人心悦诚服。另一方面，对你工作上有一点成绩，如做题目曾费心推敲过的，他能看出来，加以表扬。比如我初编地方新闻，有一条描写抱犊崮风光的长篇通信。几年前，这里曾发生震惊中外的匪劫案，土匪头子孙美瑶阻击津浦车，绑劫中外旅客十余人，曾引起外国使团的抗议。因此，我标了两行题目："仙境？匪窟？——抱犊崮风景旖旎"。他看小样时，脱口称赞说："好题目。"还有一次，有一个青年投稿，写他从北平辗转回到陕北的经历，我写的标题是"一路风雪到榆林"。他也极口说好。

他对同事的生活小节，却不怎么认真。比如，当时，有些夜班编辑公余喜欢打牌，总要瞒着胡政之，看到"老总"不在，才先后溜到约定的那一家去。张不喜欢打牌，有时约同事到他家吃饭，饭后，常对那几个喜欢打牌的人说："现在时间还早，你们可以凑四圈嘛。"

有几位年青同事是住在报馆里的。胡政之总爱在深夜去查看他们的房间，发现有他认为"不端"的行为，总不轻轻放过。张则从不问这些。有一次，他急于要找一个同事谈话，到宿舍，看到这个同事的帐子下了，床前还放着一双鞋子，而人却不在，显然是溜出去"玩"了。张依然给他把帐子下好，不声不响走开了。

不仅如此，同事们有什么困难向他借钱，总是有求必应。也有个别的，因为做了点荒唐事亏空了，向他移借，他也慨然答应，也从不问借出的钱是否还。后来，在沪、港馆时，他每次出门，总嘱咐我代为处理他的信件，看到过不少亲友们对他诉苦、向他借钱或请他资助的，也有不少是受到周济向他感谢的。

他对我，也是关切备至。有两件事，使我迄今感念。一九三九年秋我任香港《大公报》编辑主任，他那时主要是抓重庆版的言论，偶尔来港小住，主要是疗治他晚期的肺结核，不大管港馆的事，港版的社评由我全权负责。他不时邀我到他住的旅馆闲谈，或一起吃小馆子，大概是有意培养我，常常谈些他的经验，看问题、分析问题的方法，乃至行文时该注意哪些地方，也问我读些什么书。有一次，他指着一瓶新购的葡萄汁说："这种葡萄汁很浓，听说很补血，你也可以经常服用，你先倒一杯尝尝。"当我拿了一个杯子时，他说："这是我用过的，会传染，那边盘子里的干净。"还劝我时时注意健康，好好休息。说："身子搞坏了，就懊悔莫及了。"

还有一次，我近午刚睡醒，他打来电话，说："叔平先生（方振武）请我吃中饭，邀你作陪，你快过海来罢。"我刚到九龙新界方的寓所，他笑着说："为了让你放心休息半天，社评我已代你写好了，你就安心玩罢。"饭后，方夫人喜欢打牌，凑了一桌。他打了几副，就站起来对我说："我要和叔平先生谈谈，你来代我打。"

我对此道等于门外汉，打了两圈，几乎把他桌面上的筹码全输光了。还是请他接着打。我因惦记着报馆还有些事要处理，就先辞别了。

第二天下午，他来编辑部，给我五块港币，开玩笑地就："铸成，我的本领究竟比你大，反败为胜，赢了十多元，我多分一点，只给你五元。"我惶恐地说："我是代你输了不少钱呀！"他笑着说："这是好玩，偶尔逢场作戏嘛。"他就是像对待自己的小弟弟一样亲切地对待年轻的同事。他比我大十九岁，我刚进《大公报》时，大学还未毕业，而性情孤傲，给他写信时，自称为弟，他也不以为忤。

他不拘小节，不修边幅，一派懒散的"名士"气，而浑厚、自然，没有一点做作。冬天着一件丝棉袍子。夏天是绸长衫。在天津一个时期，改吸水烟袋。到上海后，依然抽香烟了。每天，他到报馆后，先翻阅中外各报，不像胡政之那么仔细看，而很注意经济行情和公债涨落，他说，从这里可以看出时局的真正趋势。

下午的大部时间，他用于会客和访友。《大公报》有一间不大的客厅，几乎由他独自占用。常常是访客接踵，座客常满的。

深晚，他才回到编辑部，看重要稿件，审阅小样、大样，然后写社评。写前，必先问排字房有多少社评地位（当时社评登在第二版，常因广告多少影响地位）。他有这样的本领，写得刚刚排满，不用抽条，也不要加条，而读时，则完全看不出有故意压缩、言有无尽或故意拉长的痕迹。写时，不仅一气呵成，常常因为时间紧，他写好一段，就先裁下付排。最后，全文写完，打上小样，再加润色。有时，来了最后消息，社评必须更改，他也能在原行数上改动，免于排字房的大调动。

所有这些，我后来竭力模仿，但总是学不到家。

他也抽空娱乐，喜欢拍昆曲。有一时期，很欣赏北昆的白云生、庞世奇、侯永奎等的演出，时常订了座，招待编辑部一些同事去欣赏。在香港，偶尔也被我拉去听听范雪君的评弹。也去过跳舞场，只是坐着旁观。

在性格上，他有两个不小的弱点，我认为，第一是喜欢恭维，主要是听恭维他文章写得好的话。西安事变时，他写了几篇主张极力救蒋的社评，受到南京一部分要人的重视，还曾用飞机到西安上空散发那几天的报纸。文章的论点，当然是拥蒋的。他听了恭维话，沾沾自喜，事后，他还去南京、北平、西安等地转了一圈。据说，就是为了去听听恭维话。

其次，是重感情。三十年代初，他回过一次陕西，还津后写了一篇《归乡记》，大大抒发了他的"报恩思想"，承认这是他思想的出发点，从报亲恩，报故乡对他的哺育之恩，直到报国恩。

在当时各个政治势力中，他本来和西北军的关系最深，是陕西人，又和西北的于右任、井勿幕、胡景翼、岳维峻等早年相交，和冯玉祥也接触有年。所以，他第一次见到蒋介石，是在郑州访冯时，适蒋的专车过郑赴京，他在车站遇蒋，由冯及陈布雷等介绍，同车到北平（就是一九二八年"北平底定"蒋到北平参加西山谒灵那一次）。从此以后，由陈布雷等牵线，一步步加深了对蒋的关系，特别是有一次，蒋公开发出电报，请张及"新闻界有识之士"，对国是"畅陈所见"，从此以后，他便认为蒋"以国士待我"，决心"以国士报之"了。

他后来的逐步深入地进入蒋的"班底"，是否有吴鼎昌的怂恿，不清楚。我的看法，主要出于知识分子的脆弱性，特别是他上述的两个弱点，被人乘虚而入。他当时的地位，很"清高"，我不相信他想做官，或出于求名求利。因为他已有名，生活也很宽裕，有保障了。但是"王者师"的幻影，却投中了旧式士大夫的病根，还激起了他的"报恩思想"，明知蒋不是这块材料，也已不再是这种时代，他却把蒋当作严子陵的汉光武、诸葛亮的"刘先帝"也，而把蒋的一些话，当作是"推心置腹"。

上面讲过，对他的政治立场，我不想，也没有水平加以全面分析，只从我的体会，说些一孔之见罢了。

一九四一年五月，《大公报》获得美国密苏里新闻学院的奖章。（据说，在此以前，亚洲的报章，只有日本的《朝日新闻》曾获此项奖章）他参加了重庆新闻界的庆祝会，还致辞说，这是中国新闻界的光荣。九月六日，他就在汪山病逝了。

我和他最后一面，是那年春天他最后一次来港疗治。我们还相约，一旦胜利之后，同去燕京大学讲学一年，他借此休养，我帮助他整理办报的经验和可以留传的文章。

他死时才五十三岁。正当《大公报》"如日中天"之时，死后还受到公葬，移柩到西安，一路受到礼遇，还造了相当大的墓堂。比起吴、胡两位，他可以说是最"死得其时"了。

我是被胡政之识拔的，但和许多老同事一样，思想感情上，却更靠近张；有很长一段时期，我一直学习、揣摩他的文风和编辑方法。他死后，我曾一星期不参加任何酬应，并为他编年谱、撰文悼念。国民党的机关报《国民日报》曾载一篇讥刺他的文章，我立即写文驳斥。可见，我当时对他的哀悼，是很真诚的。

胡政之名霖，四川成都人，一八八九年生，在三人中，他最年轻，也出身于一个官僚家庭，他父亲是一个老举人，在安徽做官，所以他幼年在安徽读书，就学于安徽高等学堂。

大约也是一九〇六年左右自费赴日留学，进的是东京帝国大学法科。一九一一年归国，先在淮阴的法院当刑庭推事，和后来成为金融界巨头的周作民（淮安人）结识。一九一三年到上海任《大共和报》总编辑，并兼吴淞中国公学教师，不久，又到吉林法院任职，受当时任吉林巡按使王揖唐识拔，转任该院的秘书长。一九一六年袁世凯死后，段祺瑞当国，王到北京任内务总长，胡随王到京，任该部参事。王揖唐当时已变成为安福系的要人（他本是袁世凯的亲信，当时叫王赓）。胡因王的介绍而结识了徐树铮，又由徐的推荐，被王郅隆聘为刚接手的《大公报》总编辑兼经理。一九一八年巴黎和会，他又由王揖唐的资助，代表《大公报》参加。据他说，这是中国参加该会的唯一的记者。会后，又漫游了欧洲各国。

回国后，无意再参加奄奄待毙的《大公报》。当时，徐树铮等正一手包办新国会（时称安福国会），王揖唐任众议院议长，胡想谋一国会秘书长，王只愿介绍他去当内务部的秘书长，他愤而再从事新闻事业，和名记者林獬（白水）合作办《社会日报》（后改名《新社会报》）。

一九二一年，因和林意见不合，赴沪主持刚开办的国闻通信社，旋又创刊《国闻周报》。国闻通信社本以孙（中山）、段（祺瑞）、张（作霖）反直系政府的三角联盟为背景。一九二六年时，直系的曹（锟）、吴（佩孚）政府已被推倒，三角联盟解体。因此，他与吴鼎昌合谋，拉拢张季鸾，合力创办"新记"《大公报》，他全力以赴，成为核心。

后来，我读茅盾的《子夜》，不知怎么，总把他笔下的吴荪甫的形象，和这位胡老板合为一体。的确，他也精力旺盛，道貌岸然，不轻言笑，而且察察为明，几乎是无所不在，无时不在，职工中的一举一动，似乎都瞒不过他。

同事中想打个小牌或其他"轨外"的行动，都要躲着他。我初进报社时，有一次对老同事何心冷兄说："胡先生既不吸烟，又无别的嗜好，真是方正得很。"他笑着回答："大观园里还有一对石狮子是干净的，《大公报》是连石狮子也没有。"几年以后，我才理解他这句话的意思。他是国闻社初创时的老干部，对胡了解很深。

胡的经营方法，办事的魄力和如何吸引、培养干部，下面我将以专章论述。这里，想先提一下他决定的两个不成文原则：一是职工中如发生冲突，不问是非，开除职位较低的。二是编辑部递升到要闻编辑和经理部调任会计出纳工作以上的职员，轻易不予开革。这可以反映他的经营作风，前者是为了维持资本经营的"秩序"，后者是为了保持《大公报》的业务机密。晚年，他不亲庶务，加重了近于特务的统治。

我和他接触了十八年，谈话自然很多，有三次给我的印象最深。一次是一九二九年我刚从国闻通信社调到《大公报》工作时，他希望我把《大公报》当作终身的事业，而不要当成一个职业。他说，他有一个朋友叫张弧（岱山），曾历任北洋政府的盐务署长、财政总长，一次患重病时，胡去看望。张执了胡的手说："我生平经手的钱财，无虑几千万，很懊悔在有钱的时候，没有办一个银行，办一家报馆。现在，眼看是办不起了，政之，希望你努力办一张报，这是真正安身立命的基业。"胡转述这个"故事"，当然是希望我终身为《大公报》尽力，也可见他以全副精力办《大公报》的动力所在。

第二次是一九四一年底太平洋大战爆发后，那时张季鸾已故，他继任国民参政员，开始成为"社会贤达"了。国民参政会刚开完，他因私事到港，刚好碰上这场战争。他先被周作民招待住在金城银行底层，以避炮火。日军进入香港，周和颜惠庆、陈友仁等被拘于半岛酒店。

胡也移居思豪酒店，正设法逃出虎口。在他离港的前几天，我去看他，两人在黑暗中对谈。他说，胜利以后，《大公报》至少要在四个地方出版，上海是重心，天津是老窠，香港、重庆也不能放弃，因此，必须准备四副班子，而编辑人员最难配齐。显然，他不把《申报》《新闻报》放在眼里，有组织新闻托辣斯雄占中国报坛的雄心。他似乎很不放心我不忘情于《文汇报》，说："你们几位中，你的年龄最轻，前途希望最大。将来，香港版用不着你，应该在上海好好努力，打一场艰苦而真正发扬基业的大仗。"他还说，创业艰难，守成比另起炉灶容易。并说，他准备把属于张季鸾名下的股票收购下来，赠给我一大部分，我婉辞了。

他和张有相当大的矛盾，先是不服气张享有很高的文名，总对我透露，他和张的文章，不易辨认是谁写的。意思是说彼此一样好，其实，所有的社评，最后都经张润色的。即使这样，也容易辨认，张的文笔，明快而说理清楚，时有"神来之笔"；胡写的，则比较晦涩，而且词汇比较贫乏，显得有些古板。

另外，他还不止一次对我说，办报主要靠经营得法，"张先生过去的文章写得也是好的，但所办的报馆，总是关门"。言外之意，《大公报》的成功，主要应归功于他。

等到张季鸾先后领导汉口版及重庆版后，《大公报》显然已变相分家了。汉口、重庆馆的经理和编辑主任，他认为都是张的人。而香港馆、桂林馆由他直接创建、领导，经理金诚夫和我又都是出身于国闻社的老人。他希望能比个高下，所以对我寄以希望。

而张季鸾却没有这种看法，我从来没听到过他对胡有任何微言，对两馆的干部一视同仁，对我精心指点，爱护备至。

等到张逝世后，这个矛盾自然解决了，但"合二而一"，他还经过一番努力，先还定居桂林，后来组织董监事会议，形式上统一了。但即使到他移家重庆以后，也不大管渝馆的事。一九四四年桂林沦陷，我们都到了重庆，他首先约我和金诚夫兄谈话，说："桂馆的人到了重庆，好比兄弟一家破产了，全家来投靠哥哥，你们处处要忍耐，做到'以小事大'。我对他们，也是特别注意的。比如谷冰来见我，我先装出和颜悦色，以免他多心。"可见，到了那时，门户之见尚未消除，他自己口中，还是"你们""他们"的。

胡生前，曾屡次对张的政治态度表示不满。认为张太靠拢蒋，说："办报应该和政治保持一定的距离。"但他继张任国民参政员后，从访英、访美、参加旧金山会议，最后以"社会贤达"的名义参加旧政协，一步步走向政局核心，看来，也走得够远了，至于向蒋要求结二十万美金的官价外汇，并签名参加"国大"，似乎比张走得更远了。

第三次是一九四六年，我已向他辞职，他坚决挽留。我问他："你是否设想过，五年以后，《大公报》将何以自立而见重于世？"他说："这问题是你们这辈的事，我不想考虑了。"显然，他认为国民党短期内不会垮台，他也无意改弦更张。我因为已决心离开"大公"，所以也就不谈下去了。

他于一九四九年四月上海解放前去世，死前，还因后妻和前妻的女儿争夺产权争吵而苦恼。在他们三位中，不论在遭遇上，心情上，他大概是最不瞑目的。

国闻通信社和旧《大公报》

　　国闻通信社曾是《大公报》（新记）的姊妹企业，而且可以说，它是《大公报》的母体。

　　这不仅因为旧《大公报》草创时期的"班底"大多是从《国闻周报》调集的，而且作为《大公报》的三"巨头"——吴鼎昌、胡政之、张季鸾也是在创刊《国闻周报》之初，开始紧密结合的。

　　据说，他们三人，在早年同在日本留学时就认识，但大概只是泛泛之交。归国以后，就各奔前程。吴曾挂籍同盟会；张也同情革命。而吴在清末，就进了大清银行（中国银行的前身），以后依靠安福系的关系，逐步由政客变成了财阀；张则一直从事记者生涯，虽才华出众，而生活十分潦倒。

　　我于一九二七年底参加国闻通信社，不久就被调到《大公报》工作，曾不止一次听到张、胡两位谈到他们生平最得意的经历。张谈的是他曾在民国元年任南京临时政府秘书，在孙中山就任临时大总统那天，曾拍发电报给上海《民立报》。他说，这是民国成立后的第一个新闻电。

胡谈的得意经历有二：一是他一九一九年赴巴黎采访巴黎和会消息。他说这是中国记者第一次采访这样重大的国际新闻。二是一九一七年他曾随段祺瑞参加马厂誓师，最详细地报道了这一新闻。

由此可见，在他们早期的报界生活中，两个人所走的政治道路是不同的。胡是依附北洋派特别是安福系的（一九一七年时的《大公报》，是安福系的喉舌，他任经理兼总编辑。也因此由安福系骨干徐树铮和王揖唐的支持，得以参加巴黎和会，游览欧洲），他当时是站在北洋政府官方一面的。张则最初跟于右任等办《民立报》曾因揭露袁世凯向五国"大借款"密谋对付南方革命党人而被袁逮捕，系狱百日（于右任后来曾填词记其事，有"危哉季子当年，……吊民立余香馥郁，说袁家黑狱辛酸。……"）。以后，他曾先后任北京、上海《中华新报》总编辑，被目为政学会的分子。但与他来往密切的，主要是西北反对北洋势力的人物，如于右任、井勿幕、胡景翼等。可以说，他是一直站在当时反北方当权派的一面的（政学会也是同盟会分化出来的派别）。

到了一九二一年国闻通信社在上海创办的时候，段祺瑞已被赶下了台，吴鼎昌、胡政之在朝的冰山已倒，想另找出路；而张季鸾主持的《中华新报》奄奄一息。恰在此时，段派的徐树铮、卢永祥等，正在企图联络孙中山，共同对付控制北京政权的直系军阀，第二年发生了第一次直奉战争，奉系失败，因而更进一步发展成为孙、段、张（作霖）的反直三角联盟。吴、胡、张三人在这样的背景下，以旧相识而"殊途同归"，开始走向同一的道路。

一、国闻通信社创办经过

胡政之从参加巴黎和会回国后，如何和林白水合作办《新社会报》？以后又如何脱离该报去上海办国闻通信社？国闻通信社的演变经过如何？曹谷冰、王芸生两位所写的《一九二六——一九四九年的旧大公报》（刊于全国政协编辑的《文史资料选辑》）中略而未详。而全部了解这一段历史的，只有跟胡共事最久而且亲自参加国闻通信社创办的李子宽。最近，为了凑集有关旧《大公报》的史料，曾和子宽兄长谈了几次，才使我约略清楚了这一段过程。

在转叙这段过程之前，我想，应该先谈谈如何历史地评价新闻界一些著名的前辈的问题。

比如，一九二四年被直鲁军阀张宗昌杀害的邵飘萍和林白水，他们都是辛亥以后闻名的新闻工作者。邵对办报和采访新闻，有杰出的成就；林曾创办《中国白话报》，是中国以白话文办报的嚆矢（远在胡适等提倡白话文之前）。他们都曾为反对军阀统治做过奋斗，这是他们历史中的主要一面。另一方面，由于当时社会经济的落后，除上海的《申报》《新闻报》等少数报纸外，能够依靠营业收入保持报社经济独立的极少，而一些名报人，为了维持阔绰的生活（邵飘萍有自备汽车，这在当时，是少见的，他的香烟也是特制的，印有"邵飘萍吸"字样），不免向各方谋求"津贴"。《京报》曾在一天中印行不同社论的两版，这是当时报界所周知的。在这方面，有的人可能走得更远些。说明了这些，下面谈的一些事就容易理解了。

胡政之和皖系（后来通称安福系）中发生关系最早也最深的是王揖唐。一九一五年，胡至吉林任法院推事，不久，袁世凯的宠臣之一王揖唐出任吉林巡按使（省长），胡即被调任为秘书长。翌年，王任段祺瑞内阁的内务总长，成为安福系的头目之一，胡被任为内务部参事。《国闻周报》长期刊载《逸塘诗话》，迄抗战开始王将做汉奸时才停刊。记得大约在一九三〇年，胡的长女在天津结婚，胡还请王证婚，可见他们的关系之深。其次是徐树铮。胡由内务部转到天津任《大公报》经理兼总编辑，就是由徐推荐的。当时接办《大公报》的王郅隆（祝三），虽后来被列名为"安福十祸首"之一，其实只是徐树铮的"钱包"，一切是听受徐的支配的。一九二一年主要由皖系军阀卢永祥出钱创办的国闻通信社，也是由于徐的全力保荐（当时，徐已逃出东交民巷，潜至杭州，成为卢的高级顾问），交胡主持的。

再说，胡政之于一九二〇年由欧洲回国时，段祺瑞的"智囊"徐树铮已一手策划，制造出了一个新国会（时称安福国会），王揖唐被选为议长，胡到京后，想当国会的秘书长，不知什么缘故，没有如愿，一气之下，就重理旧业，参加了林白水主办的《新社会报》（林也是和安福有关系的报人），林任社长，胡任总编辑。

当时，北京一般报馆的规模都很小，据李子宽说，《新社会报》编辑部只有两小间房，一间林胡二人合桌对面办公，另一间也只有两三张办公桌。主要编辑只有吴南如和李子宽，以后，才添聘了金诚夫。

胡每天写一篇社论，林白水则每天写一篇夹叙夹议的时事性署名文章，有时涉及一些政治内幕，而矛头则往往针对财政机关。

一九二一年端阳节，各报照例休息，胡特邀约吴、李二人出城骑驴同游西山。在休息时，胡对他们说："有人这样搞（意指不择手段的要索）迟早要出问题的，我犯不着被牵在里面。现在，我在上海已另有机会，子宽可以跟我一同南下。"当时，胡没有说明上海有的是什么"机会"，只是关照吴南如，去北京与国务院有关的某通信社，了解一下通信社的组织和发稿收费等办法，写一个概况给他。总之，不久，他们就脱离《新社会报》，胡、李就去了上海。

这里，应该加一段插话：吴南如是宜兴人，和我小同乡，还沾一点亲戚。他和李子宽、金诚夫先在常州省立五中同学，以后又在北洋大学同学。据子宽谈，吴在常州中学求学时，和瞿秋白同班同室，最为莫逆（以后，两人所走的道路是完全不同了）。他是胡当时的心腹助手，李、金与胡结识，都由吴介绍。那次胡所以没有邀吴一同南下，因为吴当时兼任财政部办的通才学校教员；同时，他善于钻营，通过采访和撰文，已结识了颜惠庆，在外交部挂了个名。

他那次虽没有跟胡南下，但和胡一直保持着密切的关系。一九二二年北京成立国闻通信社分社，他任主任，直至一九二五年段祺瑞重新上台任临时执政，召开北京关税特别会议，吴被任秘书，胡才调金诚夫到京接任国闻通信社主任（在此以前，由胡介绍，金在上海《新申报》任地方新闻编辑）。

我于一九二七年参加国闻通信社时，看到里面还设有英文部，编辑孙瑞芹的月薪，听说比分社主任金诚夫还高。我当时很奇怪，后来才知道，就在段"执政"期间，为了向各列强宣传关税会议，每月由财政部拨付一千元，国闻通信社才开了这个英文部。

据李子宽回忆：那次他同胡政之到上海后，不久国闻通信社即成立发稿，社址在新闸路，房子相当大，是早已租定了的，是五开间外带一厢房的两层楼。楼下陈设极堂皇，卢筱嘉（卢永祥的儿子）、邓汉祥（代表卢在沪和各方的联络人，名义上是国闻通信社的主持人）等皖系政客经常在此出入酬应。楼上的大部也作为他们寄宿的地方，国闻通信社只占用一大间和一厢房。

所发的稿件，除有利于卢永祥及孙、段、张三方面的政治新闻由胡政之亲自撰写外，其他来源，一是由李子宽从外文报纸摘译的新闻，二是由外勤记者严谔声采访来的有关"马路联合会"（当时上海商界的一种组织）的消息。因此，严和该会的方椒伯发生关系，不久方任上海总商会副会长，严也转入该会，长期任秘书。他离开国闻通信社时，介绍了他的兄弟严慎予继任记者。

一九二四年发生江浙齐（燮元）卢战争，继而爆发第二次直奉战争，卢永祥失去浙江地盘，孙、段、张三角联盟也无形瓦解。国闻通信社失去经费来源，胡政之十分困窘，曾对李子宽感叹，他曾谋求当《申报》或《新闻报》的驻京记者而被拒绝。

李向胡建议，增设一广告部，代各报招揽广告，以折扣补充经费。胡同意，派严慎予主持其事。因此，将社址搬至各报集中的望平街，租用《民国日报》的三楼（二楼及底层是《民国日报》社址）。

二、发刊《国闻周报》

广告收入勉可维持国闻通信社经费，胡感到没有发表言论的机会，而又无财力办报，于是，经李的建议，于一九二四年八月创刊了《国闻周报》（是当时仅有的时事性周刊之一）。所刊的政治性文章，大都由胡撰写，署名"冷观"。吴南如也不时从北京寄文（署名"天生"）。此外，文艺由记者何心冷负责。而当时任《民国日报》总编辑的叶楚伧，则以"小凤"的笔名，不时撰小说刊登。后来成为国民党CC头目的潘公展，当时为《国闻周报》每期编写"一周大事记"。从这些迹象，加上《民国日报》肯把一部分房子让给国闻通信社，可见孙、段、张三角联盟的残余影响，那时还在国闻通信社起着作用。

不仅如此，记得一九三〇年我在天津《大公报》工作时，在资料室看到一部影印的蒋介石日记，其中有一九二三年孙中山（那时孙先生已回粤重组大元帅府）写给他的手书，谈到关于此后上海的工作，有这么两句话："民智书局必须维持，国闻通信社的补助必须续付。"我当时看了吃了一惊，因为在此以前，胡政之曾不止一次向我宣传文人办报的主张，仿佛他是一直坚持独立从事新闻事业的。在看到此书以前，对胡的话，一向是深信不疑的。

一九一九年起，张季鸾在上海任《中华新报》总编辑。据说，他那时写的社论，时常被外国记者引用和转发，《中华新报》销数则不过几千份，营业不振。胡政之就时常对亲信谈这件旧事，以表示《大公报》之所以能蓬勃发展，主要不是靠张的那支笔，而是靠他的经营管理。

到一九二四年，《中华新报》终于"寿终正寝"。张那时和胡政之同住在成都路的一条弄堂里，经胡的邀请，不时为《国闻周报》写些政论。

第二次直奉战争以后，北洋军的一部分裂出来，成立了以冯玉祥为首领的国民军，北洋军阀统治日益呈土崩瓦解之势，而全国的革命空气，由南而北，引向高潮。不甘寂寞的吴鼎昌，冥思苦想，如何重登政治舞台。那时，所说北四行（盐业、金城、中南、大陆四银行）的势力已逐渐伸向南方，吴不时到上海筹划四行准备库和四行储蓄会。正好胡政之那时向他求援，他答应每月帮助《国闻周报》四百元。从此以后，他就时常以"前溪"的笔名，在《国闻周报》上发表有关经济方面的文章，先为自己塑造一个经济学者的形象。

就这样，这三个不同经历不同际遇的老相识，互相吸引，逐渐走到一条道路上来了。一九二六年新记《大公报》的诞生，并不是他们偶然经过《大公报》旧址，忽然决定要合作接办这个报的，而是在两年前的《国闻周报》创刊之初，就开始酝酿了。

简单说，吴鼎昌为了要搭造重登政治舞台的梯阶，在一手抓住银行以外，还必须抓一个舆论工具，而张季鸾和胡政之有写文章、办报的才能，又都在穷途失意之际，因此，吴抓住这个机会，出钱收盘了旧《大公报》，并和他们两人订了三年合同，全力把这个报办好。

国闻通信社总社名义上一直设在上海，但自胡政之一九二五年迁居北京后，重心即北移。先后设立了北京、汉口、沈阳、哈尔滨几个分社。汉口社自北伐军到武汉后，即不再发稿。沈阳、哈尔滨两分社也于"九一八"后关闭。一九三六年《大公报》创刊上海版，上海国闻通信社职员全部移作《大公报》沪馆的"班底"；北平分社也不再发稿，国闻通信社从此无形消失。

《国闻周报》于一九二六年九月新记《大公报》创刊后，即移津出版。一九三六年迁回上海出版。直至一九三七年底，与《大公报》沪版同时停刊。它一共生存了十三年多，不失为当时态度较为严肃的时事性期刊，保存了不少史料。

试谈张季鸾的办报经验

曾写过一文，略谈新闻标题。文中谈到张季鸾，说他的政治立场当然有问题，特别在他晚年；但不论新闻编辑、采访、评论写作，他都有过创造性的贡献。

在新闻工作中，他究竟有哪些创造性呢？朋友们来信，希望我具体谈谈。

我是从旧《大公报》这个"科班"出身的，受他的"熏陶"很久，谈到他，总怕肯定得太多，"一分为二"分得不恰当。现在，思想略有解放，先把当年所接触的和所体会到的，试谈些梗概。把事实摊出来，请朋友们加以分析、探讨吧。

先谈编辑工作。我是从小学高年级时，就开始注意看报的，时在一九二〇年前后。一九二六年秋《大公报》复刊时，我刚到北京进大学。记得它刚在阅报室出现时，同学们很注意，我也感到很新鲜，因为二十年代初的中国报纸，谈不上什么编辑，都是一栏到底，先是"大总统命令"，然后是"本报专电""外国通信社电"，以下才是通信，等等。专电、外电是不标题的，后来改进了，都加了标题，还按新闻的轻重，标上不同的字体，但总的来说，还是记账式的，或者说是书版式的，谈不到有版面的整体安排。上海各报，还受广告的影响，版面犬牙交错，支离、凌乱。

《大公报》则两整版国内外要闻，重要新闻很突出。不论是外埠来电或本市重要的新闻，编在一起；长短新闻，错落有致。有时还配有图片，使人看了耳目一新，对一天发生的大事，也使读者一目了然。

后来，我参加该报工作，才知道这一套综合编辑法，是他和胡政之参考了日本的《朝日新闻》等报纸，精心安排设计的。以后，各报都采用了这种编辑方法，有些还后来居上，把报纸编得更活泼、精致。我们这一辈编辑工作者，总把编好一个版面，比作办好一桌筵席，要把大、小、咸、甜各种"菜肴"，搭配适当，使读者感到有特色，"色、香、味俱佳"。当然，有时不免有"削足适履"、过度追求形式等等毛病，这也是当时的通病。

张季鸾常对我们说，新闻要注意"打扮"。有些新闻，看来不重要，但它是一个"新动向"的萌芽，或是暴风雨来临的前兆，必须在安排和标题上花些心思，使它突出，引起读者的注意。还有些新闻，他故意不加"打扮"，以逃避新闻检查者的耳目。比如，一九三〇年初我从太原采访到冯玉祥秘密离并赴潼关，和阎锡山联合反蒋的"独家亲闻"，设法向他电告，他却只写了"据太原来人谈，冯玉祥从某日起不见客"一行小字，放在头条新闻前面，不在标题上加任何说明。

他在天津时期曾说："我的注意力只花在第一张（当时《大公报》日出三张，要闻两版在第三、四版）上，自己看了还可以。以下的各版，就不足观了。"可见，在新闻编辑上，他是倾注过一番心血的。

至于新闻采访，他更有较长的经历。辛亥革命前他留日回国，就任于右任的《民立报》记者。以后，曾长期任上海《新闻报》特派驻京记者，他以"一苇"笔名写的特约通信，曾与《申报》刊载的飘萍特约通信，同受人重视。他在《大公报》当了十几年总编辑，每次出门，总要写通信，直到一九四一年他去世的前夕，害肺结核已奄奄一息了，还力疾为新创刊的《大公报》桂林版撰写新闻电稿。他曾对我们说："干新闻工作，不论职位是总编辑还是编辑主任，本职上还是记者。这一点，千万不能忘记。我是老记者了，但如果不'记'，那不就变成一个纯粹的'老者'了吗？"这一点，我相信倒是牢牢记住的。在我被迫放下笔的时候，连载的《访苏见闻》还没有写完。

据我的体会，他的采访，是有选择、有准备的，不像当时有些人那样见新闻就抢，"拾到篮里就是菜"。他常说，采访要先摸清"行情"，然后才能知道哪些是新闻？关键在哪里？哪些虽是新发生的事，而不值得采访？

他是怎样了解"行情"的呢？平时多从各方面深入研究、了解（调查研究）。方法是多方面的，和各方面的人接触。每天下午，他不是出访，就是会客，《大公报》的会客室里，经常是"座上客常满"。其次，是他到报馆后，首先翻阅各种报纸，特别是外文的报纸和杂志，还有，他很细心看当天的经济行情。他说，从公债的涨落和外汇的升降，可以看出时局的实际变化。有些数字，他是随口能背出来的，如当时"列强"的兵力、军舰吨位和飞机架数等等，对历史上的重要事件，如神圣同盟、英日同盟、巴黎和会、九国公约、洛桑会议、杨格计划等等的主要内容，他都记得很清楚，用不着翻阅书籍。

大概就凭这几个方面，他对国内外时局"行情"，有一个大体的估计。

我有两次亲身经历，说明他的估计是比较正确，因此对一些新闻，能够及时做出判断。

一九三三年，我在汉口当特派记者，一天夜里，得知蒋决定利用热河失守，让张学良下台，并决定将"北平军分会"改称"委员长行营"，由何应钦任主任，发了一个新闻电。《大公报》刊出时，还在翌日加了一个附注，说这一决定，是发电前几小时前才最后确定的。这事过了不久，我听说蒋已乘飞机回宁，时已深晚，发了一个加急电。哪知电发出后，又知蒋已改变计划，那天未动身。那里，新闻检查员已下班，无法再急电更正。我担了两天心，等天津报递到，看到那天的电报，并未登出，才嘘了一口气。

这两件事，说明张季鸾虽身在编辑部，对各方发生的新闻，却是了如指掌的。

另外，我开始试跑政治新闻时，每次他必详细交代任务，此行重点该注意哪些方面，哪里可能会发生什么变化，该找什么人去了解真实情况。我到了那里，遇到的实际情况，十九是和他所估计的相符合的。

《大公报》先后刊登农村调查通信、旅行通信、旅行写生（由赵望云执笔），以及由长江主持的战地通信，这些，都是中国新闻史上的创举，是他和胡政之共同设计的。

《大公报》复刊之初，社评即被目为"特色"之一。那时，上海几家大报的"时评"，大抵言之无物，读者称为《太上感应篇》式的。在此以前，中国报纸曾有过不少出色的评论，如章太炎主持的《民报》，梁启超主持的《新民丛报》《时务报》。后来，《申报》刊载署名"心史"（历史学者孟森的笔名）的评论，天津《益世报》则有"旨微"（颜旨微）的评论，都传诵一时。它们都偏重说理，切合当前时事的少，严格说，是政论，不是新闻评论。由张季鸾主持——他和胡政之、吴鼎昌轮流执笔，归张统一润色的《大公报》社评，大都结合当天发生的新闻，提出一定的看法和意见，特别是他写的，文字简洁，"笔锋常带感情"。有时，他还把不能发表的"内幕"新闻，暗中在评论里透露。读者常从社评里去找新闻。九一八事变后，他和蒋介石的关系日益密切，"宁国府"的党政要员们，也要看《大公报》。记得解放以前，沈衡山（钧儒）先生曾和我谈到张季鸾，说："季鸾对于蒋的思想，揣摩得是很透彻的。在国民参政会初期，青年党的左舜生曾说：张季鸾了解蒋想些什么，准备做些什么，他再把它略略推前一步，作为自己的主张，发为社评。不久，蒋果然这样做了，于是，《大公报》有'先见之明'，蒋介石则博得'俯就舆情'之称。因此，不仅读者每从《大公报》社评中窥知时局动向，国民党的官员们，也要从中探悉蒋将做些什么，以便适应。"

衡山先生早年就认识张季鸾，这一段批评，是十分贴切的。

张去世（一九四一年）前两年，我主持香港《大公报》编辑部，大概是他感到自己身体不好，急于想把我培养成他的"接班人"之一吧，每次从渝到港小住，总和我谈论写评论的"要诀"。比如，他说，看问题看不清楚时，应该站得高一点，"凌空"来看，联系有关的事件一起来看。又说，没有十分把握时，千万不宜发决断性的议论，多谈可能，少下断语；否则，会在事实面前碰壁，失信于读者。关于文字技巧，他说，文章要力求流畅易懂，少用怪字、僻典；要避免别人常用的词汇和习惯用语；切忌把句子拉得太长，一句话说不清的，宁可分为两句、三句话说，等等。

以上这些，大概可以说是他的关于新闻评论方面的经验吧。

他并不珍视自己写过的文章，尤其反对集为"文存"之类。他说，报纸的文章，大抵针对当时的形势，生命力很短，不值得留给后人看。再说，人总是求进步的，阅历多了，今天看不清的问题，日后可能看清楚。那末，那时再看自己写过的文章，就会脸红。

写出这些我所认为的张季鸾的办报的经验，主要是为了提供一些素材，供研究中国近代新闻史的人们参考。写得不完全或者错了的，希望旧《大公报》的老同事们补充和指正。因为无论怎么说，他总是中国新闻史上一个代表性的人物罢。

还有，作为新闻学研究，探讨改进我们新闻工作的道路，进一步做好宣传工作，是不是从张季鸾先生身上可以学到一些可用的、可以借鉴的东西，或者加以"拿来"利用呢？

我曾设想，比如，"小骂大帮忙"，是多年来批臭了的。从政治立场、观点来说，批得很正确，有必要。但是，从新闻技巧来说，为什么张季鸾以及"之流"能运用得这么灵巧？放大来说，这一点，不也是一切西方国家报纸的普遍规律么？

如果把"小骂"理解为批评一些具体工作中的缺点，"大帮忙"理解为坚决拥护基本方针和基本路线，那末，我认为也有其可以借鉴之处的。如何批评得恰当，如何"帮忙""帮"得有力，"帮"在点子上，张季鸾先生的"反面"经验，似乎还大可研究。特别在海外宣传上，我们不也有些沉痛的教训么！

大家说，旧《大公报》是政学系的机关报。我先后在《大公报》工作了十八年，后来还主持过香港、桂林、上海版的编辑工作，但我从来没听到过有什么口头嘱咐，更不要说书面指示了。但不可否认的事实是，《大公报》的言论，不论由谁执笔（在它的后期，执笔的相当多了），总和这个明里暗里的政客集团的意见相"暗合"或近似，而张、胡二人，又并不最后过目或修改。这是因为，他们用耳濡目染的办法，影响同事们，使人不自觉地跟着他们走。还有，胡政之在香港、重庆期间，不过问具体工作，只主持每周一次的社评委员会，讨论下一周大体的社评选题和内容，让参加者自由发言，他也不做什么指示，只在最后发表他自己的看法，但他的发言，往往被认为是结论性的而被接受。

这种巧妙的领导技术，似乎也很值得我们深思的。

胡政之与旧《大公报》

　　从清末到北洋军阀时代，舆论的中心，一直在上海。《申报》《新闻报》，加上《时事新报》和《时报》，当时统称上海四大报，能够行销全国各地，被称为全国性的报纸。其他各地出版的报纸，哪怕在政治中心出版的，如北京的《晨报》《京报》办得也很出色，但销行范围，只限于华北一角，不能冲破地方性的框子。一九二六年天津《大公报》改组复刊，才如异军苍头突起，两三年间，发行远及港、穗，而且一九三六年又创刊上海版，骎骎乎有向《申报》《新闻报》问鼎之势。至于它在国内外的影响，更超过了其他各报。它所以能得到如此迅速的发展，原因何在呢？

　　有人说，《大公报》的成功，得力于吴鼎昌的钱，胡政之的经营，和张季鸾的一支笔。这话，是事实，但也不尽然。他们三人接手办《大公报》时，由吴鼎昌拿出五万元，除接盘房子、设备用去一万多元以外，全部存着作基金，准备赔上三年，相约全力经营，不接受任何方面津贴。如果三年内赔光了，还不能打开局面，收支平衡，就决定收歇。在经济上有比较可靠的准备，的确是它成功的一个条件。张季鸾有才华，在新闻编辑、评论和采访方面都有独特的贡献，也是一个重要因素。

但据我个人的体会，更主要的，还是他们三人，特别是胡、张两位，以背城借一之势，抱定只许成功的决心，以全副精力，投入这个战斗，而他们又有长期办报的经验和屡经失败的教训，因此，周详计划，全力以赴，因而，初战就获得成功（我听老同事何心冷谈过，一九二六年九月《大公报》初出版这几天，胡政之等清早都到闹市去看报纸零售的情况，还假装是读者，到公园谈、听对报纸的意见。每天回来，商量改进的意见。初创刊时，销数约三四千，三个月后，才越过一万份）。一年就达到收支相抵，第二年就开始有盈余，逐步增加人力，扩充设备，积累资金。

张季鸾在清末就协助于右任办《民立报》，辛亥革命后，长期任沪报的驻京特派记者，并几度主持《中华新报》等报的"笔政"。胡政之常说的："张先生的文章一直写得很好，《中华新报》的社论，常被外国记者所转发，但报纸只销千把份。"言外之意，虽然有些贬低张的作用，但张过去办的报没有成功，则是事实。胡自己也有一本失败的记录。主持王郅隆时代的《大公报》，失败关门。和林白水合作办《新社会报》，不欢而散。办国闻通信社，仰人鼻息，没有发表言论的机会，甚至谋求当一沪报的驻京记者，也遭拒绝。

他们两位，都在屡试屡踬中成熟了。而且，都在失败中得出了一条教训：靠津贴来办报，"得人钱财，替人消灾"报一定办不好。现在，既在吴鼎昌肯拿出一笔钱，就一定要抓紧机会，使出浑身"解数"，把报办好，一定要在三年内做到收支平衡，经济独立。所以，他们在接办《大公报》时，等于摆出了阵势，背水一战。

尤其是胡政之，真可以说是把全部精力扑在报上，并千方百计组织好队伍，一定要办好这张报。吴鼎昌名为社长，具体工作全放手让胡抓。胡又兼任副总编辑，编辑部的人事进退，工作安排，也由他负责。

我一九二九年到天津工作时，看到这位"老板"精力充沛，什么事都管，真是无时不在，无地不在。清早他就到报馆看发行和广告情况，查对账目，了解白报纸行情；下午，则详细阅读本市和外埠各报，和本报比较，从而找出新闻线，发电指示驻外记者。连较小的地方报纸也不放过，往往用笔勾出，让地方版编辑改写"本报通信"。日文、英文、法文报纸他也能看。他要求各版编辑，下午四时至六时到编辑部细细看报，但不用强制式的命令。有几次，我迟到了，看到他坐在我的座位上看报，我无所措手足在后面站了几分钟，他看了我一眼，一声不响走了。对我来说，这比申斥还难受。有时，你没有想到的准备工作，如寻找图片，制版，搜集说明材料等等，他全想到了。

晚上，他要和吴、张两位轮流写社论，一直在编辑部转到截稿，回到他的总经理室，审阅经理部各科交来的账目，还要查问工厂部门的工作情况，甚至还要到编辑部的单人宿舍巡视。我看，他的工作时间，每天总有十七八小时。如果把报馆比作一部机器，他真不愧是一个出色的机匠，时刻注意机器的运行，及时加油，拧紧每一个螺丝，并竭力设法改进机器的性能和效率。

他有时去北平或其他地方，也必写通信，重要的新闻则打电报。他能照相，也能翻译电码（为了争取时间），至于各版新闻，包括经济新闻，他都能动手编，对副刊也不外行。

邵飘萍、黄远生诸先生富有采访经验，文笔恣肆，而不长于经营。史量才、张竹平、汪汉溪诸先生工于筹计，擘划精至，而不以著述见长。在我所了解的新闻界前辈中，恐怕只有胡政之先生可称多面手，"文、武、昆、乱不挡"。后起的如成舍我辈，虽然也精力充沛，编辑、经营都有一套，但手面、魄力，似乎都不能与胡相比。

还该提到的，他相当注意发掘人才，大胆培养，放手使用。《大公报》复刊初期，张季鸾还引用些同乡、故旧，胡则据我所知，只有一个庶务是同乡，还有一个表弟在银行工作，请来帮助他稽核账目。此外，所有"班底"，不是原《大公报》（王郅隆时代）的老人，就是原国闻通信社的编辑、记者。他极注意从投稿人及通信员中，或从别的报刊作者中注意人才，认为合适的，就写信约谈，请他们参加报纸工作，后来成为名记者的长江、萧乾、杨刚、徐盈、子冈等，都是这样参加工作的。

大胆使用，可以举我亲身的经历为例。一九二八年，我只有二十一岁，还在大学读书，试任记者还不到一年。有一天，我正在太原采访，忽然接到他发来一电："要事望速回平。"原来，当时北平国闻通信社的主任曹谷冰因奔母丧南下，他到平亲自主持。他见我到后，说："我要赶快回天津，今后这里的事，请你完全负责。"说完，就匆匆赶乘下午四时开行的火车赴津了。

第二天，我跑了几条新闻到社，办公室空空如也，只有三位抄写员在等稿子，两位编辑和三位记者（当然他们都比我年长而有经验）全没来，庶务先生正在打天津的长途电话。他招手对我说："老总请你谈话。"

胡政之先问："今天的稿子能发出来吗？"我说："勉强可以应付。"接着我说："你还是另请一位代理吧，我年轻资历浅。"他说："我不问这个，只问你能不能挑起这副担子？"

我说："你这样信任，我相信可以。""那好，你发完稿子后，马上拟好一个广告，送《晨报》明天刊出，招考练习生，由你挑选三人，负责训练，另外，我从天津调一个助理编辑到平协助你。"我惶惑地问："难道你不准备挽留他们了？"他斩钉截铁地说："他们掼纱帽，我不吃这一套。"说完，就把电话挂断了。就这样，我代理主任职务一个多月，直到曹谷冰假满回来。在这期间，他没有来平查问一次。后来，《大公报》特派到新疆当特派记者、被盛世才扣留一年多才放回的李天织，就是那次投考参加国闻通信社的。顺便谈一下，胡政之、张季鸾在民国初年曾兼任吴淞中国公学教师，盛世才是该校的学生。盛对张印象尤深。那次，经张一再去信催促，盛才把李放回。

还有，他颇体会知识分子不亲庶务而有自尊心的特点，我多次到外埠采访，有时长达一两个月，回来后，只简单地写一张便条："共用去旅杂各费几百几十元"，他签个字就报销了，从来不要求开列细目，更不要说单据了。

据我所知，当时新闻界中，也很有几位艰苦创业，并注意引用人才的，但似乎都没有这样的胆识和气魄。当然，像他这样听任那几位心中有些不平的同事辞职，不仅不足为训，而且是有些刚愎自用的。在这方面，下面还有例子可举。

胡政之在一九三八年初上海《大公报》休刊以后，对事业的投入与专注有了很大的变化，有人说这是一条分界线。那时，他的前妻早已病故，和顾维钧的侄女结婚，从此把主要精力移到家庭，再也不把事业放在第一位了。他人到中年，事业也远没有到达顶峰，这种做法有些令人费解，难道他真的像有些人说的那样"靡不有初，鲜克有终"？

一九三九年五月，《文汇报》被迫停刊，我到香港再度参加《大公报》，任港版编辑主任，他那时已"权力下放"，编辑、经理两部工作，完全委给我和经理金诚夫兄，他整天泡在家里，深居简出，连重要的酬应也难得参加。

一九四二年香港沦陷后，我到桂林任《大公报》桂林版总编辑，社址在郊区星子岩，建造了一片木竹结构的平房，作为办公室和宿舍，却在一个角落里，为他构筑了一座二层洋房，他也很少迈出家门，有重要问题，则邀我和金诚夫到他家里商量一下。在家里，他有时逗着小儿子玩玩，有时扫扫地，帮助妻子种种花，仿佛过着隐居的生活，看来，书报也不大看了。桂林陷落前，他就迁居重庆，特别在离报馆约有三四里路的红岩新村租了一幢房子，过着逸乐的生活。

是不是对报馆一点也不关心呢？他每周还到报馆主持一次社评委员会，而且重要职员的情况，他却了如指掌，甚至哪家杀了鸡、打了牙祭这些小事，他也马上知道。据说，他在职工中收买了一些人，给他做"小耳朵"。显然，他也像一些统治者一样，依靠特务统治了。

他继张季鸾之后，和蒋介石直接挂上了钩，出任国民参政员，出席旧金山会议，参加赴英访问团，并以"社会贤达"的名义参加旧政协，最后还参加了伪国大。

在那几年，他不是以精力用在继续把报办好，而是靠报馆享福，求名求地位了。我于一九四六年最后离别《大公报》，很少再了解他的情况，据老同事说，到最后几年，他更加关心自己的享受，要报馆以大批金条为他顶花园洋房，买汽车；而更注意为他身后的妻子着想，把他占有的绝大部分股票，转入妻子名下，还推妻子为董监会秘书，因此引起家庭纠纷，前妻的女儿长期为争股票而和后母争吵不休。

有一件事，最足以反映他晚年的心理状态。我在一九四六年三月向他辞职时，他的确诚意挽留，最后约我到他家里长谈。我谈了自己对办报的主张，认为应宣扬正义，明辨是非，反对独裁内战，与广大读者同呼吸。我说："《大公报》是你们三位艰辛创出来的，我无权冒险尝试。《文汇报》是我从头主持编辑的，即使尝试失败，我成我毁，亦觉心安。最后，我有一个问题想问问您。五年、十年以后，《大公报》将凭什么生存，又以什么姿态争取读者的信任呢？这个问题，您考虑过没有？"他不经意地说："我和吴、张两位，创办了这个报，把它维持到现在，我们的责任算是尽到了。至于以后的问题，是下一代的事，我原寄希望于你们几位，而你的年龄又最轻，应该负起更大的责任。"下面他还说了些挽留我的话。这里，可见他对时局的估计，认为国民党的天下，至少还能维持五年、十年。

后来，他看到形势的发展，抛了相从多年的老同事，自己再到香港创业。而复刊后的香港《大公报》，一反过去"超然""中立"的态度，满纸"戡乱""赤匪"，有人说，他是甘在海外当"白华"了。

我也于香港《大公报》复刊不久，于一九四八年春到港筹备创刊香港《文汇报》，他请费彝民兄邀我吃饭，试探我是否真要来和他唱"对台戏"。他最后说："我又恢复了创业初期的精神，亲自写社评并领导发稿。别看我年老，我每天上下山（宿舍在半山），都坚持走路呢。"我说："你的精神实在值得后辈学习，但还应注意身体，像您这样的高龄，更该保重，出门还是雇辆'的士'（香港称出租汽车）好。"

不久，听说他旧病复发，伏案工作时忽昏厥，排泄不通，急忙以飞机送到上海治疗。终于在上海解放前一个月（一九四九年四月），离开了人世，一切出于他的始料，他的结局是悲凉的。

他的政治立场以及一生功罪，我无权也没有水平加以评析。但我以为，在《大公报》复刊初期，他以全部精力扑在事业上，废寝忘食，惟日孜孜。这种精神，即使在今日，也是值得称道的。

还有，为事业吸引人才，放手使用，这一点也极可取。不足之处是他不像张季鸾那样宽厚，对人要求太高太急，稍不如意，即失望、责难甚至弃如敝屣。还以我自己的经历为例：他最初对我期望很大，等到我被派赴汉口当特派员时，有一段时期没有出色的表现，第二年，我从李书城处探得一个重要消息，蒋介石决定逼张学良"下野"，改"北平军分会"为"绥靖公署"，派何应钦去主持。这个"独家新闻"在《大公报》登出时，张季鸾还加了一个"编者按"，说明此事"昨晚才最后决定"，以表示《大公报》消息之快。为此，胡政之特地打给我一个"嘉奖"电，而在收尾时，却加了一句："此殆吾兄到汉后首次突出表现。"狠狠地刺了我一下。

一九三八年初，上海《大公报》休刊，他把我一起"解散"，也是对我失望的一种表现。后来，为了这事，他一再对我表示歉意。香港沦陷前夕，还和我相对长谈，劝我一心以大公为终身事业，不要再"另起炉灶"，说创业不易成功，守成容易见效。

《大公报》有一种年资加薪制度，即服务满五年后，即按年资每月外加薪给的百分之几。如果中断，即按重新入馆之日算起。他特地用董监会的名义做出决议，说我和金诚夫（曾有一段时期随吴鼎昌去实业部及贵州省政府工作）的年资，"不作中断论"。但到桂林沦陷，我们到重庆时，我和金诚夫兄又被"投置闲散"了。

我终于最后离开，他可能感到意外，也可能是意料之中的吧。

六十年前的江南一小城

　　我出生在江南的一个小城。它周围三里，直径不过一里。有三条名义上的街，六条比较整齐的曲巷，倒很符合"三街六巷"的规格。

　　城东西郊各有一个大约方圆九里的湖，大家叫它东汜、西汜。这"汜"字，普通字典没有。西汜更靠近城边。一九二〇年左右，城的西南角打开了一个缺口，我那时已是小学高年级生，每当暮春三月，风和日丽的假日，总和同学们结伴，从那里走到西汜边，看拍岸的浪花，远眺小船点点，满湖波光。岸边有些垂杨野树，夹杂着火红的桃花，很令人流连忘返。

　　后来，在那缺口上建了一个城门，还请蔡孑民先生题写了一个额，写的什么，已经忘了；署名下写了"壬戌之秋"四个字，我记得在《赤壁赋》上读到过的，认为蔡先生运用得很自然。那时正在五四以后不久，我们这些小孩子，对蔡元培这个名字也感到亲切、钦佩。而这个城门，直到一九二四年才正式开放，所以大家称为"甲子门"。那年，发生了江浙齐卢战争，有一营奉军开到，搞得我们这个小城鸡飞狗跳，家家闭户。老人们都说，这是甲子门风水不利带来的祸害。我那时已是中学生了，受战争影响，迟一个月才去无锡上课。

这个弹丸小城，却有大块大块的土地被庙宇、祠堂所占据。六条巷中，有两条几乎全是庙宇。在东庙巷里，有城隍庙，有奉祀乡先贤周处的"周王庙"，还有四所相连的大庙宇，那是火神庙、雷祖祠、圣王庙和卢忠肃公祠。后者是纪念明末英雄卢象升的。其中，圣王庙规模最大，仅次于城隍庙。而且每隔几年，要举行一次圣王会，家家都招待四乡亲戚来看"会"。

"圣王"是什么神？据父老相传，明朝建此庙时，说是为奉祀张巡的，实际则是纪念和朱元璋争天下的张士诚。每次出"会"的前几天，总由这位圣王麾下的十三位大将（分别由各个行当扮充）分头在锣鼓敲打下巡视各大街小巷。他们分管各种疾病；比如，那一家有人患痨病（肺病）的，当那位管吐血的"菩萨"经过时，用一条红布在他头顶披上，他就在吹打声中走了进来，用袍袖在堂前一拂，就算把痨病鬼"收"走了。三天以后，还要"出"大会，这十三位大将，要逐条街巷一齐跑一趟，算是把全城的魔鬼、邪恶、千灾百难全驱走了。

看《明史》，张士诚曾统治江南多年，也未必有什么遗爱、德政，但几百年后，还受到小民的如此怀念（记得无锡惠山脚下，也建有张、许二公祠，名义上也是奉祀张巡、许远，恐怕也有此意。）难道小民们真是不明是非，或者如某些人说的，中国人喜欢同情失败者么？我的看法是，升斗小民，是最讲实际，最懂得以实践作为检验标准的。看到后来的统治者愈来愈残暴——仅仅胡惟庸、蓝玉两案，就株连屠杀二、五万人，两害相权取其轻，不免想起那位偏安一隅，曾企图与民生息的张圣王，甚至幻想借助他的神灵，驱除一切邪恶了。

我家的后门，就在这充满神秘的东庙巷里，前门则在另一条巷。所谓前门、后门，其实并没有门。这座宅子，据说是太平天国以后，全城仅存的几家老宅之一，也已一半变成了瓦砾场，想抄近路的人，往往从我家的前门穿过后门。

剩下的一半破旧房子，住着不下十五六个家庭，都算是同宗的，大都已出了"五服"了。我父母这个小家庭，占有着一间住房和半间厨房（和叔叔家合用），另外，有火焚过的半间阁楼，作为柴房。

我家没有什么光荣的劳动家谱，但也不是书香门第，更不是什么缙绅人家，没有听说祖上有人做官的，也从未有人中过秀才、举人。我的曾祖父，大概靠经管祠堂的田产过活，还做些缙绅们不屑做的公益事务，我幼年时，还看到我父亲每年年终要做一件祖传下来的事，一面向各缙绅家及当铺、钱庄收募捐款，一面调查登记城区贫户，分派款项——记得最多的不过二元钱和赈米，名曰"年终抚恤"，办完后还要公布一张收付清单。这件事，总要耗费父亲年假的一大半时间。有时还要支使我这个"小跑腿"。

我曾祖还开了一爿猪行（贩卖仔猪），并在一家酒行管账，后来大概买了三四十亩田。他是盼到我这个曾孙才去世的。这是一件了不起的大事，他死的前一年八十寿诞，还特地破例照了帧四世同堂的"合家欢"。据说，有了曾孙的人，去见阎王就不用下跪了。

　　曾祖母很严厉，即使对我谈她经历的逃"长毛"（指太平军）的故事时，我也从未看到过她的笑容。只要她坐在那间破旧的厅堂里，即使是疏房的小孩，也都蹑手蹑脚，屏息而过。她不识字，活到八十七岁。连数目也搞不清。晚年，她积蓄了几十块钱——当然全是白花花的银元，她用稻草量了高矮，一起包好了珍藏着，我有一个孀居的小姑婆陪她一起生活，有时有急用，偷偷地拿了她几块钱，把稻草相应地掰去一段，她也从来不会发觉。她去世时，我已十五岁，开始去无锡进师范学校了。

　　祖父只靠承继的酒行管账生活，六十岁时就病死了。祖母一生凄苦，以佞佛度日。她对我最钟爱，每当母亲责打我时，她是我唯一可盼的救星，只要听到我一声啼哭，她就气急败坏地来把我拉走了。所以，我母亲见我淘气或功课做不出来非打不可时，先下警告："不许哭，不许叫。"否则就打得更重。

　　父亲是十六岁就到乡间去当私塾老师。辛亥革命后，到江阴去进了半年师范速成学堂，从此算是合格的小学教师了。祖父死后，他要养活一家人，每月十二元薪给，还要扣三元包饭费，家用当然常常感到捉襟见肘，常常靠我祖母带着我去亲戚家移借三元五元，或凑个"会"，渡过难关。

我小时很笨（自然，大了也并不乖巧），这是讨母亲打骂的主要原因。到四年级时，手工课要糊个花篮也糊不成，靠祖母老人家帮忙，才勉强交了"卷"。

我到七足岁以后才开始读方块字，由对门的一位姓汤的老师（次雅先生）启蒙。这个私塾，分有高、初两班，高级班另有一位老师，教四书、五经；我们初级班，只有五六个同学，全学方块字。每人每天教读五六个生字后，汤老师就没有事了，总摊出一副骨牌来"通五关"。人倒是很和气的，我们背错了字，他也从不责骂；书桌上备有"戒方"，他是从来不用来打学生的手心。

我们最怕汤老师有事出去，那就要由高级班的那位姓钦的老师来代课；他一脸秋霜，动不动就训斥，背错一个字就要打手心，学生越打越心慌，往往下次还背错，那就要打额角；他还有各种"酷刑"，比如，把一枚钢笔管搁在学生的手背下，打了两下，手背上总留下圆圆的血印。痛了不准哭，哭出声来要重新打。学生们喜欢汤老师，他的母亲，我们叫太师母，也十分和善。

每学期的束脩是一千个铜钱。暑期并不放假，每个学生送一担西瓜，代价大概不过五六百文吧，算是"冰敬"。而整个暑期，每当下午三四点钟的时候，汤老师就叫我们到侧门外的水弄堂里排好队，太师母已把西瓜切好了，慈祥地给每个人递一块，那里有穿堂风，凉气习习，吃着用井水镇过的西瓜，真像玉液琼浆一样。一年以后，我转进了小学，汤老师似乎也不再做"猢狲王"了。

一九四七年五月，《文汇报》被封后，我曾到家乡去做客一星期，适逢我的叔祖八十寿辰，至亲邻居都来祝寿，我最后见到这位汤老师，已须发皆白了。我走到他面前向他敬酒，他还强自站起来干了一杯，回头对同桌的人说："我看他小时候就是聪明的，有骨气的。"说着，一面举袖擦干了眼眶的泪水。这是过奖。其实我幼年就很笨，为了读不好书，不知挨了母亲多少顿打。

这样破落户的大杂院，也有特殊的风味。盛暑时，各家吃完了晚饭，就先后把竹床搬到了院子里，乘凉往往到深夜。我的曾祖母闲着没事，还有几位年长的老婆婆，也喜欢听讲书，总找一位曾做过私塾老师的堂伯来"唱书"，廊檐下放了一个破茶几，点上一盏油灯，他就凑近火光，"唱"起来了。起先，的确全是唱本，如《安邦定国志》《天雨花》《笔生花》之类，以后，这些书唱完了，就读其他小说，记得《精忠说岳传》《三门街》《三笑》《九美图》《七侠五义》等书，都说过，每天大约说唱两小时，一个夏天，大约可以说完两部书。我开始对旧小说发生兴趣，开始有一点历史知识，开始萌发爱国主义思想，懂一些忠奸之辨，都是在这个场合引起的。后到，到了高小的三年级，有时叔伯们有事不能来唱书，而曾祖母又急于知道"下回分解"的究竟，就命我试试，我也就提心吊胆地试接这个"班"，偶然也读到不识的字，就含含糊糊跳了过去。一年以后，就当仁不让，成为正式宣讲员了，而且颇得婆婆们的夸奖。我自己，也从此时常于课余向一位堂兄借旧小说看。他是我们这个破落家庭中唯一的藏书家，《济公传》《包公案》等等八续、十续的都有；自然，他所收藏的，都是有光纸印的，字体极小，我进中学时就要戴三四百度的近视眼镜，原因就在此。

那么一个小城，还分割为两个县治，城中流过一条小河，相传周处是从这里追斩那条蛟龙的，城中心的一条石桥，因此取名蛟桥。以此为界，东面属于宜兴县，西面属于荆溪县。辛亥革命后，荆溪取消，算是"统一"了。城南北各有一所小学，我进的那所小学，却是后来设立的，借用一姓的祠堂，没有公款，取名私立敦本小学，其实是一个改良的私塾。校长是一位举人公，教我们国文的，是一位姓王的秀才先生。学生最多时不过五六十人。初小四年，合在一个教室上课，高小一二年级也合班，当时名为"复式教学"云。

校门面对靠近城墙边上的一个旷场，一向是杀人——后来是枪毙犯人的地方。课余，高班的学生偶尔在这里踢球——一个两三个铜元买来的小皮球。只要那位王先生一出现在校门口，正在狂欢的学生们，立即收敛笑容，停止踢球，大家就像犯了罪似的，一个个低着头溜回学校。

在校的几年中，只举行过一次"远足"，目的地是城南三五里外的铜官山，参加的规定要向学校交纳八百文，量制一套灰布的校服。像我这样的贫苦学生，交学费还很吃力，自然只好向隅了。

我原是一个低能儿，几乎每门功课总"掮榜"——最末一名。初小毕业后，母亲命我下乡到我父亲的小学去补习了一年，回到敦本小学后，忽然变成高材生了。毕业考试居然是第一名——全班只有九个同学。那年——一九二二年，投考省立中学，两所中学都录取，而且都在前十名。曾祖母喜欢得什么似的，逢人便说："两场考试都中了，算是秀才了。"

我进了不收学、膳费的师范学校。

　　一九二九年回家乡结婚，我母亲已早一年和我的一个妹妹搬往保定。以后，难得回去做几天客。一九三六年上海《大公报》创刊，我曾抽空回家乡，送两个儿子给祖母看看，她那时由经商的叔叔供养。后来，在抗战初期逝世。解放以后，一位堂叔也来上海工作。有一次谈起家中的两株百年老树，一株桂花和一株玉兰，我问是否还盛开？他感慨地说，早已死去，被劈成柴火烧了。接着他说："只有你们窗外的一棵枇杷树，长得很高大，结的枇杷多而且甜。"这不禁把我带回儿时的情景。母亲为了后园太空旷，特地在窗外用竹篱隔了一个大约一方丈的小园，我有时从窗口上翻下去，在那里朗诵《古文观止》。一天，母亲扔给我几个枇杷，我把剩下的核不经意地推入土里。过了几天，发现有一个新芽萌了出来，从此加意培灌，到我赴京上学，最后离开老家时，大概已有两尺高了。想不到它居然成材，而且为人们贡献出甘美的果实了。

　　又三十年未回这个小城了，听说城墙已拆去，人口也大大增加了。这棵被无心栽植的枇杷树，可能也已枯萎而变成朽木了吧。

童年鳞爪

我七岁刚上学那年，祖父死了。他患的是"疽发于背"，家乡的土话叫"搭背"，又称"瘤疽"，过程是十分痛苦的。

我是他的长孙，自然最被溺爱。当我会走路后，他每晨必携我上茶馆，在那里吃了点心，并在附近买了点鱼、虾、蔬菜之类，把我送到家门口，让我提着篮回家，他自己则上酒行去了。酒行是别人开的，开业执照却是我家祖传的，因此，他当了账房先生，每天必去工作数小时，大约每月得十块钱工资。他给我买过不少玩具。小孩们喜欢买染着各种颜色的白果，夹在脚里跳着玩，互相比赛，像抗战前上海孩子们玩玻璃球一样。我还不会"跳白果"，祖父已给我买了整整一罐。他去世后，我童年的黄金时代就结束了。从此，再没有人买给我一星半点玩具。

每年春光骀荡时，是放风筝的季节，有些富家子弟，放的鹞子最大的有一丈多高，白天放一面面鹞弓，多至七八面，在风中发出悠扬的呜呜声，入夜则挂上鹞灯，远看像一串繁星，闪闪发光。最小的是五文钱买的小蝴蝶鹞。我是多么盼望能得到一个蝴蝶鹞啊，但年复一年，一直用羡慕的目光看着人放。祖母看我可怜，曾用竹筷劈开给我扎一顶"豆腐干"鹞，但怎么样也飞不起来。大概是条件反射罢，当我做了祖父的时候，孙儿想要什么玩具，总尽量满足他的要求。有时还很愉快地和孩子一起玩，仿佛是要弥补失落的童年。为此，当一九六七年红卫兵抄家时，曾把这些玩具照了相，作为"修正主义"的罪证之一。

祖父死后，祖母更加佞佛，常常以念经消磨她的岁月。每隔六十天，那些信佛的老婆婆们，总要聚集在一个尼姑庵里，诵经礼拜一个通宵，名曰"坐庚申"。如果逢着星期六晚上，她必带着我去，我也很乐于参加，一则可以逃避母亲的监督，二则，尽管到后半夜很困倦，作为宵夜的一碗素面，总是很有吸引力的。

有一次，曾同祖母去城外三里桥小镇的一座仿佛名为竹林庵的去"坐庚申"，大概适逢那一位佛祖的诞辰；附近一带的念佛婆婆都来了，香烟缭绕，钟鼓齐鸣，很是热闹。

这个庵里有一座宝塔。祖母告诉我，它叫文笔塔，原来还要高两层，每天清晨，塔尖的影子可以照到西氿，好像笔尖蘸着砚池一样，所以，明朝年间，宜兴的文风很盛，高官很多，我们远祖"徐阁老"就是一个。有一位县官，感到终日要去各个乡宦人家去伺候，不胜其苦，暗下把这宝塔削了两层，从此，"笔尖"照不到砚池，宜兴再也不出人才了。

后来我翻阅《明史》，发现明末时宜兴籍的显宦的确不少，有被姚雪垠极力描绘的耿耿孤忠的卢象升，还有不少曾在天启、崇祯年间因直言而受庭杖的御史。至于我们那位祖先，他叫徐溥，在明代历经景泰、天顺、成化、弘治四朝，为官四十多年，做过大学士（阁老），虽然没有做过什么大坏事，却也没有什么建树和谠言，特点是谁当首相他都不倒，后来自己当"首辅"，也装聋作哑，听从皇帝胡闹，大概是一个"风派"人物罢。

他留下一个"义庄"。这也说明是老于仕途的。据说，从宋朝以来，不论大臣们犯什么法，要抄家株连，划在义庄里的田产，不在被抄之列。所以，这个义庄，一直留存下来。我小时候还看到它粉刷一新，是宜兴城郊很宽大的建筑，听说有不少庄田。照一向的规定，姓徐的子孙中了秀才的，春秋二祀，可以到义庄领取一千文"助学金"，还有十二两猪肉。如果中了举人的，可以领双份。民国以后，一千文改为一元，秀才改为中学生，进了大学，就受到举人的待遇。所以，我进师范后，母亲曾托人去代领过几年。至于我进大学后，这"双份"的光荣，她老人家只享受过一年，第二年，她携了我的妹妹，举家迁离故乡了。

声名次于"徐阁老"的是周延儒，那是一个有名的权臣，《明史》里是把他列入奸臣传的。奇怪的是他的"三元及第"的石牌坊，直到我离开家乡时，还矗立在蛟桥下的闹市口。《明史》里也的确有这样一段记载，说他第一次当国时，也还清正，倾向东林一班清流。被罢官前，曾到他家乡趋奉的官船，停满东西两汊，罢官的"圣旨"一下，这些船全开走了。他受不了这"门前冷落"的寂寞，因此，决心要谋开复，和魏忠贤的余党勾结，再次拜相，就成为温体仁一流人物了。

我九岁那年，父亲在汤渡乡当单（音从善）级小学校长。那是一个只有几十户人家的小乡镇，连一个可以包饭的饭铺也没有，不得不把母亲接去，我也就在那里读书。

这个学校实际由汤渡唯一的"乡绅"（大地主）把持，他姓周，大名酉叔，农民们都叫他"三先生"，不敢称名道姓。听说他曾出外进过一年法政速成学校，二十来岁，就"退归林下"，在一乡称王称霸了。乡民们发生纠纷，很少上城打官司的。向例两造都被"三先生"叫去，在外屋屏息等候发落。三先生的鸦片抽足了。"来啊！"一声，于是一个个低着头进屋，来到榻前，先后陈诉自己的理由，而"三先生"一句话，就是最后的判决，就是满腹冤屈，也不敢再申辩。

学校的费用，要向"三先生"领取，我父亲每月还要向"三先生"报告学校的情况。有一天，说是东南八乡的学务委员（周品庚）要来查学了，父亲连忙关照堂丁（校役）内外打扫。第二天上午，父亲正在上课，"三先生"果然领着一位袍子马褂的先生来了，站在课堂窗外。

记得那天是温习课文："我家有一鸡，日生一蛋。"父亲特地把"三先生"的儿子叫起来："周永保，你讲讲是什么意思。"周永保戴着一顶有红结子的瓜皮帽，在同学中十分神气，他站起来说："就是讲我家里有只鸡，每天生一堆鸡蛋。"说罢，昂然得意地坐下去了。父亲也只得说："讲得很清楚。"正要教新课文，我举手说："他讲错了。"父亲忙用眼光制止我，但我还接着说："是一个鸡蛋，不是一堆鸡蛋。"父亲狠狠地把教鞭指着我说："多嘴，这是一样的。"但"三先生"却领着学务委员走了。

数十年后，我还记住这件事，总像做错一件事，对不起我父亲。但是，"多嘴"的毛病，总是改不了，即使因此吃过不少苦头。

"君子之过，如日月之食。"我终于不能成为"君子"，这也是一个证明。

提起这一段童年生活，还引起我不少难忘的回忆，我们的同学，大都是放过牛的贫农子弟，只有个别的如周永保等出身于绅士人家。这样的孩子，样样都在行，曾领我去逮过麻雀，捉过蟋蟀，有一次还同我去"摸"菱，把我扶在一个大木盆里，他们赤脚把盆推进菱塘后，就顺着藤把一串串红菱摘下，扔进木盆里，供我剥食。还有一次，山里发大水，他们在小沟里装好虾笼，而在另外一条较宽的沟里，急流汹涌，不时见鱼跳出水面。有几个同学，眼明手快，手扶钢叉，能"叉"到尺把长的大鱼。这些捕获的鱼虾，都送给了我，尽管我是不吃腥味河鲜的。

我在这个小乡村，只住了一年。第二年暑假，父亲被调到另一个乡里当教员，我随母亲仍回城里，依然进原来的小学读书。

抗战胜利后，听家乡的来人说，这位"三先生"，不到四十岁就去世了。周永保在外面进了一年中学，回家承继父业，成为一乡之长，而且威势更甚，宜兴沦陷期间，做了那一带的伪镇长，胜利后被枪决了。

从关公到吴佩孚

——我是怎样开始读报的？

    的确不是过谦，我童年时很笨，读了四年小学，初等小学勉强毕业，是最末的一名，父亲长期在农村单级小学（没有高小，只有一个课堂）当教员。暑期开学时，母亲对他说："看来这孩子读不出书，你把他带到乡下去补习补习，看看会不会有出息。"因此，我又一次下乡，到离城五十里的山村——湖汊镇，又复读了一年初等小学。那时我刚满十一岁。每晚，由父亲教我《孟子》《论语》，这就算是补习了。

    功课虽学不好，却有些歪才，喜欢看小说。有一个堂兄是小说迷，所有小城市能够买到的草本小说，他几乎都买全了。我偷偷地借着看，到十一二岁时，《水浒传》《三国演义》《精忠说岳传》《七侠五义》《三门街》以及《征东》《征西》《包公案》《彭公案》《济公传》等都看过了一遍。全是有光纸印的，字体极小，往往夜以继日地看。所以，初小读完时，已是相当深度的近视。

当时的乡村小学教师，每月只有十二元到十六元的薪水，而且一年只发十个月。暑假、寒假这两个月，是没有薪给的。

这所小学，连我父亲只有两名教师。伙食包在一家小饭店里，每人每月的代价是三元。假如我也包饭，那末，剩下的只有六七元，没法养活家中的母亲和妹妹了。

为了照顾这个困难，姑婆说，我可以到她家里去吃饭。我的姑婆和一位姑母，都嫁在这个镇上，是婆媳，但我的姑母早死了。

他家开了爿竹行，算是镇上的一家富户。父亲十六岁起，就曾在他家当塾师。后来，我姑公过世，父亲到江阴去进了一年速成师范学堂，从此才转当小学教师。

鲁迅说："有谁从小康人家而坠入困顿的么，我以为在这途路中，大概可以看见世人的真面目。"我家本来也可算"小康人家"，因为祖父生前，喜欢喝酒，还有什么别的嗜好，把祖遗的十几亩租田几乎全卖光了，逼得父亲刚成年就去当"猢狲王"，挑起家庭的重担；童年的我，也不得不去尝寄食的滋味。

那时，姑婆家已经分家，她是后婆的；在四位表叔中，只有最小一个是她生的，她跟着这一房生活；我的姑夫是老二，姑母死后，姑夫又娶了后妻；这位我也叫姑母的表婶，也"殷勤"地叫我去吃饭。看了几次不大热情的脸色以后，我想出一个自以为很聪明的办法，每天到他家见了姑婆一面后，就溜到竹行里去坐着，看那一房来叫我，就到那一房去吃一顿"嗟来之食"。自然，被她们全忘了的时候也往往有的；好在父亲总给我一个铜元，备作"不时之需"，那时候，我就用来到摊头买些煮山芋充饥。这个镇是山货的集散地，在全县有"金张渚、银湖汶"之称，但全镇也只有一家饭铺，一家布店比较像样些，其余就是茶馆、烟杂铺之类的小铺子，一共也不过二十来家，竹行却在三爿，多是山里人用独轮车推来，到竹行出售，全是碗口般粗细、长两三丈的毛竹。竹行外面，存货山积。

竹行里有一位管账先生，不过二十来岁吧，却博古通今，像鲁迅笔下的赵七爷一样，连《水浒传》里一百零八将的诨名、星宿，都能背出。接谈几次后，他知道我小小年纪居然也看过不少小说。有一天，他从抽屉里抽出一张纸给我看，一面喟然长叹说："中国要这些人出世，就能强盛起来了。"我接过来一看，原来是他拟定的"内阁名单"：

大总统：周武王。内阁总理：诸葛亮。

陆军总长：关公。参谋总长：吴用。

海军总长：李俊。财政总长：子贡。

教育总长：孔子。

其他"阁员"的人选，我记不清了，总之，当时我是由衷地佩服和赞同的，而可惜这些人全死了，中国也就没有救了。

一年以后，回到城里进高等小学。那时，"五四"运动的热潮刚过，小城中的余响还未歇。那年暑假，新成立的"旅外学生会"在城隍庙戏台表演了新剧，这是我生平第一次看到的"文明戏",剧名叫《亡国恨》,内容是朝鲜亡国后人民的凄苦生活,最后是安重根刺死伊藤博文。有简单的布景,演日本人的,大概是披一条花布被面,腰里束条带子,就算和服了。观众中也颇多流泪饮泣的,我也时时止不住泪水。更引起我注意的,是各处的墙壁上,还可以看到彩色纸写的"毋忘国耻!""誓死抵制日货!""不要五分钟热度"等等的字条(后来才晓得叫"标语"),还有用硝镪水写的英文标语,直到两年以后,我才懂得它的意思,它还清晰可见,即使刷过石灰粉,不久它又显出来了。

大约一年以后(一九二〇年),我那位"收藏家"的堂兄,也已当上小学教员。有一天,他兴高采烈地对我讲:"中国出了个了不起的英雄,真是神机妙算,用兵如神。"我忙问这位英雄叫什么名字?他说:"吴佩孚。"接着,他描述吴怎么以少胜多,在洋铁桶里放鞭炮,吓退了段祺瑞的军队。最后他赞叹地说:"中国出了这位英雄,打败了卖国政府,总算有救,不会亡国了。"我问:"你这些新闻是从哪里打听来的?"他理直气壮地说:"这都是报上明明白白登载出来的。"

从此,我千方百计想寻觅报纸看看。

在我们的小城中,大概没有几家订报的,更没有什么贴报的地方,只有城隍庙对过的育婴堂大门上,贴了一个纸条"公共阅报处",那里是我上学的必经之路。有一天放学后,我鼓起勇气走进去了。原来,那里是送子观音祠,三间大厅,中间是供着送子观音像,香烟缭绕,大士的身上,还披满着旧的新的红布条,上面写着"信士某某敬献",当然是求子得子的善男信女们的献礼。左面一间,却有两三个中年村妇,在哺育那些弃婴。为什么有人这样虔诚求子，而有人又要遗弃，虽然看到这鲜明对照，像我那时的年龄，当然引不起什么疑问，更不会解答这问题的。

右面一间，就是阅报处。中间一张长方桌，四面有条凳，桌上散放着报纸，只有一位戴着眼镜的老人，正手执一张报纸，凑近着看。我也就大胆坐了上去，看看桌上有大约十来张报纸，其实只是两份报——《申报》和《新闻报》。找到第一张，全是广告，翻过来，才看到"本报专电"的题目下，一行行大字的"北京电"，赫然"吴佩孚"三字找到了，同时，出现了"徐大总统""段合肥"以及张作霖、曹锟、冯国璋等一连串生疏的名字。后面用小字登的"北京特约通信"，则有战局的描写，还记载了"阁潮""欠薪"等等我看不大懂的新闻。尽管这样，从此以后，每天放了学，总溜到育婴堂去看半小时报才回家，慢慢地由"生吞活剥"而逐渐理解一些内容。有时也对同学津津乐道我的"见闻"。

我后来选择新闻事业作为职业，大概就是从"关公"到"吴佩孚"，这个偶然的机会造成的吧。

一九二二年考进了在无锡的省立第三师范，看报的兴趣就更浓，涉及的面也更广了。

学校设有一间学生读报室，只在午饭后休息时间及晚上两节自修课的中间开放。饭后，只能看到当地出的两份报——《锡报》和《新无锡报》。这两份，都只有一张，主要登的当地新闻，国内外要闻，显然是抄录隔夜的上海报的。上海的报纸，学校订了五份，除《申报》《新闻报》外，还有《时报》《时事新报》和《民国日报》，都要饭后送到，先放在教员休息室里供老师们阅读，晚上才送到学生阅报室来。自修课中间的休息时间只有十分钟，匆匆翻阅几张，就敲钟，上课，灭灯了。而且高级班同学爱看的较多，他们似乎有自然的优先权，较吸引人的版面，首先被他们抢去，留在桌子上的，多半是本市新闻，经济新闻和广告多的，有时，时局紧张，如孙中山由粤过日入京，直至病逝这一段时期，大家密切关心局势的发展，抢着看上海报电讯版，而高年级的自修室，靠近阅报室，等休息钟一响，赶到阅报室，几张电讯版已被高年级同学抢光。眼看休息时间快过了，心急如焚，凑上去想看看标题，往往受到执报人的白眼。无可奈何，只能忍耐一天，第二天到图书馆去借阅。后来，年级递升，成为高班生了，往往冒着被训斥的风险，闯进教员休息室去。只要校长先生不在，对我这个老学生，老师们总只以宽容的目光看了我一眼。

当时看报的重点，首先当然是国内要闻，以后才逐渐注意国际新闻。最后，渐渐对副刊也发生兴趣了。至于言论，那时的上海几张大报，几乎没有什么言论可言。听说《申报》的陈景韩先生，早年在《时报》时，辅助狄平子先生，文笔恣肆，颇以敢言而又富于独创性著称，但自从被《申报》重金礼聘去当总编辑以后，也许是因为该报受到立宪派的张謇等影响过多、控制过严吧，他以"冷"的署名写的"时评"和"小言"，吞吞吐吐，有时简直不知所云，真如一般人批评的，看了像读《太上感应篇》一般。《时事新报》有署名"东荪"的评论，似乎言之有物，但文辞啰嗦，不着边际。实际上，当时上海各报的声音，主要在"北京特约通信"上。《申报》的"飘萍"通信,《新闻报》的"一苇"通信,《时报》的"彬彬"通信,最吸引人。报纸来了,我首先找这三位的通信(当然,十九是抢不到,要第二天看),看到登着时(他们的通信,大概隔三四天登一篇),总如饥似渴地阅读,有时为他们优美的文风和深刻细致的描述所钦折、赞叹。他们的文笔,各有特色,相同的是于深入描述当时北京政坛的内幕以外,还带有必要的分析和评议。从这里,读者也真正了解到政局的真相和各派势力之间钩心斗角的情势。在他们三位以前,听说也有出色的通信,如黄远庸和刘少少写的北京通信。那时黄早被暗杀在美国,我拜读他的《远生遗著》,觉得文笔和观察力都是值得钦佩的,但微嫌浅露,缺少含蓄。刘少少的,后来翻阅旧报时看到一些,似乎更逊一筹了。

历史往往有巧合。想不到若干年后,这三位前辈,直接间接都和我发生了关系。"一苇"是张季鸾先生的笔名。他后来是新记《大公报》的三"巨头"之一,主持笔政,在业务上是我的"科班"老师;思想上,我也有一个很长时期,亦步亦趋,连他懒散"名士"作风,我也学习,关系之深,不必说了。"彬彬"就是徐凌霄先生,不仅是我的同乡前辈,后来也在《大公报》同事过一段时期。至于邵飘萍先生,是中国新闻界卓越的人物。我进京上学那年——一九二六年就被军阀张宗昌杀害了。幸而《京报》还继续出版,由他的夫人汤修慧先生主持,承她的赏识,曾被邀兼任过该报的通信员。这些情况,前面已分别详细叙述。

那时上海报纸的编辑工作,说什么好呢?说它们还处在"幼年时代"吧,电讯没有标题,只分隔为"本报专电"和

"外电"（外国通信社电稿），"要闻"不分轻重，一栏到底。而且电稿也一字不易地照登，绝不做一点加工、注释工作。比如"东海倦勤""合肥歇影津沽，浙卢派人致候""小孙活跃""洛吴对保、津有意见"，说的是什么呢？我虽然看了几年报，也难以索解，直到随后看到飘萍等的通信，才知"东海"指的是徐世昌；段祺瑞闲住天津后，浙江督军卢永祥曾派人去看他。"小孙"指孙洪伊，是国会中一个小派别的首领；当时有人把国民党称为"大孙（中山）派"，他就成为"小孙"了，"洛吴"就是驻在洛阳的吴佩孚，所谓"保、津"，是指拥护曹锟登台的保定派和天津派政客。这不是看报，简直像看《推背图》了！

当时，副刊最有名的，是《申报》的"自由谈"和《新闻报》的"快活林"，都是后来被鲁迅先生称之为"鸳鸯蝴蝶派"的主要阵地，内容浅薄无聊。比如，有一个时期刊载所谓"点将小说"，今天由独鹤写一段，末尾，写着"卓然独立，呆若木鸡"，就算点到卓呆了，明天就由徐卓呆接写一段，内容不经预先构思，人物性格自然也前后矛盾。这是什么作品，真是十足的胡调，纯粹的文字游戏。有时也登些漫画，"快活林"有以"星驰"署名的作品，人和物画得都粗糙，最多用的手法是在白描字中嵌了一两个黑字，算是讽刺吧，笨拙极了。

总之，这样的副刊，翻过几次以后，我就很少再看了。在同学中，即使是低年级的，对它们也弃置不看。比较适合青年阅读的是《时事新报》的"学灯"和《民国日报》的"觉悟"。从这里，了解到不少新的知识、学术界动态和国际上的各种思潮。

　　吴佩孚的形象，逐渐由淡薄而变成憎恨的对象之一了。而我对报纸的爱好，对新闻事业的憧憬，却一天天浓重起来了。

听恽代英演讲

六十年前，在我们这个小县城里，只有三所完全小学，一所是公立的，称县立第一小学，设在孔庙里，算是最高学府了。比如，"五四"运动的狂飙吹来，带头上街游行的，就是这所学府。另外两所都是私立，包括我的母校敦本小学。男女当然是不能同学的，为了培养"坤范"，设有一个私立的明诚女学。校长曹老先生（后来当上海大同大学校长的曹惠群之父亲），是这个小城里有名的维新人物。学生多半是"大家闺秀"或比较开明人家的"少奶奶"，都还梳着辫子或各式的发髻，直到一九二六年我离开家乡那一年，才见到一位姓朱的女士，在苏州读书，暑假回来，剪成短发了。

全县也只有七八所县立小学。至于中学，只有一所设在和桥镇的私立彭城中学，似乎近于学店，专门收容那些考不取省立中学而又无力去苏州、上海进私立或教会中学的学生的。

想进中学，主要只有投考常州的省立第五中学和无锡的省立第三师范。我是两所学校侥幸都考取了，进的是不要学、膳费的"三师"。这个学校，每年只录取五十名新生，其中，还有边远省份保送来的"留学"生。我入学时，同学中就有三名是甘肃教育厅保送的"官费"学生。他们的特点是刻苦用功。年龄都比较大，看来都已二十开外了。其次，是饭量特别大，每顿总要吃六七碗。饭菜是分食制，每人一盘素菜，上面盖着两片透明的肉，还有一小碗没有油花的酱油汤，我们要"有计划、按比例"，才能"佐"下两碗饭。这几位甘肃同学，则两勺酱油汤就咽下了一碗，到第五碗起，才动手向菜盘下箸。这也反映当时边省人民的凄苦。

"三师"设在无锡的学前街，附近还有一所县立无锡中学和唐文治（曾做过南洋大学校长）老先生办的国学专修馆，俨然是无锡的文化中心。学宫（孔庙）的大门前，牌坊上有两块匾额："一榜九进士"，"六科三解元"。可见无锡的"文风"之盛。学前街离"三师"不远，有一家大宅第，蓝漆洒金的大门，高耸的旗杆和水磨砖照壁，是清末古文家兼显宦薛福成的公馆。

科举废止以后，兴办学校，大抵取法于日本。无锡有两位老教育家——侯鸿鉴和顾述之，都到日本接受了短期的考察、学习，回来后，侯创办了竞志女中，顾则创办了这所师范学校。听说，最初还聘有日本教员，教博物、手工、体操等课。我大概是第八、九班，入学时，二十多名教职员，已纯是国人了，而顾也已在前一年退隐，由原任教务长继任，而由钱基博先生接任教务长。

提到顾先生，老同学还肃然起敬。校舍全是校长一手规划而兴建的。整齐的教学大楼，其中包括化学实验室和特殊的音乐教室（学生坐的书桌全是风琴式的）。两排宿舍和自修室、浴室、洗衣室、图书馆、饭厅、小卖部也一应俱全。操场相当大，有一个正规的足球场和一个篮球场。此外，还有一座博物馆和在我看来十分宏伟的大礼堂。操场那边，则是设备相当完备的附属小学，另成体系。

当时，立宪派首领张謇是江苏最大的绅士，从省议会到一切文教、经济事业，都受他的操纵影响。他所控制的江苏教育会，有三位先生——袁观澜、沈信卿和黄炎培负实际责任，那就是大革命兴起后青年们高声要打倒的"江苏学阀"。

在这空气下，被培养为小学师资的师范学生，当然更要规行矩步、雍雍肃穆。

入学时，最大的经济负担是缴十五元左右的校服费，量制一套呢制服和两套布的。无论在校、外出，都要穿着。即使在盛暑，也不准着布衫之类（当时还谈不到有什么衬衫）的杂服上课。只有星期天的下午，可以到崇安寺一带去逛逛书店和公园。都是穷学生，上馆子的事是绝对没有的。花两三个铜元，在崇安寺小店里吃碗馄饨，算是豪举了。因为必须在晚饭前回校，把门房里挂着的名牌重新翻好，除非学校特许远足，惠山、梅园和鼋头渚、东大池等名胜是无法去玩的。

功课很紧，晚上的两小时自习，主要是复习和做习题，睡眠的钟一敲，十五分钟，寝室的灯就熄灭了，也不可能看什么闲书。只有下午上课前半小时和上完课到晚饭前，可以到图书室看看杂志和新书。杂志比较全，因为是师范，所以《儿童世界》之类也有。除商务印书馆出版的各种杂志外，还有《科学杂志》《学艺》《学衡》以及《新青年》，后来又添了国家主义的《醒狮》。

《独秀文存》《胡适文存》以及《红楼梦》《儒林外史》等古典小说，大都是向图书室借阅的，学生的仅有的一点购买力，都用于老师推荐的几部书：《古文辞类纂》《曾文正公家书》和《经史百家杂钞》之类。李小峰是"三师"的老同学，鲁迅的《呐喊》初版后，他很快寄来一批，托小卖部代售。看到毛边的装订，十分新鲜，同学买的很多，我也买了一本。

第一次冲破这死水一潭的空气的，是孙中山逝世的消息，是否有国共合作的国民党组织在校内暗中活动，我不知道，总之，是激起了同学的深切哀悼，很快，学生自治会就在大礼堂举行追悼大会。那时，我快要升入本科三年级，而且被选为级长，虽然没有"履任"（因为校长先生认为我不听话，宣布那次选举无效，由上一任连任），但制服上已打过补丁，像酒一样，越陈越香，我也照例受到新同学的尊敬了。

追悼会开得很隆重，像我这样的老学生，也都写了挽联，自撰自写。挂满了礼堂的四壁。

过了大约个把星期，学生自治会又贴出布告，说请恽代英先生来演讲。老实说，他是怎样一个人，我还不大清楚。那天，我挤在台前听。只见登场的是一位穿竹布长衫的青年，不过三十来岁，光光的头，戴着无边眼镜。身材不高，气度全像一个普通的学生。他发音洪亮，开口没有几句，全场就被吸引了。他从孙中山逝世谈起，讲到北京政府和帝国主义，一层层分析国内外形势，号召青年奋起救国。首先要打倒帝国主义和封建军阀，要废除不平等条约，反对当时反动、卖国的执政府，反对善后会议。他分析极清楚，语言生动，感染力极强。可以说，我生平从没有听到过这样有强烈吸引力的演说。在大约两小时的演讲过程中，的的确确屡次被经久不息的热烈掌声所打断。

这次演讲，砸碎了禁锢学生们思想的铁闸，以后这一段时期里，同学们都暗中谈论入党——当然是国共合作时期的国民党。我也有些心动，但后来听说一个我素来鄙视的同学（他以后变成国民党FF派的骨干）也参加了，从此我就断了念。

大约那次参加的不少，有些后来还成为真正的斗士。解放以后，我曾去南京参观雨花台烈士纪念馆，看到王祥斌烈士的事迹。他是比我高一班的同学，平时沉默寡言，大概也是听了恽代英的演讲而决心献身革命的。

我的同班同学管文蔚，他后来告诉我，也是那次加入中共的。

接着，是五卅运动。消息从上海传来，无锡各中小学纷纷罢课、游行，抗议帝国主义的野蛮行动，记得大游行那天，各校学生先在公园集合，然后分路游行，举着各色小旗，高喊"打倒帝国主义""取消不平等条约"等口号。游行后，学生们还分成小组，到近郊各处去宣传。我被编入南门外的一个小组，也曾几次登上一个台阶，向聚集的商人、农民大声疾呼。

　　这是我生平的第一次，一点经验也没有，只是把南京路发生的血腥事件，联系到从恽代英演讲中听到的一些道理，简单复述一下而已。

　　翌年，我就借文凭投考大学，赴北京就学。一九二七年革命势力到达江南，接着就发生"四一二"事变，南京成立国民政府。这些，都只是在报上看到个梗概。

进京

　　曾听陈叔通先生闲谈过他早年晋京会试（他们兄弟俩都是进士）的经过。那是光绪年间，津浦铁路尚未修筑，卢（卢沟桥）汉铁路也只修好北段。江南的举子们，先要乘船到清江浦起岸，可以向北经山东到直隶、顺天府，这样，费时更长。他是循西北这条官道走的，乘骡马大车，一天走六七十里，每晚投宿在"未晚先投宿，鸡鸣早看天"的"鸡毛大店"里。有上房可供举子们和过往客商居住，也有圈豢牲口的地方。而每家必有一两间下房，堆放厨房里捋下的鸡毛，那些穷旅客，就只好在鸡毛上铺开自带的行李过夜，交十几个制钱作为宿费。

　　这样，大约要个把月才能到郑州；从那里坐通车不久的卢汉铁路到卢沟桥，然后再雇大车进京。

　　他说："那时北京市的交通工具，主要也是大车，铁轮子走在高低不平的石板路或土路上，常常颠得东西摇摆，还不时被抛起来碰着车顶。"他说："我第一次进京时，照例必须拜谒座师和同乡前辈。有一位老京官看我撞得鼻青头肿，笑着说，'坐大车要紧记四字诀窍，'虚与委蛇'，车子颠动时，身子要顺着它的势上下左右，千万勿紧张、挣扎，否则，一定要吃足苦头。'那时前门的瓮城尚未拆除，进出内外城，必须经过这一线孔道，大车排队缓缓而过，至少要花一个多钟头。"

现在，从上海到北京，乘"波音747"客机，一个多小时就到了，想起叔通先生早年的经历，真是恍如隔世了。

我于一九二六年第一次进京时，也比现在麻烦得多。我是和一位姓洪的同学结伴走的。那时，连过江的轮渡也没有。到了下关江边，听说脚夫往往要抢行李，敲竹杠，我们分工，一个人坐在铺盖上看守，雷打不动；一个人去叫划子，讲价钱。好不容易渡江到了浦口，买好车票后，按照"老出门"传授的经验，找到一节茶房车，向管事每人交了两块钱，才被准上车。

这节车搭客较少，晚上可以伸直腿在条椅上睡觉。经过两个昼夜，到了北京。出站就看到前门和正阳门高耸的箭楼，仿佛自己的眼界也放宽了。那时瓮城已拆除，左右辟了两个便门，有轨电车也已通行了。

姓洪的同学有一个舅舅在北京通才学校（听说是交通部办的，毕业生可以派在铁路或交通银行工作）读书，还有一个姊夫在交通银行工作已多年。所以，我们没有受到人地生疏之苦，下车后，就立即被接待到司法部街附近他姊夫的家里。

到京的第一天晚上，就被这位舅舅拉到他清唱的一个票房里去观光。他先自我介绍说，他是学校里有名的票友，曾登过几次台，是学梅派青衣的；他们这个票房，也是北京有名的，名票蒋君稼也常来演唱。

远远地就听到锣鼓胡琴声，到了那里，是一所小的四合院，耀眼的红漆大门，上房也油漆一新，那位舅舅掀起帘子进去，给在座的打个招呼，就在中间两张方桌拼成的台面旁入座。我们跟了进去，则坐在旁边。旁边，自然是听众席了，但也有绣花的椅帔披着。这真是我从未看到过的场面，桌子前面铺着红缎绣花台围，桌上有四盏明角红灯，桌子四周的椅子，一色披着红缎椅帔。在台口几张椅子上，坐着打锣鼓和拉胡琴、二胡、弹琵琶的。上面则是清唱的，连说带唱，相互搭配，整出地唱下去。那位舅舅，入座后就参加了唱，果然嗓音清越，还带有表情，显然是这票房的中心人物之一。我只在家乡看过草台班的元宵戏，对京戏，是只看热闹的，一点起码的知识也没有。我们莫名其妙地听了一阵，就向那位舅舅告辞，好在距离不远，我们就摸回去睡觉了。

这是北京给我们的见面礼，让我们有机会窥看到首都社会生活的一角。

第二天清晨，雇了一辆马车，连人带行李离开他那位舅舅家，往清华园去。讲明车费是两元。车子沿着在我看来是十分宽阔的马路缓缓行进，看到了巍峨的天安门和三牌楼，经过长安街、西单、西四牌楼转到西直门大街，一路都是平房和二层的铺子，有的是高台阶。这些地名，全是好客的车夫一路告诉我们。一路也听到各种清脆的叫卖声，全是道地的京腔、京调，对我们来说，全是新鲜的。出了西直门，转入狭窄的马路，更是尘土飞扬，大约在下午三时，才摇摇晃晃，进了清华园。连忙去办好了手续，派在三院住宿。

最近，我收到一本清华建校六十八周年的纪念册，看到里面有校门和三院的旧照片，五十四年前入学时的情景，更历历在目。

在清华只住了半年多。星期天照例有校车可搭，但来回四毛的车费，对我来说，也是不算小的负担。我大约只进过四次城，有一次还几乎闯下祸。

在前门外大栅栏、廊房头条一带巡礼，近午肚子饿了，看到前门大街有一家叫"一条龙"的小馆子，走进去要了一碗肉丝面。我那时还不懂"清真"是怎么回事，忽然注意店堂里挂的，全是牛羊肉，我是从来不吃这些的，忙招呼"伙计"："我的面要猪肉丝的。"话刚出口，"伙计"忽然咆哮起来："快走，快走，去你妈的！"还举起双手来"轰"。

后来才知道，这位伙计还是客气的，大概他看出我是新来乍到，不是有心犯这忌讳的。真正认识北京，了解这千年古都的面貌，是从第二年转到师大开始的。

师大的宿舍少，新学生轮不到，只得借住附近的公寓。我和一个同乡同学，在香炉营大沟沿一家公寓里合租了一间房，不收房钱，却一定要包伙食，每月每人九元，顿顿是馍和一碟素菜，外加一碗红萝卜冲的汤，一星油花也没有。后来觉得不合算，退了伙食，每人付房金三元。

退伙以后，吃饭只好"打游击"了。口袋里比较充裕的时候，上附近的山西小馆，吃一碗刀削面；还有门前挂着黄纸条圈的小面馆，两人要一小碗炸酱，八两面条，全是现"撑"的，也不过一毛多钱。更多的是在小担子上买一碗猪肺汤或豆腐脑，吃两个"火烧"充饥。早晨，或是两块烤白薯，或是一杯杏仁茶，总之一天花不上两毛钱，比公寓包伙食便宜多了。

也不时要光顾当铺，那就必须两人合作，一个人望风（倒不是怕难为情，而是怕公寓老板或伙计看见，加紧催讨房钱），另一人夹了脱下的旧皮袍，去当铺当了几元，勉强度一段岁月。自然，也有罗掘俱空、无以度日的时候；冬天，常常无力买煤升火，硬熬过严寒。这样的日子，一直到我进国闻通信社，有了一点收入才结束。

在老舍的初期作品《赵子曰》《二马》和杨沫的《青春之歌》中，对北京的公寓生活，有极生动的描写。他们写的，多半是较大的公寓，我们住过的，则是小公寓，只有一个小院，六个房间。我们住的是北房旁边的一间小屋。最宽敞的一间上房里，住着两个不知什么衙门的小职员，他们一回来，就高声叫喊"伙计，打水！""伙计，沏茶。"而且常常有板有眼地唱起京戏来。我们晚上温习功课，正钻研建安文学和《说文解字》时，悠扬的"孤王打坐在桃花宫"，或"我好比，笼中鸟……"一声声飘过来了。

几年的耳濡目染，终于自己也轻轻地哼起来了。

这样的小公寓，每当午间和下午四时以后，卖糖葫芦的，叫卖"萝卜，赛雅梨噢！""雅梨，赛冰糖嗳"的，川流不息地进进出出，甚至还有抽签玩变相赌博的。这些，当然对我们无关。深夜，总有和叫卖"羊头肉！"同样凄厉声声的

"半空，多给！"正好肚子饿了，出去花一个大子（当二十文的钱票）买一兜回来，"半空"者，就是花生挑剩的空壳，有些还剩有一颗半粒干瘦的仁，炒得却是很香的。这一兜，边读书，边剥着，足够消磨半夜。喝点开水，也就不那么饿得难受了。

课余，常去琉璃厂逛逛书店，有时也去逛天桥和东安市场。夏天，小摊有手摇的冰淇淋（他们叫冰搅淋），只要两个大子一杯，自然，没有什么鸡蛋、牛奶的味儿，但很甜，说是不卫生，我们还视为难得品尝的消暑妙品呢。后来我们都得过痢疾，可能与此有关。

上戏园子看京戏，那是有了工作以后的事。先是欣赏两个科班。那时，广德楼科班的主角是李万春和蓝月春，以演武戏为主，老生是王少楼。广和楼的富连成科班，"富"字辈的谭富英等刚出科，还不时出演，而第一科"喜"字辈的雷喜福等则经常参加演出，大概已是"助教"了。正在坐科的是"盛"字辈，李盛藻、刘盛莲等已开始为观众所注意，"世"字辈的李世芳、毛世来等则是几年以后才露头角的。

现在谭富英、李世芳等都已下世，最近，在电视里看到为纪念马连良的演出，李万春、李盛藻都已衰老，成为后辈典范的老艺人了。想起"群英会"里黄盖的四句出场引子"数十年前在战场，好似猛虎赶群羊；光阴似箭催人老，不觉双鬓白如霜"，就是这些老艺员，抚今追昔，也会有此同感罢。

那时，正当梅兰芳、余叔岩、杨小楼三位艺员如日中天的时候，梅的号召力自然最大，而同学中却有不少"杨迷"，为杨小楼的艺术所倾倒，有一个同学，真是当了皮袍去看杨的演出。我是正式当了记者后，才有财力去当观众。记得第一次看梅先生的戏，是在开明戏院，那天演的《洛神》；那时，余、杨则在春明戏院合演，我第一次看的是余叔岩的《打鼓骂曹》，大轴则是杨小楼的《落马湖》。这些现在都已被老行家视为"广陵散"了。

记得欣赏余、杨两位京剧大师艺术的那天，正是一九二八年的八月中秋，散戏出来，皓月当空，天街如水，我和那位同学踏月路过杨梅竹斜街时，特地买了一瓶葡萄酒，回到公寓，对月酌饮，以赏佳节，我只饮了两小杯，就酩酊大醉。那时，我们这些穷学生，真正过清教徒的生活，烟酒是从不沾唇的。

北京的电车通车还未久，主要路线有两条，一条是北新桥到天桥，一条是新街口到前门。从西四到东四大概是三路，崇文门到宣武门则是五路。我的印象，是比上海的电车干净得多。乘客不多。我开始工作后，每天在宣武门上车，票价六十文，到苏州胡同口下车，然后步行到船板胡同的国闻通信社。车上窗明座净，很多中学生散学归家，都还在车上埋头读书，也有朗朗背英文生字的，车声叮当，穿行过天安门，在皇城红墙里的绿树丛中驶过，颇有些诗意。

但是，我一般还是步行的时候多，游中央公园，北海，都是走了去的。有一次，我和同学从南新华街一直步行到北新桥，游了雍和宫和国子监，再走了回来。另一个星期天，则循着电车路直到新街口，向东越什刹海，游登钟楼鼓楼，那两次远足，来回都有三十多里路吧，沿途看到孔教会和救世军等奇特组织的大楼。

第一次游故宫和颐和园，都没有花钱。那时（一九二六年），故宫博物院还在筹备期间，文华殿、武英殿另辟为古物陈列馆，清华校长曹云祥在该院挂一个理事之类的名衔，因此，清华的师生，都可以发到一张免费的参观券。文华殿里陈列的是钟、鼎等古物，很多是商周时代的。武英殿陈列的全是珍贵玉器，每几个柜里，陈设一种颜色的玉器，配以金、珠、玛瑙之类，全是各个朝代遗下的古物，看时每每赞叹咋舌，看到这些珍宝的海洋，琉璃厂的古董店，真不值一览了。解放后几次参观故宫，这些东西再也看不到，可能是已被载运到台湾去了。

看到这些浩瀚的稀世古物，再看到故宫的巍峨雄伟，不禁油然产生民族的自豪感，我们真是个有悠久历史的文明古国啊！

游颐和园是张作霖张大元帅的恩赐。他把北京九大学合并为京师大学堂。大概为了平息学生们的反对罢，有一天，校长刘哲来校宣布，翌日放假，全校师生一律免费游颐和园。我们第一师范学院的学生，清晨是分乘了十几辆卡车去的。那时，颐和园尚未正式开放，只有有钱的人能进去，门票一元。

那天，没有别的游客，全是京师大学堂的"太学生"。长廊、佛香阁、排云殿，到处油彩剥落，大概从慈禧以后，年久失修了。

带了干粮，游览了一整天，出大门一看，卡车全不见了。同学们只得三三两两，步行回城。

我们回到公寓时，腿都抬不动了。

张作霖垮台后，中南海也曾短期辟为公园，我们也去游了一次，特别对幽禁光绪的瀛台发生兴趣，还有，就是冯玉祥曾关禁曹锟的延庆楼残址（曾经失火）。

国民革命军打下北京后，曾在天安门召开"北平各界庆祝北伐成功大会"。那时的天安门广场，只有皇城以内一小块，大概不到现在的六分之一。那天参加的军民，不过几千人，在华表旁边临时搭了一个台，由"北平政治分会"主任委员张继主持。在台上先后演讲的有代表国民党中央的吴稚晖，一集团军代表方振武，二集团郭春涛，三集团张荫梧，四集团白崇禧。这些"风流人物"，现在全"俱往矣"了。我还记得"刘姥姥"（鲁迅赠的外号）吴稚晖发了一通"妙论"，大意说："我们北伐，是因为民国成立后，那些军阀政客不好好给人民办事，只是祸国殃民。我概括九个字：'你不干，打倒你，我来干。'我们要好好努力，不要'我来'而不'干'。"他仿佛颇有预见，以后国民党统治了二十多年，依然除祸国殃民以外，什么也没有干，连年内战，军阀厮杀，最后把侵略者引了进来，造成一场民族大灾难。

就在那次大会以后，还在正阳门外举行过孙中山（称总理）铜像奠基典礼，记得刚从海外归来的林森也赶到参加。那时，我刚当新闻记者，对于这位银髯飘胸、后来被推为"国民政府主席"的老者还不知是何许人，曾请教他"尊姓大名"，他倒不以为忤，笑着掏出名片说："我叫林森。"这个大会后，再无下文，终国民政府统治期间，不仅看不到铜像的影子，连奠基的一块石头，后来也不见了。

从那时开始，我奔走南北东西，一直当新闻记者，目击国民党统治的最后土崩瓦解。

从京师大学堂到北平大学

　　在我跨进新闻界大门以前的两年中，生活环境有几次天翻地覆的变化。一九二六年，我借别人的文凭考进了清华大学，母亲为了筹措我的学杂费，以月息二分的利钱借了一百五十元；大概因为将来有留学的希望吧，亲戚们也敢于冒险"投资"。不管怎么，我总算负笈到了当时的首善之区——北京。

　　从一个朴素的师范，跳进了美轮美奂彻底西化的清华园，真像刘姥姥初进大观园一样，所见、所闻、所接触，不仅深感新奇，而且往往目眩舌咋，心里要喊一声"阿弥陀佛"。

　　一幢幢高耸的大楼，大礼堂、图书馆的地板是软木铺的，藏书楼的隔板是透明的，各大楼的厕所全是各色大理石隔开的抽水马桶，成卷的美国彩色手纸。建筑物前和绿荫深处，到处装有淙淙流水的设备，可以张口解渴。宿舍是三人一间，大约有三十平方一大间，钢丝床，写字台椅，还各有一个书架。在师范时，衣服被褥全是自己手洗的，即使在隆冬，也只能用手汲的冷水。而在这里，每人发两个口袋，早晨，把所有该洗的塞进一个口袋，扔在房外，第二天就被洗净、熨平、叠好放在床上了。

饭菜是四大盘一大碗外加两小碟，米饭、白面馒头；早餐也总是白粥加点心、小菜，有些富裕的同学，故意迟到，另花一毛钱，就可以吃到一碗鲜汤水饺。总之，在我看来，天堂般的环境，神仙般的生活。

因为借文凭事被母校告发，在天堂只逗留半年，就一跤跌回了人间。

父亲在保定工作，我因此到河北大学"混"了半年。这个学校，有文、法、医、农四个院，规模也算是不小的，全部是旧式房子，办公室如教务处、舍监室像衙门一样。那时直鲁军阀得势，张宗昌部下的大将褚玉璞当了直隶军务督办，他还兼任这所大学的校长。自然，重要的职员，全是他的亲信，教员的质量也可想而知。可以说，半年中我没有从课堂中学到什么，一切全靠自修。有一个姓伍的同学兼任图书馆职员，因此我得到借书的便利。那时，京汉路常常欠薪，而母亲和妹妹在家乡嗷嗷待哺，为了筹借家用，父亲连偶吃一点甜食的习惯也戒除了，我不忍多向他伸手，到小摊头去买点火烧、炒饼的钱，也往往靠这位朋友的接济。

宿舍大概是过去直隶乡试的考棚，低矮而潮湿。床头不时有蝎子来作响，白蛉虫就更多了，没有凳子，坐在床沿上读书、自修。通向西关的一条土路，是进城的唯一捷径。离学校不远的路旁，有一所中学，那就是颇为人知的保定第二师范。

半年以后，又考进了北京师范大学，似乎又从泥土里钻出了地面。

入学不久，奉系军阀张作霖到北京组织安国军大元帅府，成为北方的统治者。政府改组，北京各国立大学也遭了灾，全部被合并称为"京师大学堂"，原来的国立九大学，一律改称学院，如北大改称京师大学第一文理学院，女大改称第二文理学院，法政大学改为法学院等等，我们的学校则改称第一师范学院，女师大改称第二师范学院。时光仿佛倒流了二十年，我又成了一名脑后拖着辫子的京师大学堂的"举子"了。

京师大学堂的校长由教育总长刘哲兼任，他是东北的一位冬烘先生，唯命是从的官僚。张作霖要他对学校严厉管制，防止"赤化"。说"谁要闹风潮，格杀不论。过去的欠薪（累计达两年多）是曹锟、段祺瑞的账，我不管，咱老子上任那天起，不欠他们的"。果然，改组的第一个月，就发了全薪，以后如何，我就不清楚了。

刘哲到任后，即大捕"过激"的学生，学校里一片恐怖空气。但北京的学生，毕竟有"五四"斗争传统的，学校内外，还经常发现传单标语，旧的撕去，第二天一早，新的又出现了。

有一天，刘哲来校视察，召集全体师生"训话"。他讲些什么，记不清了，只记得在教职员致辞中，心理系主任张耀翔先生以沉痛的声音说："今天，我还有什么可说的呢！

会场上，不少同学不见了，我想念他们，要求早日给他们自由。"他是素来以不问政治闻名的。刘哲听了这番话，也只能怒之以目。解放以后，张先生任教华东师大，有一次我见到他，提起往事，他还记忆犹新。

在旧军人中，冯玉祥的治军是比较严的。一九二六年西北军（国民军）退出北京时，一夜之间就撤尽了，真做到七邑不惊，此事一直为北京市民所称道。东北军则素以纪律废弛著名。一九二八年张作霖退往关外时（他就在专车经过皇姑屯车站时，被日阀炸死），北京各界惶惶如大祸之将临，特由北洋元老"王聘老"（王士珍，字聘卿，"北洋三杰"之一）等组织一个"治安维持会"（这大概是后来敌占区出现的"维治会"的嚆矢吧），请奉军留一个宪兵旅维持秩序，张学良答应留下鲍毓麟旅。结果，阎锡山部进占北京，把这个旅全部缴了械。

用国民党的术语说，这叫作"底定京津，北伐完成"。

完成了北伐后，不仅新军阀争夺地盘，学阀们也要争夺地盘，李石曾等从法国抄来了一套制度，名曰大学区制，把全国划为若干大学区。大学校长管理区内一切教育机关。北平各国立大学依然合并，称北平大学，由李石曾任校长，《世界日报》的成舍我任校长办公室秘书主任。下设三个处，第一处管大学（包括平、津、河北各公、私立大专学校），第二处管中小学，第三处管社会教育，包括图书馆、通俗教育馆等机关。这一宣布，引起了轩然的学潮，首先由北京大学学生发难，罢课、通电、请愿，要求保留北大的光荣校名，保持独立。南京当局不得已，同意了。接着，其他各国立大学的学生又纷起反对，通电揭露李等的野心，集会、游行，并停课示威。我那时已参加国闻通信社，一面还往学校上课。不仅写了不少为学生宣传的稿子，还参加过一次游行，浩浩荡荡，直奔中南海，李石曾没有出见，学生们把大学办公室的牌子也砸毁了。

还发生过一个可笑的插曲：在这次学潮中，师大有几个学生失踪了，学生会发出传单，说此事由于学校当局的告密。我据此在国闻通信社写了一小条新闻，各报都予揭载，师大的校长（应该正称"北平大学第一师范学院院长"）张贻惠先生大为震恐，特地写信给国闻通信社，说是造谣诽谤，要求郑重更正，否则将法律起诉。他不知写这条新闻的就是他的学生，而且适巧国闻通信社的主任丁艰回籍，胡政之派我代理主任，我自己草拟了一封复函，说明新闻有学生会传单为据，如有必要，可以公开。此事就此再无下文，不了了之了。

北平大学这一出戏，后来实在也唱不下去，李石曾自己收篷，呈请辞职。南京国民政府借此取消了大学区制，各校一律恢复原有名称。我这才重新算是师大的学生了。

踏进新闻界大门

我是十五岁时（一九二二年）考进在无锡的省立第三师范的。全级只有五十人，其中有钱俊瑞、管文蔚等。

那年正是曹锟贿选当了总统，全国人民为了抗议，特地取消了向例在国庆举行的提灯庆祝游行。这件事，时隔近六十年，迄今记忆犹新。

那时，江苏的大、中学校，在张謇、袁观澜、黄炎培等所谓"江苏学阀"的严密控制下，复古读经的空气很浓。以我们三师为例，除国文课外，每星期有两三小时读经。预科读《大学》《中庸》，一年级读《孟子》《论语》，二年级读《诗经》，三年级读《礼记》《尚书》，四年级读《易经》。国文和读经的老师有钱基博（子泉）先生和南社的最初发起人沈颖若先生等；钱穆（宾四）先生是随后来的，当时不过二十来岁吧，只教预料，我那时已在高班，曾在课堂外听他讲课，旁征博引，侃侃而谈，很有自信的样子。总之，这些老师都可以说是一时之选。钱子泉先生曾谈及张季直曾看过他的著作，誉为"大江南北，一人而已"，此外，还发一种讲义，选载报上好的文章，供学生阅读，名曰："课余丛抄"。特别好的，老师还在上课时做纲要的介绍。记得有一篇是黄炎培的《西湖游记》，提到孤山，提到上林寺，还谈及同游的马群超先生。十几年后，我才知这位马先生就是《申报》总经理马荫良的父亲。

后来我进清华时，国文老师是杨树达先生，转入北京师大，则授业者有钱玄同、朱希祖、吴承仕、刘毓盘、刘文典、周作人诸先生，还有专讲桐城派古文的高步瀛（阆仙）先生，都是当时的大师。而我真正打下一点语文根底的，还是在中学。这应特别感谢史、地老师向宾枫先生。他授课不拘于课本，常常引用野史甚至小说的材料，把一件历史故事的来龙去脉，讲得清清楚楚；讲地理也博引群书，讲古今山川、疆界、地名的变迁，有时也联系到时事。这也更提高了我对读报的兴趣，虽然那时还并不曾想到后来会以记者为长期的职业。

初进师范时，很羡慕高班同学袁家骅、顾绶昌等已能在《时事新报》的"学灯"上发表洋洋洒洒的长文。有一位同班同学，还是我们宜兴小同乡，居然有一天在《锡报》上登出一篇短文。他曾私下对我说，投稿了多次未被录取，这次暑假回校后，特地去拜访新到的副刊的编辑范烟桥先生（也以"鸳鸯蝴蝶派"闻名，解放前曾任《文汇报》经理部秘书，解放后曾任苏州文物管理委员会主任），还献上一套陶器茶具，蒙指授写作方法，再投稿，才录用了。我听了，悚然于写稿之难。

鼓起勇气，开始尝试是在进清华那一年——一九二六年。天津《庸报》于是年冬创刊，主持人董显光、蒋光堂先期在各报刊出广告征文，条件十分特别。一是长篇小说，至少五千字，故事的时间愈短愈好。二是短篇小说，不得超过五百字，故事愈复杂、涉及的时间愈长愈好。每种录取三名，第一名长篇给奖金二十元，短篇十元。我试写一稿，以我家一个堂侄女凄苦的一生为模型，写了一个短篇，题名《笑的历史》，只有四百五十字左右。想不到揭晓时竟被列为首选。当我看到自己的名字第一次在报上刊出，心上有一股说不出的甜滋滋的味儿；特别高兴的是，过了两天，《庸报》还特地派了一个职员来到清华园，亲手付给我两张伍元的钞票，并带去一张收条，后来也制版刊出，大概是为了证明这次征文是真正公开的吧。

这也是我生平第一次自己挣来的钱。十元，对我这样一个穷学生来说，是不小的一笔钱，至少可以支付两个月的零花。

我在师范学校并没有毕业，是提前一年借了高班同学的文凭报考大学的。在清华还只有半年就"东窗事发"。清华的教务长梅贻琦（月涵）先生很爱才，特地把我找到他家里，和颜悦色对我说："因为你母校的校长一连来信举发，逼我们非把你开除不可。希望你不要灰心，我是南开出身的。这里，我已写好了一封给张伯苓校长的介绍信，你去南开借读几个月，再回来插上二年级吧。"

为什么母校校长要对我下此"毒手"呢？一则是他对我

印象一向不好，不听话，敢于顶撞。其次，在我考取大学后，他曾写信给我家里，限期要缴付二百元，作为四年学、膳费的赔偿。因为我家中实在交不起，直接写信给他，说我已被学校开除（因两门功课不参加考试），不该追缴这笔款了。如果以缴款为不向大学举发的条件（他给我母亲的信是这么写的），这似乎迹近勒索。我母亲不知写信的事，东借西求，凑了二百元，病后亲自坐船到无锡去缴款，校长先生说"不要了，你回去吧"。我母亲还以为学校顾念我家贫苦，已开恩了。

梅先生这番好意，我终于辜负了。我父亲在京汉铁路保定站当小职员，月薪只有三十多元，而且欠薪往往达半年以上，无论如何也负担不了南开半年至少二百多元的学杂费。我只得在保定的河北大学"混"了几个月，暑假后考进了北京师大（依然是借的文凭）。

看到父亲的经济情况日益拮据，总想找一个自食其力的机会。有一天，看到报上有上海日日通信社招聘北京访员的广告，说试稿三次，一经聘用，暂给月薪三十元，以后视成绩而增加。这给了我一个极大的希望，连忙准备应征。那时，北京各报连篇刊载军阀孙殿英盗掘清陵的消息，我东抄西拼，写了一篇《孙殿英盗陵记》寄去，随后，又以别的题材写寄了两篇。过几天，看到上海的《申报》《新闻报》，都刊载了日日通信社这些"北京特约通信"，该社的聘书也寄到了。我高兴地以为半工半读的机会总算找到了。于是，就更加勤快地写。每写必至深夜，第二天黎明，急急步行至东车站（京奉、津浦路车站）邮局投寄，这样可以赶上南下的列车，然后再步行回校上课。我那时住在香炉营头条的一家公寓里，为了投寄一篇稿子，得急急步行十里路。

但是月复一月，只有稿子去，不见钞票来；这样苦撑了三个月，辛苦跑跑路倒不在乎，纸张、邮票实在负担不起，只得停寄了。不料半月以后，该社上海分社汇来了二十元，信上说："阁下稿件极受欢迎，但总社（该社总社设在杭州）经费支绌，从本月起，改请阁下任分社特约记者，暂给车马费二十元。"这样，又重新燃起了希望。哪知又寄了两三个月，再无下文，只得歇手了。

这是我第一次向新闻界敲门，结果是砖头敲碎了几块，大门依然紧闭着。

几年以后，我才知道，这个社的社长叫殷再为，真正是"白手"起家的，他聘请的记者、编辑乃至分社主任，从不支付任何费用，给你一个名义，由你"自力更生"，用这个名义去敲诈勒索，找挂名差使，敲竹杠。抗战开始后，他是新闻界第一批落水的"前汉"（伪维新政府时称"前汉"；汪伪政府，时称"后汉"）。"前汉"刚开张，他就在南京办了一张报，这些，都是后话。

记者当不成，只好又当穷学生。公寓里的房钱欠着，伙食也包不起了，每每花三四个"大子儿"（当时北京的最小额的货币，每个当二十文）买两个"火烧"充饥。

有一个星期天，逛东安市场，看到旧书摊拍卖旧的英文小说，大概是从东交民巷外国人家里当废纸收进的罢，每本只售两毛。我从箩里捡起一本，是美国作家葛来的短篇小说集，便忍痛买下了。我那时只知道葛来是一个作家，并不清楚他的思想倾向，看到有一篇故事相当复杂，文笔也很流畅，写的是一个少女如何受坎坷、迫害而死。借助字典，花了几个晚上，译出抄好，投寄《国闻周报》，不久就被采用，分两期登完，*而且立即就寄来二十元稿费。又算解决了一段时期的生活。

又过了几个月，大约在一九二七年年底，我的舅父在华洋义赈会工作，并在国闻通信社兼任编辑；他看到我实在太穷苦了，有一天对我说："我家累重，无力周济你，国闻通信社要添找一位抄写员，刻写蜡纸，每天工作两小时，月薪二十元，还供给一顿晚饭，你如愿意，我可以介绍。"

这样，总算找到了一个职业。下午四时上班，不影响上课。特别使我高兴的，是免费的晚餐，四大盘，一碗汤，菜肴相当丰盛，尽管小职员不可以随便下箸，白米饭、馒头是可以尽量吃的。在我，真是如登天堂了。

想不到饱饭吃了还不到一个月，大约为了一条稿子的删改吧，舅父竟和主任先生争吵起来，始而口角，最后至拍桌对骂。第二天，我舅父就被辞退了。

"冰山既倒"，日夜惴惴，不知哪天我的饭碗也要被敲掉。以后，证明主任并不想株连，我还得以继续工作下去。

那位主任，就是金诚夫先生。不久，国民革命军"底定"北京，宣布北京改名北平，不再是政治中心了，金先生被调充《大公报》驻南京的特派员。

---

* 《赖婚》，Bertha M. Clay 著、徐铸成译，刊于《国闻周报》1928年1月第二、三期。

十一年后（一九三九年），上海《文汇报》被敌伪扼杀，我被邀重回《大公报》，任港版编辑主任。香港沦陷后，又任桂林版总编辑，而这两馆的经理，一直是金先生。他没有因为我曾是他手下抄写员而摆老资格，看轻我；相反，遇事坦率相商，我们亲密合作，患难与共（经历港九失陷，一起化装逃到桂林，共同办好桂林版）；对我提出的革兴意见，总尽力给予支持，真正成为合作的好搭档，先后达六年之久。对于这位老"主任"的气度和信任，我是迄今感念的。他比我恰恰大十岁，听说在"十年浩劫"中也很吃了苦头，健康大不如前了。

自然，从一个抄写员到总编辑，时间虽只有十一年，道路却不是平坦的，一步步"爬"上去，并非一帆风顺，其中的过程，只能在另篇详细叙述了。

"初出茅庐"

先得说明，我选择这个题目，一点也没有自诩高明的意思。只是借"初出茅庐第一功"这句话，叙述我初当新闻记者时，在哪些采访工作中做出了成就，因而取得《大公报》当局"另眼相看"、大力"提拔"的经过。

我进国闻通信社才几个月，国民革命军攻下京、津，把北京改称北平，北洋政府土崩瓦解，一些官僚政客们纷纷南下"充实"南京国民政府，因此，当时有"军事北伐，政治南伐"的说法。

看到国闻通信社的新闻来源越来越少，我给胡政之写了一封信，也可以说是一个"条陈"吧。大意说，北京不再是政治中心了，但历史悠久，大学和其他文化机关荟集，依然是全国的文化中心。为了适应这个变化，取长弃短，国闻通信社应把采访的重点，转移到这方面去，开辟新的稿源。那时，胡政之虽全力经营《大公报》，但家眷还留在北京，大约每星期总来京一次，照料国闻通信社的工作。

去信后的第三天，他就来了，特地约我做了一次长谈。他说我所提出的意见很重要，关系到国闻通信社的前途，他也早考虑到了。不过，这方面的经验很少，问我能不能去试试。我告诉他学校上课的情况。他给我简单介绍了《大公报》的组织和人事，并说，《大公报》是一个"文人论政"的舆论机关，不以营利为主要目的，希望有抱负、有才华的年轻人参加，共同把这个事业办好，而国闻通信社的工作，除本身发稿外，还兼任《大公报》的采访任务。他希望我把这工作当作终身职业，在学校未毕业前，尽可能抽出多一点的时间，从事采访。

从此以后，我就不再任抄写员而当记者了。时间大约在一九二八年的夏天。

到哪里去采访呢？我想，由易到难。那时，北平的总工会（当然是国民党组织的）刚公开，主持人中有一个是我们师大的高班同学，去采访较易入手。有一天，第二国际的领导人之一，比利时人樊迪文*到北平，总工会请他来演讲。我当时还不了解共产国际中的派别，很详细地把他的讲话笔录下来。正好那天胡政之在北平，看我埋头写稿，问清内容后，立即把我写好的部分稿子取去细看，并忙叫"挂"天津电话（当时，北平到天津的最后一班车是下午六时开出，过此以后，重要新闻就要以长途电话传递）。我写

---

* 樊迪文，即埃米尔·王德威尔得（Emile Vandervelde），比利时工人党右翼领袖，曾任第二国际执行局主席。1930年9月至10月曾来华访问演讲。

完这个稿子，电话也叫通了，胡自己报话，一字不易把我写的全文播过去了。

还有一天，北平电车工人罢工，我采访回社，恰好胡也在北平。他听我讲述罢工的经过后，说："你该找工会的负责人谈谈。"我说："我已找过，谈得很详细。""也应找电车公司的负责人谈谈，了解他们的看法和处理意见。""我也去过，找过他们的经理了。"我连忙写稿，也像上次一样，我写好一张，他就取去详细地看，看完，也由他自己把全文转告天津报社。

我采访的第二个方面是学校。先从体育新闻入手。那时，北平有个组织叫"华北体育协进会"*吧，名字记不清楚了，反正它是华北各省体育运动的最高组织，会长是南开大学校长张伯苓，负责日常工作的是总干事郝更生。他曾先后在清华和师大体育系任教，所以我去采访比较顺利。

是年（一九二八年）八九月间，华北篮球比赛在太原举行，我第一次到外埠去采访。

我在中学时，也喜欢看体育新闻。那时，中国的体育运动还很幼稚，体育组织还多由外国人管理。记得一九二二年左右举行的一次江苏全省运动会，总裁判就是美国人麦克乐。当时最引人注意的体育新闻是华东八大学足球比赛。参加的八个大学，只有南洋公学不是教会设立的。由中、日、菲三国参加的远东运动会，中国只有足球一项保持常胜，而足球选手主要还是从香港选拔。后来，"球王"李惠堂到上

---

* 应为中华全国体育协进会在北平的分支机构。

海，才提高了上海的足球热潮。

至于华北各省，则除田径赛外，篮球最为"热门"，这大概应归功于张伯苓的提倡（他后来一直任全国运动会的总裁判），他请董守义任南开的教员，训练出不少篮球的名将。

当时的运动会（不论是球赛还是田径赛），不以地区而以学校为参加单位。北京师范大学，因为有体育系的关系，一向争得篮球冠军。一九二八年，南开的篮球队异军突起，战胜了包括天津霸主的新学书院队，被称为"南开五虎"的唐宝坤、李震中等名将，开始露出头角，骎骎然有向师大"问鼎"之势。

那时太原还是一个闭塞的山城，人口大约不过二三十万。华北篮球比赛的会场，设在山西的最高学府——山西大学内，观众基本上也是山大的学生，并无看台，只是立着围观。这些莘莘学子，大都还着长袍（有些还套有马褂）。布鞋布袜，袖着双手（真正是"袖手旁观"），一球飞来，必引起一阵"荷、荷"声，惊惶后退，没有一个敢于举手把球挡回球场的。这一点，也可以反映阎锡山这个"土皇帝"闭关（娘子关）自守十多年的政绩。

我到太原后，即到电报局了解新闻电拍发的情况，知道文字稍长一点的电报，下午五时后发出的，当天就不一定能发到天津。加急电比普通的贵三倍，但六时以后，也没有把握能到。因为太原到外省，只有一根电线。

果然，复赛的结果，是留下师大和南开两队保持不败，最后一天争夺冠军。

我事前做了一点布置，嘱《大公报》的驻并（山西）记者派一位工役骑着自行车守候在会场口。上半场打完，我把简单结果草拟了一电稿，让工役立即送往电报局。比赛最后结束时，已近下午五时半，立即发了一个简要的加急电。然后，回到宿舍，再写了一个长电，叙述比赛详细经过。

　　这次比赛，是南开夺得了冠军，从此唐宝坤等"南开五虎"之名，洋溢华北各城市。天津《益世报》和北平《晨报》等，也特派了记者采访这次比赛的新闻，他们都在比赛结束后写了一篇长的电稿去拍发。天津《庸报》则从创刊以来，即以体育新闻的翔实为特色之一。它的体育版编辑李世琦，那次兼任南开队的领队。当南开获胜后，他跟着队员上馆子去参加庆功宴了，宴毕才发出了绘影绘声的捷电。

　　事后据《大公报》教育、体育版编辑杜协民兄（他也是南开的校友，大学部第一届毕业）告诉我，南开学生听到该校球队已获得决赛权后，十分兴奋，大学、中学部各派学生组织了三个队，分赴三个报馆守候消息。到深晚十二时，《大公报》才收到上半场比赛结果的电报，《庸报》和《益世报》则一点消息还没有。他们在各报馆留下一人继续等待，其余的，回校睡觉。

　　到了上午一时许截稿的最后一刻，《大公报》才收到我的加急电，当然用大字标题排入。留守的学生等到第一批出报，买了五百份，骑车飞奔回校，把同学一个个叫醒，到大礼堂开庆祝会。而在《庸报》《益世报》守候的同学，最后都失望地回校了。据协民说，南开学生原来订阅《庸报》的最多，这次气极了，纷纷退订，而改为《大公报》的读者。

第二年春天，华北运动会在沈阳举行。我当然又奉派去采访。

那时，奉军退往关外还不到一年。张学良自任东北保安总司令，为东北的最高统治者，对南京保持半独立状态。这位"少帅"很想励精图治，还很注意教育和体育事业。他拨了一笔巨款，在北陵附近建造了东北大学新校舍，规模之大，我看仅次于当时的广州中山大学。他自兼校长，刘凤竹任副校长，重金礼聘国内有名学者去任教授。当时，北平各国立大学的教授月薪一般为三百元，院长、系主任则为四百到五百元，东北大学则教授由四百元起薪，系主任以上则多至六七百元，且不像北京各校动辄欠薪。他们还在校舍周围，建造了一幢幢带有小花园的洋房，为教授的住宅。

《大公报》为了做好这次的报道，特派本市新闻编辑何心冷到沈阳协助我。他本来要去上海结婚的，为此先到沈阳，等大会闭幕后才由大连转往上海。

我有了在太原采访的一点经验，到沈阳后，也先到电报局探询通报情况，得知沈、津电报的线路更紧张，下午发出的新闻电，一般不保证能到达。从电局一位高级人员口中得知，津、沈间长途电话已架好，正在试行通话。我们决定利用这个尚未公开的交通线路。由于张学良的鼓励，东北各校已培养出一批出色的体育健将。如打破百米（达十秒七）、二百米的短跑健将刘长春，女将孙桂云，以及全能冠军张龄佳（他们所创的新纪录，以后都保持了好多年）等，都是那次大会涌现出来的。

我事先向大会竞赛组讨了两份运动员名单，全部编上号码（比如，刘长春为一○○一号，孙桂云为二○○二号），把一份寄往天津，一份留在《大公报》设在沈阳城内的办事处，那里由何心冷负责坐镇，他接到我报告比赛结果的消息后，即查阅号码，以长途电话向天津报告。

那时，当然还没有电传照相这类的先进工具。我事先了解各个参加者的竞技成绩，把那些有希望得胜的，先一一请他们到运动场做好或跑或跳的姿势，给他们照了相，也于早日把底片寄到天津冲洗。

我整天就在运动员宿舍里工作和住宿，把一批批新闻及时电告何心冷后，晚上还要写《大会花絮》，直至深夜。

大会开幕时，张学良来参加。闭幕以后，张还举行招待会，以西餐款待大会职员、各队队长及新闻界。张那时已染上了吸毒的瘾，须发参然，一点也看不出英俊的神气。

闭幕后，我和心冷兄曾在沈阳休息两天，参观市容，互相祝贺和慰劳一番，然后送他上了南满铁路的火车去大连，我则随大队乘专车回北平。

当时，沈阳给我的印象是凄凉、萧瑟的。流行的"奉票"，二十多元才能兑一元大洋。人民都战战兢兢生活着。一次我们经过"帅府"（张作霖父子统治东北的中心），看到军警密布，行人都低着头靠边走。到"商埠地"观光，则房舍、商铺、人物，完全是日本式的，简直像到了东京、大阪一样。那时，距"九一八"还有两年多，侵略者的阴影，已到处可见了。

列车到天津总站时，《大公报》的一位同事已在守候，说："胡先生请你下车，在天津留几天。"于是，我就首次到了设在天津日租界旭街的《大公报》馆。

也是杜协民兄告诉我，这次的"战果"更加辉煌，《大公报》在大会期间，每天出一整版特刊，使读者惊奇的，不仅前一天比赛的结果，全部详细的报道，而且附有优胜者的照片。

而别的报呢，难得报道一些上午比赛的情况，下午的比赛结果，照片也没有。听说《庸报》的主编气极了，通知前往采访的记者，叫他停止再发电讯，说："收到你的来电，还不如转载前一天的《大公报》翔实。"

所以，尽管是完全公开的新闻，由于事先了解情况，做了必要的准备工作，变成"独家新闻"了。

《大公报》设盛宴慰劳我，胡政之给我隆重地介绍总编辑张季鸾和其他同事。当时，《大公报》的全部职工，只有百余人，编辑部工作人员，不过二十余人。每天出版两大张，有时加半张。

胡、张两位，还都设家宴（胡已迁居天津）招待我，并做了长谈。

在报馆住了两天。临行，胡把我邀到他的办公室，说了一些慰勉的话，并塞给了我一个封袋，说："给你添补一些衣服吧。"我上车后打开一看，是一叠五元的钞票，共一百元。这是当时《大公报》鼓励职员的一种方法（可能别的企业也采用这种办法），除年终奖金及加薪外，对于做出特殊贡献的记者、编辑，往往由老板私下塞一笔钱。他还再三嘱咐"不要对别人讲"，以示优惠。这样的"恩赐"，我以后还收到过几笔。

一百元，对我这样一个穷学生说来，的确是一笔不小的财富，我偿清了公寓的积欠，做了一套新衣服。那时，我母亲已离开故乡，移家保定，我还买了一匣补品和北京的土产寄呈。这是我自食其力以来第一次对双亲的孝敬。

总之，这两次采访，"初出茅庐"的年轻记者（那时我还不满二十二岁），总算给《大公报》立了"汗马功劳"。从此，得到胡、张两位先生的"青睐"，不久，就给我机会试"跑"政治新闻。

一次得意的采访

生平最得意事，也像最失意、最倒霉、最意外的遭遇一样，一辈子不会轻易忘怀的。

一九二九年初夏，我第一次采访政治新闻；从此以后到一九三〇年初，曾三度去太原，了解阎（锡山）、冯（玉祥）联合反蒋的曲折变化。最后一次，获得了意外的成功。经过十分复杂，和总编辑张季鸾的配合也天衣无缝，自以为是生平最得意的一次采访。现在，时隔已整整五十年，经过详情和接触的人物，犹历历在目。

应该先简单介绍一下当时的背景。

一九二八年，国民党北伐"底定"北京，蒋介石、阎锡山、李宗仁及冯玉祥的代表一起到碧云寺谒灵（孙中山曾停灵处）。这是国民党各派军阀大联合的顶峰，也是大分裂、大混战的序幕。

蒋介石在部署这次北伐时，就埋下了分裂的种子。当时，挂着"国民革命军"番号的部队，分为四个集团军：他的嫡系称第一集团军（其中也收编不少杂牌部队，如方振武、徐源泉等部）；冯玉祥统率的原国民军称第二集团军；阎锡山所部晋军为第三集团军；李宗仁、白崇禧所统率的桂、湘部队为第四集团军。其中，以冯部实力为最强，训练基础也较好，而且阎部为最弱。蒋为了便于操纵控制，故意抑冯抬阎，把兵微将寡的晋军分配去占领京、津及河北全省，把战斗力强的西北军（冯部）放在后面。京、津攻下后，让阎锡山掌握北方的实权，称京津卫戍总司令。只给西北军系统的何其巩一个北平市长的名义。所以北京会师、碧云寺谒灵时，冯故意逗留河南辉县百泉村及保定，不往参加，怏怏之态可掬。四集团军是白崇禧率领参加"北伐"的，到北方后，大举收编北方军队，特别是困居冀东的张宗昌部直鲁联军数十万，使该集团军人、枪剧增。北京会师后，蒋宣布举行"编遣"，要各军大举淘汰，而按照他所宣布的编遣方案，实际是大量削弱二、四集团军，而增强一、三集团军。因此，引起冯和李、白（时称"桂系"）的不满。不久，就激起了蒋桂战争；接着，又发生蒋冯战争。这两次战争，蒋都以收买、分化对方的将领而取得胜利。特别是对冯的战争，冯本来是有取胜的可能的，但蒋以数百万巨款，收买了冯的主力韩复榘、石友三部，阵前倒戈，使冯措手不及，只得宣布"下野"。那时，老奸巨猾的阎锡山，虽然看到蒋对他很偏袒，但兔死狐悲，深恐继桂系及冯之后，蒋势必对他"收拾"。因此，在冯失败之际，邀冯到山西"共商国是"，为了"停止内战"，愿与冯"相偕出洋"。在冯、阎间联系并陪同冯过黄河抵晋的是李书城（筱垣）。李是老同盟会，一向反对蒋的独裁统治，宁汉合流后的唐生智反蒋以及随后的桂系反蒋，他都参与幕后策划。所以，那次阎邀冯赴晋，本意在挟冯以自重，使蒋不敢轻易对他下手，而李书城则想乘机促成冯、阎联合，作为组织各派反蒋同盟的基础。

这就是一九二九年第一次赴太原采访时的时局态势。

采访的主要目的，是去了解反蒋大联合的局势能否形成？今后的动向如何？

张季鸾是清末就从事新闻工作的老报人，他是陕西人，在西北军中熟人最多。本来，由他自己出马，最能获得内幕真实消息，但正因为他和西北系关系深，怕去了引起各方的注意，特别是南京对《大公报》的怀疑，曾派曹谷冰去过一趟，住了两星期，似乎没得到什么重要的消息。大概张、胡两位看我在两次体育采访中有些才能，所以决定让我去试试。像我这样一个才二十二岁的年轻记者，初出茅庐，当然不会引起任何方面的注意。

我先到天津，接受张季鸾的任务，他嘱咐我，了解新闻要全面，要细心区别哪些新闻可发表，哪些可通电报，哪些只在通信里顺便带几笔就可以了。不宜发表的消息，可以写信告诉他作为参考。至于此行的主要目的，在于了解冯、阎间的关系究竟如何？反蒋的格局是否能在最近形成？最后，他给我一封亲笔写好的介绍信，是给李书城的。并说："他是我多年的好友，这次是参与内幕的。你可以先去看他，请他介绍太原的空气。有什么不大清楚的情况，也可以去向他请教。另有一位刘治洲（定五）先生，是冯焕章的总参议，也是我的好友，有些地方，可以请他介绍。见了他，只要说是我介绍的就可以了，不用写信介绍。此外，你自己临机应变，去发挥才能吧。"

当时，太原有两个高级的旅馆，一个名"山西大饭店"，四层楼的西式建筑，一应设备也全是西式的，并备有大的餐厅。那里是太原官场交际的中心。重要的代表，都被招待住在那里。另一个在城里闹市区，名"正大饭店"，是平房，陈设也很干净。这两家饭店，听说都是正太铁路局经营的（正太铁路也是借外资兴建的，有法国和比利时人参加管理）。我为了采访的方便，寄住在正大饭店。那里，离《大公报》分馆不远（其实是以贩卖《大公报》为主的外埠各报代销处。那时，津、沪各大报有一通行的章程，约各城镇的书局、报贩代销报纸，称某某报代销处。销数达百份以上，即给以分馆的名义。其实，仍是自负盈亏，只在折扣上得到优待）。

我首先去拜访李书城先生，他有些口吃，但分析形势，了如指掌。谈到冯、阎的关系，他微笑地说："目前，还谈不到坦率合作。阎百川把冯焕章请来，是作为他对付蒋的一个手段的。好比把一只老虎关在笼子里，对蒋暗示，'你不满足我的要求，我就要把老虎放出来了'。果然，这一着很灵，老蒋把钱和枪支送来了不少，也对阎的部下封官许愿。但是，这样的日子不会太长，不久总会有变化吧。"简单的一段话，就把太原的政局和内幕刻画得清清楚楚。

接着，我陆续访问各方代表，使我惊奇的是，在太原，长驻的代表有四五十个，不仅李、白和唐生智有代表，一向看风转舵的各地军阀，如刘湘、刘文辉、杨森、何键等有代表，汪精卫和山西会议派也有代表，即不久前背冯投蒋的韩复榘、石友三也有代表。他们有的愿意接谈，有的很勉强，韩、石的代表则再三嘱托请代守秘密。张学良的确也派有代表，是曾任青岛市长的葛光庭，我也多次找他谈过。

冯那时被招待住在离太原百余里的风景区晋祠。冯有一位机要秘书雷嗣尚，接谈之下，才知也曾在北师大读过书，算是老同学了。有一天，我乘他的便车去游了晋祠，并访问了冯先生。适冯和他的夫人李德全准备出外散步，和我边走边谈，谈了一二十分钟。

归后，写了一篇通信，题为《晋祠访冯记》，隐约透露了太原的一些真实气氛。当然，连日也不断发了新闻电和其他短讯。一星期后，接到张季鸾一封快信，大意说："自兄抵并，所盼消息、电讯，应有尽有，殊深佩慰。"以后，我在采访中做出了一点成绩，他和胡政之总很快来信或电报予以表扬并指导下一步该注意些什么。我以为，这是当时《大公报》的一个好制度。

那年冬天，我第二次去太原采访，听说冯、阎关系进一步恶化，冯被软禁于阎的故乡五台县河边村附近的一个小村——建安村（离阎的故乡河边村只几里）。我去是要了解究竟。另外，二集团军的部队驻在甘肃、陕西，由宋哲元、刘郁芬统率，已再次宣布讨蒋，战争已在潼关附近爆发，我也想去观察一下战局可能的变化。

太原这个城市，气候很好。上次来是夏天，白天比北京凉快，夜间更少蚊蚋。这次来是冬天，下过几场雪了，而山西的煤多且好，正大饭店没有水汀，房间开定后，店伙点燃一根火柴，向火炉里一点，马上就引起熊熊火苗，一忽儿房子里便温暖如春了。这是伙计们的升火有术，但主要还是煤质好。

到并后的第三天，适冯的一位姓陈的随从医生采办药品后，乘车回建安村，我坐他的便车，同去的还有雷嗣尚。车子是一辆"年高德劭"的老爷车，出了太原北门，一片茫茫，不时要爬坡，它轻则喘气，重则还要下车搀扶，真是"一行二三里，停车四五回。抛锚六七次，九里十徘徊"。我们在天未黎明时就动身，好不容易，到了傍晚才达目的地。冯住的是村外一座孤单单的院落，四周铁丝网、军警岗哨密布。好在我乘的陈医生的车子，没有被检查就通过了。

那时，冯正预备吃晚饭，看到我来，很表欢迎，说："赶快添副碗筷，对付一起吃罢。"菜是四盘一个火锅。吃饭间，他问我多大年龄？我说："虚年龄二十三岁了。"他说："真了不起，懂得那么多，我像你这岁数，还在前清新军中当大兵呢。"我趁机问潼关方面有没有捷报来？前线的战况如何？他笑着说："我这里，消息恐怕还没有你们新闻记者灵。"说到这里，用筷指着火锅说："我的消息，都是从这里面得来的。"

第二年春天，我已调至天津，任教育新闻版编辑。一天，张季鸾私下对我说，太原方面，可能最近要发生新的变化，要我再去做一次采访。张平时接触的各方人士很多，每天下午，他的主要工作就是会客。他一定听到太原方面有什么新风声了。

第二天清晨，我便登程。

到太原时,听说冯玉祥已从五台县建安村移住城内的傅公祠(纪念山西有名文学家傅青主的)。我曾几次想去访问,都不得其门而入。

一天早晨,我去山西大饭店串门,走进冯的秘书们留守的房间,看到雷嗣尚等正在围桌打牌,不觉"灵机"一动,难道冯已离太原重返河边了?因为我知道冯对部下极严厉;再说,冯如仍在并,他们决不会这样悠闲。我跟他们敷衍几句,立刻驱车去访问刘治洲先生。到了刘的寓所,他刚吃罢早点。我不经意地问:"定五先生,冯先生已离开太原了罢?"真是"言者无心,听者有意"。他大吃一惊地问:"你是怎样知道的?"我感到其中有"文章"了,还是装着轻松地说:"我是新闻记者呀。"他更紧张地说:"不,这消息你是不可能知道的,你可千万不要随便发表。"

刘先生是老实人,而且我和他相知较浅,不宜再寻根问底;再三向他说明,我决不发表。说罢,就告辞赶去访问李书城先生。

李先生每天早晚要"打坐",他"功课"完毕后出见。我怕也使他吃惊,先把问的话说"完全"了。我说:"我已知道冯先生已离开太原,也知道此事关系重大,保证决不发表,但请你把经过详细谈谈,让我明白底细。"

他说:"这事的确关系重大,昨晚冯先生走时,只有阎百川、贾景德、刘定五和我几个人送他,连赵戴文都不让他知道。消息封锁是很严密的。"

我说:"怎么阎会轻易把冯焕章放走的呢?"

他笑着说:"卖弄聪明的人,总不会永远得逞的呀。冯被囚后，他的旧部当然很不平，而南京方面，对阎的要挟勒索，也有欲壑难填之感。去年年底，鹿瑞伯（钟麟）到山西探望，在建安和冯晤了一面，他们商谈些什么，就不清楚了。总之，他不久就去了南京，蒋两次召见，商定共同打阎的计划，决定冯的旧部，出潼关过河进攻山西；刘峙（当时的河南省主席）率中央军沿平汉路北进，韩复榘、石友三部则沿津浦路北进，两路会攻阎所控制的河北、平、津。

"阎得知这个风声后，极为焦急，先把冯请回了太原。前天晚上，他向冯一再赔礼道歉，然后说：'二哥（也和蒋冯一样，他们曾换过"兰谱"的），蒋的为人，心狠手辣，把我收拾了，恐怕也不会放过您的。'冯说：'这个，我早比你清楚，我反这小子，是铁了心的。'阎说：'目前的局面，二哥你看怎么办呢？'冯说：'要把这局面翻过来，只有我自己去，我没有别的要求，只要让我带五百万到潼关，我就立刻下令和你一起对蒋讨伐。'阎连声诺诺。昨天黑夜，冯已化装离并赴潼。五百万元和军械等等，大概也同时起运了。"

李先生又接着说："军事机密是十分重要的，蒋今天还在做联冯反阎的梦，他可能已下令平汉、津浦两路北进。冯到潼关下了动员令，就可能直下陇海路，直冲河南，把蒋军截为两段。这样，就先声夺人，初战获胜。如果让蒋知道这消息，形势完全不同了。而从去年阎表示倾心拥蒋以后，蒋的特务，公开地、秘密地派来太原，不知有多少，而且山西省党部等等机关，又都安插了南京派来的人。所以，阎对这一幕，不能不竭力做得十分机密。"

我听了李一席话，清楚了此中底蕴，也认为，作为新闻记者，对这样有关大局的机密消息，是不该轻易发表的。

这样一条有关大局的重要新闻，虽然不该公开发表，但是我想，应该设法让总编辑了解此事，以便他在新闻处理上心中有数。

到电报局打听，除了新闻电向例要严密检查外，那几天来，连一般商电，也要由检查官检迄盖章，才准发出。

在这万般无奈之际，我想起太原电报局有一个姓杨的发报员，他是无锡人（那时，太原的外乡人很少），我们曾同过席，认过同乡。于是，我打电话约他到我旅舍吃便饭，并对他说，我有一个亲戚遭了丧事，想早些通知他在津的亲属，是否可以特别帮忙，不经检查，打个商电出去。他满口答应，说检查官隔个把小时就要去过一次瘾（抽鸦片），趁此发出去，没问题。我再三道谢，并把早已拟好的电稿交给了他。

电文是这样写的："天津四面钟对过胡霖表兄鉴：二舅真晚西逝，但请勿告外祖，以免过悲。寿。""四面钟对面"是当时《大公报》的地名，胡霖是胡政之的姓名，不像张季鸾、胡政之那样为人所熟知；二舅者，隐指二集团军的头头即冯玉祥；"真"是十一日的韵目代号；西逝者，"逝者如斯夫"，也可作西去解。"勿告外祖"，自然是说不要公开发表。我想，所有这些，富有新闻经验的张季鸾先生是不难一眼就清楚的。

果然，这个电报很起作用。在以后的几天中，阎锡山为了放烟幕，天天发布新闻，说他怎样去访冯，"晤谈甚欢"，或者说，"冯于某日接见了某某代表"。说得煞有其事。而南京方面呢，则以为蒋冯联合对阎之局已定，每天由中央社发表"太原电"，不说冯玉祥在并如何受监视，就说冯的旧部如何对阎愤慨，以继续挑拨冯、阎的关系。这些白昼见鬼的所谓新闻，只有《大公报》一条也不予采登，而在十二日的《大公报》的要闻版上，头条新闻明明是一般时局消息，却在大标题后，用五号小字刊了一行消息："北京电话：据太原来人谈，冯玉祥于十一日起，不见客。"我看了暗暗钦佩张季鸾的聪明。他这是"录此存照"的手法。当这一新闻内幕完全揭开以后，读者一定会疑问：《大公报》固然没有刊登这些谣言，但是，为什么没有及时报道真相呢？他们一定会翻前几天的报纸，当看到这一小条新闻，会恍然明白："原来《大公报》不是不知道，而是认为不应该早披露的"，也就原谅了。

我回到天津，季鸾先生对此事也津津乐道，说那天他处理好这新闻后，曾去访问二集团军驻津代表林叔言，问有没有接到冯离开的消息？林不信有此事。直到三日后潼关已下了动员令，他才接到冯到陕的电报。季鸾先生说："叔言那天还对我说，你们的记者真是神通广大啊！"他对我转述这句话，自然带有表扬的意思。

这种采访"经验"，今天看来，自然早就过时了。但长期以来，我一直以为是得意之作，所以，时隔半个世纪，我还能回忆出它的细节，连电稿也一字不漏地记得。而且我想，遇事多动脑筋，多方调查研究，千方百计去完成任务，这精神应该是可取的。

"一面之缘"

——记"土皇帝"阎锡山

二十年代末期，我专程赴太原采访，不下四次，见到不少军政要人；比如，冯玉祥就接谈过三次，汪精卫、邹鲁等人，也见过几次。只有"当方土地"阎锡山，却只有一面之缘，而这一面，也得来十分不易。

谁都知道，阎是各地军阀中唯一的"不倒翁"。辛亥革命之际，他因缘时会（袁世凯暗杀了拟在晋、冀响应武昌起义的新军第六镇统制吴禄贞，派阎权任山西都督），当上了山西都督。从此以后，凭他善观风色，巧于肆应，一直霸占着这块地方，成为君临山西的土皇帝。

袁世凯搞"洪宪帝制"，他是第一批"劝进"的督军之一。还被"钦封"一等侯。段祺瑞当国，企图武力统一，他也出兵参加"南征"。张勋复辟，他也参加徐州的督军团会议。以后，直系崛起，他又积极趋奉曹（锟）、吴（佩孚）；冯（玉祥）联合张作霖战胜吴佩孚，他又立即出兵石家庄，阻截直系的援军，参与了倒吴的行列。不旋踵间，吴佩孚和张作霖重新"握手言欢"，联合"讨贼"（指冯玉祥），他马上出兵雁门关，阻截国民军的退路。等到张作霖大势已去，他也参加"革命"了，自封为"北方国民革命军总司令"，两路出兵，对奉系统治者投井下石，在北洋军阀统治的十七年中，当权者换了不少人，各地的当政者也大都随之易手，"一朝天子一朝臣"，只有阎锡山始终在山西做他的土皇帝。

在国民党新军阀统治时期，他不仅继续朝秦暮楚、纵横肆应，长保着山西，还一度控制北方诸省，自封过"国民政府主席"，直到蒋介石被赶出大陆前夕，还一度出任行政院院长。而他在山西的土皇帝基业，直到一九四九年结束。

我到太原采访这一段时期，正是新军阀激烈火并，阎处于"左袒则左胜"的举足轻重的地位。他似乎智珠在握，轻易不表示态度，更少在公开场合露面。

有几位当地的同业怂恿我说："你的采访本领再高明，恐怕也见不了我们这位'老总'（指阎）。"我说："难道你们一次也没有见到过他？""岂仅我们，连外国记者他也从不接见。"接着，他们详谈了下面这个故事：有一次，日本某大报特地派一个记者到太原访阎，去督署联系了几次，都没有结果，他知道阎是个一钱如命的吝啬鬼，就给他写了一封信，大意说他奉派来并，是专为访问你的，你一天不见，我就一天不走，反正我不完成任务，回去交不了差。但是，我带的旅费是有限的，我在太原逗留期间，一切费用，应由你负责。

这一下，打中了"阎老西"的要害，他急了，但是还不愿打破他的惯例，叫他的交际处长去找这位记者，说："老总实在抽不出工夫，你有什么要问的问题，请书面提出，一定以书面一一答复，你不也一样完成任务了么？"到底，还是没有见到他。

为了好奇，大概也是年轻好胜罢，我盘算着，怎样去打破这个"禁区"。

事有凑巧，十数天后，南京方面为了进一步拉拢和抚慰阎，发表他任陆海空军副司令的消息，还指派他为国民党山西省党部主任委员。山西报上，刊出他将赴省党部就任的日期。我灵机一动，《大公报》是很少登载所谓"党务"新闻的，我如果去访问，估计一定会使那些党棍们受宠若惊；相机行事，有可能找到一个和阎谈话的机会。

阎宣誓就职的时间预定是上午九时半，我提前一小时就去了。果然，名片刚递进去，副主委李嗣璁等就亲迎至会议厅，全体委员都在座。李详细向我介绍山西的"党务"和今后的计划，说得天花乱坠。我也装出凝神倾听的样子，在笔记本上写了许多字，还不时提出些问题请他解答。总之，是想把时间拖长些，等待阎的到来。

到了九时半左右，外边报告说阎"主委"已到了，李嗣璁等出去亲迎，留一个委员陪着我。一会儿，像一群乌鸦捧着那只"凤凰"进来了。胖胖的五短身材，一身上将军装，还罩着一件黑色的"一口钟"（模仿老蒋的）。他在上首坐定以后，委员们都团团围坐。我坐在他身旁。

大概他以为我也是一个委员吧，照例同我含笑握手。

坐定谈了几分钟，我看"机不可失"，立即递过名片，李嗣璁马上凑趣说："这位徐先生是名记者，特地来参加就职典礼并采访党部的消息的，我们已谈过好一阵了！"我注意阎像触了电似的，脸色有些愕然，但马上对我表示欢迎的样子。我抓住这难得的机会，不让他喘气，一连提了几个问题。先问他何时就职副司令？是否准备赴京？他说，山西事务繁忙，一时走不开，中央已同意他在太原宣誓就职。"中央将派哪位大将来监督呢？"他说，已决定派赵戴文委员（阎部下的第一个文职人员，一向标榜也要以半部《论语》治天下，当时任南京国府委员）监督。我接着问："你曾邀请冯焕章将军共同出洋，冯将军是否也有此同感？"他踌躇一下说："焕章到山西后，觉得很愉快，想好好休息休息再谈。"他怕我再追问下去，回头问李嗣璁："外面准备好了没有？"其实，几个关键性的问题，我都已问了，尽管他答的都是些门面话，有些还是明显的鬼话，但他和南京的关系，保持在什么程度，以及他对冯的态度，多少从这个谈话中可以大体测定。所以，我也相当满意了。

自然不能抽身就走，我依然装出很重视的样子，旁观他的就职宣誓典礼。那时，本地的同业，也在场参加，惊异地看到我跟在"老总"的后面，从会议厅步入礼堂。

我回到旅社，刚刚坐定，"绥署"的机要秘书就来访问。寒暄后，他一脸笑容说："听说徐先生刚见到我们总座，谈得很亲切，好得很。"我不经意地答："是的，阎将军很和蔼，谈得也很坦率，不过时间太局促，许多问题，我还来不及提出。"他连忙说"徐先生高才"，接着又加上"好得很"这句口头禅。

默然了几分钟，他支支吾吾地说："这谈话的稿子，是否让兄弟看看，先睹为快。"我说："刚回来，还来不及写，阁下就来了。请先回去，我写成后马上送去。"他依然含笑着："好得很，我在这里看看报，先生写好后，我带回去给同事们拜读拜读。"我说："我是要发电报的，这样一周转，怕要耽误时间了。""不要紧，我们很快会发出的。可以交我们总署电台代发，快得很。"

我知道再争也没有用，他们非经过严密的审查、甚至阎的亲自点头，是决不会轻轻放过的。于是，我就匆忙写了一个电稿交给了他。他看了一遍，说声"好得很"，揣进公文包，夹着就告辞走了。

我想，这份电稿，一定会被他们删改得面目全非，好在他们既准备由官方电台发出去，张季鸾收到后，一定会加以斟酌的。我就把谈话的真相，详细写了一份，托一位即将离开的朋友，带到天津，供张先生参考。

第三天，太原各报也刊出我和阎谈话的消息，那是"绥署"的公报，不言可知，只剩下几根骨头，有内容的"肉"全给削去了。

虽然如此，在太原新闻界，还认为是破天荒的创举。

这个土皇帝，不仅怕见新闻记者，连他的下属也很少见面。听说，在他盘踞多年的"总部"里，他另辟一个院落。发生一点重要问题时，他总关起房门，在密室里绕室徘徊，冥思苦想，自以为想出了应付的妙计，才传见亲信，共同商量。

他的老父也常被接到太原，虽同住一座房子，往往经月难见一面。他满口仁义道德，生活却极为龌龊，听说，他的小老婆不算少。他有一个已出嫁的堂妹执掌"家务"，而这位略有姿色的姑奶奶，后来还"协助"他的特务头子梁化之严密控制特务机关。在太原解放前夕，阎已逃出太原，前往南京，梁和她指挥特务，死守孤城。直到太原被围，他们少数死硬分子一起在一幢钢骨水泥的大楼里自焚，一个人也没有逃得出来。这是一位山西朋友给我谈的。

怀念两老友

《大公报》在天津草莱初辟时，编辑部工作人员不过二十余，每个人在本职工作以外，都要兼做些别的事情，是相当辛苦的。我以为，真正称得起"开国功臣"的，除张季鸾、胡政之外，只有何心冷和杨历樵两位。假如说，张、胡是唱头牌的主角，则他们两位应是"硬里子"，老生和得力配角。他们埋头工作，从不炫耀自己，而且缺什么角色就扮演什么角色，从不计较名誉、地位，勤勤恳恳，为报纸——也为中国新闻事业，贡献全部精力，直到生命的最后一息。而提起《大公报》，这张曾经风靡一时的报纸，很少人会联想到他们；后来的读者，也许根本不知道这两位的名字了。栽树者是一批人，乘凉者又是一批人。这也许是社会发展的一个规律罢。

何心冷是胡政之在上海创办国闻通信社时的得力助手。《国闻周报》创刊后，他经常撰写小说和文艺小品，负责文艺方面的编辑工作。一九二六年《大公报》复刊，他主编副刊《小公园》，并任本市新闻编辑兼采访主任。每天从中午起，一直忙到深晚看了本市版大样为止。

他编的《小公园》，活泼多样，虽不是文艺气息很浓的，但也远比上海报的《快活林》等的格调为高，兼收并蓄，受到中等程度读者的广泛欢迎。当时，潘伯鹰还在唐山交大读书，以"凫公"的笔名撰写长篇小说投寄《大公报》，受到心冷的欣赏，逐日刊之《小公园》，从此成名。

那时，《小公园》还经常刊登署名"小工"的小品，用新意把四书的某些章节，写成白话，寓意深远，听说这是共产党员韩麟符写的，后来，他被军统特务刺杀了。

最近，看到陈学昭的回忆录，说她任《大公报》驻欧特约记者，过津两次赴欧时，《大公报》由何心冷出面为她结清账目，照料一切，并给她介绍沈阳、哈尔滨的记者，帮助解决交通等问题。的确，心冷管的事情很多，编辑部有些临时发生的问题，胡政之几乎全交给他解决的。比如，一九三二年左右，胡政之与心冷商量，在报上开辟一专栏，刊载读者来信，解答读者疑问和有关法律问题，即由心冷负责兼编，报头取名《摩登》——是当时的一个新名词。后来各报竞相效尤，出社会服务版。

心冷个子颀长，对人和蔼可亲。我第一次见到他时，已三十多岁了吧，和未婚妻相爱了多年，到一九二九年才抽空回上海（他是常州人）结婚；正准备动身，华北运动会在沈阳举行，胡政之又派他协助我前往采访，对我这个初出马的年轻同事，他不仅不"倚老卖老"，而且处处尊重我的意见，甘当"配角"紧密合作，胜利完成了这次采访。公毕后，他才由大连转回上海，婚期因而延缓了。

那次，我过津曾首次到报馆，住了三天，就睡在他的床上。看他书架上，新旧文学书籍收罗很多，老舍的《赵子曰》《二马》《老张的哲学》出版还不久，我就在他的书架上看到，一口气读完的。

多年的劳累，使他患了严重的失眠症，每晚临睡前，必须喝半瓶烈酒，才能昏昏入睡。

前几天，看到梅绍武记述他父亲梅兰芳先生一九三〇年赴美表演的盛况，使我联想起一件小事。英、美把每年四月一日作为愚人节。那天，朋友们不妨说些假话愚弄人，事后博得一笑。报纸也往往夹进一条捏造的新闻，让聪明的读者自己辨别。那年，心冷也开了一个不大的玩笑，在本市新闻下角，写登了一段"新闻"，说梅兰芳博士因事提前回国，今天下午某时，将乘北宁路火车抵津。这里，显然安排了两个破绽：一、要是真有这事，怎么不登头条新闻呢？二、从美国回来，应由海道由沪转京，怎么坐火车从沈阳来呢？但是，那天竟惊动了不少人，去天津东站迎接，连梅的老朋友冯耿光也去了。他们迷信《大公报》，以为梅先生一定有要事提前回国，为了争取时间，到欧洲经苏联从陆路赶回来了。

这种西洋陋习，不足为训。但也可见心冷那时虽已身心多病，还花心思想把报纸办得更活泼些。

在精力长期"透支"的情况下，他终于过早结束了年轻的生命，病逝时才三十五岁。

杨历樵兄在圣约翰大学毕业后，到天津南开学校教英文，《大公报》复刊不久就参加了工作，任英文翻译。当时，外国通信社如路透、哈瓦斯、海通、美联等，在天津只发英文稿，加上一些长篇特稿，要翻译的稿件是大量的，时间紧，催稿急；他八时上班，到深夜截稿，不停工作，稿子译得忠实通顺，真正达到信、雅、达的程度。一九三六年调上海馆工作，外文稿件更多，几家外国通信社，一般到十一时就截稿了，以后的稿子，要各报自己收、译。报馆都设有收报电台，除收录这些通信社稿外，还从空中"抓"取外国记者发给自己报馆的无线电，作为"专讯"或"外电"在报上发表。那时，《大公报》开始招请一些大学新毕业的青年担任翻译，历樵除自己的一份工作外，还要核对、润色青年同事的译稿，十分细致、认真。在他的带动下，培养出不少出色的人才。

后来，不等译电员译成英文，他能把收下的电码直接译出。当时，上海新闻界有两位翻译"圣手"，一位是原《申报》的伍特公老先生，他从清末南洋公学毕业后就任《申报》翻译，后来被路透社聘请兼任翻译。他不用先写出译稿，能够直接写在钢版的蜡纸上。另一位就是杨历樵。

历樵的中文也极有根底。《大公报》初期的社评，一直是张季鸾、胡政之、吴鼎昌三人轮流写的。他们一般在下午碰头商议，有时还用日语"咕噜咕噜"一阵，决定内容，由一人执笔，最后由张润色，使文风上保持大体的一致。

首先打破这个"包办"局面的是历樵兄。大约在"九一八"以后，有些国际问题的社评，他们就请历樵执笔。王芸生兄和我参加写，并进而主持社评的写作、审定，那是若干年以后的事了。到香港、重庆版和抗战胜利以后，就有更多的同事参加撰写了。在我参加写社评之初，每写一篇，还发给二十元，作为额外酬金，可见这是稀有的机会。以后，写作的人多了，这项制度也取消了。

一九三六年，《大公报》上海版创刊后，历樵不仅担任翻译主任的繁重工作，还受命主编《国闻周报》。我的试写政治性论文，是他竭力鼓励的。那时，我在编报之余，还每期为《国闻周报》编写"一周大事述评"和"一周大事记"。向他交稿时，他总微笑地说："下一期写一篇论文好么？"在他的怂恿下，终于尝试写了一篇，题目好像是《西南问题之清算》，主要是说两广问题和平解决（陈济棠宣布取消独立，李宗仁等也接受"宁国府"的任命）后，应该全力对外了。刊出后几天，上海的日本报《日日新闻》还予以全文译载，从此，我才敢于在杂志上写政论的文章。

上海《大公报》停刊后不久，《文汇报》创刊，我"包办"全部社论，他慨然给我分挑重担，使我每写两篇，得到一天的休息。

他比我大十岁，论资格、学识和能力，都比我强。一九三九年《文汇报》被迫停刊后，我被邀重回《大公报》，任香港版的编辑主任，主持编辑和言论工作，有两位比我资历浅的同事，大概因为在上海版时曾经和我"平起平坐"过罢，拂袖辞去了，而历樵兄则绝不计较这些，竭力协助我；请他写什么题材的社评，他必按时交稿，也从不计较文章中曾改动过哪些字。他的文章写得极好，条理清晰，文笔流畅，当然，改动的情况是极少的。

香港沦陷，我们又继续在桂林版合作。他还是主持翻译工作，兼写社评；有一段时间，还主编晚刊。

他终日辛劳，工余则以读书消遣，没有任何嗜好。对新同事，从不摆老资格，从无疾言厉色。同事们都称他"老令公"，这完全是对他尊敬的意思。有时，同事们还把我们同时参加一个会议，戏称为"徐杨进宫"（比作京剧《二进宫》里的徐彦昭和杨波），而在我心里，一直怀着感激的敬意，把他比作鲍叔牙的。

一九四五年抗战胜利后，我被派到上海筹备复刊《大公报》，任总编辑。当时，从重庆到上海的交通工具被接收大员把持，编、采人员一时到不了，而上海情况复杂，我又不敢多聘用新手，就倚靠历樵和朱启平等不满二十人组成的编辑班子。历樵任翻译主任兼编国际要闻，还帮我写社评。我们一心想把上海版办得像样些，重庆版的社评一般不用，坚持民主、和平，反对独裁内战。不客气地说，那一时期的上海版，有声有色，在《大公报》的传统上，做了许多突破。同样是"后方"来上海复刊的报纸，《时事新报》日销不过几千份，而《大公报》门市部，曾出现订报的长龙，发行曾突破十万大关，这就是读者对那一时期《大公报》的鉴定。

翌年三月，我终于再度离开《大公报》，重新主持《文汇报》，从此，我和历樵兄见面的机会少了。

一九四八年胡政之先生再贾余勇，亲自挑选了得力干部，去复刊香港版，历樵依然是"硬里子"。不久，我也去港创刊《文汇报》香港版，最后，像是"唱对台戏"。而我和许多老同事，还保持亲密的友谊。历樵不喜欢对外交际，我们见面的机会较少。

又三十多年过去了，听说历樵兄曾回来探亲过几次，前几年已逝世了。去年，《大公报》的李侠文兄寄给我一帧四十年前港馆职工合摄的旧影，我和历樵并肩坐着。看到他那时精神爽朗，头发只有一点花白，引起我对历历往事的回忆。

多少年来，职业记者这个称谓，似乎成为贬词了。仿佛以报社为传舍，以记者作为从政的"敲门砖"的人，倒是应该受到尊敬的了。

当然，报纸不应脱离政治，总是为了一定的阶级服务的。但和其他事业一样，报纸也有它的客观规律，不顾这些规律，但凭主观的一套本本，是不会受到读者重视的。

同样，要没有多少埋头苦干的人，不避艰险，不计名利报酬，勤勤恳恳，决心为之终身奋斗，报纸也是办不好的。

像何心冷、杨历樵俩，就是这样的"硬里子"，这样的无名英雄，在当今，恐怕更是十分需要一大批这样的人吧。

从溥仪到汪精卫

　　一九二九年秋，我回宜兴故乡结婚。一个月后，胡政之来信说，为了照顾我的生活，决定调我到天津报社工作，月薪改为七十元（在改任记者时，已由二十元增加到四十元了）。这样，我可以勉强维持一个小家庭的生活。

　　那时，离开大学毕业还有一年，学业怎么办呢？好在当时北京各大学（清华、燕京、辅仁等校除外）上课的纪律很松弛，开学时选了课，上课时到不到无所谓，点名只是一个形式，一切凭学生的"自觉"。有些老师根本不点名。举例来说，钱玄同先生讲课极认真，上课钟声一响，他就进课堂了，滔滔不绝地讲，不断在黑板上写出从甲骨、钟鼎以来的各种字形演变，一直到下课。但每次上课，只把点名册斜一眼，连上课的人数也不打量一下，就把铅笔一划到底，都算到了。他也从不考试，到学期终了时，按顺序批分，第一个六十分，第二个六十一分，到八十分再回头批。总之，一榜及第，全部及格。所以，前一两年，我虽然屡次到外埠采访，有时一去经月，还是照样及格，照样升级。我到天津时，胡先生还特别找我谈话，打通我的思想，说学问在自己钻研，报馆也是很好的大学，在工作中学习，看到自己的不足，可以找书本自修，好在已有根底了。他还答应，在我毕业（一九三〇年）以前，可以在每学期开始及终了时，到北平去照办些应有的手续。

从一九二九年冬到一九三二年初被调到汉口当特派员为止，在天津住了两年多，主要任编辑，也参加一些采访，还被派去过太原和广州。因此，在这两年多中，也接触了不少人，其中，值得一谈的是溥仪、郑孝胥和汪精卫。

一九二六年我初到北京时，辛亥革命已过去十五个年头了，而前清的遗迹，还到处可见。拉洋车、卖烤白薯的劳动人民，还有不少把辫子盘在头上的。西河沿、打磨厂一带的旅馆，还保持着"连升客寓""高升客寓"的旧名。一到春节，那些满族老太太，穿着像《四郎探母》里铁镜公主那样的盛装招摇过市。有些老先生相见，还互相"对千"（满式的见面礼），互祝"新禧新禧"。

溥仪先生早在两年前（一九二四年第二次直奉战争以后），被冯玉祥赶出紫禁城了，而街头巷尾，还时时可以听到一些"忿忿不平"的谈话，斥冯为倒戈将军，而念念不忘"皇上"。

而那位"皇上"呢？当我到天津时，正和我同住在日租界里，当然，他是寓公，我只是普通居民而已。

他先寄住在"张园"，那是张彪的私产，一座大花园洋房。辛亥革命时，张彪是驻守湖北的新军第八镇（相当于后来的师）统制（师长），革命的火种，就是从第八镇中点燃的，而被部下拖来强迫就任革命军都督的黎元洪，正是第八镇的一个协统（旅长）。这位张镇统，那时却吓得弃职逃入汉口租界，化装北遁。事后清廷曾下"诏"通缉查办，他却长期安然在天津租界做了富翁。后来，溥仪先生的"小朝廷"又由张园搬到静园，大概因为这房子更为适合"静待时机"吧，房主人更赫赫有名，就是在"五四"运动中闻名的三大"卖国贼"之一陆宗舆。顺便谈一下，另一"卖国贼"曹汝霖也长期住在天津，听说他的房子虽在法租界，而大门却开在日法两租界交界的那条马路——那时叫秋山街上。他大概吸取了赵家楼被火烧的经验，万一学生们再冲进来，他可以向日方求援。

总之，在很长一段时间，天津租界一直是下野军阀、政客的安乐窝。

我是怎样有"幸"见到溥仪先生一面的呢？那是在一九三〇年春天，我编辑教育新闻版，体育新闻是主要内容。有些重要的比赛，我也去采访。有一天，听说当时的网球健将林宝华、邱飞海（曾获远东运动会网球单打冠、亚军）将在英租界球场举行表演赛，我欣然去参观。

球场不大，只有一个场地，两对面各有一木制看台，座位不过二三百个。

我正在凝神欣赏林、邱对打的球艺时，忽然旁边一位观众对我说："看，像是宣统皇帝来了。"霎时间，全场的视线都移向门口，只见有八九个人走向对面看台，簇拥着一个着黑色西装的人，三十上下年岁，瘦长条子，脸色灰里带黑，架着一副墨绿眼镜。后面伴随着两个少女，一个丰容盛鬋，一个纤弱苗条。不用说，那就是溥仪和他的"皇后"婉容和"贵妃"文绣了。听观众的议论，才知这位"皇上"也喜欢网球，自从林宝华（原是南洋华侨，远东运动会后长期留居上海）到津后，不时被请去静园伴打，也算是一个"上书房行走"的师傅吧。

我看到后来成为伪满"总理大臣"郑孝胥，更是偶然。一九二九年陕西发生大旱灾，赤地千里，哀鸿遍野，张季鸾出于桑梓情深，发起赈灾募款，并在报上一再大声呼吁，还刊载了不少灾区赤地千里、饿殍载道的照片和报道。《大公报》号召力相当强，捐款者门庭若市。大约在征募的第三天，胡政之对我说："经理部的人手忙不过来，请你去帮帮忙。"事情很简单，点明捐款数目，开具收条，登记账册而已。一天，我正忙于点收的时候，一辆马车在门口停下，走出来一个瘦个子八字胡须的人，站在柜台外，掏出十元钱要我登记，问他姓名，他以福建口音答"郑孝胥"。我心想，原来这位闻名的书法家也来捐款了（当时，他公开鬻书，我曾注意北京琉璃厂的招牌，大都是他或朱益藩写的）。我假装听不清，取出一张白纸："请留个大名。"哪知他惜墨如金，从怀中掏出一张名片。我只得开好收条给他走了。

当时绝对想不到，仅仅一年多以后，这两个人都出关当了大汉奸。而两个人最后的结局则大不相同。郑孝胥后来被侵略者"投置闲散"，一九三八年在万人唾骂中毙命；溥仪终于被改造成一个"新人"，写下可贵的文史资料，"十年浩劫"之初病逝，今年还开了追悼会，受人怀念。

另一个大汉奸汪精卫则是在采访中认识的，时间也在一九三〇年。

汪精卫这个人，我在中学时经常看报，对他还产生过迷信。他曾是孙中山的左右手，因谋刺摄政王遭捕被目为志士、英雄。以后，经常发表文章，参加文化团体。一九二五年孙中山逝世，他曾起草"总理遗嘱"。以后讲过不少趋时的话，俨然成为国民党左派的领袖。一九二七年看到他从欧洲回沪，和陈独秀发表联合宣言，随后又到武汉，成为与"宁国府"对峙的国民政府中心人物。等到"宁汉合流"，他忽而到南京，忽而又去广州。我觉得这个人反复无常，对他的形象开始黯淡而加上许多问号了。一九三〇年九月，阎、冯反蒋的"扩大会议"政府成立，汪由香港北来，成为中坚人物之一。

正在那些新贵们弹冠相庆的时候，张学良宣布拥护"中央"，出兵关内；北平的新政府正式成立只有一星期多（从九月九日至十八日），就纷纷作鸟兽散，大都急急忙忙逃往太原，有的则溜到天津、上海去了。听说，张宣布出兵的第二天清晨，汪还蒙在鼓里，《大公报》驻北平记者访问他，告诉他阎锡山已出走，他这才急忙通知备车，匆匆离开北平。

过了两天，我即奉派再往太原，看看这个局面如何收场。

我到太原时，看到市面一片凄惶景色，正大饭店附近闹市，前两天落了一颗炸弹，炸毁一个小烧饼铺，蒋机还经常飞来盘旋。晋钞（山西省银行发的钞票）大跌，物价飞涨。

我去访问汪，看他还是风度翩翩，五十开外年纪，身长玉立，笔挺的西装，谈话时态度也极为和蔼安详。我早就听说，国民党的三个巨头，对客的态度各有不同。蒋介石很少开口，只听别人说。胡汉民相反，滔滔不绝谈他的意见，客人很少机会插上话。汪精卫则应对如仪，倾听人说，自己也发表意见，而口才便给，总不使冷场。我和他首次接触，果然话不虚传。

我先要刺探他是否将长期留在太原和蒋干到底，便转了一个弯子问他："国民政府是否将正式迁来太原办公？"他似乎很聪明，也转了一个弯子，微笑地回答说："我们国民党的历史，秘密活动的时间长，公开活动的时间短。"显然，他表示不准备在太原长留下去，他的政府也决定收场了。

他接着说："我们国民政府成立不到一个月，也算做了一件大事，把宪法草案（后来通称'扩大会议宪草'）起草好，而且经初读通过了。"说毕，到写字台里取出一份给我，还客气地说："请指正。"我这个二十三岁的年轻记者，能指的什么"正"呢。回旅馆后，粗粗看了一遍，寄给报馆。大概为了表示"大公"、不以成败而冷暖对待吧，报馆加了一个短的按语，把这个"宪草"全文披露。

回程前，在正大饭店借住一宵，恰巧遇着汪的秘书曾仲鸣（此人后来在一九三八年随汪从重庆到河内，黑夜被人暗杀，成了汪的替死鬼）正住在隔壁，显然，他已为汪的出走去打前站了。过了几天，就听说汪已秘密经过天津，乘轮赴欧了。

这一幕结束后，蒋介石自以为战胜了冯、阎等反对势力，"胜利"冲昏了头脑，宣称要"提早结束训政"，实行五权宪法；实际是想自己当总统，进一步加强他的个人独裁。胡汉民不同意，两人发生争吵。蒋悍然把胡幽禁于汤山，因此，激起了在广州的"元老"、一向亲胡的古应芬、邓泽如、萧佛成等的反对，通电质询，广东军阀陈济棠乘机联络桂系，在广州成立"非常会议"的国民政府。南京的立法院长孙科也从上海潜到了广州，听说汪也启程回国，准备参加。

我又奉命到广州去采访。出发的前夕，张季鸾指示，此行的主要目的，是看看粤府切实的意图，是否准备出兵而掀起内战；再看看各派如何钩心斗角，局面能否长期维持下去。

此次旅行，有幸与吴鼎昌同车。他那时还是"在野之身"，是《大公报》的老板，又是盐业银行总经理兼四行储蓄会总理，是北方有名的财阀。平时，他和张、胡两位轮流撰写社评（直到沪馆开办时，才出题让编辑部一些同事试写）。有时，晚上也来编辑部，只和张、胡两位谈论见闻，他们还不时在谈话中夹杂些日语，因为编辑部只有一大间，是为了机密吧。他连编要闻的许萱伯也很少招呼（当时，《大公报》只有张任总编辑，胡兼副总编辑。连编辑主任的名义都没有。最近，读陈学昭的回忆录，说她那时过津赴欧，去《大公报》社，受到副总编辑何心冷的接待。其实是误传，何那时也只是编辑之一，编本市新闻及副刊《小公园》)。我这个初来乍到的年轻编辑，只有闷头发稿，欣赏他尖嗓子四川话而已。

我和这位社长一路同行到上海，详情已在另篇叙述。

上海，我还是一九二六年考大学（那时，清华借南洋大学招考南方学生）时到过一次，真是人地生疏，《大公报》的驻沪特派员李子宽兄翌日陪我去取了信，并请《申报》一位姓邝的编辑，写信介绍港穗同业。

坐上赴港的轮船，第二天上午，我正坐在甲板的藤椅上看书，忽然飘来乡音，是一对青年夫妇在谈话，大概他们以为土话没有人会懂，所以声音并不太放轻，谈的内容也有些放肆，想不到"一滴油落在油瓶里"，偏偏遇着我这个同乡，当我自我介绍时，他们有些脸红。但他乡遇故知，毕竟是高兴的。一路上，他们教我一些常用的广东话，以便应付。到了香港，他们继续去南洋，从事教育工作。

读香港报纸，知道汪精卫已先两天到了广州。广东一向是胡汉民派国民党的根据地，如古应芬等"元老"，还反对汪的参加，但陈济棠认为汪有号召力，说服了这些人，还连夜把一块有关广州暴动的纪念碑炸毁，因为碑文中说汪和张发奎是那次暴动的"罪魁祸首"（事实是两年前汪所依恃的张发奎部开到广州，赶走桂系军队，抢占地盘，他部下的共产党人乘机发动了广州起义）。

我到广州正是星期天，第二天上午"非常会议"举行纪念周，我赶去旁听，散会时和汪及孙科、邹鲁等约定往访的时间。汪约我第二天清晨在他的东山三号寓所晤谈。

大概因为是太原时的旧识，特别是《大公报》曾独家刊载他的"宪草"吧，接待十分热情。谈话间，我又采用转个弯的老办法，问他："国民政府是否准备再一次北伐？"他答得也很巧妙："我们的基本方针是：以建设求统一，以均权求共治。"言外之意，表明并不想出兵，实际也没有足够的兵力"北伐"。后来的事实说明，那时，蒋已通过宋子文（曾参加武汉政府）和他开始联络，翌年"九一八"后，就形成了蒋汪合作的局面。

在太原和广州的两次谈话，老实说，汪给我的印象是不错的，虽然觉得他过分客气，有些虚伪，比如，送我出门时，不仅一直送出大门，而且给我开汽车门。对一个青年记者，似乎太过分了。但至少不像有些"要人"那样当面撒谎，而多少透露一点真情；不该谈的，也给你一个暗示。想不到若干年后，他竟当了大汉奸。就我的小范围来说，他在一九三九年从河内到了上海后，就收买英籍发行人克明，企图改变《文汇报》的态度。这个阴谋，被我们彻底粉碎了。此事经过以后再详谈。

总之，那次和汪晤谈后，对广州政府的"底"是搞清楚了。

以后，又访问了其他要人。孙科是国府委员兼财政部长，他约我在葵园寓所见面。会谈时，他大骂蒋的独裁、反动，似乎很义愤填膺。我恭听一番演说后，想起了吴鼎昌要我打听的话（吴要我把打听的结果发一电告诉他），就乘便问："广州的海关是否准备接收？"他义正词严地说："当然要接收，我们准备明天就去接收。"

那次在广州、香港共住了一个多月，在回沪的船上，和一位财政界人士同舱。闲谈中，他说孙科这次发了一笔大财。我探问详情。他说，孙离京到沪后，蒋派吴稚晖、张继等日夜劝说，他也公开谈话，准备回京，于是公债由落转涨，他又暗中把他所控制的国华银行的公债尽量抛空。一天晚上，他前面刚送走吴稚晖等，就由后门乘车溜到预定好的外国轮船，当晚南下，于是公债大跌。这一下，"国华"足足赚了一二百万，从此，该行站稳了。我听后，立即汗流浃背，联想到"宁国府"发行的公债，大都是以所谓关余、盐余（海关及盐务收入，先扣除庚子赔款及袁世凯时的大借款等，然后以余款交给政府）作担保的。广州海关是重要关口之一，一旦被反政府的势力接收，公债自然要大跌。再联想到茅盾的《子夜》中曾描述上海金融界巨头，甚至可以买通前线部队后退，以便在公债上攫取暴利。我这才恍然吴鼎昌为什么要我打这一电，也恍然他为什么对我如此谦恭下士。我肯定已帮了他一次忙，虽然不是有意的。

回津以后，有一天胡政之对我说："吴先生很重视你，他特别关照盐业银行热情招待你，你该写封信谢谢他。"但是，出于年轻人的自尊心，也因为窝了一肚子火，我终于没有写这封信，倒是有一天晚上吴到编辑部来，特地向我打招呼："铸成，回来好多天了吧。"

写完这一篇时，有一个感想，人也和万事万物一样，总是在变化着的，不该一成不变地看人。汪精卫是一个"老革命"，而且还被目为响当当的"左派"，谁料到他晚年变成认贼作父的大汉奸而遗臭万年呢？而溥仪，也曾和侵略者合作，梦想复辟做"家天下"的皇帝，最后大彻大悟，立足于做一个普通百姓，尽力做了些好事，受到称许。这不是强烈的对照，生动的历史辩证法么！

"扩大会议"与"非常会议"

北伐胜利后，一九二七年到一九三七年，打了十年内战，也可以说同时打了十年新军阀的混战。

北洋军阀统治的末期，北京政府是"政令不出都门"。"宁国府"全盛时期，实际上权力也只及于长江中下游地区和河南、陕西的部分地区，其余都由地方军阀割据。而蒋介石维持这样一个局面，也是靠外国的支持，靠武力、金钱和阴谋。一九二八年，国民革命军打下京、津，举行碧云寺谒灵以后，表面上的统一即开始破裂，不久就发生蒋桂战争，接着是蒋冯战争和一九三〇年的中原大战，把混战发展到最高潮。在中原大战时和随后的两广事变中，还出现过两个政府对峙的局面，这就是北京的"扩大会议"政府与广州的"非常会议"政府，先后与南京国民政府对抗。九一八事变后，大规模的混战告一段落，小的接触仍不断，控制与反控制的斗争，一直保持着"冷战"状态，直到抗日战争全面开始。

这就是十年内战中，国民政府统治区的概貌。

在"扩大会议"和"非常会议"前后，我曾参加反蒋方面的采访工作，了解到一些内幕，很值得一记，只是年深日久，很多已遗忘，怕回忆不周全了。

冯玉祥的治军，在旧军人中，一向是闻名的。他比较注意军队风纪，战斗力最强。他在蒋冯争中所以失败，主要是他的两个得力的将领——韩复榘和石友三被蒋以几百万元收买，战幕甫开，他们就在前线倒戈，把冯的战略部署全打乱了，只得把西北军的剩余部队，撤进潼关，固守陕甘。

正当冯受到意外打击而愤恨交加的时候，阎锡山电约他共商大计——表面上说是为了永弭内战，约他共同出洋。那时，阎耍了一套两面手法，一面，他看到蒋以外的三个集团军首脑中，已有两个——桂系的李、白和西北军的冯，被蒋先后收拾，兔死狐悲，眼看下一个要轮到他了，为了预防，他确有反蒋的意愿。另一方面，他自顾实力不足，不敢轻于发难。因此，他想挟冯以自重，向蒋讨价还价，要索巨款和名义、枪械，待机而动。

而当时非蒋嫡系的地方军阀中，也几乎全是两面派，在拥蒋与反蒋之间，骑墙观望，待价而沽。哪边风大往哪边倒，"有奶就是娘"。

冯玉祥到山西不久，我就第一次赴太原采访，看到各方代表云集，不下三五十人，其中有李、白的代表，有四川各派军阀刘湘、刘文辉、邓锡侯、田颂尧的代表，各杂牌部队如何健、刘镇华、徐源泉、唐生智等也都派有代表。在政治派系中，汪精卫的代表是李锡九和曾任南京市长的何民魂，西山会议派则有邹鲁亲自出马。张学良也派有代表葛光庭在太原活动。使我十分惊奇的是，刚刚倒戈被冯恨之入骨的韩复榘和石友三，也各派来代表，韩的代表是他的亲信韩多峰，石的代表叫什么，记忆不起了。总之，那时曾酝酿发表一个联名的反蒋通电，预定署名者近四十人，但后来"流产"了。主要是蒋多方拉拢，从中挑拨、破坏；其次是韩、石的态度一日数变。

李锡九是老同盟会会员，他的反蒋态度是比较坚决的（他在解放后曾参加人民政协，并任中央人民政府委员）。有一天，他对我说："今天有一个会议，你不妨去听听。"我问会议的内容是什么？他说："因为韩、石的态度又变卦了，各方代表开会讨论这件事。"

那天，参加的代表有四十多人，新闻记者只有我一人列席旁听。

在各方的指责下，韩多峰等只是红着脸，哑口不言。

后来，还发生了一个插曲，冯方的代表之一提议说："既然今天不能做出决定，还是请王铁老给我们讲个笑话吧。"于是，全场鼓掌，空气顿时活跃起来。

所谓王铁老，就是王瑚，字铁珊。他是民国初年有名的"清官"，记得我在中学读书时，就看到报上刊载他一个故事，说北洋政府发表他任江苏省长，南京的官员们到浦口车站迎接，没有接到。而那天，省长公署来了一个土老儿，一身粗布服，夹一个布包，警卫不让他进去，他掏出名片，原来就是新的省长来上任了。记得他只做了几个月，就因和督军齐燮元不合而辞职，继任的是被称为韩紫老的韩国钧（紫石），也是以清正闻名的。当时报上，对他的言行着意渲染，仿佛包公、海瑞重新出世一样。在那个年月，大概也确是凤毛麟角吧。

我在太原看到那位王铁老时，已经银髯飘胸，至少已有六七十岁光景了。他深受冯及其部下的尊敬，后来冯息影泰山几年，一直请那位王老先生教授古文和诗词。

那天他讲的笑话，是说有一个农村土财主，要延请一位饱学秀才教他的儿子读书。有一个来应聘的，自称熟读经书，博学多才，但要视束脩的多少来定讲解的详略。财主不信，他说，他可以把四书五经翻来覆去解释，"比如《论语》开头一句是'子曰'，意思是'儿子说'，如果倒过来讲是'曰子'就是'老子叫声儿子'"。财主听了莫名其妙，问："同一句经书，你怎样一忽儿说是儿子，一忽儿又说是老子？"秀才理直气壮地说："这里，顺讲（蒋）当然是儿子，倒讲（蒋）自然是老子了。"他说罢，全场哄堂大笑，韩多峰等则面红耳赤。这笑话实在很鄙俗，难得的是他有这样的急智，临时编了出来。

事后，冯的总参议刘治洲对我讲，这些代表，大都对阎锡山不满意，他们远道而来，阎老西招待得很草率，来去也只致送有限的盘缠。那些杂牌军人，双方都派出代表，窥测风向。到南京的，蒋必优礼招待，致送大笔的钱。自然，南京回去的代表，只说蒋的好话，而从太原回去的，却装着一肚子气。看来，这也将成为决定他们向背的一大因素。事后证明，刘的看法是对的。

太原上空乌云密布，电闪雷鸣达半年之久。这期间，我回故乡结了婚，工作调到天津，建立了小家庭，眼看要做爸爸了，忽然听说暴风雨要下降了，这才急忙又去太原采访。以后是冯玉祥秘密回潼关，冯、阎联合出兵，爆发了空前规模的中原大会战。经过情况，已在另篇详述。

在中原大战炮火连天、尸横遍野的时候，北平也慢吹细打，敲起了组织政府的开场锣鼓。参加串演的，除各实力派外，主要是汪精卫领导的"改组派"和以谢持、邹鲁为首的"西山会议派"。前者，一向标榜是国民党的"左派"，后者，则以反共的"先知先觉"自居。那时，他们在反蒋的旗帜下联合起来。组织政府，总要有一个"法统"，而改组派在当时的国民党第二届中央委员中，只是极少数；西山会议派更被排除在外。因此，想出了一个办法，召开"国民党中央执监委员扩大会议"，把第一届的西山会议派成员也包括在内，作为"以党治国"，产生这个政府的"母体"。

在产生过程中，当然免不了如何平分、如何安插等等的纠纷，争吵十分激烈，到九月九日，才正式宣告揭幕，主角当然是阎锡山，担任政府主席，作为国民党中央和中央政治会议，则由汪、谢和阎、冯等为核心。当时，冯正忙于在河南前线指挥作战，宣誓就职的，只有阎、汪、谢等几个人。阎舍不得花钱，一切草草了事，我所看过的"开张之喜"，要数这次最马虎了。

当时有人说，这个政府的开张典礼举行于一九三〇年（民国十九年）九月九日上午九时，四九三十六，"三十六计，走为上策"，结局恐不免于一走。这可能是事后的"先见之明"，但谁也想不到这个难产的胎儿，只活了九天，九月十八日（恰是九一八事变前一整年）张学良宣布出兵关内，就把它扼杀了。

"扩大会议"政府的垮台，表面上是由于张学良的出兵，根本原因，还在于战事的失利。当时，主战场在陇海路附近，由西北军任主力，冯亲自指挥，蒋军也调集精锐，蒋亲自在前线督战。冯抱着哀兵必战的心情，挥戈东进，一直打得很顺利，直逼豫苏边境。据说，西北军郑大章部的骑兵，曾突袭到蒋军的指挥中心商丘附近的机场，当时，蒋的专车正停在几百公尺外的车站上，而且重兵都调往前线，守卫极薄弱，差一点把蒋俘虏了，只因郑大章情报不灵，"失之交臂"。

京汉线南段一线，对方都由杂牌部队和新编队伍驻守，呈胶着状态。津浦路一线，则由晋军担任攻守。

据说，山西军的士兵，都有两支枪（其中一支是烟枪），正当战争激烈之际，天不作美，一连几天阴雨，木柴点不着，影响了"士气"。总之，是津浦一线，晋军溃败，丢失济南，狼狈退到黄河以北，牵一发动全身，造成了全局的劣势。

当时，关外的张学良，居举足轻重之势，蒋派了吴铁城、李石曾等几批大员，到沈阳包围游说，冯、阎方面，也派了贾景德、薛笃弼等亲信为代表，极力争取，而张犹豫不决，一度至葫芦岛"避嚣"，独自筹算利害。他看到中原战局的"天平"已明显倾斜时，才决定"拥护中央"，出兵关内。

那时，"扩大会议"政府的新贵们正在弹冠相庆，以为张学良对薛笃弼、贾景德只说些模棱两可的话，终将参加他们的一伙。

《大公报》由胡政之亲自出马，去沈阳采访这个消息。

他和张氏父子，都有一定的交情。十七日晚，张学良单独接见他，说为了停止中原的残杀（那一次，双方动员百万兵力，炮火连天，确是辛亥革命以后最激烈的军阀混战，死伤军民数十万），他决定立即进军关内，实行武装调停；但对于阎、冯的军队，决不采取敌对的行动，以一兵相加，已严令奉军入关的第一路司令于学忠、第二路司令王树常严密注意。

胡政之即以事先约好的暗示，拍来了一个加急电。我记得张季鸾接到此电时，已是午夜二时，要闻版大样已签发了，他连忙关照停止打纸型，重新改版，把这个新闻大字标题，放在头条。这一独家新闻，当然使平、津轰动了。天津警备司令部还想扣发寄往北平的报纸，说这消息是"造谣惑众"，但自己也感大祸临头，发不出什么威风了。当时，天津的市长是崔廷献，阎手下的老官僚。他下台时，天津市民俏皮地说："这几年，海河倒灌，常闹大水，是因为地皮被刮去三尺，地势低了。"

张季鸾于看到第一批印出的报后，还特地挂了个北平电话，电驻北平特派记者曹谷冰清晨去看看汪精卫，劝他及早离平。

曹八时前往，据说，汪起先还不相信，连忙打电话给阎锡山，哪里知道阎已于半小时前匆忙乘专车走了。汪气愤地说："连招呼都不打一个，真不像话。"接着，他马上通知部下，准备出发。曹临别时，汪还托他谢谢张的关心。

过了两天，我又奉派赴太原，看看这个"扩大会议"如何办理"后事"。

我到太原的前一天，蒋机曾飞来盘旋，并投下了一个二百多磅的小炸弹，炸着闹口的一个小铺子，因此，全市充满着恐怖空气，物价狂涨，有些店家已上了门板，富家大户，也有匆忙迁往外县的。

我曾访问汪精卫和邹鲁。汪暗示他将秘密离去。邹鲁表示还要继续维持反蒋的局面，但我看他的行李还未打开，显然也已做好"归去来兮"的准备。

那次，我好像是去参观"扩大会议"的安葬仪式似的。

蒋介石在中原大战、北平政府垮台以后，"胜利"冲昏了头脑，以为环视国内，几个有实力的敌对势力都被打垮；张学良又上了他的船，"天下莫予毒也矣"，于是，异想天开，要提前实行"宪政"，定期召开"国民大会"，选举总统，制定宪法。事实上是想抄袁世凯的墨卷，由事实上的独裁者，披上一件合法的"龙袍"。

一九二七年，"宁国府"初成立时，篡改孙中山的遗志，宣布再实行二十年"训政"，就是说，要把四亿人民当作阿斗，经过二十年训练以后，才"天下为公"，实行宪治。

胡汉民是国民党的"元老"，是"宁国府"的台柱，他的确勤勤恳恳维护着"蒋家天下"，听说，在"要人"中，只有他不是每周到上海花花世界度"周末"的。他反对蒋这个"异想天开"的主张，曾拍桌和蒋对吵了一场。结果，蒋使出了最后的手段，把胡押到汤山，加以软禁（在此以前，李济深早在那里关了两年多，方振武也被关了一年多了）。

这一下，使"宁国府"中非蒋嫡系人物忿忿不平，大有"狡兔死，走狗烹"之叹。孙科首先跑到上海，表示"消极"。而广州方面，更有胡的潜势力，先由胡系的古应芬、萧佛成等所谓"五元老"，电蒋质询；接着，号称"天南王"的粤省主席陈济棠联合桂系军人李宗仁等，通电反对。

大概到了一九三一年三四月间，广州反蒋的局面酝酿成熟，孙科南下参加，汪精卫也急急从欧洲回国，赶此热闹。西山会议派也积极参加。于是一个新的反蒋政府在广州开场了。

这次的局面，大体上是半年多前北平政府的翻版，只是主角由阎锡山换了陈济棠，而且有桂系的李、白做配角，还加上一个孙科的"太子系"。

我又奉派去看看热闹。这是我第一次到南方采访。到上海后，请人写了几封介绍信。在南行的"荷印邮船公司"的"芝沙达尼"号上，巧遇一对在南洋教书的夫妇，是我的小同乡，他们知道我从未到过港、穗，连忙教了我一些简单的广东话。即使这样，我到了那里，还常常为语言不通所苦。那时，"外江佬"在港、穗的很少，在一般居民中，普通话更不通行，我常常为辨不清"一""二"两个字的发音，而吃够了苦头。

香港那时还是个"山林城市"，人口大约不过三四十万吧，车辆不多，闹市也无拥挤之象。一般是两到四层的房子。

我到广州后，访问许多"要人"，访问汪的经过，已载另篇。值得一提的是访问孙科。

这个政府，也是根据"法统""党统"，其母体全称是"国民党中央执监委员会非常会议"，不称"扩大"而称"非常"，除怕重复外，大概是抄袭孙中山曾在广州就任过非常大总统的成例吧。

这个政府的实权，操之陈济棠及其亲信。其次是粤籍"元老"古应芬及和他有关的林云陔等少数人物。孙科除空头的中常委和国府委员外，还得了个财政部长的实缺，汪精卫不仅纯粹是一个装饰品，而且不时受别派报纸的一些冷言冷语。他之暗中开始与蒋勾搭，后来结成蒋汪的一段合作，这可能是一个原因。

我到粤的第二天，适逢星期一，去粤府旁听"纪念周"，见到了汪、孙、邹鲁、陈济棠、李宗仁等，分别约定单独访谈的时间，孙约我第二天下午在葵园晤面。

那天，正是他当主席，谈了一通后，忽然"车"起"大炮"（粤语"吹牛"）来，说："我们政府成立后，已引起国内外舆论的重视，天津《大公报》也特地派记者来采访了。"把我也当成他的新闻人物了。

第二天见到他，他一开头谈话，就"丢那妈"地破口大骂蒋如何独裁，如何违背总理遗志，排除异己，拥兵自重，也谈了不少蒋的私生活的事。所谈的，大概全是实情，但是，他忘了《大公报》主要销行在"宁国府"直接间接的范围之内，不可能尽量刊登他的这些话。而且，就是这位"太子"，半年以后，又重和这位"丢那妈"合作，充当行政院长，并还应召前去杭州参加什么烟霞洞会议，决定"党国大计"。他忽而红脸，忽而白脸，忽而鼻子上又抹上一块白粉，真像全才的京剧演员一样。

这位"太子"，有人总结他半生从政的经历，历次反蒋，他开始都参加，而且总是正气凛然，激昂慷慨，仿佛不共戴天的样子，而最后总是被收买，首先抽腿。

一九四九年四月底，我从北京到解放不久的南京，曾在陵园参观一幢别墅，真是美轮美奂，别的不说，为了隔除骄阳，特在整个屋顶上建造有可以蓄水尺许而且定时抽换的设备，可见豪华的一斑。这幢房子，听说建设费是五十万美金，就是某次事件中蒋赠的礼品之一。

　　陈济棠真正亲信的核心人物、"非常"政府幕后的牵线人，主要是两个：一是陈的夫人莫秀英，听说她原是风尘中人，和陈结合后，陈从此步步高升，由排、连长变成"天南王"，陈为了她"相夫有命"，就"事无大小，悉以咨之"。另一个是陈的哥哥陈维周，精于占卜，陈常常请他占卦休咎。后来我还听到一个笑话，说陈济棠对于在广州开府，树起反蒋旗帜，最初犹豫不定，陈维周给他扶乩，"神仙"写了"机不可失"四个字，因此才下决心干此"大业"。后来，蒋又使出惯技，用大量金钱，先是收买了陈的第一员大将余汉谋，阵前倒戈；以后又收买了广东空军司令黄光锐，率机北投。当时，据说广东空军是陈的一张"王牌"，力量比南京还强，果然，"机"一"失"，"非常会议"就跟着垮台了。

　　以后，是九一八事变发生，蒋以"共赴国难"为号召，放出了胡汉民等，并派吴稚晖、张继等赴粤做了许多工作，把汪、孙以及胡派健将李文范等拉到南京、上海举行谈判，然后则在宁、粤、沪（汪派在上海大世界举行会议）三处开会，分头产生中委，合并凑成一个国民党第三届中央委员会，而广州仍保留半独立状态，成立一个"西南政务委员会"，直至抗战开始。

　　这个"非常"政府，我没有亲眼看到它的收场。

"九一八"前后闻见录

《大公报》设在天津的旧址，是在日租界最主要的大街——旭街。详细的地址是：旭街四面钟对过。

所谓四面钟，顾名思义，是有一个四面可见的大钟，也像上海海关的大钟一样，不过具体而微而已。它设在一家日商西药店三层楼的屋顶，大概在租界开辟初期，这样的钟被看成稀罕事物，因此，也像上海的"大自鸣钟"一样，习惯地成为地名了。

四面钟旁边，有一幢四五层的大楼，名为德义楼，是日商开设的最大旅馆，而真正的旅客却望而却步。据说，里面设有各式各样的鸦片馆。此外，经常出入的是穿和服的、旗袍的花枝招展的莺莺燕燕。每当春夏季节，我们编辑部的窗子打开，浓郁的烟"香"和脂粉香味，不时阵阵飘来。

我们就有一位同事（何心冷），受到这种诱惑，染毒日深，以至于工作时精神恍惚，甚至发稿时写了几个字，笔提不起来，旁边催发稿子的工友一看，原来是睡着了。也有一位专做夜班照料工厂的庶务先生（周作恭），每当深夜精神不继，就到对过去"香"几口，积久也成了"老枪"。

我先住在集体宿舍旁边的小楼上。后来，和一位同事在小松街合租了上下各四间的小楼庭院，我的家在楼上。那里，离报馆不算远，只经过不到半里的一段马路，但每当看了大样回家时，常常会碰到抄身。上海租界的"抄靶子"是迎面来，尽管被周身搜索，感到受一场侮辱，但思想上还有些准备。天津日租界的抄身，却是从后面来的，夜深人静，正想急急回家，冷不防从后面某个角落里窜出一两个日兵和便衣汉子，当你正想回身看时，一个硬邦邦的东西，已顶紧你的背部，"举起手来！"一声吆喝下，被从上到下搜一遍，然后，这些人又"影"进黑暗里去了。

在旭街中原公司（当时天津唯一的大百货公司）以北，是一段闹市，马路背后，就是妓院集中的地方。旭街靠近法租界后面的几条马路，则到处可见挂着某某洋行招牌的小房子，听说它们的主要营业，是贩卖红丸、白粉和吗啡之类的毒品，也有贩卖枪支的。还有一些看去像是旅馆的铺子，门口的招牌上，却写着"五角随便"的大字。出五角钱就可以"随便"一下，这显然是诱惑车夫、苦力等下层人民的陷阱，也是拐骗四乡妇女的火坑。

总之，当时的租界，特别是天津的日租界，是黑暗的地狱，是罪恶的渊薮，是中国人民应该永远不忘的历史耻辱！

就在这黑暗环境中，我经历了"九一八"前后的一段时间。

　　东北人民经历的苦难，不自"九一八"时不抵抗始，严格说，在一九二九年"中东路事件"就开始了。自从一九二八年张作霖在皇姑屯车站被日方炸死，张学良继起统治东北后，最使他焦心的就是对日交涉，日本的驻沈阳总领事林权助天天逼他要解放"悬案"，而所谓"悬案"，简单说，就是要由日方增筑新路，开发矿山，尤其是要求杂居权，即日本人民可以任意移居东北各地，经商并购置产业。一句话，日阀要使东北三省进一步"特殊化"，脱离中国政府，变成日本的殖民地。张学良所以毅然宣布东北"易帜"（把原挂的五色旗改悬国民政府的青天白日旗），主要动机就是想把这个麻烦推给南京，有什么事找南京中央政府交涉好了，以此向日方推诿。张学良于是就腾出手来处理与俄国的关系，他误判形势，制造了"中东路事件"（借口：名义上由中俄合办的中东铁路，实俄方独断专行），轻率地驱赶俄方人员，对苏断交，掀起了武装冲突。日阀早已把东北视为俎上肉，所以未敢下手，是怕引起苏联的干涉。中苏既已断交，它的最大顾虑就没有了。张本人的作为和东北军的实力，也更使日阀小视，再加上一九三〇年张学良入关对付阎、冯，把东北军的精锐部队抽空入关，更给日阀以乘虚入侵的机会。

　　平心而论，《大公报》在"九一八"以前，对日态度还是很坚决的；当"万宝山事件"（日阀挑动朝鲜人残害当地中国人）、"中村事件"（日本特务中村失踪）相继发生后，《大公报》发表了不少社论，指出东北危机迫在眉睫，唤起国人注意，提醒南京当局密切重视，认真应付。但那时蒋介石忙于内战，未及相顾。自相残杀，等于开门揖盗。

那时，我已改编地方新闻，"九一八"那天晚上，看完大样后，我还写了点东西，午夜一时许离开编辑部时，并没有什么重大新闻。第二天翻开报纸，见要闻版下角有一小段加框的"最后新闻"，大意说，据北宁路（北平通辽宁的铁路，即今日的京沈路）局接沈阳电话，北大营方面的日军，忽于昨晚起对我军发动进攻，枪炮声迄今晨尚未停止。这一短短的新闻，想不到就是中国乃至国际局势转入一个新时期的开始（第二次世界大战的序幕）。

我到报馆，才知这新闻是记者汪松年得来的独家新闻。他和北宁路（路局设天津）局长高纪毅很熟。白天，高对他说，沈阳来电，日军调动频繁，景象异常，可能要出事。因此汪一直守在路局，在深夜一时，路局接沈阳电话，日军果然开火了。他打来电话报告时，要闻版早已截稿拼版了，于是连忙抽掉一小段，补进这"最后消息"。而日军于进攻后，立即切断通关内的一切交通线，所以别的报纸没有得到这个消息。

接着是中国军队奉命全部撤出沈阳，退守锦州一线，听候国联处理。而长春等处，旋即被日军占领，张景惠、赵欣伯等的"维持会"纷纷出现。

"九一八"后的第三天，张季鸾、胡政之召开全体编辑会议，讨论今后编辑计划。这样的"民主"，是从来没有过的。张宣布他和吴、胡商定的编辑方针，是"明耻教战"四个字。他阐述说，中日问题，非一朝一夕所致，而双方力量悬殊，不应仓促开动战端。如何"明耻"呢？把明治维新以来日本逐步侵华的历史源源本本清理出来，向读者介绍。他当场指定汪松年主持其事，由王芸生加以协助。如何"教战"呢？请懂得现代战争的军事学专家蒋百里编《军事周刊》，向国人介绍军事常识。

后来有人说，《大公报》之反对立即抗战，是由于九月底蒋介石叫于右任给张季鸾一电，请他支持南京的"援抗"主张。根据我的记忆，如上所述，张、胡等的方针，早在于电前就决定了。至多，只能说是彼此同感，一拍即合吧！

在这里，写一个插曲。"九一八"后，国联为了敷衍舆论，曾组织了一个以英国代表李顿为首的调查团（通称李顿调查团）来华调查，还到过伪满（那时"满洲国"已宣告成立）。南京政府派顾维钧陪同调查。他们到东北转了一圈后，还到关内各地参观。我曾在汉口看到他们，也看到了随团访问的唯一中国记者戈公振先生。他们在下榻的汉口最大的旅馆——德明饭店举行记者招待会，而所答的问题，全是支支吾吾，模棱两可。后来发表的《李顿报告书》，也像我国古老的《太上感应篇》一样，空话连篇，对日本武装侵略的实质性问题，一点也不敢触及。

那次，是我第一次看到顾维钧。旧中国的外交官，最主要的条件是英语流畅和深谙欧美的社交仪节。顾是巴黎和会和随后的华盛顿九国会议中露头角的，被誉为青年英俊的外交家，和颜惠庆、施肇基齐名，多次任北洋政府的外交总长，还曾代理过国务总理。"宁国府"成立后，依然受蒋介石的重用，直到抗战期间，还被任驻美大使。

那次我在汉口看到他时，大概已是五十上下的年龄了吧，还风度翩翩，在洋人群中，俨然一副高等华人的姿态。戈公振先生则沉默寡言，保持学者风度。

古城保定

在旧中国，我曾读书或安家过的地方，除故乡外，不下十余处，印象较深也最好的，却是古老的中小城市保定。

有两件事，迄今深印在记忆里。一是，有一年夏天，我到保定度假，父亲特地买了十几个西瓜，说是"保甜包换"的，我以为只是一句"套话"罢了。父亲却很认真，把略带点生的，口味淡的，全留下来，送去掉换。而店家也二话不说，按斤两换来一批甜的。这在别处，是闻所未闻的。还有一次，我乘车进城去逛市场，讲明车费是一毛五，半路曾停车访问一个朋友，耽误些时候，到了天华市场，我给了两毛角票。在市场兜了一圈，还进点心铺吃了一碗"元宵"，走出市场，车夫还在，忙上前问我："先生，刚才不是您坐我的车么？"我以为他嫌我的钱给少了，不耐烦地说："是啊，你怎么还没有走。""不是讲明一毛五么？您给了两毛，我要找您五分，您已进去了，我在等着。"我听了，不由泛起一股敬意，责怪自己"以小人之心，度君子之腹"。

这两件小事，可见劳动人民的朴质和当地风俗的淳厚。

当时，保定以"三宝"闻名："卤鸡、糨糊、春不老"。而我对它久以慕名，却因为：一、它是保定军官学校的所在地，也像后来的黄埔军校一样，是军阀的"苗圃"。二、是直系军阀头子曹锟曾长期雄踞保定，他所住的"光园"，曾是时局的中心，达官贵人经常来此麇集，"光园"祝寿之类的新闻，天天在报上连篇刊载。

我有一个姨父在京汉路工作多年，善于趋应，当了保定分段的段长（管辖从高碑店到定县一段的警务）。我父亲在家乡实在混不下去了，被挤到一个穷乡僻壤去当教员，月薪跌到八元，一家生活难以维持。经母亲一再怂恿，写信给姨父，才于一九二一年到保定车站当了一名司事（相当于文书），月薪有二三十元；寄住在"段长"家，还要为他们管些杂务。

我于一九二六年冬从清华退学后，原打算在保定自修半年，再出来考大学。一天刚把箱子打开，清出书籍，准备开始温课了，姨父来查看客厅（我父亲住在客厅后的小屋里），大声把听差叫来斥问："怎么把房子摊得乱七八糟的！""锣鼓听音"，我马上把书全部归入箱里。

听说河北大学招插班生，就立刻去报考，录取后即搬去寄宿。以后，每逢星期天，多半到车站去看看父亲。

我父亲是一个老实人。曾有一个同事和他换帖拜了兄弟，后来在阎锡山成为北方统治者的时候，这位把弟原是山西五台人，回去混了几个月，忽然被任命为京汉路局长。我姨父去京送礼拜谒，自不待言，还逼着我父亲晋京，把"兰谱"退还了局长大人。有人对他说："段长，这一下你要高升了，新局长原是你的老部下呀。"他连忙"辟谣"说："你搞错了，我原是他的部下，受过栽培的。"

那时，平汉路欠薪达半年以上，父亲筹寄家用也十分困难，我几乎天天靠同学的周济，啃"火烧"过日子。假日，也常去城里逛逛天华市场和紫河套（旧货市场）。曹锟早已被赶下台了，光园仍在，改成了褚玉璞的"督署"。褚虽长驻天津，"督署"的威风仍在，有荷枪实弹的军警四周警戒，小民们只能遥望光园门前高耸入云的旗杆上的旗斗。

莲花池书院尚未开辟为公园，城外的公园刚刚在规划立界。在通往白洋淀的河道旁，有一座"刘守庙"，离城约三五里，我曾去赶过一次庙会。四乡的农妇村姑，穿着红布棉袄，坐船来赶热闹，庙前的河面上，停满了小船。

一九二八年，我母亲携着七八岁的妹妹离开故乡，迁居保定。我那时也已找到职业，能够自食其力了。每天去太原采访，总在归程中于保定下车，到家中住两三天；父亲也总要买一只卤鸡加上一包鸡杂碎，款待他唯一的爱子。我结婚后，常常把保定的家当作"传舍"。在天津的小家庭未建立前，我父亲把新媳妇接到家中住了两个月。以后，我调去汉口、上海工作，总先把妻儿送到保定，然后在新的工作地点开"码头"寻找房子，布置新居。

保定的家，一直租住在车站附近的一所破旧的平房里，地段叫蚂蚱庙，以附近的小阜上有一座破庙得名。在这座庙里，后来办起了一所铁路子弟小学，父亲因当过小学教员，凭这点资历，还被推任挂名的校长。我也曾多次去这个学校观光，并和老师们聊天。

事有凑巧，我的小儿子于一九五七年在上海机械学校毕业后，被分配到保定工作，在那里成家立业，迄今已二十多年了。一九六七年冬，我曾因送一个孙子到北京的大儿子家（回沪后即被造反派揪斗多次，罪状之一是说我此去是做"反革命串联"），曾乘便去保定看望小儿夫妇。他们住在一个小杂院里，地址说是小集前街。我在附近溜达，虽然有些新建筑，而越看越觉得似曾相识，后来看到那座小丘，才知确实就是蚂蚱庙旧址，我父母住过的那所房子的地方，虽然盖了几间新屋，而轮廓依然。

这个古老的城市，和我们一家三代（如果连已在中学、小学读书的孙儿们，该说是四代了）结了缘，屈指算来，断续已达六十个年头，整整一个"花甲"了。

一九三〇年"扩大会议"后，阎锡山被赶出平、津，这位"一步登天"的局长也垮了台。我那位姨父，也被目为其私人而失了职。父亲则仍工作下去，未受株连。

七七事变后，父亲照常天天上班。一天清晨，他照例去车站时，看到一片寂静，高中级职员全跑光了，说是那天黎明，一列专车把这些人连同眷属一起撤退到汉口去了。那时，敌军已迫近保定，被抛弃的我父母，在蚂蚱庙的破屋里日夜看着敌机的轰炸。最后，由邻居的指引，一起随着逃难的人流，避居在博野一个农村的贫农家里。

大约在卢沟桥炮声刚响时，我曾寄给他们一百元，做南下的旅费。

他们在博野苦度了半年，翌年开春后，逃到了已沦陷的北平，才写信告诉我，我立即函请仍在天津租界的原《大公报》副经理王佩芝兄，接送他们上了南下的津沪客轮，一家得以团聚，那时，上海租界已成为孤岛了。

　　母亲谈起在博野的半年生活，说他们逃去的那个村落，只有十几户人家，全是贫苦农民，有一顿没一顿的。居停也是老两口，老头儿还要参加劳动。数九寒天，北方一片冰封，也没有一家生火取暖的。我母亲冻得起不了炕；雪花时常飘进这四壁透风的小泥屋，那位房东老太太，每每取一点枯草烂纸，烧着了火，在我妈妈的床房晃几下，说："老太太，我给你取个暖，你起身罢。"

　　当时北方农民生活的凄苦，可见一斑。

汉口四年

九一八事变不久，大约在那年十一月，天津也发生了一次事变。是一次日方策动而没有形成事变的变乱。充当主要傀儡角色的，是汉奸张璧。

那天晚上，我们正在发稿子，突然从华界方面传来了枪声，一阵紧一阵。公安局打来电话，说是有几百名暴徒，分两路从日租界向东马路和南开三不管方向冲击，都已被堵住了。

同时，日兵营的铁甲车立即出动，呼呼乱鸣。我们从窗口下望，只见路断行人，日兵密布，个个虎视眈眈，横端着枪，如临大敌。十字路口，已安放铁丝网的三角架。

我们听了一夜枪声。第二天，一张报也发不出去，到中午才特准通行，我溜回了家，妻抱着刚满周岁的儿子，惊惶了一夜。

通南市、通法租界的路口都封锁了。过了两天，我携妻挈子，带着一个不大的衣包，经过严密检查后，才被放出铁丝篱笆，投奔旅居在法租界秋山街的一个同乡家里。

胡政之、张季鸾确实有办法，居然打通了日本总领事馆的关系，特准把机器、生财、纸张，整车整车运出日租界。新馆址在法租界三十号路，离老西开大教堂不远，前面是一排二层楼的房子，后面有厂房，总之，比四面钟旧址宽敞多了。大约只中断了一星期，《大公报》就开始恢复出版。

我的工作有人接替了，胡政之找我谈话，说要派我赴汉口当特派员，成立办事处，叫我做好安排。他的意思，是希望我把家眷送往保定，等到在汉口部署妥当后，再把家眷接去。

原来，胡、张他们有一套不成文的干部培养制度，在外面当了几年外勤记者后，调到馆里担任一般版面的编辑；如果能胜任而又有培养前途，就调到外面去当特派记者，经过一个时间的磨炼，再调回当要闻编辑或编辑主任。这个内外互调制度，我以为有一定的好处。当过外勤的编辑，不仅了解新闻采访的甘苦，而且容易摸清新闻的"行市"，掌握新闻的"分寸"。另一方面，当过编辑再出去采访，就更清楚哪些是新闻，报馆最注意哪一类新闻。

我之调往汉口，除了上述原因外，还有一个近因。原来的驻汉的记者喻耕屑，是胡的朋友，曾创办国闻社汉口分社，那时还兼任汉口分馆——当时各报的分馆并不是报馆的代表机构。照《大公报》的章程，代销五百份以上，即可成立分馆，以下，则称分销处。大概这位喻先生自感体力不继（那时已年近六十），或者对胡有所不满或要挟吧，坚决要求辞去记者的兼职。胡从来"不吃这一套",就派我去另创局面。从此,《大公报》在南京、上海、北平、汉口几个大城市都有了特派机构,称为"四大办事处"。

我于一九三二年初到了汉口,人地生疏,喻先生代我找的房子,在他住的宏春里内,一楼一底的石库门老房子,实际只有楼上一间和亭子间可以使用。

初到汉口时,看到马路十字路口,到处画个箭头,旁写"船靠左行",我还以为湖北人称车子为"船"的。后来,经朋友解释:前一年长江大水灾——鄂、皖各省淹死几百万人,冲毁村庄无算,汉口的防水堤冲垮(临长江一面,原筑有防水堤,后面防汉水冲淹,有张之洞时修筑的防堤,称"张公堤"),全市被水淹没好几个月,马路变成河道,交通主要靠小船——当地称小划子。一般居民,只能从二楼窗口出入。

我去时,水虽然退清了,楼下四尺高处,都还有一条水印,下面泥土剥落。我初搬进去时,把楼下布置为客厅,但不久即发现,挂的字画都起霉点了,桌、椅、沙发的腿也开始霉烂了,只好把它废弃作为信差安放自行车的地方。

办事处草创之初,其实只是单干,从采访、写稿到翻成电码,都由我唱独角戏,雇一个信差兼做饭。

那年夏天,家眷刚搬来,母亲为了离不开孙儿,也跟了来,一家挤在二楼上。汉口,这个长江流域三个"火炉"之一,给了我一个下马威,热得日夜喘不过气,年老的母亲和一岁多的儿子,先后得了伤寒病而转成恶性疟疾,延医抢救,我们夫妻狼狈不堪地日夜照料达三个月之久。

转年,连忙搬家租住特三区(原英租界)三教街一家医院的二楼，是洋式房子，有三间卧室，一间不小的客厅，卫生设备也有。最近，我读到一位早期共产党员回忆中共"八七会议"的经过，说会议是在三教街一幢房子的二楼秘密召开的。他描写会场的地点、布局，我宛如旧识，而这条三教街很短，当时别无像样的建筑。莫非就是后来——"八七会议"后四年多，我曾一度住过的地方？

在那里也只住了一年多，一九三四年初，喻耕屑自己接办了《中西报》，《大公报》分馆也不干了。胡政之函嘱我接办，正式成立湖北分馆，业务扩充到湘、鄂两省；并成立书报代办部，除本馆出版的书籍外，还代售上海新出的书籍、杂志。因此，又一次搬家，搬到沿闹市马路的金城里，那是汉口仅有的公寓式建筑，一套四间，底层则全是店面，我们租了一大间作为分馆和代办部，职工扩大到七八人。

新闻则一直由我采访，有比较重要的新闻，拍发电报，一般一周左右，寄一篇通信。另外，由金城夫、李子宽兄的介绍，兼为京、沪两家报纸寄发电讯。每月得百元左右的额外收入。

在我到汉以前，《大公报》就请陶菊隐写寄汉口特约通信，他是张季鸾的老朋友，久任《新闻报》的长沙、汉口记者。那时，他名义上已不担任新闻工作，而消息极灵通，大概因为怕《新闻报》胆小，有些机密、重要的新闻，他都写给《大公报》。比如，国民党军在第一次"围剿"中惨败的新闻，全国各报都讳莫如深，就是他在《大公报》的特约通信中首先透露的。他隐约写张辉瓒、谭道源两部如何全军覆灭的经过，张被俘获、斩首，红区军民如何把张的首级放在一个竹筏上，顺江漂流到国民党区，引起了"剿"共军的普遍震恐。在这一节，他还标了一个颇有诗意的小标题："江声无语载元归"。时隔四十多年，我迄今还清楚地记得，可见一篇情文并茂的新闻通信，一个精心写出的标题，给人多么深的印象。

我在汉口工作这几年，特别是最初阶段，有不少新闻线索，都是陶先生提供的。他也托我随时帮助《新闻报》的驻汉记者刘斯达。因为刘刚从上海民治新专毕业，缺少实际的采访经验。

在汉这几年，小的"钉子"不算，曾碰过两次较大的"钉子"。有一天，两个副官之类的武装人员闯到我家里，说何主任（当时武汉的最高军政大员，"武汉绥靖主任"何成濬）传我去问话；不由分说，我被"押解"到了绥署，何成濬一脸铁青（他本来终日在烟榻吞云吐雾、沉湎酒色），说："请你来，要问问为什么专门发为'匪'张目的新闻？"我问："有什么证据。"坐在旁边的绥署办公厅主任陈光组立即从公文包里取出了一个文件，附有剪报给我过目。原来，一是陶菊隐的通信，二是我发的一个有关"剿匪"的电报。我到汉口后，对军事机关公布的军事新闻，一般不予采用，有时从中找些"空子"，发为专电。比如，后来张学良到汉任"三省剿匪副司令"期间，他们曾发过一个通令，说："查鄂西惯匪张学良，与副司令姓名相同，以后一律改称为张学狼。"我照抄打了一个电报，成为绝妙的"花边新闻"。这次引起这位何主任震怒的新闻，是详述某军在"剿匪"中死伤惨重的情况，也是在该军军长"呈请补充"的电文中摘引的。

于是，我对何说："我写的通信，《大公报》都冠以本报记者通信，这篇通信，我不知道是谁写的（当时陶先生对外不用'菊隐'的名字）。至于这个电报，我是抄通信社稿的。"何听了沉默了一阵，大概烟瘾又发作了，命令陈光组把几天前的通信社稿都找出来，要我查出根据。吩咐毕，他就走了。新闻秘书遵令取出各通信社的稿子，我不费气力，就在一家名"导群通信社"的稿件中翻出了根据。陈光组把我的电报加以核对，见我电文中并未"添盐加酱"，苦笑地说："对不起，这是一场误会。"这一场"误会"，却使我失去了自由达三小时之久。陈光组为什么苦笑呢？这家通信社，恰恰是用绥署和警备部的津贴办的半官方通信社。

另一次是警备司令叶蓬的"霸王请客"。叶是夏斗寅部下的一个旅长（此人后来当了大汉奸，在南京"维新政府"当上什么部长）。当时，何成濬在湖北主要依靠夏斗寅、徐源泉两部的支持。那时，他把兼任的湖北省政府主席让给了夏，并委叶为汉口警备司令，而任徐源泉为鄂豫边区"剿匪"司令。叶这个人，十分飞扬跋扈，喜欢自我吹嘘。有一次，他把汉口国民党市党部的一个叫龙骧的干事逮捕，罪名是"通匪有据"。等市党部请南京方面来电营救，他已早一天把龙枪毙了。我和刘斯达都发了电讯，说龙是因"共党嫌疑"被警备部处决的，也说明南京曾来电营救。第二天，叶由他的御用通信社发表一篇谈话稿，大骂刘斯达，说刘的报道"为匪张目"。还在当天晚上，派士兵持了请帖，强把刘以外的外埠各报记者请到他家里吃饭。酒过三巡后，叶大声说："我这个人，是喜欢交朋友的，但谁不讲交情，我也翻脸不认人。比如，刘斯达的电报，明明龙是匪徒，他却说是因嫌疑而被枪决。这是明显攻击我。我难道没有对付他的办法？我可以把他秘密抓起来，装进麻袋，抛入长江，谁能奈何我！"说时，把眼睛狠狠盯着我，很显然，这是"项庄舞剑"，目标是对着我的。我冷冷地说："可惜你失算了。"他问："为什么？"我说："你在报上公开辱骂记者，指名骂刘斯达，刘的安全就有了保障。万一有什么风吹草动，他的家属和《新闻报》的汪伯奇就可以向你要人。"他听了默然，他的秘书长周君量连忙举杯说："请干杯！"把话扯开了。

那天早晨，我在报上看到叶的谈话后，立即雇了汽车，把刘斯达送到日租界一个朋友那里，暂避"风头"。过了两天，我又把他接了出来。

顺便提一下，这个叶李李（叶蓬的号，起的也可怪）司令是如何倒霉的，也可资一噱。一九三二年的淞沪抗战，给武汉的震动很大。汉口总商会因此发起募款，要购置高射炮，以加强市区的"空防"，大约募了几十万元。叶蓬想加以染指，命令警备旅旅部粉刷，准备公开举行什么防务展览会，作为包办"空防"的根据。一般士兵们总是有爱国心的，他们平时作打靶演习，私自在靶子上画了一个日本军阀的头像。这事，叶大概没有注意过，部下也把它油漆一新。

在参观的人群中，当然有日本的记者和领事馆人员。不久，日本大使馆就向南京外交部提出严重抗议，南京当局先叫湖北省政府查复，当时湖北省主席已换了张群，他本来因争夺这笔"防空"募款对叶不满，就向蒋介石狠狠"奏了一本"，结果，蒋赫然一怒，下令把叶撤职查办。

可笑可悲的是，他因"抗日"的罪名丢了官，而最后却因认贼作父、当汉奸而丢了脑袋，真是一个历史的讽刺。

我于一九三二年春到汉，一九三六年一月被调到上海，参加筹备《大公报》上海版的创刊，在汉足足住了四年。这四年中，自以为得意的，迄今还残留在记忆里的采访工作，只有两件。一是一九三三年热河沦陷以后，在各方压力下，张学良承担责任，准备下野出洋。这个经过，我首先予以报道。

那时，李书城先生在武汉，他因为和张群有私交，出任张群的湖北省政府委员，实际是"在朝"而保持在野之身，闲住汉口特一区（旧德租界）一德路，我不时去访晤，在闲话中，他总告诉我许多内幕新闻，还给我分析情势，月旦人物。

有一天，我知道蒋已在保定会晤了张学良后到了武汉，当天下午约他的重要幕僚杨永泰、曹浩森以及张群等会议。

晚饭后，我驱车到李的寓所。他的老仆人知道我是李的好友，告诉我："李先生刚听完杨秘书长（永泰）的电话就出去了。"杨永泰当时是蒋的智囊，到他那里去，一定会得知重要新闻。一看表，已八时过了，便问："今天李先生回来怕要很迟了，你吃过晚饭没有？"他说："李先生一向不参加应酬，总要回家吃晚饭，我们等着他呢。你请坐坐，想必他就要回来的。"

果然，不到九时，李就回来了。见我在等他，抱歉地说："在畅卿那里多谈了些话，回来迟了。"我说："蒋刚从北方来，不知对北方局势有什么安排？"他说："听说决定让张汉卿休息了。""那末，谁将继任他的职务呢？""听说机构将改称北平行营，大概将由何敬之（应钦）去负责吧。"

虽然都是"听说""大概"，但他是刚从杨永泰那个权威方面来的，我判断这些都是十九已决定了的计划。就立即告辞回家，连忙发出一个加急新闻电。

第二天的《大公报》以七行字大标题，刊出这个独家新闻。

报纸到了汉口，中央社的分社主任对我说："你得到这个重要新闻，一点口风也不透露。其实，没有经过公布的新闻，我们是不会发的，如果你早一点告诉我。我可以向总社发个内部消息（他们自己有收发报电台），总社就不会来电责怪我们了。"

过了约一星期，听说张学良将来汉谒蒋，准备出国。各报记者都到机场采访。蒋的副官长陈希曾严厉宣布，张到汉的消息，事关机密，不准公开发表，谁发表了将予处分。我问："外埠报纸如果从别方面知道这事发表了呢？"他说："只要你们不发这新闻，就没有你们的事。"

在归途中，中央社那位主任得意地对我说："这次，你也要束手无策了，我们却可以把这消息向总社报告。"

我听了很不服气。恰好那天上午，宋子文也由上海乘飞机到了汉口。我那天发了一个电报："子文等今晨分别抵汉，谒蒋长谈后，同至西商跑马场打高尔夫球。"熟习情况的人都知道，宋一向以蒋、张间的居间人出现，而张、宋二人平时又都喜欢打高尔夫球。所以，这电报像填充的试卷一样。大概是张季鸾吧，在"宋子文"上，填进了"张学良"，而且用大字做了标题："张学良抵汉谒蒋"。副题是"宋子文亦由京抵汉"。

各报记者在看到天津报后，向陈希曾抗议，为什么单单准《大公报》发表？陈向我质问。我说："电稿都要经过检查员盖章，我并未发有关张学良的新闻，你们查原稿好了。"

这个新闻，本来是公开的，只是动了点脑筋，和新闻检查官斗法，竟变成独家新闻了。

从一九三六年离汉迄今，屈指已三十五年了。有时乱梦颠倒，还有时会像置身于上海或香港报馆，伏案构思新闻标题或版面设计，甚至还会梦中重温北京的公寓生活，只有汉口的生活，一次也没有在梦中重现过，大概因为那时的汉口，乌烟瘴气，思想上也最没有什么可留恋的了。特别是它的热，现在想起都有些余怖。一到夏天，小户人家就只能在屋顶过夜，在屋脊上安放竹榻，去追求一点凉意，而六七月间，就是深夜吹来的风，也还是热腾腾的。

我从不敢冒险上屋顶，睡在屋子里，往往一个转身，就被席子烫醒。因为室内的温度，早晚也还在四十度左右，身下的一块席子，好不容易被体温"温"凉了，一转身，就像灼了一团火。经朋友们传授，白天不仅关上百叶窗以避骄阳，连玻璃窗也得关上，并且要在电扇前面放一大块冰，这样，吹来的才是凉风，可以勉强定下心来写一点东西。

从那次离开后，再没有去过武汉。一九四五年抗战胜利后，和新闻界的朋友一起乘机由重庆到南京，飞过武汉上空时，鸟瞰在一片灰暗的市街中，仿佛还能辨出江汉关那座大楼，依然立在扬子江畔。

解放以后，很想重游旧地，去看看那里的新气象，参观第一座长江大桥。但一次一次把机会失去了！

烟、赌、娼

鲁迅的创作和杂文中，曾多次提到辫子。

在他最后所写的《因太炎先生而想起的二三事》中，还谈到他如何吃过辫子的苦头，和每当"摩一下头顶"的时候，总感到惊喜或感动的胜利心情。他说："这种心情，和现在的青年也是不能相通的。假使都会上有一个拖着辫子的人，三十左右的壮年和二十上下的青年，看见了恐怕只以为珍奇，或者竟觉得有趣，但我却仍然要憎恨、愤怒，因为自己是曾经因此吃苦的人，以剪辫为一大公案的缘故。我的爱护中华民国，焦唇敝舌，恐其衰微，大半正为了使我们得有剪辫的自由，假使当初为了保存古迹，留辫不剪，我大约是决不会这样爱它的。"

"余生也晚"，只留过几年小辫子，辛亥革命后，就被母亲齐耳边剪去，留下一个"鸭屁股"，后来又缩小，在后脑留下过个"桃子"，最后完全推去、刮光，成为"和尚头"了。

所以，我今天虽然也有鲁迅先生当年类似的心情，却不是为了辫子，而是烟、赌、娼。对此三害，虽无切肤之痛，而耳闻目睹，迄今想起还有些触目惊心的。

鸦片战争，是我国古代史和近代史的分界。因为从此以后，中国曾长期受外国列强的侵略、宰割，陷于悲惨境地。

年轻时，读林则徐的奏稿，对鸦片的为害，他曾痛切地说：长此以往，不仅无可筹之饷，抑且无可用之兵。但虎门一炬，由于满清的腐败，不仅未能根绝烟祸，且日益蔓延深入。到国民党统治期间，公然实行鸦片公卖政策，流毒更无孔不入。

我曾谈到过，在天津《大公报》馆的对门，就有一所专门供人吸食鸦片的大旅馆"德义楼"。其实，那时设在法租界的国民大饭店，更是规模最大的聚烟聚赌的渊薮。其他大小旅馆，全有吸鸦片设备。《点石斋画报》上有"一榻横陈"的场面，其实，那种烟榻，清末以来的大商号、大公馆中，十分普遍，直到我青年时，还常常碰到。请"香一口"，仿佛现在请"吸一支"一样作为通常交往的"仪节"。

一九三一年春，我首次到广州，曾到珠江以南的河南区（那时是土军阀李福林的"封地"）观光，大街小巷，到处是公开的烟馆，而且门面油漆一新，悬有扁圆玻璃灯彩，五光十色，竞相招徕顾客。当时曾叹为观止。

哪知一年以后，到了汉口，看到前后花楼大街一带，更是烟馆林立。规模最大的，记得叫"三泰戒烟馆"，是四层的水泥钢骨现代化建筑，入夜灯火通明，顾客接踵。据当地的朋友说，商场中一般酬应，洽谈买卖，大多不在茶楼、酒馆，而在那些"戒烟馆"中，里面还辟有不少布置考究的大小房间，吞云吐雾之余，还可以征召妓女，开筵宴客。

当时，武汉设有"两湖特税处"，包销、包运（从川、云、贵、湘各省经武汉运往下游，特别是上海）烟土，是最阔绰的衙门，是蒋介石用的军费主要来源之一。这个衙门，直接、间接豢养的，无虑几千人。那时有不少黄埔毕业生找不到差使的，在市上到处横冲直撞，小民畏之如虎，名之曰"蝗虫"，他们也是靠"特税处"的豢养的。鸦片流毒之深，可见一斑。

解放以前，曾听到不少有关鸦片和红丸、白粉流毒的故事，如阎锡山部下的大兵，都备有两支枪（其中一支是烟枪），打仗时如遇阴雨，烟枪点不着火，就一败涂地。如西南一带的轿夫、苦力，抬了一阵就要歇脚过一次瘾。总之，不少穷苦人民，也受到毒害了。

最使我听了惊骇咋舌的，是一位姓向的老同学给我讲的亲身经历。他那时当湖北教育厅的视学，有一次，他去鄂西某县视察。上午九时了，在那个鄂西最大的县城，街头还人烟稀落，有一个更夫，一面敲着锣，一面穿街走巷呼叫："九点敲过了，该起床了！"而他自己，还不断打着呵欠，一把鼻涕一把眼泪的，懒洋洋地走着。

他去视察县城最大的中学，九时半才上第一堂课，师生虽强打精神，还是没精打采。参观学生宿舍时，床铺上都铺着白色的被单，显然，学校对他来视察，已做了准备。但他发现被单上有焦洞，掀起床单一角，原来床下赫然有一副烟盘。他又翻了几张床，差不多全有这套设备。舍监先生不好意思地说："这是多年留下的恶习，我们正在设法劝诫。"

到上海后，知道烟土也是养肥杜月笙、黄金荣之流的主要财源，而新旧军阀，也每因争夺这块"肥肉"引起战争。一九二四年发生的江浙齐（燮元）卢（永祥）之战，就被称为新的鸦片战争。

"麻将"曾被称为"国赌"。那时上海的旅馆、大小公馆乃至小户人家，几乎随时随地可以看到这种"方阵之战"。亲戚朋友相聚，这是普通的酬应方式。在一般嗜赌的人看来，这似乎还不列入赌博之列，玩玩而已。

上海不像澳门，有赌城之谥，但也五花八门，形形色色。大之有各种交易所，一夜之间，就有不少人倾家荡产、跳黄浦的。中之有跑马、跑狗、回力球，也每次吸引着成千上万的赌徒，当时的报纸，还有以谈马经、狗经来争取读者的。上海沦为"孤岛"期间，沪西"歹士"（越界筑路区）赌场林立，都是汉奸、流氓开设的。在租界，则听说以福煦路181号（今卢湾区产科医院）规模为最大，是杜月笙开设的，听说进去的赌客，点心、香烟、洋酒，全是高级的，免费供应，西餐、鸦片，也应有尽有。赌则轮盘、牌九、押宝，色色俱全。输赢大的赌客，还有汽车接送。而赌场旁边，就有一个押当的地方，现款输光了，钻戒、手镯、大衣、皮袍，脱下来换了钱再去赌。

对于下层社会，为害最烈的是"花会"，很多升斗小民以及帮佣等等，往往凑一点仅有的钱去"打花会"，希博万一的侥幸来摆脱贫困。实际那些开设"花会听筒"的，全是流氓、地痞、恶霸，他们营私舞弊，专门吸取劳动人民的血汗，甚至乘机拐骗，逼良为娼。"孤岛"期间，就流传着不少有关"花会"的故事。其中之一是，有一个日本人，经常去打花会，每次是三十六门全打（听说"花会"有三十六门，每门以一种禽、虫、兽为记，猜中的，一元"配"三十四元），而每包都是十元。自然，开彩的结果，他每次总是输十元。有一次，他又去了，照例在焚香祈祷之后，掏出三十六个小包，投进"听筒"，他走后，花会中人发现有一包掉在外面。拆开一看，打的是老虎；于是，花会的"执事"们商量，这次就"开"个老虎，让此人全部输光。想不到揭晓后，这个日本人投进的三十五包，全是老虎，这样，这个"听筒"就被"挤"垮了。

还有一个故事，说是有一个年轻的贫妇，每次打花会总是输，她丈夫听说浦东某地有个土地庙，去寄宿，神灵会在梦中指示该"打"什么，十分灵验；丈夫央告她去试试。岂知那里极为荒僻，贫妇冒险去，寻到了庙，结果遭到了敌兵的强奸。她哭着跑回家里，她丈夫问有什么吉兆？她悲啼着："你这乌龟头！？"丈夫赢钱心切，竟真的去"打"了个乌龟。

这个凄苦的传说，未必真有实事，但也可以反映，当时一些贫苦无告的人，受愚弄、毒害之深。

一九三一年我去广州时，也看到类似的赌博，叫"联榜"，那是一张木刻印好的诗句，约有百余字，花两毫钱（广东的小洋），到烟纸店可买一份两张，就中圈十个字，一张投入特设的箱内，一张留根。大约每隔半月就开一次"奖"，也"摇"出十个字，猜中最多的，即算中了头奖，说是可得几千元。因为手续方便，一般市民，趋之若鹜，多的投百十余，贫人也投一条两条的。我寄住的盐业银行宿舍，门口有一个缝穷的老妇，终日闷着头补衣，而鹑衣百结，一位老行员告诉我，她的丈夫就因为迷于"联榜"，养不活她，把她抛弃，而她自己，只要积满两毫钱，就去买一条，央人代为圈写，去博一次"发财"的机会。

烟、赌、娼这三个字，在过去是互有联系的。最明显的例子，天津当时的租界里，一面有各式大小的赌场、烟馆，和专门向内地农村贩运红丸、白粉的"洋行"，一面有不少"五角随便"乃至"三角随便"的"旅馆"。而里面的妓女，多是从破产农村中流浪来的，更多是由流氓到各地农村去拐带来的。

在清末的谴责小说，如《二十年目睹之怪现状》《海上繁华梦》中，就有不少逼良为娼的描写，也详细形容当时妓馆的情况。我于一九二六年第一次到上海时，四马路（今福州路）还是"野鸡窝"的代名词，那时，初到上海的人，真是寸步难行，逛逛"大世界"或"天韵楼"，处处有被"拉"的危险；走过爱多亚路（今延安东路），也寸步难行。走到虹口，则到处有跟着兜买"照片"和兜看什么妖精打架的，而堂皇的霞飞路（今淮海路），则到处有按摩院、小舞场和土耳其浴室。

什么"烟花间""咸肉庄""咸水妹""交际花"等等，花样百出，总之，全是穷苦妇女的地狱，青年的陷阱。当然，也有些地方是洋商大贾挥金取乐、糟蹋妇女的场所。那时，全国的大中城市，都有这种暗无天日的陷人坑；在桂林，妓院集中的地方，还题了一个提倡善良风俗的名称，叫作什么

"特察里"，真是绝妙的讽刺。至于烟馆，则小城小镇也半公开的到处都开设着。

解放以后的几年里，政府迅速采取措施，把千（娼妓大概在管仲时就开始了）百年来的污泥浊水彻底涤荡干净了。我当时觉得，这真是所有中国人为之畅心快意的壮举。套用鲁迅的话，我之所以热爱这个国家，唇焦舌敝，恐其衰微，这也是一个重要的原因。过来的人，大概都会有此同感吧。至于"三十左右的壮年和二十上下的青年"，看看这些往事，会哑然失笑吧！

数江汉风流人物

辛亥革命后，武汉一直被称为首义之区。但在三十年代初期，这里却乌烟瘴气，变成了黑暗之薮。每登黄鹄矶头，看滚滚浊浪，数帆樯点点，辄不胜今昔之感。正如《三国演义》的导词所写的"滚滚长江东逝水，浪花淘尽英雄。是非成败转头空：青山依旧在，几度夕阳红"。

武昌起义的傀儡首领黎元洪，是一九二八年病逝天津的，一九三二年灵柩移葬武昌，那时我刚到武汉，黄鹤楼下，曾搭起高大的迎灵牌楼，写着"迎接黎大总统灵柩归葬"一行大字。

入夜电灯通明，我曾照了一帧照片，一直珍藏着，十年动乱中，不翼而飞了。同时丢失的，还有重庆谈判时毛泽东和蒋介石的合影、密苏里舰上的受降照片等等。

黎的老师萨镇冰，辛亥革命时曾奉命率长江水师前往镇压，却和黎暗通气，抗战时我在桂林曾见过他一面，那时，他已八十多岁，谈起往事，记忆力还很强。高高的个子，胡子还未全白。谈吐间，对蒋的消极抗战颇为不满。一九四九年开国时全国政治协商会议，他是年龄最高的代表，但因年老艰于跋涉，未来参加。

黎当总统时，他的策士之一韩玉辰（达斋）（在府院之争中被段派目为"公府十三暴徒"），一九三二年时还健在，隐居武昌郊外，我曾往访谈，草庐一椽，布袍一领，戴旧毡帽，俨然隐士。但对武汉当时的形势，以及何成濬等的举措，分析得了如指掌。我还在他的草庐里吃了一顿素饭。

我所认识的曾亲历武昌起义的老人中，最钦敬李书城先生。他是早年留日学陆军的，但晚年一点也没有军人气息。辛亥革命时，任黄克强的参谋长，亲临汉阳前线指挥。袁世凯初任临时总统，任黄兴为陆军总长。当时，孙（中山）、黄对袁的面目认识还不够清楚，黄自己未就职，由李以次长代理部务；不久，即被免职，转任将军府将军。他一直挂着北洋政府的空衔，在上海过着清苦的隐居生活。现在的中共"一大"旧址，就是他当年住的房子，一楼一底，其弟李汉俊则住在亭子间里。

一九二七年"宁国府"成立后，他一直站在反独裁一方面，历次的反蒋战争，如冯玉祥的两次反蒋，唐生智举义，冯阎联合反蒋，他都参与幕后策划。患口吃，但叙述形势，条理分明，仿佛是苏秦、张仪一流人物，但一生倾向进步，出淤泥而不染，绝非纵横捭阖一流人物。

解放前夕，他和张难先等一起在武汉倡导和平，给蒋、白（崇禧）以有力打击。新中国成立后，他曾任农林部长，旋以年老，改任中央人民政府委员。我和他最后一次见面，是在天安门城楼上。

有一个时期，提起湖北的公正士绅，必首先称李书城、孔庚（文轩），其实，论气质和操守，两人是不该相提并论的。李目光远大，淡于名利；孔则固执、浮躁，思想至少是近于保守的。他也搞过军事，辛亥革命后，曾任晋北镇守使，不久即被阎锡山排挤而去职。以后，即在国民党里以老革命自居，曾做过厅长、代表之类，好使气骂座，不为蒋介石重用，而往往利用他做宣传。一九三三年前后，武汉各报曾连篇累牍登载所谓"掘窖案"的新闻，轰动一时，情节主要是，武昌粮道街有个居民，住的是"刘长毛"的老宅子。"刘长毛"者，是太平天国时一个军需处长这样的首领；太平军冲出广西后，曾占领武昌一个时期，退出武昌挥戈东进时，据说刘把带不动的金银珠宝都窖藏起来，武昌人一直想掘这笔窖藏。这次在粮道街发现的，大概只是其中的一处。这位新财神，恰恰是孔庚的紧邻，孔先要朋分，对方不答应，于是，孔便提出诉讼，说这个窖藏，一部分埋在他的宅基下，被"越界"挖去了，要求赔偿损失。因为孔是老革命，各报多偏袒他，但也有些小型报纸，讽孔是见财眼红，无理取闹的。这场官司结果如何，我没有注意，好像是以妥协告终的。

次于李、孔的，有张难先（义痴）、石瑛（蘅青），我只在一次公开场合，见过一次张先生，长髯飘飘，似乎有一股老名士的气度，但不久曾一度出任浙江省主席。石瑛曾列名西山会议，而武汉一般人颇称道其操守，他有别于邹鲁、谢持之辈，晚年从事教育，曾任武昌高师（武汉大学的前身）

校长，提倡科学教育，始终未参加"宁国府"的凑趣、帮闲勾当。晚节似乎是不错的，至少有所不为。

三十年代初，新政学系开始形成一股力量，与CC、黄埔系在"宁国府"内鼎足而立。最初，只是黄郛、张群因私人旧谊（他们和蒋都是陈其美当沪军都督时的同僚、密友），参与蒋介石的密谋。后来，他们介绍杨永泰入蒋幕，初未受蒋重视。熟悉民初历史的人都知道，杨本是一个热衷名利、见风使舵的政客，他挂名政学会，孙中山在广州开府，任非常大总统时，他不仅一般地反对孙中山，而且背离政学会，投靠桂系（旧桂系陆荣廷、陈炳焜等），一度任广东省长。

蒋在几次"围剿"连遭失败以后，杨上了万言书，提出"三分军事，七分政治"的口号，蒋大为欣赏，立即任命他为"剿匪"总部的秘书长，从此，成为炙手可热的人物。

听说，他抓权的手法，是先把许多繁琐的呈文、报告等，一律签请蒋批决，搞得蒋不耐烦了，就下"手谕"，非至关紧要的事，一律归秘书长决定办理。杨又以"剿匪"为名，定出行政专员区、推行保甲制度等"七分政治"的办法，在长江中下游及河南等十个省推行。从此，南京的行政院被"架空"，杨成为事实上的最高行政长官，一般攀龙附凤、因缘一官半职之徒，竞相奔走于"畅公"（杨字畅卿）之门。

我和杨只见过一面，那是他刚到汉任三省（豫、鄂、皖）总部秘书长之初，张季鸾特来函介绍。我和他只谈了二十多分钟，看他官气十足，只讲一般冠冕堂皇的话，就辞出，和他手下两个机要秘书敷衍一阵。这两个秘书，一个叫裴复恒，听说是蒋的表亲，后来当了上海商学院院长。另一个是罗君强，后来成为汉奸，是周佛海的心腹，当过伪部长和代理上海市长。

在杨"红得发紫"的时候，张群出任湖北省政府主席，内外搭档，包围蒋氏。

张拉拢一批旧政学会要员和湖北耆旧作为省政府委员，并提倡"合署办公"，精简人员，号召肃清风气，俨然自命为张文襄（之洞）第二。

那年（一九三三年），胡政之过汉赴广西游历，在汉勾留约一周，他曾约我陪同去访问张群，张在省府后花厅款宴，席间，他们相互吹捧，张说："财政界出了个王叔钧（曾任长芦盐运使，号称'清官'），新闻界出了个胡政之，都是四川人的光荣。"（张、胡都四川华阳即成都人）胡也顺着他的口气说："政界出了个张岳军，也真是四川的光荣。"我在旁听了，真有点不寒而栗。

后来，张调到南京任外交部长，杨继任湖北省主席，有一天，到汉参加什么会议，在轮渡口被人刺死。不久，胡汉民（那时已死）的亲信刘庐隐被捕，说他是"刺杨案"的幕后指使者。

那时，我早已离汉，不知究竟。据一般议论，胡派早已失势，刘和杨也并无矛盾，真正的凶手是 CC 云。七七事变后，刘庐隐被释放，此一公案，也就不了了之了。

国民党统治初期，有三个以"雪"字命名的军阀——何成濬字雪竹，刘镇华字雪亚，陈调元字雪暄，并称"三雪"。这三人中，何的资格最老，清末曾在日本士官学校习陆军，回国后曾在广东、福建等处当差。南京政府成立后，他是第一批列名上将的军事院长之流的将领，但他生平没有真带过兵。北伐以前，他被蒋派为驻上海秘密代表，负责拉拢一些政客和保定军校出身的军人，如何应钦等被拉拢去广州。后来，则代表蒋秘密拉拢、分化杂牌部队，在蒋的"麾下"，是应伯爵一流人物。在一九三〇年中原大混战中，他曾大大发挥所长，被任命为"讨逆南路军总司令"，负责指挥京汉路南段军事，归他指挥的有徐源泉、萧之楚、刘镇华等部，全是杂牌军。他怎样指挥的呢？一列花车，停放在驻马店等大车站上，作为司令，从汉口调集了头等的厨师、"仆欧"，头等的妓女、交际花，调运来大批的山珍海味、中外名酒、香烟，自然，更重要的是大土、云土，把那些军阀们招待在这花车里，卜昼卜夜，开"军事会议"。南线，双方都不视为主战场。蒋的目的，就是要何把这些杂牌将领稳住，不三心二意，而这些将领，也深感这位何"雪公"能"体贴"部下，优礼有加。所以，何始终能"指挥若定"。

中原大战后，何因"功"被任为武汉绥靖主任兼湖北省政府主席，俨然是方面大员了，而他的实际职务，正如李书城对我谈的，是充当蒋的"弄蛇叫化子"，盘弄、豢养这些"毒蛇"。在蒋看来，这些杂牌军阀，朝秦暮楚，今天服从"中央"，明天就会掉头反噬的。

他到武汉开府，也仍然以这套办法，拉拢军人和绅商各界，整天在绥署大楼的烟榻上迎接宾客，指挥部下。当时汉口的总商会会长叫贺衡夫，一口标准的湖北话，我曾不止一次听过他的演讲，每提到何，总说"我们的何主任他你家"（你家是鄂语的尊称，近于北京话的"老人家"），何等尊敬而亲热！一句话里，包含了"我""你""他"，真是语言的杰作。

当时武汉的流氓势力也很大，但和上海的不属一个帮派，上海的大流氓，如黄金荣、杜月笙之流，都是青帮，只有徐朗西是红帮头子，势力极微。上海以上的长江各口岸，则多属于红帮（洪门）势力范围。汉口的红帮头子叫杨庆山，还兼任何成濬的绥靖公署侦缉处处长。

吴绍澍与《正言报》

一九七九年秋，得京友来信，才知吴绍澍已病逝，骨灰还安放八宝山。因此，引起了我对他的一段回忆。

一、我和他认识的经过

一九三一年九一八事变后，我被派到汉口，当特派记者兼汉口办事处主任。那时我才二十五岁，年轻好动，公余常约几个青年同业打乒乓球。我们私下取名为"号外球队"。号外者，说明我们都是外地报纸记者，以别于当地同业也。

大约在半年以后，吴绍澍到汉，任国民党汉口市党部主任委员。有一天，中央社记者来谈，说市党部的球队约我们比赛。我们应邀前往，想不到他们的主将就是这位吴主任委员，而且仿佛很年轻力壮。经过这次交锋，我们算是认识了。

以后，在相同的场合，又见过几面。

相隔七八年，在上海"孤岛"的《文汇报》被敌伪封闭后，我于一九三九年秋重回《大公报》，任港版编辑主任。是年冬，吴绍澍忽来找我，说他将赴沪任"地下"的上海市党部主委，并拟出版一新报，邀我前往主持。我婉言谢绝了。

一九四五年抗战胜利，我于九月初由重庆抵沪，筹备复刊上海《大公报》。他当时是炙手可热的接收大员，副市长、主任委员、特派员之类的显赫头衔一大堆。我们见面时，他又重提旧事，说："这回你一定要帮我的忙。《正言报》决定复刊，请你全权主持，我决不牵掣你。"我说："我们还是维持单纯的友情为好。再说，《大公报》也决不会放我的。"翌年春，我脱离《大公报》，再进《文汇报》主持编辑部。那时，他在CC、军统和流氓帮会（他本拜过杜月笙为师，后来不认账了，帮会认为他是反叛）的围攻下，逐渐失势，只剩下一个三青团主委的头衔，因此，他所控制的《正言报》，也渐渐以在野的面目出现，不时对国民党政府的施政做一些不伤脾胃的指责。一九四七年《文汇报》被封的前几天，他曾偷偷地给我打了一个电话："方治（当时国民党市党部主委，CC骨干）等已决定对你们下手，希望你注意。"《文汇报》被封的第二天，他忽到我家中访晤，说："你休息一下，来主持《正言报》吧。"我苦笑地说："我是唱惯了麒派的，怎么能改唱正宗谭派呢？"他说："既然这样，我也不勉强。但是，你不要否认我曾来找过你。这样，三青团里的小家伙们，就不会找你的麻烦了。"过天，毛子佩主持的《铁报》上，刊出一条花边新闻，题为《徐铸成封笔》，就写了麒派、谭派这些话，显然是吴授意的。

以后，我们坚决拒绝国民党提出的复刊条件，宁为玉碎。陈布雷还派人对我游说，说我如肯"屈就"《申报》的总主笔，可以让潘公展专任社长。陈一向是以张季鸾老朋友的姿态，说王芸生和我是张的"传人"，对我表示"关切"的。吴绍澍也一再劝我到南京去走走，说："我已和布雷先生谈妥，如果你来主持《正言报》，可以把言论尺度放宽。"对于这些，我都一笑置之。

二、日月潭一夕谈

一九四八年春，他又来访问我，说："你老闷在家里，总不是办法。过几天，我将去台湾游历，你也同去散散心吧。"我问他此行是否有公务、由官方接待？他矢口否认，说是他的好友台糖公司经理沈某招待的。这样，三天以后，我就同他结伴飞往台湾，寄住在台北的台糖公司宿舍里。

在台北游了草山、北投等名胜后，又往台中、台南、高雄和关子岭温泉，游了半圈台岛，最后上了日月潭。在这水平如镜的人工湖上玩了一整天，当晚投宿在一家日本式的旅馆里。夜深人静后，我们在罩着一顶大蚊帐的"塌塌米"上对坐谈天。他说："我们的游程，明天就要结束了。我再次要求你，这次回去后，正式进《正言报》吧。"我说："现在没有外人，我想问你一句话：你看，国民党的天下，还能维持多久？"他想了一想说："至多还有三年吧。"我说："我的估计是不会超过两年。即使是三年吧，总是残席了，你何必拉我这个朋友去抹桌子呢？我还想反问一句，对于三年以后，今天你对自己有什么打算？"他认真想了一阵，苦笑地说："我是额角上刻着国民党三个字的，而且被人称为五子登科的大员，像我这样的人，人家还会要我么？"我说："你知道我一向是无党无派的，这几年结识了不少朋友。据我所闻，只要真心靠拢人民，是不咎往的。"他听了似乎有些心动，说："史良是我在上海法学院的同学，谭平山我是认识的，在'地下'（指沦陷时）时候和马夷初（叙伦）曾不断有来往。可惜，我和这几位已多年失去联系了。"我说："只要你下定这个决心，总会有机会的，回沪以后，我也可以代你留心留心。"

事有凑巧，回沪不久，有一位中共党员（马季良）从香港秘密到了上海，对我说，民革已在港成立，准备办一机关报，李任潮先生坚决要我去主持。我说："我又不是国民党员，而且从来没有办过机关报，怎能应命呢。"后来，和宦乡、陈虞孙、严宝礼诸兄商谈，决定由我先去港了解情况，如有可能，即在港创刊《文汇报》。我在出发前，和吴绍澍约晤，我说："如果你已有了决心，我这次去港可以代为联系。"他一再请我把他的决心转告谭、马诸先生。

我说："如果他们问到，你在上海除了三青团以外，还有些什么力量，我将怎样回答呢？"

他说："我有两个赤诚相交的朋友，都是旅长，必要时，策动他们，是没有问题的。"

我到港后，和各方联系，都对《文汇报》到港出版，极表欢迎。在访谒谭平山、马夷初两先生时，把吴绍澍的处境和他的表示向他们转达。他们都认为，吴弃暗投明的可能性很大，如果成为事实，对解放上海会起一定作用，希望我回沪后继续鼓励他。

回沪后和严宝礼等赶忙商筹港报的出版事宜，并把在港联系的情况告诉吴绍澍。他很高兴，表示一定要在适当时机起义，并说，他和招商局的徐学禹谈过多次，认为争取他颇有把握，希望我和徐面谈一次。两天后，他约我和徐学禹在一个秘密地方吃饭，徐表示在战局转到江南的时候，可以把招商局几艘大的轮船调到香港去，脱离国民党的控制。但我原和他不熟，看他的态度也有些闪烁，未便深谈，只谈了一些我对时局的看法。

正在这时，和CC接近的某小报刊出一条新闻，大意说我最近曾秘密赴港，已引起当局注意，有关方面已嘱机场、码头严密注意，相机扣留云云。因此，我在第二次赴港时，请吴代买了飞机票，并由他派车护送我上了飞机。

我对统战工作，那时还很不了解，到港后，只把和吴绍澍联系的情况，再一次向谭平山、马夷初两先生详谈了一次，就以为尽其能事了。

一天，中共的一位负责这方面工作的朋友（潘汉年）问我："听说你曾争取过吴绍澍，是么？"我把情况详细谈了一遍。他说："假使我们派人和他联系，你估计他会不会变卦甚至出卖？"我说："他究竟会不会起义，我没有十分把握，但是，如果派人由我介绍去见，出卖是断断不会的。""那么，就请你写一个条子给他，只说介绍来人面洽好了。"

过了约半个月，他又找我，说："我们再三考虑，吴绍澍这个人未必可靠，决定放弃对他的争取。以后，你对任何人不要再提这件事了。"因此，我就对吴断念了。

一九四九年上海刚解放，我于五月二十五日就由丹阳（早于二月中，我和柳亚子、陈叔通等先生由港到京；南京解放后，南下到丹阳等待上海解放）到了上海，想不到第二天清早，吴绍澍就来家找我，我看到他时一怔，忙问："你没有走？"他奇怪地反问："你自己给我搭了线，怎么想到我还会走呢？"然后，他简单地谈了中共如何派人和他联系，他如何在解放时立功自效。并说，他以前谈的那两个旅，一个原驻南市，一个驻在沪西，这次也起义了。

我不完全相信这些话，以后看到吴克坚，他对我说："吴绍澍是你介绍的，他近来似乎有些情绪，对我们的安排有些不满，希望你找他多谈谈。"我这才恍然，原来在港时潘汉年对我说已放弃对吴争取，是怕我乱说，贻误大事。

以后，他曾被邀列席全国政协会议。中央人民政府成立，被任命为交通部参事。一九五六年五一节，在天安门观礼台看到他，言谈间，他的心情似乎比以前开朗多了。这是我和他最后一次的会晤。以后就再没有听到他的消息。

他的骨灰能安放八宝山，这个事实，再一次证明公道自在人心。对于人的评价，应该全面地历史地进行分析，为人民做过好事，是不应被忘记的。

无冕之王与文人"末路"

　　戈公振在《中国报学史》中论当时中国记者的社会地位时说："记者之职业，誉之者至谓为无冕之王，而在昔则不敢以此自鸣于世也。"他又引用《上海闲话》的一段话，说明记者曾被目为文人末路的由来："昔左文襄（宗棠）在新疆，由胡雪岩（按即杭州胡庆余堂药铺的创办人）介绍，向洋商借款一千二百万两，沪上报纸颇有非难，……然文襄闻有反对者，即大怒不止。故其与友人书，有云江浙无赖文人，以报馆主笔为其末路之语。其轻视报界为何如，惟当时并不以左氏之诋斥为非者，盖社会普通心理，认报纸为朝报之变相，发行报纸为卖朝报之一类，……均为不名誉之职业。"

　　现在读了这一段评述，还令人不禁感慨系之。

　　无冕之王，大抵是英美社会对新闻记者的誉词。因为他们虽然是所谓的"资产阶级"民主，毕竟还有"有限度"的言论自由，像有名的专栏作家李普曼，就常常约请议长、部长们共进午餐，采询新闻究竟，他们也常向李氏征询国事意见。美国的历届总统，也颇多是新闻界出身的。

至于中国，由于因袭了几千年的封建传统，干这一行而又认真对待的，不仅"不敢以此自鸣于世"，而且往往是"没有好下场"的。

历史上把"董狐之笔"作为敢言的典范，而他家一门三人都遭杀害。近代的有名新闻工作者，黄远生、邵飘萍、林白水、史量才都遭横死。"十年浩劫"及以前的极左思潮中，卓越的新闻工作者遭迫害致死的，就有邓拓、范长江、金仲华以及恽逸群等。在这情况下，哪里谈得到什么言论自由，更不要说"无冕之王"了！

当然，也有很"行时"而善观风色，又能"紧跟"的记者，袁世凯时代有薛大可之流，自称"臣记者"。"宁国府"时期，不仅党报记者官财两得，所谓"民间报"的"名"记者中，也颇有由"社会贤达"一变而为"国大代"和"立法委"的。"十年浩劫"中，得意者成为帮报人物而风行一时，次焉者则歌功颂德，被列为摆设。但历史将说明，他们一脉相承，终究还是归于文人末路的一类的。

三十年代初，我在武汉却看到文人末路的极端的例子。

武汉的新闻界，本来也有光荣的传统的。辛亥革命前夕，蒋翊武、詹大悲等创刊的《大汉报》《大江报》等，宣扬革命，鼓吹暴动，对武昌起义直接起了鼓舞和推动作用。大革命时，汪精卫发动"七一五"事变，武汉《民国日报》在终刊号上，用大字刊出一个大标题："打倒新军阀蒋介石！"报纸关门了，也还虎虎有声。

三十年代初，则完全是另一个景象了。曾有过声光的《楚报》《中西日报》虽然还出版，而有气无力，老态龙钟。活跃的有《武汉日报》《汉口新民报》（黄埔系的报纸，《扫荡报》的前身）等党报和与党政有关的"导群通信社"等。此外，报纸、通信社如雨后春笋，多至百余家，蔚为奇观。

滋生这些新闻机关的土壤，主要是"土"。当时，蒋政府为了开发财源，筹措"攘外必先安内"的军费，在汉口设立"两湖特税处"，实行鸦片公卖；承包运毒、贩毒、销售的商人，组织了"特业公会"。这两个"财源茂盛达三江"的机关团体，都分上、中、下三级，给报馆和记者以按月的津贴和"车马费"。

还有，当时的"武汉绥靖公署"主任何成濬，是受蒋的命令，专门控制和安抚华中一带的杂牌军队的，而这些杂牌军队，连那些新编师、新编独立旅，也都在武汉设立办事处，以便就近向"何主任"请示和朋分饷银。他们为了宣传自己的"实力"和存在，又都向新闻界送钱、送"谘议"等聘书。听说有一个中央社的记者，身兼二十几个谘议，连同特税处和特业公会的"车马费"，每月收入二千余元，设立三个"公馆"，而当时汉口的大米，是六七元一担，鸡蛋一元可买一百二十个。其阔绰可想。

主要由于以上两种原因，报馆和通信社就成为应时的买卖。也有一所房子挂上两块报馆招牌的，还有同样一张报而换印两种报名的。我曾到当时报贩集中地的后花楼调查时，据报贩说，很多报纸，是社长用一方布袱，包了当天的全部报纸，亲自送来的，一般都不要求按批发价收回成本。

自然，这些报馆都聘有记者，而且人数不少，因为老板不必付薪金或津贴，反而要收取一些押金或回佣，像过去轮船上的茶房一样，要向大班们交纳费用。

　　有一天，我同母亲和妻儿到汉口最大的一家西餐馆——"普海春"吃饭，听到隔壁大厅里人声鼎沸。"仆欧"告诉我（自然，他不知道我也是新闻记者），是某军人在招待新闻界。我从帘子缝里看去，宾主无虑百数人，两张长桌，挤得满满的，上面还在演说，而杯盆叮当，客人们已闷头大嚼了。

　　这个招待会，好在时间不长，大概菜肴上完，就作鸟兽散了。

　　我们经过大厅时，"仆欧"们正在收拾台面，清点餐具，一面咕噜着：又少了刀叉若干副、餐巾多少条。

　　"拿摩温"看模样已五十多岁了，是下江人，"呸"了一口说："什么东西，下流坯！"因此，我在武汉工作三年多，给自己立下戒条：一、不到机关采访；二、不参加任何招待会。

武人"末路"

新闻记者曾被过去某些人视为文人末路。

也有武人走上这条"末路"的。

我了解这么一个人，这么一个故事，写出来作为一个"正传"罢。

袁世凯做了八十三天的皇帝梦，举国声讨，众叛亲离，惭恨而死。黎元洪于一九一六年以副总统继任总统。那时，有一个落魄的武人，曾在保定军官学校毕业，找不到靠山，也就无从"飞黄腾达"。流落京师，被一个姓温的风尘女郎所收养，相依为命。好事之徒，曾给这位女郎起一外号，叫"温大拉"（英文译音）。

这个武人在投诉无门、百无聊赖之际，看到记者可以出入公门，不失为一条出路，想自己办张报，没有资金，于是在门前挂出一块通信社的牌子，自称社长，约一个穷朋友当编辑，而由这位温女士权充记者。当时的北京，这类仅识之无的记者大概不少，而女性则还是凤毛麟角。

她常到公府（即总统府）去跑新闻，不知怎么，和黎元洪搭上了关系，黎因此不时借故留宿怀仁堂。有一天，已经日上三竿，这位温女士还安睡香榻，不肯起身。黎急得如热锅上蚂蚁。

因为黎是以惧内闻名的，要是风声泄漏，被他的如夫人黎本危知道，就真会吵翻天了。在无可奈何中，由他的亲信金永桢等出而斡旋。温女士咬定只有一个条件：给她的丈夫派委一个像样的差使。于是，这位陈社长就被任命为紫荆关镇守使。这里已是山西"土皇帝"阎锡山的势力范围，不知是他像老鼠跳进白米囤，吃心太狠了，还是主要由于得不到阎的谅解，总之是他上任不到三个月就"下野"了，依然回到北京，投靠温女士。自然，记者生涯是不屑的了。

那时，正是"府院之争"日趋激烈的时候，段祺瑞依恃北洋旧将、各省督军的支持，真正把这位总统黎元洪视为泥"菩萨"，不放在眼里，他的秘书长徐树铮更加飞扬跋扈，他把国务院的重要公文送去给黎盖印时，粗声粗气，动不动就瞪眼睛。黎受不了这个气，不甘做个"橡皮图章"，想从南方寻找支持。他曾协助过袁世凯镇压国民党人，自忖要取得孙中山的谅解是困难的。他想到唐绍仪既挂名国民党籍，又和北洋实力派有千丝万缕的关系，一度任过袁世凯的内阁总理。梁士诒是有名的"财神"，虽因效忠洪宪帝制，被通缉而暂时退出政治舞台，但仍稳稳操纵交通系，操纵北方财政、交通的命脉。他们两人都隐居南方，唐在香山（今中山县）原籍，梁则闲居香港，如果和他们搭上较深的关系，这盘棋就可能着活了。当他和少数亲信如金永炎、韩玉辰等密议时，被这位温女士知道了，在枕头上向他建议，说他那位"将军"（任镇守使时，被授为孝威将军）也是广东人，何不叫他去走一趟呢？"再说，把他支使出去，你我也眼前清净些。"黎点头颇以为然。

当时官场中互换"兰谱"、称兄道弟的风气盛行（直到国民党统治时期也是如此，蒋介石和冯玉祥、阎锡山就换过"帖"），黎嘱咐这位陈将军做好准备，秘密南下，去面谒唐、梁，如有可能，他有意和唐、梁两位换帖。

这位陈将军灵机一动，认为其中大有"文章"可做。他偷准备了一式四份兰谱，还填写好结拜弟兄的序列：老大是黎元洪，老二是唐绍仪，老三是梁士诒，而把自己的名字，列为第四，仿佛刘、关、张之下，还有一个"四弟"常山赵子龙一样。

他乘轮到了香港，找到梁士诒，说了许多黎黄陂如何仰慕、愿意缔结深交的话。梁是一只久历宦海的老狐狸，正不甘寂寞，就一拍即合。他看到兰谱里有一个老四，不免一怔，转而想，此人黎既决定列入，必是黎十分亲信的人，今后还要由他多架桥梁，再登政坛，于是就欣然签了名。他到香山去，又以同样的手法，取得了唐绍仪的签字，然后大功告成，转道回北京复命。黎听了他添枝加叶的报告，得知唐、梁愿意和他合作，遥为呼应，十分高兴；看到兰谱，问怎么出了一个老四，回答说是唐、梁两位坚决如此主张的。黎也就不置可否了。

以后不久，黎免了段祺瑞的职，督军团干政，军警包围，张勋复辟，马厂誓师，段重新上台，一幕紧接一幕，黎终于被推翻下台，由冯国璋代理总统。

一九二〇年爆发直皖战争，黎又重新被直系军阀扶上台。那时，这位温女士已届迟暮，那位"四弟"也被抛落一边了。

这一段"佳话"，民国初年在北京的新闻界中曾以"趣闻""丑闻"而广为流传。二十年代末期，我初当新闻记者时，也多次听到先辈们闲谈过，张恨水还把它吸收为题材，改编写入《金粉世家》，还不知是他早期的哪部小说里。

报纸上重新出现这位将军的名字，大约在一九三四年。那时，在上海举行全国运动会。大会期间，上海《时报》利用它新置的三色套色印报机，天天以大红字标题，宣传大会新闻，特别是绘影绘声的"会场花絮"，吸引大量的读者。宣传最突出的对象，是广东的游泳女选手杨秀琼，被称为"美人鱼"，报上天天刊载他的"玉照"和"起居注"，使她成为一时的新闻人物。后来，身为行政院秘书长的褚民谊，还为她亲自驱驾过马车，驰骋陵园道上。

《时报》那时也以多刊载社会新闻作为一个特色的。在渲染"美人鱼"时，也夹进了一些社会"秘闻"，先说这位陈将军是"美人鱼"的父执，曾对她如何关心；以后，越来越离奇，说据这位将军透露，"美人鱼"有意下嫁给他，作为"平妻"。

当时，正如鲁迅先生说的，是"人言可畏"的时候，报纸对于有权者不敢直言指摘，而对无权无勇的小民，则可以任意造谣污蔑。这条"桃色新闻"，事后并未证实，也未见更正。我当时心想，"美人鱼"肯下嫁年龄悬殊的"父执"，是不可想象的，但空穴来风，大概这位陈将军必是一个颇有风度的美男子吧，虽然年纪大一点。

抗战初期，这位陈将军旧调重弹，办了一份取名什么"台"的小型报，大谈军事形势和战役分析，俨然以一位军事评论家的姿态出现了。而且报也似乎很有读者。一九三九年秋我到香港工作时，该报以红色刊印报头，三日一出刊，他署名所写的文章，每篇都刊在显著地位，占很大的篇幅。有一次，在座谈会有人给我介绍，真是"闻名不如见面"，正像《儒林外史》里杜慎卿初次见到那个道士来霞士一样，给我的印象，简单可以"语言无味、面目可憎"八个字概括。黑瘦长条个子，猿面鹤颈，一脸佞笑。当时，我回想起当年报上关于"平妻"的传说，不禁哑然失笑。

我有一个小同乡唐君，流落香港，久久找不到工作，后来听说他已当上这个报的编辑，方代为庆幸，想不到两个月后在一家茶室里碰到他，说是又失业了。我说："你不是在某某台工作了么？可能待遇差一点，但总算有一个吃饭的地方呀！"他苦笑地回答我："不是我挑肥拣瘦，也不是工作不胜任，老板娘的进攻实在吃不消。"那位唐君方在青年，而所说的老板娘，正是那位"温女士"，当时大概已年过半百了吧。

唐君还告诉我那位军事评论家的一些"秘诀"。比如说，当南京失守后，他写文章说，他早料到南京一定不会久守，唐孟潇（生智，当时蒋命他负责南京守备）也任非其人。并且说，他早在"白副总长（崇禧）座中详谈他的看法，白也抱同样的见解，而且主张将重兵布于外围，相机合击"。武汉沦陷后，他又说："武汉是四战之地，本不宜于坚守，以精兵在外围消耗，也是失算。""此意，我早言之白副总长，蒙其首肯。"如此的高论，表明他运筹帷幄"之外"，颇有先见之明，而所谓"白副总长"呢，当然也不会出而说明根本并无其事，因为陈虽编造谎话，虚构了自己的神话，却也证实了白的"小诸葛"的形象。

这种手法，他时常使用，而且自以为得计，常在公开场合大言不惭。到一九四一年初，却被戳穿了戏法。那时，他到南洋一带活动，向侨胞筹募该报的"基金"，当然又把自己吹得神乎其神，而把该报的影响以及他和"党国要人"的关系，更说得天花乱坠。有一天，新加坡一位上钩的侨商特地为他举行一次游园晚会，当地有不少仕女参加。他当然照例又自我吹嘘一番。他正在逸兴遄飞、吐沫四溅的时候，悄悄来了驻新总领事高凌百——是蒋介石的亲信，曾当过蒋的机要秘书。当陈谈完落座后，高即起立说："各位，请静一静，听我宣读今天收到的一份重庆来电。"接着，他取出一纸，念道："急，新加坡高总领事鉴：奉委座面谕，探悉有陈某某其人，在南洋一带，假借名义，敲诈勒索，欺骗侨胞，望即严加查问，并向侨胞说明真相。"不等他读完，全场哄然，仕女们一个个溜走了。这位陈将军也就废然回到香港。

唐君还告诉我，该报有一个推广发行、筹募经费的妙法。抗战开始后，蒋介石以加官进爵，鼓励将领。很多新递升的军长、司令，都是名不见经传的。这位将军，半打听半杜撰，一个个为他们写了小传，分期刊登，吹捧他们作战如何英勇，如何指挥有方，是后起的干城。还为他们分别镌了一方图章，用红色一起刊之报端。总的栏名是"抗战英雄谱"。

他把刊登介绍某将军那天的报纸两百份，附报纸一年的订单两百张，一起寄往该军或该司令部的所在地，附信说该报在海外如何宣传抗战，如何受到国内外的重视，请代为推广，征集长期订户云云，另外，把这方图章也寄去了。

这些"骤膺重任"的年轻将领，看了自然喜出望外，飘飘然起来，每从吃空额所得中抽出几百元寄给报馆，作为订费。自然，以后就再无下文，二百份报纸不会再寄去，将军们也不会再查问这些了。

我有幸了解这位将军生平的梗概，仿佛为他立了一个传。目的只有一个：说明旧中国新闻界，也像其他各界一样，鱼龙混杂，什么角色都有。这只是一个"武人末路"的极端例子而已。

读者中如有旧的新闻界同业，一定还会补充些材料，而把我故意略去的人名、报名，在心中给填写上吧。

重来上海

　　我第一次到上海，是在一九二六年夏天。那是"清华学校"改称"清华大学"的前二年，"大学部"成立的第二年，招考第二届大学部新生，考试地点除北京本校外，借上海南洋大学（今交通大学的前身）作为考场，招考南方各省的学生。

　　按当时师范学校的章程，毕业生至少必须在小学服务两年，才能报考大学，否则要追缴历年的学膳费。我当时距毕业还有一年，远远谈不上有报考资格。幸好章程还有一条，在学年考试中，有两门功课不及格，得勒令退学。我钻了这个"空子"，下定破釜沉舟的决心，特地不参加平时最拿手的两门功课，——历史和地理的考试，自以为让你开除了，总不会再追究我报考大学了。当时没有同等学力可以报考的规定，只能借一位高班同学的文凭去报考。所以，后来在大学这几年，同学们都叫我徐锡华。恰巧和我一个死去的妹妹同名。

　　母亲看我"上进"心切，勉强凑出五元钱，让我去试试。她老人家当然不知道儿子已经把后路都切断了。

　　到了上海，寄住在浙江路近南京路的一家小客栈里，和一个同学合住一小间，房金每天五角。每顿总是吃一碗阳春面或咸泡饭，不过两角小洋。记得客栈的对过，就是老的天蟾舞台，临窗望去，大门口贴满着"本台礼聘寰球第一文武全才某某名角择吉登台"的红纸金字海报，下午起就锣鼓喧天。这家戏院，后来听说不久就拆迁了。在旧址上，建起永安公司的新大楼，即今侨汇商店的旧址。

　　当时的十里洋场，经过一九二四年的江浙齐卢之战，人口膨胀，大约还不到三百万吧。每次步行到法大马路（今金陵东路）乘电车去徐家汇应考，过了亚尔培路（今陕西南路）口，房子就稀稀朗朗，不断出现大片大片的荒地。一路也看不到有红绿灯，每个路口，站着一个安南巡捕，戴着一个像漏斗似的红缨帽。有一个木制的指路牌，他吹一声口哨，绳子一拉，路牌指向东西，这个方向的车辆就可以通行了。

　　一九三〇年赴粤采访，又路经上海，逗留了三天。那时，经历了大革命，国民党建都南京，达官贵人们都在上海布置安乐窝，洋场是更加繁庶了。我住在汉口路新开张的新惠中旅馆。

　　一九三五年，曾偕妻游历苏杭各地，路过上海，住了两天，有幸看到轰动一时的海京伯马戏团表演。

　　一九三六年《大公报》决定创刊上海版，把我从武汉调来，参加筹备，这次，应是我第四次到沪，而且是准备在这里长期工作、安家落户了（从此就在上海扎下了根，尽管我在抗战时和解放战争期间，被迫两度流亡海外，辗转南北东西，家却一直没有动，屈指算来，已逾四十四年，远远超过在别处安家年月的总和。这是始料所不及的）。

决定到南方来出版，《大公报》三个"巨头"之间，是发生过一次意见冲突的。那时它不仅是北方第一大报，而且的确行销全国，远及港、澳、南洋各地及日本，成为全国最有影响的报纸之一。营业上不仅能够独立，而且赢利越来越多。据说，到三十年代初期，它积累的资财已在百万以上。它以一小部分办职工"福利"，除每年发相当于两个月薪金的年终奖金外，还订了一个"职工福利条例"，如职工及子女婚嫁、子女就学给以补贴外，凡本人及父母整寿及父母丧亡，都给以两个月薪金的补助，其中一个月是报馆的贺（唁）礼，另一个月算是代全体职工致送的。这些，当然都是为了鼓励职工的积极性，让大家更加牢牢捧住这个"金饭碗"。但比较而言，同属报业家，胡政之的眼光，似乎比上海几家老牌报馆的老板们远大些。

自从日本侵略势力一步步深入，华北日益"特殊化"后，张季鸾即主张把报馆南迁上海，而胡政之则以为上海的"地头蛇"太多，而且资金雄厚，《大公报》人地生疏，未必能竞争得过他们，要立足也很困难，因此，不支持张的主张。大约在一九三四年初，张季鸾忽有四川之行，途经汉口，勾留了几天，我和他谈到报社的事，发现他似乎有一股消极情绪。当时不便进一步探问，后来才知道，他准备去找他的留日时好友川帮银行家康心之，仿照《大公报》的成例，由康拿出五万元创办一新报，由他主持编辑部。这事，后来已酝酿成熟，将要实现了。适华北局势进一步恶化，"何梅协定"签字后，正如北平学生所呼吁的："华北之大已经安不下一张平静的书桌了！"于是，由吴鼎昌出面调处，决定分一部分人力、资金，到上海创刊，津馆则暂时保留，到形势发展到无法维持时再撤退。这样，张才打消了辞意，和胡一起到上海全力筹备上海馆。康心之在重庆的锣鼓已打响了，《国民公报》眼看要创刊了，怎么办呢？张季鸾介绍《大公报》编辑杜协民去主持编务。杜是贵州人，也愿意回西南工作。

要抽调力量，创立沪馆，资财设备还比较容易，人力就比较困难，经理部可以利用国闻通信社上海分社的原有人员作为"班底"。编辑部呢？张、胡自己出马，"头牌"不成问题，配角呢，主要的只有翻译主任杨历樵可以调沪，另外，只有我是搞过编辑工作的。于是，"重金礼聘"，从北平《晨报》《庸报》"挖"来了两位老编辑——张琴南和许君远，前者任为编辑主任，后者和我一起主编要闻。

馆址租定爱多亚路（今延安东路）181号，靠近山东路口的一幢三层楼房子，西间壁是南洋兄弟烟草公司，东邻底层还有一家席子馆，所以，我们的门面只有三间，二、三楼则有五间，还在后门对面租了一所大的弄堂房子，作为铸字、制版的作坊和工人宿舍。另在四马路原国闻通信社代办部的原址，设立包括广告、发行的营业部。

筹备期间，还在霞飞路（淮海路）亚尔培路（陕西南路）口一弄堂里租了一所相当宽敞的房子，作为编辑部的宿舍，张、胡及张琴南和我等都住在里面，后来，张、胡的家都移来上海，我也不久就把家眷接来了。

胡政之原先估计恐怕站不住脚，事实证明不是过虑；上海这个"码头"，藏龙卧虎，确是不容易安身的。翻开近代报业史，有不少曾经风云一时的报纸，如《民立报》《神州日报》乃至如现代的《生活日报》等，都如过眼烟云，不久便烟消云歇，主要原因之一，是广告和发行的局面不易打开，而广告则是报纸的生命线。当时的广告社和派报公会，多半掌握在《申报》《新闻报》手里，那时的白报纸，大约每一张对开报纸，成本约合一分左右，《新闻报》和《申报》至多时连本市增刊，每日出版八至十张，而每份订价则每日只有三分六厘。批发给报贩，报社按六五折实收，不过两分多，而白报纸成本却每张要近一分钱，每份出三张就要三分，如果出到七八张，赔钱更多，还要加上油墨、制版、人工等成本。如何厄注呢？主要靠广告收入。而客户刊登广告，要看报纸的销路如何，影响怎样。一张新出版的报纸，广告当然不会多，假定出三张吧，每天就要赔钱，而看报的同样花一元钱订报，为什么不看有八九张的老牌报纸，只看你薄薄的三张呢？于是你的报越销越少，广告也就零零落落，何况一些主要的广告社，都操在一两家老牌报纸之手，报贩工会也由他们操纵，你的报办得再好，不久也就维持不住，无疾而终了。

《大公报》已经在全国有较大的影响，在江南原来就有相当数量的订户，但在上海版创刊，三天"打泡"，就几乎唱"砸"了。在创刊的头几天，张季鸾、胡政之以次全部人马，全神贯注，希望把报办好，给上海读者一个好印象。想不到三天以内，没有收到一封读者的表扬或提意见的信，相反的，却接到不少电话，说看到你们的招贴，已经出版了，却买不到报纸。经过查问，才知三天的零售报纸，全给人收购了，报摊上一份也不见。这等于一个新演员登场，三天"打泡戏"，票子全给人收毁了，试问，对着空荡荡的池座，这戏怎么能再唱下去？

胡政之急了，连忙挽人出来调处，哈瓦斯通信社（当时的法国通信社）上海分社主任张翼枢（骥先）是胡的朋友，他是法租界的"闻人"，当时任法租界公董局董事，又是杜月笙的法文秘书，和章士钊、顾鳌等一样，是"杜公馆"的高级幕友，他还以法租界当局和流氓头子（杜和黄金荣、张啸林都住在法租界）的联系人而受重视。经张的竭力帮忙，由杜出面，宴请了"四大报"的首脑，并由杜派人向报贩、广告业的头面人物打了"招呼"，出版的第四天，《大公报》才开始在报摊上露面。

我也是亲身受到这种"压力"，备尝此中甘苦的。在上海《大公报》创刊期间（一九三六年四月创刊到一九三八年一月停刊），有很长一段时间，最后一版——要闻版由我决定截稿，最后一张大样由我签发的。

干脆说，当时我们主要的竞争对象是《申报》和《新闻报》，而条件却是不平等的。

报纸竞争的一个要素是消息快，要尽可能推迟截稿时间，以便刊出最后来的新闻，而沪宁、沪杭铁路最早一班车六时就开出，必须赶上这班火车，两路沿线各城镇才能看到当天的报，才可以推广火车上的零售。

我们的印报机，只有一部旧的日本机器，每小时出报不过两万张，而申、新两报，都有几套新式卷筒机，每小时可出十几万份。它们在两点以后截稿，还可以从容印出第一批报运到车站。我们则一时截稿，就手忙脚乱，赶得上下都满头大汗。

更紧张的是，江南一带离铁路线较远的城镇，各报都由派报公会的专用卡车分头运送。开出时间比火车还早，申、新两报是大户，派报公会一向是"惟马首是瞻"的。如果申、新两报还没送来，别的报即使早送了，也要等。反过来，其他报一家也没有到，他们两家送齐，对不起，汽车就开出了。

所以每天清晨，看完大样以后，我还不能回家，总要等到送往公路的汽车回来，告诉我"赶上了"，我才嘘了一口长气，安心地离开报馆，算是一天的工作终于结束了！

从看完大样到汽车回来这一段时间——多半要半小时，我也是"干"等。当时，《国闻周报》由杨历樵兄兼任主编，我则负责编写"一周大事述评"和"一周大事记"。我利用这段时间，翻阅各报，搜剪材料。每到星期三、四（星期四截稿，星期六出版），就更紧张要赶着编写成篇，付排、截稿。往往在汽车回来后，还要做一点收尾工作，回到家中，总已黎明了。

不妨开一张作息时间表：天亮上床，下午一时起身，四时要赶到报社看各报和新到的书刊，两小时匆匆过去，赶回家吃完晚饭，八时就要上班，先做些准备工作，然后开始发稿，直到深夜。

这里可以看出，只有吃饭后的两小时可以自由支配，看看书，逗孩子们玩玩。至于拜访朋友，或者看一场电影，就非得精心安排不可。

这就可以说明，那一段期间，我虽然已在上海安家落户了，但对三十年代的文化斗争，社会情况，孤陋寡闻，就不足为奇了。

关于报纸广告

《辞海》关于"广告"这一个词目的释文是："工商企业、服务行业等向消费者或服务对象介绍商品、报道服务内容或演出节目的一种宣传方式。一般通过报刊、电台、电视台、招贴、幻灯、橱窗布置、商品陈列等形式来进行。用通告形式登在报刊上的机关团体或个人的通知、启事，一般亦称为广告。在资本主义国家，广告是宣传资产阶级生活方式，进行经济竞争和欺骗愚弄群众的手段，是垄断资本集团控制新闻机构的方式之一。无产阶级专政下的报刊也刊登少量广告，目的是为社会主义和工农兵群众服务，它同资本主义的报纸有本质的区别。"这一段话，说得太噜苏了，有些地方，似乎有些绝对化。比如，作为广告形式之一的商品陈列，如何会是欺骗愚弄群众的手段呢？再如，我们社会主义报纸，不也刊登整版的广告么？我看，"本质的区别"，在于是否实事求是，有没有弄虚作假。"少量"和"大量"还是其次。

垄断资本集团利用广告作为控制新闻机构的方式之一，则是千真万确的；而且，够不上是垄断性的资本主义，也千方百计通过广告，来影响报纸，这样的例子，在旧中国也举不胜举。我想扼要谈谈我所感受过的一些情况。

在天津《大公报》时期，我没有感到广告的严重"威胁"，报纸日出三张左右，广告和新闻保持一定的比例。在这样、那样的广告该不该登？安排在什么地位？报馆方面还操着主动权，不是被广告户牵着鼻子走的。比如，第一、第二版是所谓封面广告（取费高一些），但一定划出第二版的左下角的大块地位，刊登社评。第三、第四两版，是完整的两块要闻版，是"雷打不动"的，广告户无论出多少钱，也休想在这里占一席地。后面的各版，广告和新闻，也基本上保持"各守疆土""互不侵犯"，有的是全版广告，有的是各占一半，新闻总占上半版。新闻版面上，也偶尔放一两条广告，只放在左面，即不破坏版面的完整性，也不妨害新闻标题。有些可疑的广告，如"滋阴补阳""五淋白浊""专割包皮"以及"邮购珍贵照片"等等，版面上是绝无仅有的。

一九三六年《大公报》上海版出版之初，广告奇少。听说上海的广告，大部操于广告社之手，它们对《大公报》采取观望态度，也可以说是抵制态度，连电影广告也寥寥可数，更不说戏院广告了。主要靠一些文化用品、新书出版和学校广告支撑场面；其他一些广告，多半是靠原国闻通信社的代办部（一向经理天津《大公报》的上海业务）一点老关系拉来的。读者要从报上看当天哪个电影院放映什么片子、戏院上演什么节目，怎么办呢？义务刊载一个节目表来解决。

后来，由于发行的数字不断上涨，广告的局面也不断打开，虽然广告社还保持着半抵制态度，但客户指定要登，它们也只好送来了。

但是，"有一利必有一弊"，麻烦也跟着来了。除三、四版要闻还能保持完整，几个周刊如"文艺"等还维持一定的地位外，其他各版，就"朝不保夕"，不知今天还能保留多少地位。越是受读者欢迎的版面，越受"侵犯"和"进攻"，因为有些客户的广告，要指明登这一版的。

泛观上海其他各大报，特别是标榜发行最广的《新闻报》，广告就更加泛滥，有时会把新闻地位挤成一小块，或者夹成一条小弄堂，而且花样翻新，广告千奇百怪。有的，在版面中央登一块广告，而四面都补上新闻。三十年代的读者可能还记得，当时上海某些报上，曾不止一次刊登过这样的广告："乌鸡白凤丸"五个大字，像楼梯形地从左上角直到右下角。其余的地位，则以新闻"填充"。试问，这样的版面，如何能编得好？有经验的报纸编辑，常常把编好一个版面，比作办好一桌筵席，要大盆、小盘，甜酸苦辣，搭配整齐，色香味俱全，让"顾客"大快朵颐。试问，在这支离破碎的"桌面"上，如何办出一席像样的肴菜呢？

据说，当时广告商有一种术语，最突出的广告要"四面靠水"（四面登新闻），其次是"一面靠山、三面靠水"，这样，广告可以加倍收费，如果一点也靠不到"水"的广告，收费就要打折扣。像"乌鸡白凤丸"这样字字四面靠"水"的广告，如何纳费，就不得而知了。

《大公报》虽然这类广告绝无仅有，但本市新闻及教育新闻栏，越来越多地出现并非记者写的"新闻"，绝大多数是为某种商品宣传的。据说，这些全是某广告社或广告商送来的，一定要登出，否则，下次广告就不好"揽"了。

在旧中国，有两类中间商，不费任何本钱，"剥削"最多，而且还受到"被剥削者"的趋奉，被目为衣食父母，一是广告商、广告社，二是望平街的报贩头子。在一般情况下，广告社送来的广告，报社至多按七折收费，那就是说，他们不劳而获三成广告费；那些新开的或者销路不广的报纸，广告商或广告社还要压低折扣，有的甚至报馆只能收到一半，还可能累月拖欠，或者支付期票，那在通货不断膨胀，物价瞬息万变的时候，不啻再打个大大的折扣。

广告商不仅要求报纸刊载近于义务宣传的新闻，还进一步间接控制报纸的一部分版面。比如，在三十年代，上海各大报都增出"本市增刊"（不送外埠订户），《新闻报》有时每天增出四五大张。这种本市增刊，可以说绝大部分是广告和与广告有关的副刊、"附刊"等。

上海《大公报》在立住了脚跟后，也日出一张本市增刊，那是由广告课直接掌握的，编辑部根本不能过问，只是过目一下大样而已。它有两个副刊，一个取名"大公俱乐部"，专门登一些低级趣味的主要是吹捧戏剧演员的短文。一个取名"影剧附刊"吧，记不清楚了，则主要是报道影坛近况及评介新影片的。前者的编辑是"鸳鸯蝴蝶派"的老将冯叔鸾，笔名"马二先生"，后者则由当时的电影演员兼影评家唐纳主编。他们就是由广告课主任敦聘来的，大概总经过总经理胡政之点过头吧，但和其他编辑，仿佛风马牛不相及。唐纳和我，后来成为很要好的朋友，在《文汇报》沪、港版，曾先后合作过一段相当长的时期，直到他离港赴美。

但是，在《大公报》本市增刊时期，我们却没有交谈过一次，他们（包括马二先生和他们的助手），总是上午来发稿，下午我们上班时，他们多半已看好大样，默默地离去了。

可以说，当时报馆的领导系统，实质上是广告课（接受广告社和广告商的控制）领导经理部，经理部领导编辑部。这种情况，虽一向标榜"文人办报"（胡政之强调经理部要为编辑工作服务，鉴于上海各报的本末倒置，他一直把年老而资历深的编辑干部，调到经理部当经理，在津、沪及以后的汉口、重庆、香港、桂林各馆都是如此）的《大公报》，也免不了受这个"冲击"。造成这种局面的原因，后面再试做分析。

就我个人来说，受到广告"冲击"的亲身经历，例子也不少。

一九三八年我主持刚创刊的《文汇报》编辑部，鉴于在《大公报》时吃过广告的"苦头"，事先曾与严宝礼兄"约法三章"：一、不得刊载荒诞、反动、有损报格的广告；二、新闻版右上角不得刊载广告（影响标题和版面），广告地位也不要超过二分之一版面；三、不得刊登三面、四面"靠水"之类的广告。否则，我有权将其划去，严慨然答应了。

开始时，广告课很能遵守，等到发行日益猛涨，广告"水涨船高"的时候，就天天和广告课打交道；每晚上班时，广告课总把广告样送来了，我看到有"违章"的，就提笔加以抹去。有些被抹去的广告，是广告课答应或受托第二天一定要见报的，见此情况，往往把副经理兼广告课主任胡雄飞搬来，要求我一定笔下留情，他信誓旦旦，说"只此一次，下不为例"，而第二天又破例了。于是，有一次严宝礼亲自出马，宴请各广告公司的经理，坚邀我参加。席间，这些公司经理们，对我说了些"久仰"的恭维话，也说了些"请多多照顾"这类的话。尽管这样，我看他们对严宝礼和胡雄飞还是两眼朝天，一脸傲气，仿佛倒是他们赏饭给《文汇报》的人吃的。

严宝礼的这种甘苦，我后来自己也尝着了。香港《文汇报》于一九四八年九月创刊，预定重要干部还是上海的老班子，但是，严宝礼像是生长在淡水里的鱼，不愿离开上海，也可能是经济支绌，这副担子不好挑的缘故罢，于是总经理一职，也暂时落在我的肩上。等到出版不到半个月，购存的一点白报纸快用完了，现金周转捉襟见肘，一个负责具体工作的副经理也不告而别回上海了。我这个从无管理经验的人，是真正"抓瞎"了。白天开门八件事（加上白报纸），晚上还要编报、写稿，一般每天只能睡四五个小时，辛苦不必说，苦于每天"过大年三十夜"，真是今天不知明天的"米"（白报纸）在哪里。广告课主任是严宝礼托他在港的一位姓阮的朋友介绍来的，连同带来的几个广告员，看来，对"拉"广告颇有点门径，创刊之初，广告很热闹，以后销数直线上升，一个多月以后，突破了二万五千份的大关，在香港的进步报纸中，遥遥领先，比之其他报纸，也算是畅销的了。不用说，广告也多了，但广告费收入，就是七零八落，收进不了多少。那位广告主任，天天花天酒地，出入酒楼舞榭，说是为了应酬客户，把广告费挪用不交，而我这个百无一用的书生呢，只能用大一分（每元每月利息一角）去借款应急。在这极度困难中，幸有李一平、张建良几位朋友极力帮忙，马季良兄不仅在编辑工作中是一位好助手，在筹划经营上，也给我分劳分忧，从上海《文汇报》创刊初期就和我长期共事的余鸿翔兄，更多方代我筹划，并在他的同乡中，征集到一些新股东，这才勉强渡过难关，使这先天不足的初生婴孩，不致夭折。

回头再讲到上海办报。广告商不仅费尽心机，想出许多刁钻促狭的花样，不惜破坏版面，来突出他们的广告，也不仅要报馆额外在新闻上给他代表的商品做宣传，甚至帮他们欺骗读者。当时的广告大户是西药业。据说，一瓶售价一元的西药，一般成本只有两角，五角用于广告宣传，三角则为批发及纯利。如"人造自来血"之类，几乎全靠广告上的"噱头"欺骗谋利。经管这类广告的广告社，就借此要挟报社，揭穿这些药品黑幕的文章自然不准登，而且还在别的事上多所"请托"。

在这方面，我也有一个亲身经历，"可见一斑"。

大约在一九三八年冬，有一次我看到英文《大美晚报》登载一条消息，说沪西"歹土"（租界的越界筑路区，当时，敌伪及流氓横行，工部局无法控制）破获了一个大赌窟，我派一个记者去实地调查，详细写一篇稿子。当天晚上，我看大样疏忽了，第二天打开本市新闻版，遍觅不见这个报道，问那位外勤，说是写了，没有被采用。追问本市新闻编辑（许君远），先是支吾其词，最后才说，是某广告社电嘱不要登。

我气极了，说："难道他们的电话是圣旨，你这样听话！？"他被我追问急了，只得承认，这个广告社曾通过《文汇报》一个董事，每月送给他五十元。我问："已几个月？""三个月。""那末，你赶快全部还给这位董事，如果钱不够，我设法借给你。"这个同事，也在《大公报》工作过，所以能和我做此率直的谈话。

他也果然去退了这笔钱。事后，他觉得很对不起我，不久就辞职去香港《大公报》工作，而这位董事，原是分工联系编辑部工作的，平时，如稿费何时发出等，都由他签字交会计课。从此以后，他也不好意思再来了。等于是我把他赶走的。

从这个例子，可以看出，广告社的"魔力"多么大，它会管到广告以外的事，甚至让一张抗日的报纸，不登揭露日伪及其爪牙的丑行，何等神通广大！如果报纸当局不警惕，不也要落入他们控制的罗网么？

过去，有些人责怪报纸在刊登罢工等劳资纠纷时，总站在资本家一边，抹杀事实，污蔑工人。这在很大程度上，是由于报馆当局的立场、观点；但在客观上，也和广告很有关系。比如，一家药厂是广告的大户，一旦发生工潮，由工厂通过广告社，再由电话关照报社的广告课，再由经理部通知编辑部，工人们的声音和工潮真相，如何能在报上反映出来？

资本集团通过广告影响或控制报纸，在旧中国，还有两个特殊因素：一是文盲多，读者的购买力弱；二是工业落后，自己基本上不能生产白报纸。说是基本上，是因为三十年代中期，已在温州、嘉兴等处创办了造纸厂，但产量极少，有些原料如纸浆等还需进口。

由于第一个原因，定价不能高，读者少，报馆很难自给自足。第二个原因，决定了报业对资本的寄生性。而有些根基较深、历史较久的报纸（特别在上海），就利用这些因素，压抑后起的同业，造成垄断的局面。

上面已经谈过，我只在一九四八年到一九四九年间，才在香港《文汇报》兼管经营管理工作，在解放以前的白报纸价格，谈不出具体数字，但有粗粗的印象，一张对开的白报纸，报馆的成本大约是七厘到一分之间。以日出三张（当时上海大报的起码张数）计算，成本要二分一厘到三分。《新闻报》和《申报》则连同本市增刊，日出八至九张（节日增加至十余张）。每份的定价是三分六厘，批发给报贩头子，按六五折计算，实收只有两分一厘多，加上油墨和机器折旧，卖出一份报，就要亏损几厘到六七分，还不计房屋设备职工开支。

如何弥补呢？只有靠广告收入。所以广告就成为报馆的命脉，广告户变成了报馆的"衣食父母"。也可以这样说，报馆从市场里吸取了大量资金（主要是广告费），而绝大部分流出国外，去订购白报纸，只有少量用于职工薪金及积累。因此，职工待遇一般极微薄，也只有极少数的报馆能够赖营业自给，更少的有盈余。

在这样的情况下，在上海要新创立一家报纸，当然不可能有很多广告，每日出版三张，已经要赔钱，而《申报》《新闻报》张数多，内容又五花八门，一个月的旧报纸，卖给收旧货的，就可以收回三四角钱。除非独具慧眼，谁愿意订阅你这新出的报呢？如果你也加强竞争，试问你有多少资金赔下去？

何况，广告社、派报公会（实际操纵于流氓把头之手）又大都与几家大报有千丝万缕的关系。

这也可以说明，从清末以来，上海曾有过一些有声有色，很受有识之士欢迎、赞赏的报纸，如《苏报》《民立报》《时务报》《神州日报》以及后来邹韬奋的《生活日报》等，都曾风行一时，不久便销声匿迹。除政治的压力外，基本的原因就在此。这些，上篇都已谈过，再加阐述，以说明在旧时代，广告与新闻的关系。

下笔应有神

——谈谈新闻标题

　　以前有人说，把题目写得好，就等于把半篇文章写好了。这是极言题目的重要性。题目，顾名思义，像人的眼睛一样，题目写得好，就像画龙点睛一样。写文章的目的，是要发表意见、阐明观点，和读者交流思想。如果题目平淡、晦涩、公式化、概念化，那就吸引不了人，文章写得再好，也不会收到应有的效果。

　　记得在袁世凯称帝以前，他的中外帮闲文人如筹安会六君子及古德诺、有贺长雄之流，掀起了所谓国体问题的讨论，为袁的窃国称帝制造舆论。梁启超撰文驳斥，题目叫《异哉！所谓国体问题者》，轰动中外，给了这些丑类以沉重的打击。现在，已时隔六十多年，文章的内容，已记不清楚了，而这个虎虎有生气的题目，却还深深地印在一些老年人的脑海里。可见，一个鲜明、准确、生动的题目，会使文章生色，增加它的力量。

新闻标题，尤其是这样。一条重要的新闻，如果题目标得不好，会使读者轻轻放过。"四人帮"横行时期的报纸，满纸都是"高举毛泽东思想伟大红旗，狠批反动的极右路线""在毛主席的思想照耀下，生产一片大好形势"，千篇一律，千题一式，年年如此，天天如此，使人一看就头昏脑胀，抛作废纸。

三年多来，拨乱反正，报纸已面目一新。前些日子，有两个标题给我的印象很深刻。一个是报道为马寅初先生的新人口论平反的消息，题目是《错批一人，误增三亿》。另一个是报道我国体育战线人才辈出，成绩猛进的新闻，标题也是八个大字：《冲出亚洲，面向世界》。既概括，又鲜明，真可谓掷地有金石声。这样的题目，实际上起了一篇评论的作用。

新闻标题，首先要注意概括性。要以尽可能简练的一句话，概括说明这条新闻的主要内容和实质。必要的时候，用副题加以补充。眉题，有的是主题的一部分，如：

第五届全国人民代表大会
二次会议昨隆重开幕

有时，是说明当时的气氛和环境。如：

越南战火威胁泰国安全
东盟五国首脑紧急磋商

主题一定要简洁、扼要，使读者一看就知道这条新闻的主要内容是什么。因此，编者要紧紧抓住它的重点。比如，联合国大会开会，开列了不少议题，而读者所最关心的，是越南侵柬问题，则主题似应标出：

联合国大会即将开幕
将讨论越南侵柬问题

反右以后，有些报纸的编辑，怕犯错误，唯恐标题写得不全面，被说成是"资产阶级新闻观点"。因此，标题越来越冗长。到"文化大革命"时期，更变本加厉，有些重要会议的新闻，标题的字数，几乎和新闻的字数相等。有些甚至并非重要会议的新闻，对于参加会议的"要人"，也要一个不漏地全在标题里开列进去，好像这也是一种政治待遇。这只能说明他们的低能和无知。他们把新闻和政府公告，完全等同起来了。

其次，要注意政治倾向性和客观性的结合。这一点，写新闻和标题都不应忽视。报纸，总有它一定的政治立场、观点。西方报纸崇尚的客观主义，我们也不应反对客观主义，我们也应该重视新闻的客观性。如实地反映事实，加一定的分析或判断。撰写新闻，不应离开事实，空发议论。标题也不应离开新闻报道，外加一些主观臆造的东西。"十年浩劫"时期的报纸，几乎经常在标题中加上一些套语，使读者一看就起催眠的作用。

在解放前，一个好的标题，可以发挥评论所不能发挥的战斗作用。比如，在一九四六年下半年，蒋介石已经发动了全面内战，为了迷惑人民，逃避内战的责任，由雷震、洪兰友等出面，拉拢所谓第三方面人士，发动所谓重开和谈。一些御用报纸和伪装中立的报纸，也帮着制造空气，仿佛和平就要实现了。他们险恶的用心，就在于欺骗人民并推卸责任。当他们正锣鼓喧天的时候，当时《文汇报》了解了他们的阴谋和蒋介石暗中的军事部署，如实地加以揭露，标题是《内战还打下去》六个大字。自然，南京政府极为震怒。一般读者则因此明白了时局真相。当晚我们的驻南京记者在电话中说，周公（周恩来）对此极为赞赏。

哪怕是一个小标题，有时也可以发挥战斗作用。有一次，我们的编辑把一条中央社的稿件扔入纸篓里，我捡起一看，原来是国民党军方人员公祭军统特务头子戴笠的消息。我把它加了一个标题《戴笠精神不死！》照发下去，并把它拼在国民党压制工潮和绑架学生等新闻旁边。国民党官员们看了，也只能啼笑不得。

当时的进步报纸，这类的例子可说是举不胜举。只是我手边没有资料，只能随便想一两条亲身经历的例子，说明标题的战斗作用，好的标题是可以"化腐朽为神奇"的。

标题还要炼字炼句，挑选最恰当的词，尽可能用最简短的字数，以概括说明新闻的内容。迟疑、犹豫、徘徊，这几个词，只有细微的差别，用哪个最为恰当，这就要细心挑选。有时，还要注意声韵平仄，使标题能琅琅上口，给读者更深刻的印象。如上面所引的"错批一人，误增三亿"这个标题，就首先需要编者对这条新闻所涉及的人和问题有一定的认识，了解当时事件演变的经过及其影响。其次，也要有一定的文字水平，才能炼出这八个字的标题来。特别是有些重大而复杂的新闻，很不容易用几个字加以说明，有时需要用一个抽象的题目，概括全貌和实质，然后以副题补充必要的具体内容。举一个旧报纸的例子来说明。一九二八年蒋介石和桂系开始产生矛盾，发端于双方争夺湖南的地盘，后来，桂系以重兵压境企图攫取武汉，终于爆发了蒋桂战争。当湖南冲突开始扩大的时候，一般读者还看不清时局的趋势，以为只是局部的小纠纷。当时，天津《大公报》的大标题是《洞庭潮掀起大江潮》，把当时的形势、气氛以及发展趋势扼要地说明了。这首先要了解全局形势及其内幕，才能做到这样高度的概括。而炼出这铿锵有力的八个大字，像诗句一样扣人心弦，这就需要编者有高度的文学素养。这个标题是张季鸾先生标的，他当时似乎信手拈来，毫不费力。而几十年来，一直印在我的脑海里，认为这是我生平看到的少数极吸引人的好标题之一。张季鸾先生在近代新闻史上，不论编辑、采访、写作，都有创造性，这是可以肯定的。

　　像我这样学、养都不够的人，当编辑，特别是在必须标抽象的、高度概括的题目的时候（当时，《大公报》有一个制度，主要标题一定要留给总编辑亲自标写。以后《文汇报》也这样做，我以为这制度很必要，因为特别是主要标题，政治倾向性最强，带有评议的成分最多，和社论一样，是代表报纸的立场、态度的）就很吃力，但必须写出来，有时为了一字未妥，而"绕室彷徨"，等到"搜索枯肠"，反而得之，那时内心的喜悦，也是别人所不能想象的。

新闻标题，既然是题"目"，总应该起到目的作用，一目了然，最好能炯炯有神，这样才能更好地发挥报纸的作用。如果版面眉目不清，标题含含糊糊，或者像记账一样，那就难怪读者看了打瞌睡了。

解放以后，报纸的标题力求全面，偏于冗长。有时候主题一行标不下，就转成两行甚至三行。这还叫什么题目呢？我以为，除极重要的会议公报外，一般新闻，总应力求概括、简短。简短和全面并不矛盾，问题在于编辑开动脑筋，很好地加以概括。

往往有这种情况，因为字数多，该标大号字的，只能小一号字标出，这就使应该突出的新闻，淹没在版面里了。

顺便谈谈，我以为目前报纸的分栏，似乎太大，栏距大了，编者势必要凑足字数，更不需在精炼上用功夫了。这不利于标题的扼要醒目，也不利于登载简短的新闻。为了使报纸生动活泼，简短、醒目，除了在编辑技巧及文风上花些气力以外，我的管见，把目前每版的四栏、五栏，改为六栏甚至七栏，会有利于文章、新闻标题写得短些，再短些。

社会新闻与流氓帮会

　　社会新闻，顾名思义，是社会生活中新发生的事。如火警、抢劫以及有关社会治安、环境卫生、交通事故，等等。社会上发生的新气象、新事物，如集体结婚、菜场新风、爱护公共财物，等等，也应是社会新闻的范围。这类的事有时会是大量的，报纸只能也只应选择重大的或有典型性质的，加以采访、报道，以引起社会的重视，从而设法提倡、鼓励或采取消弭、预防的措施。

　　但在过去，提起社会新闻，好像就是绑票、拐骗、奸杀、争夺遗产、涉讼等所谓黑幕新闻，甚至是那些个人阴谋、荒诞、黄色的新闻。有些报纸，就以刊载这种新闻来招徕读者。

　　二十年代，什么《莲英惊梦》《黄慧如与陆根荣》等"文明京戏"，就是根据报纸连篇累牍刊载的这些"轰动一时"的社会新闻改编的。

　　有些这类的新闻，为了维护社会道德风尚，或者为了不妨害治安司法机关的工作，不应纯客观地如实报道。这是报纸所应注意的新闻道德的一个方面。

但是，在过去的有些报纸，不仅不注意这些，而且和这些背道而驰，使出各种伎俩，以达其各种罪恶目的。

他们的下流行径，大约有以下几个方面：

一是添枝加叶。他们对于那些离婚案，奸杀案以及所谓三角恋爱、婚变案等等，最感兴趣，在绘影绘声的报道以外，还"加油加酱"，添上不少细节的描述。使读者如看诲淫诲盗的小说。应该说，他们加的不是"油"和"酱"，而是毒汁，是砒霜。

不仅在情节上，而且在用字上也往往加上不少恶毒的形容词，正如鲁迅当时所指斥的"一遇到女人，可就要发挥才藻了，不是'徐娘半老，风韵犹存'，就是'豆蔻年华，玲珑可爱'。一个女孩儿跑掉了，私奔或被诱还不可知，才子就断定说'小姑独宿，不惯无郎'，你怎么知道？一个村妇再醮了几回，原是穷乡僻壤的常事，一到才子的笔下，就又赐以大字题目道'奇淫不减武则天'。这程度你又怎么知道？"

他们这种毒笔，大概都加于无拳无勇的小市民以及被侮辱被损害的妓女、舞女等人。

对于那些有名但无权力、地位的演员等等，如果发生了涉讼或一般纠纷，他们出于迎合社会心理、推广报纸或者为了敲诈不遂，会捕风捉影，加上些不少恶毒的描述，事情还没有搞清楚，报纸先加上了倾向性甚至结论性的评语。使得被害者先在声誉上破了产，百口莫辩。阮玲玉在自杀前，沉痛地说"人言可畏"。这种可畏的人言，实际就是那些社会新闻的记者和编辑一手制造的。

二是捏造。在大都市，特别是十里洋场的旧上海，凶杀、奸淫等事件自然不断发生；但是，未必每天会有"轰动"的社会新闻。而有些以此为号召的报纸，每天准备了整版或几版的篇幅，刊载这些新闻，一个时期的上海《时报》，还天天要以大块红字加以标题，怎么办呢？

他们就索性向壁虚构，凭空捏造。听说，《时报》当时有不少"独家新闻"，写的都有名有姓，实际全是向壁虚构的，地址呢？他们登载出来的地名，或者是这条马路根本没有这个门牌，或者说是某号的四层楼，而这幢房子却只有两层。鲁迅说《社会新闻》曾刊载一则消息，说他打算赴南京。这当然纯是捏造，而且是完全恶意的捏造。

三是诬陷。社会新闻的来源，大抵来自法院、警察局（租界的巡捕房"包打听"）和救火会。所以，报馆对这些线索，每月都要送一些津贴，有事打一个电话。这些跑社会新闻的记者，或者出于无知，而主要恐怕是敲诈不遂，把一个嫌疑犯写成一个凶犯，甚至在"法院旁听记"中，也带一些构陷或暗示性的语气，使被害者在报纸上先"判"了罪。对于民事案件，如争夺遗产案、离婚案等，记者或受了有力者的嘱托，或受到一方的贿赂，在报道中，偏袒一边而诬蔑另一边。

最后是告密刺探。这大抵是当时官方鹰犬办的报纸搞的。比如，三十年代，有《社会新闻》等一两家报纸，专门刊载所谓文坛消息和文坛内幕这类的"新闻"，说某某进步文化人经常出入某咖啡馆，说某某人将转向等等。完全是凭空捏造，目的显然是向当局告密，或意在刺探。这些，鲁迅的杂文中，有不少处加以揭斥。这些小报，实际是参加文化围剿的一员。当时的狄克之流，其实也是其中的一名小卒。所以在"文化大革命"中，他们还袭用这个故技，用点名或不点名的方式，凭空捏造一个罪名，先在报上发表，并加以"批判"，来陷害正直的知识分子和老干部。

在抗战胜利以后，我也曾两次尝过这类告密的苦头。一次是《文汇报》被反动当局查封后，曾与叶元合作，另外创办一个报纸。叶元有一个《国民午报》的执照，决定由他出面任社长，编辑部请《文汇报》的旧人朱云光任总编辑，我和宦乡等暗中主持。一切都筹备就绪了，不想在预定出版的前一天，一家小报刊出一个"花边新闻"，大意说，《国民午报》即将创刊，闻该报为一进步报纸，徐铸成实为后台的主持人云。于是，市长吴国桢就"据此"下令，不许出版，并吊销了《国民午报》的执照。另一次是1948年春，我秘密赴港，了解情况，看看《文汇报》有没有在港出版的可能。回沪后，正加紧暗中筹备，一家小报又登出一段消息，说我曾秘密赴港，筹备《文汇报》在港出版，已引起当局注意，并通知码头、机场军警，如再发现，即相机扣留云云。显然，这类小报，就像豪绅恶霸豢养的狼狗一样，听到一点动静，就吠吠嗥叫，向他们的主人通风报信，择人而噬。

以上这四种行径，不过是大体的分述，实际也不易严格划分，有时，是两种或几种手法一起施用的。

无论是哪一种，即使用"六法观点"来衡量，也都是犯法的，是法律所不许可的。但那时，当政者和他们是一气的。

特别在上海这个流氓世界，法院、巡捕房、警察局和流氓势力，与这些写社会新闻的记者都串通一气，相互利用。

"十年浩劫"以前，我曾参加文史资料的征稿工作，曾约请报界的几位"老上海"座谈解放前报界情况，据说，那时跑社会新闻的记者或编本市新闻的，大都"拜"过"老头子"，不入于黄（金荣），则入于杜（月笙），而且"黄门"与"杜门"的徒子徒孙，各在旅馆里开有"长房间"，听到一点新闻线索，他们就共同策划。或者是离婚事件，或者是什么主仆通奸事件，先起草了一个加油加醋的"新闻"稿，推一个适当的人去找当事人。说是有人写了这个稿子，"你看要不要发表？"这类当事人，大抵是社会的头面人物，当然"家丑不可外扬"，于是，讨价还价，一方拿出一大笔钱，一方保证永不见任何报纸。这样，就在"长房间"里朋分赃款，自然，一大部分要"孝敬"杜月笙或黄金荣，其余则按出力多少分赃。必要时，"杜门"的也要分一部分给"黄门"；如对方不就范，则由"老头子"出面交涉。巡捕房、法院等方面，自然也由"老头子"去打"招呼"。

《大公报》以知识界和上层分子作为读者对象的，一向不以社会新闻为号召，也拒登那些"五淋白浊"这类的广告，记得在天津时期，只连篇累牍刊载过北平记者采访的有关赛金花晚年生活的报道。但即使这样，当时的采访主任，就和法租界的包探头子有各种联系。后来，还变成天津的帮会头子，解放后被举发、镇压。而上海馆，虽然在抗战以前只出版了两年不到，几个外勤记者中，后来查明，至少有两人是与帮会有关系的。

从西安事变到"八一三"

　　有经验的新闻记者，总把一些有历史意义的日子牢记在脑子里，不管是现代的还是古代的，中国的还是外国的，以免谈今论古时临时费功夫去翻阅书报。

　　可是，在旧中国，内忧外患，"多事之秋"，这样的日子实在太多，有时还不免重叠。比如，十二月廿五那天，是一九一五年蔡锷等在云南宣布讨伐袁世凯的护国纪念日（所谓"云鸡一唱天下白"）。而二十年后的那一天，又恰是西安事变解决，张学良把蒋介石释放的日子。

　　蒋被捉是在那月的十二日（那一天，和某些历史事件也重叠了），那天深夜接到消息时，张季鸾很激动，赶写了一篇"劝告"张、杨勿"意气用事"，要"以国事为重"的社评。以后几天，就听说南京方面分为两派，一派是亲日分子，主张明令讨伐，甚至不惜派飞机到西安狂炸。他们是想趁火打劫，借此篡夺大权。突出的代表，一是当时的军政部长何应钦，立即派军向西安包围。另一个是汪精卫，闻讯急急由欧洲赶回；另一派以蒋的亲属宋美龄、宋子文等为首的亲英美派，主张以救蒋为重，勿失之操切。以当时的报纸而论，程中行（沧波）任总编辑的《中央日报》和《大公报》态度判然，分别代表这两种主张。所以，张季鸾随后一连写了几篇社评，其中有一篇是恳劝张、杨"悬崖勒马"的，宋美龄还指派飞机，带了几万份《大公报》到西安上空散发。

蒋被释放的消息传到上海，鞭炮声响彻全市，当然，大都是所谓"党政机关"和御用团体放的，我也的确看到有不少小市民，手提着一小串鞭炮在燃放。这也难怪，人们的认识，总有一个过程的。比如，抗战胜利后，我于一九四五年的九月初从重庆回到上海，严宝礼兄在南京路的新雅酒店请我吃饭，对面新新公司（今食品商店）悬挂着蒋的大照片，四周镶以彩色电灯，还悬着一条长达两三层楼的红布标语"热烈欢迎劳苦功高的蒋委员长"。因为那时沦陷区的一般群众，只受够敌伪的欺压，不明白抗战的曲折过程。而时隔不到四年，我于一九四九年五月二十日从丹阳回到刚解放的上海（苏州河以北尚未解放），当晚严兄仍在新雅欢宴，对面大厦上悬挂的大幅标语，却赫然是"解放全中国，活捉蒋介石"十个大字，挂在同一个地方。

再说那年西安事变解决后，张季鸾得意极了，蒋回到南京后，他曾专程去南京慰问，大受蒋的礼遇。听说，程沧波也随班去谒见，敬问"总裁好"，蒋冷冷地回答："有些人希望我死，我是回来了。"程面红耳赤，唯唯而退。

张喜欢听恭维话，希望人家夸赞他的文章写得好，为了这个（至少我是这样认为的），他去南京后，还特地到北平和西安等地兜了一大圈，离职达半月之久。

西安事变后，尽管国民党竭力否认蒋曾接受条件（曾大量散发的《西安半月记》，刊载蒋离西安回洛阳时由陈布雷临时编撰的《对张、杨两将军训话》等文章），并继续宣传反共，强调蒋的什么"坚定态度"，但政治空气毕竟逐渐改变了，特别是国民党召开三中全会通过"根绝赤祸"案以后，明眼人已觉察国共第二次合作、联合抗日的局面终将出现。张季鸾、胡政之的政治嗅觉是相当灵敏的，他们暗中筹算如何适应即将出现的新局面。他们应变的方策之一是，不顾国民党方面一再制止，连续刊出长江的《西北访问记》，首次在国民党区透露陕甘宁边区的情况。之二是把原来的采访部主任调开，连电促长江回到上海，继任此职，并通过长江，开始想和共产党在上海的秘密代表及进步人士接触。

日本军阀也是敏感的，他们意识到西安事变以后，中国人民的抗日气氛日益高涨，蒋介石终将放弃对日忍让的政策。于是，他们稍稍改变了姿态，装出愿意和谈的样子，派川越茂为大使，不断和"宁国府"外长张群谈判，一段时间，我几乎天天要做"张、川越谈判"的标题，真是够腻了，因为新闻的内容，总是日方坚持"广田三原则"，张群则不表示明确的反对态度，谈判日复一日唱老调。从南京打来的电报，天天重复这套老调。在此期间，日方极力在华北搞所谓"密输"，在陆海军的掩护下，把大量日货，不纳税，不经海关检查，走私涌入中国。另外，在各地故意制造事端，压中国当局就范。其中最突出的，是"藏本失踪案"的一幕闹剧。

一天，日方宣称它的大使馆副领事官藏本英明忽然失踪了，暗示是被中国谋害了，要中国政府负完全责任，于是南京政府下令四出寻找，惶惶不可终日，而日方则调集军舰，声称准备撤侨，磨刀霍霍，像是就要动手了。吵闹了五六天，正当"山雨欲来风满楼"的时候，一天深夜，接到南京电话，说藏本已找着了，他活着自动出现了。原来，他是一个干了多年的外交官，眼看后辈一个个爬上去，自己屈沉下僚，因而厌世，独自跑出南京城，登上钟山，在一个人迹不到的小山洞里藏身，准备饿死。他不知道"山中方×日"，外面为他闹得沸反盈庭，而他饿了还不到七天，实在受不了，忽萌求生之想，偷偷爬下了山，到中山陵管理部门找水喝并寻食物充饥。管理处的工人看到这个狼吞虎咽的饿汉，很像是在布告上见过的，一面张罗他，一面暗下向警方报告。这样，一天乌云才吹入汪洋大海。记得此消息传来的那晚，张季鸾曾赶写一则短评，大意说，钟山常有饿狼出入，幸好它们也有爱国心，忍饿而没有把他吞噬，否则，中国将百口莫辩了。

这个闹剧的收场是，日方宣称藏本神经衰弱，有分裂症征象，把他押解回国。回去后的下场，再无下文，但也可想而知。

七七事变发生后，上海市民虽然对日阀的野蛮侵略十分悲愤，却没有一点"大祸临头"的恐惧情绪，反而觉得要来的事情终于来到了，而因驻军的奋起抵抗，感到像搬走了久压在心头的石块一样轻松，希望当局早日对日宣战。而蒋、汪召开的庐山会议传来的消息，依然是"和平未到最后绝望，决不放弃和平"之类的言辞。眼看着敌军占领平津，一步步向西、向南伸出魔爪。

八月初，发生了虹桥机场事件，日方说两名士兵被打死，向中国政府提出严重抗议。于是闸北、南市的居民纷纷向租界搬家。终于爆发了"八一三"事变，掀开全面抗战的序幕。

战争开始在北站、天通庵、江湾等地激烈进行，以后，我军指挥的重点分别在江湾、沪西、浦东三处，而新任命的京沪警备总司令张治中则在远离前线的总部指挥。《大公报》由长江日夜住在江湾前线，其他两处则由杨纪等负责在前线司令部采访。一到晚上，他们就纷纷打来电话，报告一天的战况，我们总要等到深晚一二时接到最后消息时才截稿。

那时，上海各大报，包括原来一天连本市附刊要出七八张的《新闻报》，从"八一四"起，都改缩为一张半，因为炮声一响，工商界暂时都不需登广告了，娱乐场所也大部停业，各地方的新闻来源也断了。

上海租界的居民，有过"一·二八"淞沪抗战的经验，踊跃支援前线，慰劳品、救护队不断送上去，组织得井井有条。当时的士气，真像烧开的水，冒出腾腾热气。

大家日夜凝神倾听四周的炮声，而特别注视天空。因为战事一开始，不仅看到编队的敌空军在闸北、浦东上空轰炸，并有大批飞往南京空袭；而且"八一三"当晚，就有中国飞机首次飞临黄浦江上空，轰炸日舰的消息，这是从来没有的事，给人们带来新的希望，新的幻想。

第二天，白天也出现了飞机。那天下午，我正在赶写《国闻周报》战时特刊的稿子；忽然听说中国飞机又来了，正和敌机遭遇，发生空战，我立即停下笔，跟着同事们上四楼平台观看。我们正看到浦东上空有几个黑点在云层中穿进穿出，有时还闪出一线火光时，忽然听到一阵呜呜声，一架飞机在头顶低空飞过，曳着一股黑烟。我仰视它飞过时，清楚看到有一个黑糊糊的东西落下，说时迟，那时快，一声震耳的巨响，几分钟后，外面人声鼎沸，说大世界被炸了！接着，我们回到编辑部，一位工人正在描述，说他正在东新桥附近买东西（《大公报》馆址在爱多亚路 [今延安东路]，山东路口以西"满庭芳"对面），目击炸弹落下，炸中了大世界的岗亭及附近地区，死伤的人不知其数，大世界游艺场则没有炸着。他说时，还气喘吁吁，带着一脸恐怖的神色。

晚上，外勤报告，被炸的区域已初步清理，抬走的死尸六七百具，估计连尸骨残碎的，死亡约有八百多，送进医院的轻重受伤者也有六百多。飞机是中国的，在空战中受了伤，向沪西慌忙飞去，而炸弹的挂钩也被打坏了。

蒋荫恩兄那年刚从燕京大学毕业，由该校新闻系主任力荐，来《大公报》任外事记者。那天，他乘坐汽车去沪西访问一个外国人，车子刚到大世界，就看到红灯；司机叫阿三，一向开车很鲁莽，他开足马力冲过去了（上海行话叫"抢红灯"）。刚到南京大戏院（今上海音乐厅）附近，只听到背后轰隆一声巨响，他们还不知发生了什么事，车子继续西驶。采访事毕回来，才知大世界发生的事。要是当时阿三迟疑一下，遵照交通规则停下来，那么，必然首当其冲，车子和人都会被炸飞上天。

蒋兄后来在香港、桂林同过事，密切合作。一九四二年下半年，应聘赴成都的燕大任新闻系主任。解放后，燕大停闭，转任北大新闻系主任，培育了不少人才。想不到抗战时九死一生中侥幸逃生的，在"十年浩劫"中被迫害致死了！

在大世界被炸后没两天，又听说先施公司被炸了。那是一枚不大的炮弹，大概是从浦东我军阵地发出，想越空轰炸闸北的敌军的，却半途落了下来，穿进先施公司，炸毁二三楼的一角，伤亡不大。

租界虽是"世外桃源"，此时也炮火横飞了。但租界人民绝无怨言，因为"吃"的都是中国自己的炸弹。

大世界被炸后，我们几乎每晚照例要上一堂"课"，总在我整理稿件，准备开始发稿的时候，虹口方面发出呜呜警报，大家从窗口东望，说是中国飞机又来了，接着是一阵高射炮声，过了大约十分钟，飞机飞走了。它们每次来，据说轰炸的目标，都是停在黄浦江苏州河口附近的"出云号"舰，它是日本第三舰队的旗舰，不过一千多吨罢，但似乎始终未被炸中。

而人们每天都传说它炸沉或受了致命的重伤。不仅如此，随着战事的失利，传说也日益五花八门，流传最多的是日本又发生大地震，再就是英、美决定起而干涉，日本经济势将崩溃等等。有一次，说是在吴淞口外，我空军炸沉了一艘敌主力舰"长门号"。后来查明，是误轰了路过的美国大邮船"胡佛总统"号。这些，都可以反映小市民的抗战热情，虽然每每带一点阿 Q 式的幻想。

"八一三"初期，还发生一件与新闻界沾点边的事。有一个叫黄秋岳的，曾长期担任北京《京报》的主笔，记得《国闻周报》经常刊载的"逸塘诗话"中，时常看到他和王揖唐、梁鸿志等相唱和的诗。大概也是一个"知日派"吧，被张群、高宗武等拉进了外交部当秘书。有一天，被逮捕而且立即以卖国罪枪决了。罪状是给敌方传递情报，泄露重要军事机密。据说，他把准备在镇江下游封锁江面的计划暗中告诉日方；因此，日方得以及早把汉口以下停泊的军舰驶出。他每天要到一家西餐馆就餐，入座前，先把帽子挂在衣帽架上，而总有一个不相识的人把他的帽子戴走，留下一顶同样颜色、同样大小的帽子。而纸条则夹在帽边里。他大概是"八一三"后正法的第一个知名汉奸。其余，敌机来时放信号、为敌方侦察情报的小汉奸，报上日有刊载。

以后，上海曾先后有汉奸被暗杀，如天主教的陆伯鸿，曾任总商会长的傅筱庵等，那是上海变成"孤岛"初期的事了。

大约在八月底，张季鸾即带着长江等离沪，去筹备出版汉口版，那时，天津版早停刊了，职工中的大部以及机器生财等都运往武汉，作为汉口版的班底。

不久，长江便赴鲁南等地前线，不仅自己撰写了许多生动、热情的战地通信，还发展了一批年轻的战地通信员，《大公报》上，就不断出现署名"秋江""小方""陆诒""英子"等的战地特约通信，报道各战场的战斗情况，很受广大读者的欢迎。

我那时的工作更紧张了，主编要闻版，由于抗战的变化和发展，要随时注意各路战局的情况，预先设计锌版地图和照片；另外《国闻周报》改为战时特刊后，每期除时事述评和大事记外，还要写一篇专文。

正在那时，我的慢性盲肠炎又加重发作了。这个病，种因于两年以前，那时我在汉口工作，我的唯一的女儿，在春节后忽发高烧，她刚满两足岁，经医生诊断，说是肺炎。那时，还没有盘尼西灵这样的特效药，虽然请了名医诊治，病一天天严重。最后几天，我怕听这可爱的孩子呻吟挣扎声，往往躲到小酒馆去麻醉自己，吃些难消化的冷食。女儿死去后，我的病也发作，只觉得胃部一阵阵剧痛，厉害时满头冒汗，自恃体质好，不去找医生，把热水袋压在腹部，也就过去。到上海后，大约隔个把月发作一次，热水袋失效了，每发，总放了一盆滚热的水，浑身泡在浴缸里，就慢慢地平复了。为此，还意外地受过一次罪。一九三六年来，我曾去雪窦山及宁波的天潼、育王游了三天，在饭馆里吃了半斤"宁酒"，归沪的途中，忽然又发作了，在船上一点办法没有，也难找到止痛的药片，十足折腾了一夜，回家后赶快烧水洗澡。

这一次发作，连洗澡也失效了，依然剧痛不止，只得去广慈医院挂急诊。一个法国大夫说，是慢性盲肠炎，已到了危险的程度，非立即动手术不可，否则就有溃烂变成腹膜炎的危险。他要我立即住院，并给一张"开刀"申请书，通知家属来签字（那时，"开刀"是一件大事，要由家属"具结"，死了，医院不负责任）。我想到战事如此紧张，工作也难找人接替，断然出院，每天还照常上班，工作时用热水袋压住阵痛。

杨历樵兄知道了我的病况，说《国闻周报》刚接到一位侨德的读者来信，说柏林医科大学得知中国张某某（名字可惜忘记了,只知道他曾任"国民政府"主席林森的医药顾问,不时应召赴京)医生能以中草药治好阑尾炎,不用手术,极为注意,拟派两人到中国学习。他劝我何不去试试?经调查,这位医生在蒲石路开了一个医院,名中西疗养院,每星期门诊三次。

我去就诊,门诊挂号每次五元,他用听筒等西医用具诊察,当然也方脉,说是可以吃药治好。一张药方吃两帖,每帖药要费五元以上,用大罐子煎熬,大钵头盛着喝。因为每味药起码一两,多至二三两。总之,先后换了五个药方,最后两次,还是由他儿子代诊的,病仿佛完全好了,而且饭量也大增,一共花了二百几十元,把一架心爱的照相机售给报馆,抵了欠支。以后,病一直没有重发过,大概受了鲁迅小说的影响,我是一向不大相信中医的。几年以后,我才相信自己的病是真正痊愈了。这一叠药方,我的妻子一直珍藏着,"十年浩劫"中失去了,大概她怕被抄出引起麻烦,夹在废纸中扔掉了。

而上海四周的战争,却愈来愈严重,到十一月五日,敌军在金山卫登陆,江湾、宝山一带我军全线后退,继闸北以后,沪西、浦东也升起冲天的烈焰,最后在南市作战时,有几个外籍记者登卢家湾水塔观战,其中一位中了枪弹,我去附近看时,尸体还没搬下来。

到十一月十三日,国军就全部"转移"了!轰轰烈烈的上海抗战,恰恰经历了三个整月。从此,上海变成"孤岛",三百万上海居民,日益遥远脱离本国政府的控制,国民政府毕竟是祖国的象征,一旦失去了她,仿佛就成为亡国奴,任人宰割了！

果然，十三日的英文《泰晤士报》就刊出租界工部局总裁费信惇的谈话，说"工部局当以全力维护租界之中立地位；同时，吾人亦须将激烈团体使之入优美之秩序，其中尤以各种反日宣传品为尤甚"。这就是说，中国人的一点爱国自由，要完全剥夺了。

没有几天，日方要求检查在租界出版的华文报纸，工部局同意，通知各报馆。《申报》《大公报》等因此宣告自动停刊，《大公报》把职员全部遣散，只留少数人看守，我第一次尝到失业的滋味。

"孤岛"的绝大多数中国人，还是要挣扎，要战斗，眼巴巴希望胜利的消息，而少数民族败类，在沦陷前就蠢蠢欲动，战争激烈和八百孤军坚守四行仓库时，就每晚有汉奸发信号弹，为敌军指点目标。沦陷后，立即有流氓常玉清等出来活动，组织"维持会"和什么"大道市政府"，也有些人在水边徘徊，不敢落水。

当时，租界里有些"真左笔"韦千里之类的占卦星相，忽然门庭若市，生意兴隆，问的十九是出门的休咎。这些以占卜骗人的，看来也有一个"立场"问题，有的说"此行大吉大利"，就等于在水边推人一手。有的说"北行不利，还是向西方好"，也许就在"鬼门关"口，把此人拦住了。

内幕新闻

在过去当新闻记者（不是编辑），起码的要求，不能把在所分工的范围内发生的较大新闻漏掉。自然，写得要清楚，人物、时间、地点（三个 W，即英美新闻学所谓新闻三要素）要交代清楚。

如果能采访到新闻的来龙去脉，即新闻的内幕：或者往往能"抢"到别家报纸得不到的消息——"独家新闻"，那就有希望被称为名记者了。

新闻，顾名思义，自然是"新"，力求其快而真实。进一步了解其背景和内幕，似乎也无可非议。至于去"抢""独家新闻"，那也是新闻规律所决定了的。

我踏进报馆的大门不久，《大公报》的经理兼副总编辑胡政之先生就给我讲了三个故事。一个讲的是邵飘萍先生。他说："飘萍采访办法多，手面阔绰而又交游广阔。他常常在六国饭店辟个大房间，约当时的总长、局长们吃饭、聊天，谈到海阔天空时，来客往往把一些机密事都脱口谈出来了。没想到在帷幕后面，飘萍早布置好一个年轻记者全记录下来了。所以，他常常得到别人采访不到的独家新闻。"

第二个故事是日本的。他说："大阪《朝日新闻》和《每日新闻》，是日本两家最大的报纸，竞争最烈。在明治年间，有一位维新元老的首相危在旦夕，报纸争先要报道他的逝世新闻。《每日》的记者，日夜守候在客厅里。《朝日》的记者，却买通了下女，钻进寝室地板下的储藏室里，凝神听着上面的动静。最后，听到一位老太太哀沉地说：'去请长老来吧。'他知道病人已濒于弥留了，立即跑到报馆，抢先报道了这个消息。"出了号外，轰动一时。

另一个故事，也是这两家报纸的："华盛顿会议期间，两家都派了最能干的记者去采访。通过'九国公约'那一天，他们同时得到了全文。当时，美、日之间，只有一条海底电线。《朝日》的记者脑筋动得快，立即把有关中日权益的关键章节，摘要译出，送电报局拍发，并拿出一本《圣经》，关照在这个电报发出后，接着把它从头拍发，等他下一个电报送来为止，费用当然全部照算。《每日》的记者，为了求全，把全文都译出了，满头大汗送到电局时，线路已被占了，只好等《朝日》的电文发完后再拍发，结果是《朝日》抢得了'独家新闻'。"

胡--向是严肃、寡言的，他"破功夫"给我讲这三个故事，自然是想启发我在采访时多动脑筋，考虑到递送时的各种客观条件，事先、事后都要做好安排。

一九二六年《大公报》复刊之初，受到读者欢迎的主要原因之一，就是新闻比别家快而真实。特别是北伐军进展的新闻。据说，事先，胡与驻汉口的记者约好了一个密本，把重要一点的地名、人名、番号，都编了号码。北伐军以纱布为代号，军阀的部队则以粮食为代号。比如，北伐军攻克南昌，北军退守九江，发出的电报是"龙头一号（指某某军）细纱涨至二五三；三级杂粮跌至二元六"。当时，新闻检查没有后来那么严密，何况南北阻隔，这些"独家新闻"就源源而至，每使同业为之惊叹。

这些手法，胡政之常常使用，当然不是一成不变。比如，一九三〇年阎锡山、冯玉祥等在北平组织了"扩大会议"的反蒋政府，他们和蒋介石都派了一批代表，去沈阳争取张学良的左袒。正当北平要人们弹冠相庆，以为张学良必将参与"扩大会议"政府的时候，《大公报》忽独家刊出张已决定拥护"中央"，即日派兵入关的消息。原来，胡政之亲自出马前往采访，事前和张季鸾约定，如张决定拥蒋、出兵干涉，即发回一电："请汇款三百"（当然，张如右袒，则为别种电文）。他和张学良本相熟识，那天见到张，张面告他这个决定。

在胡、张的指引下，我心领神会，在冯、阎合作反蒋以及两广组织反蒋政府时，曾采访过不少内幕的"独家新闻"，为他们立过不少汗马功劳，有些还更加曲折、艰难。经过情况，前面已简单谈过一些了。

但是，有些"独家新闻"，也会毫不费力，唾手而得的。一九四八年底香港《文汇报》首先刊载龙云逃出南京、潜抵香港的新闻，就是一个例子。

我和龙先生本来素不相识。一九四七年我主持上海《文汇报》编辑工作时，李任潮（济深）先生曾告诉我，他和龙云和其他国民党民主人士，本来打算集款在上海办一张报，倡导民主，反对独裁。后来看到复刊后的《文汇报》，言论、态度，大体和他们的相同，就打消了办报的念头。他还说，龙有一个小儿子是最心爱的，正在美国密苏里学新闻，"龙有意等儿子毕业后，拜你为师，并请你介绍进《文汇报》，跟你好好学习"。他还问我们要不要龙的经济支援。我说："《文汇报》是不接受任何政治投资的。"当时，《文汇报》经济十分支绌，公开登报招募读者股。读者的支援十分热烈，但我们的读者，多半是穷学生和工人、店员，三元、五元，集腋成裘，招募了一个多月，还没有足额。后来，龙指示他的兴文银行经理李澄宇，化了很多名字，把股票的余额都认购去了。

　　一九四八年香港《文汇报》创刊后，我由马季良的介绍，结识了李一平先生。道义相交，一见如故。他原是云南省参议会的副议长，在龙被迫下台后，也被蒋逼走了。

　　大约在那年年底的一天晚上，我刚把社论和"编者的话"写好，忽然接到李的电话："你能马上抽空出来么？有一个朋友希望立刻见到你。"我问是谁？他轻声说："就是他，住在浅水湾某号，你立即来吧。"我立即关照要闻编辑，留一块大约一千五百字的地位，无论如何等我回来再拼版。说完，就雇了一辆"的士"（香港的出租汽车），直驶浅水湾。

　　那是一座相当大的花园别墅。我到时，李先生已陪着一位长条子、黑瘦的老人，在阳台门前迎候了。稍稍寒暄几句话，他就滔滔不绝地详谈脱险的经过："抗战胜利后，蒋介石要我派卢汉赴越受降，故意把我的精锐部队抽空了，然后重兵压境，逼我离开云南。到重庆后，给我一个军事参议院院长的名义，实际加以软禁。后来'还都'了，我又被押到南京。住的是一幢二层楼的花园房子，四周围墙都已加高，加上电网。对面修了一幢三层楼，显然是设有军警、特务机关。从屋顶平台上，可以把我们院子里、屋子里，看得清清楚楚。凡来看望我的，都要经过严密的登记、盘查。我偶尔出门时，司机、卫士都是他们派的，后面还必定有一辆吉普车紧紧跟着。

"这样住了一年多，总想不出脱身的办法。听到任潮先生他们已在港成立了民革组织，热热闹闹地干了起来，更加心急如焚。有一天，一位老朋友，也可说是老部下吧，来看我，说要脱离虎口只有利用美国人，利用蒋介石怕美国人这一点。他并说，他和陈纳德的飞虎队中有认识的人。陈纳德办了一个航空公司，帮助国民党运送军火，经常有飞机飞广州，他可以去试探一下。我说，只要保送我到香港，花多少钱都可以。请他去秘密试探联系。我对这次冒险行动，本来不存多少希望的，怕美蒋勾结，陈纳德未必会肯干这不利于蒋的事。想不到'有钱可使鬼推磨'，他竟答应了。由他的一个部下和我的朋友具体布置。先通知我做好准备。一天清晨，一辆挂着美国旗的汽车开到我家里，下来两个美国人，说是来拜访我。进了里面的客厅，就取出一套美式服装让我穿好，并给我化了装。十几分钟后，就陪我上车，把窗帘挂起，扬长开出大门，绕道开到他们专用的飞机场。一路没出一点麻烦。到机场时，一架飞机已装了货，发动机也已隆隆作响。他们把我送上飞机，说在广州自有人接我。说完，飞机就起飞了。

"果然，下午到广州后，已备有小汽车把我送到珠江码头，一艘小汽艇也已升火待发了。他们的布置真周密。

"我是两个钟头前刚到这里，吃了一点东西，就叫一平打电话给你。想不到吧，我们在这里幸会。就是在昨天，我也不敢想到这一冒险出走，会如此顺利。"

我说："真该向你祝贺。请问，你究竟花了多少钱呀？"

他说："五万美金，但这些你就不必提了。"

我一看表，已经过了午夜十二点，连忙说："下次再详谈吧，我要回去发稿了。"

回到报社，要闻版已拼好了，只在上面留了一块地方。同事们忙问我有什么大新闻？我说："等我写出来，你们看吧。"于是，我写完一张，他们就边看边发排，写完后，加上一个眉题：《冒险脱离虎口》，主题是《龙云昨晚安然抵港》。在新闻中，我没有提陈纳德这档子的事。

第二天，零售报突涨了一万多份，可怜的旧式卷筒机，一上午没停的开动。轰动了山城，也轰动了国际，这的确是中外报纸"只此一家"的"独家新闻"。

但是，这毕竟是送上门来的，我并没有费什么力。

差不多一年以后，也有一次类似的机会。第一次政治协商会议全体会议期间，开幕几天了，没有见傅作义将军出席，大家很纳罕。有一天晚上，我应邀去侯外庐先生府上吃便饭，同席有他的好友周北峰。席间谈到傅作义，周北峰说："好了，大概明后天就可以回来了。"我听了这句话，出于职业的敏感，知道这里有文章，连忙刨根寻底问个究竟。原来，蒋介石对傅作义还不死心，由绥远转来一电，大意说："弟在西安事变时，一念之差，答应共同抗日，致共党坐大，迄今后悔莫及。望我兄以此为前车之鉴，当机立断，改弦易辙，以免噬脐莫及。"傅作义拿了这个电报，去见毛泽东，说："我当然不会听他那套鬼话，但我想去绥远走一趟，也许可以促成绥远问题的早日解决。"毛泽东微笑地回答："那好，你就去罢，相信你一定能够成功，一切由你自己决定，不回来也可以。"果然，第三天傅作义就在大会上露面了，一直参加了最后几天的会议，而没有几天，绥远也宣布和平解放了。

这分明也是一条很受人注意的"内幕新闻"，但那时我已开始懂得，什么是可以发表的，什么是该暂时保密的。因此，这条"独家新闻"，一直被"冷藏"起来，直到三十一年后的今天，当然已成为旧闻、掌故了。

金边饭碗

　　在过去，能够在铁路、银行找到一份工作，就算找到一个"铁饭碗"了。那时的大学毕业生，"毕业即失业"；如果没有这个资历，又无亲友援引，要找到职业，就更困难了，何况那种较有保障、还能按年资升级加薪的职业，我的父亲在家乡当小学教师时，每到寒暑假就发愁，不知下学期的聘书发不发来。最初他当校长，有十六块钱一月，后来，逐年被排挤递降，最后，只有十元一月，到穷乡僻壤去当单班教员，我初到上海工作那几年，时常有一些工商界的朋友请吃"年夜饭"，时间多半在农历十二月的下半月，地点总选在"鸿远楼""大鸿运"这一类馆子，客人是老板的朋友和经常的顾主，还有全体股东，作陪的是店伙。据说，这一顿饭，是店伙们的一个关口，他们老早就提心吊胆地等候着了，如果接不到参加"年夜饭"的通知，就是被老板辞退，明年要重谋职业或者一家挨饿了。

铁路和银行的职工，只要不犯大"错"，安分守己，总可以做下去，而且有按年资升级加薪的希望。虽然待遇并不算优厚。比起一般教师、店伙，他们真算是捧到铁饭碗了。海关、邮局，由于有洋人管理，有一套洋规章，薪给比一般优厚，还有各种津贴、奖金等等，更被目为"金饭碗"了。

报馆是个苦行当，短中抽长，上海的《申报》《新闻报》不仅能赚钱，而且盈利很多，逐年购置新机器，造新大厦，老板们如史量才、汪伯奇等，还能积存资金，投入银行及其他企业。但职工待遇，比起邮局、银行，还是低的。工人月薪比别的报馆大，年终"奖金"也多些，这是工人们多年斗争的结果。至于编辑、记者，一般恐怕只能维持中等市民生活的水平。比如，《新闻报》的总编辑李浩然先生，年高德劭，辛勤工作了二三十年，但听说他的月薪，不过二三百元，不仅比不上当时的大学教授，连一个荐任的公务员都不如。晚年还因"轧"电车上班，被小汽车撞倒，死于非命！

胡政之也是一个报业家，但比汪伯奇等的魄力似乎要大些，目光也更远些。他自己当过编辑、记者，他懂得报馆要办好，首先要靠人；所以，他在创业初期，注意发掘人才，培养干部，还能大胆使用和提拔人才。除口头的鼓励和许诺外，在生活待遇上，也给以一定的保障。在复刊头两年报馆还在亏本时期，他和张季鸾名义上只领一百元月薪，而几个重要编辑，都在一百五十元到二百元上下，驻外的特派记者，则高达二三百元，外加办公津贴。不仅从不欠薪，而且允许透支一个月。

以我自己为例，初进国闻社当抄写员时，月薪是二十元，不久改为练习记者，增加了二十元。第三年调到报馆当编辑，先是七十元，几个月后，加到一百元。一九三二年调任驻汉特派员，月薪一百五十元，外加办公费五十元。不到五年，薪给增加了十倍。另外，年底照例有一到两个月的年终奖金。后来，兼任汉口分馆经理，向例可以分到盈利额的三成，第一年就额外得了近千元。虽然这样的例子在《大公报》并不多，但造成了一种气氛，只要为报馆出力卖命，总有机会得到"擢升"。我是穷学生出身，得此际遇，当然更加战战兢兢，把它当作"金边饭碗"牢牢捧着，竭尽智力，千方百计把工作做得出色些。

胡政之还有一个"鼓励"干部的特别办法，在公开的年终"奖金"以外，他认为特别卖力的，个别找到他的房间里，塞给一个红纸包，里面装着相当于半个月到一个半月薪资的钞票，还再三嘱咐："千万勿对别的人讲。"受者自然更加感到"殊恩"了。平时，在他认为建立了特殊功绩的人，他也临时给以物质奖励。这种"恩赏"，我曾接受过几次。比如，一九二九年春我成功地完成了在沈阳举行的华北运动会的采访，他就送给我一百元，相当于当时月薪的三倍还多。这事，前面已谈过了。

后来，报馆的钱越赚越多。一九二六年复刊时的资金是五万元，一九三六年创刊上海版时，报馆的资财已核算为二百万元，十年间翻了四十倍。他拨出一小部分作为职工的福利费，并订出条件，子女上学有补贴，父母及配偶丧亡，本人及子女婚嫁，以及本人及父母的逢十整寿，各给以相当于两个月的薪金，其中，一个月是报馆赠送的，另一个月算是代全体职工送的礼金。当然，这种办法，对高薪的很有利。比如，他和张季鸾那时月薪已改为五百元，有一千元用来做婚或丧事，按当时的物价，是可以办得很阔绰了。而对于工资只有十几、二十元的徒工或练习生，就所得无几。一般来说，这些办法，总不失是在这"金边饭碗"上描几条金线，鼓励大家更加珍惜而牢牢捧住。一般来说，确也增加了职工的安全感，不忧因婚丧酬应而负债累累。

以后，还发放年资薪，大约进馆满五年的，可加发月薪的百分之五，十年的十分之一，如此累进，这也是鼓励职工安心工作、久于其事的一种方法。

关于透支，照馆章规定，在一个月薪水的限度内，可以向会计课支借，不需其他手续，到下次发薪时扣除。如果超过一个月，则必须得到经理或副经理的批准。

从以上这些规定看来，胡政之对于职工的生活，似乎还注意适当照顾，但职工生了病，即使是因公的，也并无医药费的补助。比如"八一三"抗战后，我患了阑尾炎，广慈医院诊断一定要立即进院动手术，我为了放不下工作，仍坚持上班、熬夜，共花了二百多元才治好，把一点积存的款子全花了，不够，把心爱的一架照相机抵给了报馆，报馆并没有给予分文的补助。

而那时，津、沪两馆都很赚钱，在七七事变的前一个月，我还跟胡政之、李子宽去看福建路口的一块地皮，准备买下来建造报馆大楼。这事，后来因为抗战，一直没有实现。

当时，胡和张季鸾的生活如何呢？当然，他们是老板，可以予取予求，不受任何限制。比如，张在上海时期，有三个"公馆"；桂林馆开办时，专门为胡政之建筑了一幢小洋楼；他搬到重庆，则在红岩新村租用一整幢洋房。抗战胜利后，报馆给他租好的房子他不满意，特地花了几十根条子给他顶了一所大的公馆。这仅仅是一些例子。

抗战开始后，他们"权力下放"，实际的经营、编辑工作，由各馆经理、总编辑负责，因此，这少数"总"字号的高级干部，也可以享受无限度透支的权利。那时，通货恶性膨胀，这种无限透支，等于无限挪用公款，到后来要几亿法币买一石米时，历年的透支，在账目上算得了什么。

这个"特权"，实际上对那些高级干部，起着腐蚀的作用。

一九四二年冬，我曾由桂林去重庆小住一个多月，有一天，重庆馆的几位负责人邀我打牌，我向会计课借支，会计主任给了我五千元（大约相当于现在的人民币五十元），是一封崭新连号的钞票。打完一副麻将，我掏出票子付钱时，看到其他三位，也掏出了同样的一封，也是崭新联号的，可见也是刚去取来的。反正输光了也不肉痛，可以再去"支"。

一九四四年桂林沦陷，我们都逃到重庆工作，看到的情况就更可怕了。编辑部编辑主任以上，经理部科长以上，组织有一个生日会，参加的连同太太们，也约有二十多人吧，逢到哪一位"寿诞"，就要狂吃狂赌两天两夜，头一天是"观音请罗汉"，第二天是"罗汉请观音"。盛宴以后，继之以一桌"沙蟹"，两桌麻将。每天都要"作战"到深宵天明，连写评论的事也置之脑后，诿之他人了。

当时，重庆名义上是禁赌的。听说，有一次（我们还未到渝），赌场靠近马路，噼啪声太响了。巡夜的警察敲敲竹篱笆，好心地嘱咐："请你们轻一点。"答复很干脆："你听不惯，可以跑开一点。"

曾亲身经历过这种场面的我，现在回忆起来，还有些脸红心跳。我们天天在报上宣传，"国难当头"，要"艰苦奋斗，努力抗战"，还号召读者要"节衣缩食，支援前线"。文章写得何等动人，激昂慷慨，而自己的生活呢，能见得了人吗？

人鬼之间

——"孤岛"时期的新闻界

一九三七年的"八一三",掀起了全面抗战。平心而论,那时的蒋介石,应该说是真抗日的,部队一批批调上前线,先是嫡系部队,后来连从四川、广东等地调来的杂牌军也投入了战斗。由于实力的差距和战术的不当,硬拼了三个月,牺牲了几十万部队,等到从上海四周的焦土里撤退,已成强弩之末,不仅守不住嘉兴、苏州一线的所谓"东方马其诺"防线,南京也于上海失守后不到一个月就陷于敌手。

上海的"孤岛"时期,始于一九三七年十一月十三日国军的"战略转移",终于一九四一年十二月八日太平洋大战爆发。从那天起,日军占领了租界,再没有焦土里的一片"绿洲"了。

历时四年多的"孤岛"时期,就新闻界来说,大体可以分为三个阶段。

从一九三七年十一月十三日到同年十二月上旬南京失

陷，是第一阶段。那时，上海原有各报还照常出版。公共租界工部局总办费信惇十三日发表谈话，警告租界出版的华文报纸立论要更加慎重、平稳，不要太"刺激"日方，但各报还"我行我素"，大体上还能保持原有的爱国立场。新出的报纸，除《新申报》彻头彻尾表现其汉奸态度外，其他还面目模糊，人鬼难分。比如，第一个被日方杀死，人头被高挂在当时的萨坡赛路（今淡水路）南口电杆木上的，是《社会晚报》的主人蔡钧徒，被杀的原因众说纷纭。因为蔡一向出入于日方机关，而《社会晚报》的态度也是很可疑的。第一个被日方投弹袭击的是《华美晚报》，而它的经理朱祝同，也是以出卖风云雷雨著称的。

南京沦陷的翌日，租界当局向日方屈服，通知各华文报，于文到的第三日起，一律要接受日方的新闻检查。因此，《申报》《大公报》《时事新报》《民国日报》同时宣告自动停刊，当时上海的六大报中，只有《新闻报》《时报》（另有《大晚报》，脱离孔祥熙系统，独立出版）接受检查，继续出版。《新闻报》的进步记者陆诒在"八一三"后就脱离该报，赴前线采访，老编辑郭步陶先生等则愤而辞职，宁愿失业而保持了民族气节。

这就开始了新闻界人鬼斗争的第二阶段。主力军是先后出版的《文汇报》《译报》《导报》和《大英夜报》。它们都挂起英商招牌，为了避免日方的检查。但都堂堂正正站在中国人民的立场，宣传抗战，揭斥敌伪的阴谋伎俩，宣扬孤岛人民不屈的爱国热情，受到广大读者的欢迎。后来，《申报》也挂起美商的牌子复刊了。而最老的洋商报中文《大美晚报》，由宋子文的干将张似旭主持，却西装革履，一副高鼻子面孔，"中立"之态可掬。

站在对面的，除《新申报》赤裸裸地宣传"大东亚新秩序"外，那时又出现了各种伪装的报纸，有红帮头子徐朗西主持的冒名《生活日报》，有借尸还魂的《神州日报》，还有由消闲的小型报改造出版的《晶报》，它们的面目虽微有不同，而基调则全是宣传"和平"，主张"亲善"，反对再作"无谓的牺牲"。以悲天悯人的腔调，唱出投降的曲子。

听说，这几家"和平"报纸后面总的提线人是钱芥尘和余大雄。两人都曾是日本留学生，钱是有名的"人贩子"，专门拖人落水。早在"九一八"后，他就和日本特务机关有关系，曾组织上海新闻赴日和赴"满"参观团，而自己并不参加。余是以办《晶报》起家的，出头露面、张牙舞爪的是他，不久就被军统特务劈死在新亚酒店（当时日本特务机关的巢穴）。而钱却一直逍遥法外，胜利后还被军统所重用，俨然以"曲线救国"的"地下"工作者出现。

原《申报》记者钱华，大概也是落入人贩子的罗网吧，当上了《神州日报》总编辑，上"任"不过一个多月，就被打死在该报门前。我的一个小同乡朱虚白，原来是《立报》的骨干之一，也落水当了《生活日报》的总编辑。听到钱华被刺，才仓皇逃走，到"大后方"去混了几年，胜利归来，当上吴国桢时代的上海市政府新闻处长，毫不脸红地主持"肃奸"（新闻界的）活动，也参与"戡乱"宣传了。

当时的斗争是相当激烈的，真可说是刀光剑影，血肉横飞。就严宝礼和我主持的《文汇报》（严主持经理部，我主持编辑部）而言，可以说，时时刻刻在恐怖的气氛下工作，在它生存的一年当中，受到大的威胁就有四次：第一次是创刊后没几天，四马路经理部被歹徒掷进一枚炸弹，当场炸死营业员陈桐轩，炸伤广告员萧岫卿等多人。第二次是伪"维新政府"酝酿期间，我写了一篇社评《无题》，大意是希望大家擦亮眼睛，看清那些借"中国政府"之名还魂的僵尸。翌日，编辑部就接到一个热水瓶盒子，里面装着一段血淋淋的手臂，附了一个署名"血光团"的条子："主笔先生，如再不改你的毒笔，有如此手。""维新政府"登场前夕，原来准备就任"陆军部长"的周凤岐在寓所被刺。我们又写了一篇社论，正告那些"意志薄弱"的人，赶快悬崖勒马，勿做民族的败类，千古的罪人，贻害子孙。第二天，就有一品香旅馆的一个茶房，送来一筐水果，还有永安公司的招牌纸。也附有一条："编辑先生，你们辛苦了。敬奉上水果一筐慰劳。"鉴于上次的"礼物"，看门的巡察把这个茶房扣留下来，连同水果，押送"大自鸣钟"法国巡捕房（当时，《文汇报》编辑部借用法租界山东路口附近的原《大公报》旧址），经化验，只只苹果和橘子，都注射了毒药，而那个茶房供称，是一个日本人开了房间，给他一块钱，叫他把水果送来的。同天，沪江大学校长刘湛恩先生也接到一筐水果。过了两三天，刘先生步出弄堂，就被暴徒开枪暗杀。原来，大汉奸温宗尧曾一再拉刘先生去当"维新政府"的"教育部长"，刘不仅义正词严拒绝，还规劝温不要做这种认贼作父的勾当，因而被敌伪切齿痛恨，下此毒手。

最后一次是被迫停刊前几个月，敌伪买通了承印《文汇报》的一个《大公报》工人，把一枚小炸弹带进了机器房，不知他是从未摆弄这种玩意儿呢，还是忽然天良发现了，没有把炸弹装在要害处，一声爆炸，别的工友闻声赶去时，只见硝烟弥漫中躺着这个工人，满手鲜血，他自己炸伤了。机器只炸坏了一段基脚，工人们赶快抢修，没有影响第二天的出报。

一连出了几次恐怖事件后，我们不得不加强防卫措施。四马路经理部装上铁栅门。爱多亚路（延安东路）编辑部本来是从后门的一条小弄堂出入，这条弄堂只有三户人家，因此，在弄堂口和编辑部后门，各装上一道铁门。两处都增加了"请愿警"（当时租界有一种办法，公司、企业乃至富商大户，都可向工部局申请派巡捕保护，交纳若干费用，派来的巡捕，薪金、费用概由申请者支付），来访的都要经过仔细盘问。夜班编辑都用汽车接送，汽车停放和上下车也不在固定的地方。整个编辑部，像一座碉堡，也像一个铁笼子一样。《导报》《译报》等的工作情况也差不多，《导报》编辑部由恽逸群主持，《译报》则由王任叔、梅益主持，我和逸群经常保持接触，互通声气，而王任叔因为还参加领导其他工作，更引起敌伪和租界当局的注意。有一天，弄堂口的巡警打来电话，说工部局有一个探警要见我，已闯进来了。我心想，莫非又出了什么麻烦事了？及见面后，才知来人叫朱晓芙，原在汉口《大光报》任记者，是三四年前我在武汉工作时认识的。他把我拉到一间小屋里，轻声说："我现在公共租界巡捕房的总巡办公室工作，今天，我去见总巡（英国人），看到他的玻璃板下面压了一张名单，是日方要租界协同拘捕的抗日危险分子，第一名是陈鹤琴（当时工部局的华人教育处处长），第二名就是你，第三名是王任叔，以下没有细看，一共大约有十几个人。希望你千万注意。"说完，他就走了。他说的是不是事实，以后也无佐证。

我们的其他防卫措施，是在附近的大方饭店秘密开了一个房间，那里，顶楼有两大间，大概原来是老板自己住的，有电梯直下底层，楼梯也是独用。经严宝礼托人和旅馆商量，包租下来。我们有时开会就在那里，我白天写些东西也在那里，空气特别紧张时，和几位夜班编辑就睡在那里。

夏衍抗战时写的剧本《心防》，就如实描写当时新闻界的斗争。

国民党的一些"地下"人员，那时干些什么呢？每到"五九""七七""八一三"等纪念日，就有"市党部"送来一张油印的《告全市人民书》之类，全部是抗日八股，空喊些口号，而且一定要各抗日报纸刊载，大概是以此表示它们的存在，并向汉口、重庆方面报功的。而我们每次刊出，必招来工部局方面的麻烦，后来，我们就把这些东西，塞进纸篓里了。而所谓市党部，不久就倾巢投降了敌伪，成为曾使孤岛人民谈虎色变的"76号"敌伪特工总部的骨干分子（如丁默村等）。

还有一个"中宣部"特派联络员金华亭，原来也是《申报》的记者，不当特派联络员后，经常"泡"在南京大戏院（今上海音乐厅）附近的一个舞厅里，吃白食，跳白舞，工作是写一些游击队攻克某地，消灭日军多少等"新闻"，给各报的外勤记者。后来，此人就在这家舞厅门前被暗杀了。

抗日战争胜利后，国民党曾开过一个"追悼抗战中牺牲的新闻界烈士"大会，第一名烈士就是这位特派联络员，而死得最为壮烈的朱惺公，反而落为最后一名。朱是《大美晚报》中文版的副刊《夜光》编辑，他的战略似乎有些像张飞、李逵，而正气凛然，牺牲经过是十分感人的。他在报上公开点名揭斥汉奸们的丑行，宣传历史上的民族英雄。接到附有子弹的恐吓信，他不仅不动摇，还在报上公开答复，说他坐不改名，立不改姓，宣传抗战，就立下牺牲性命的决心的。真有"头可断，抗战意志不可移"的气概。不幸终于遭了敌伪的暗杀。而且死后遗下孤儿寡妇，家徒四壁。他的壮烈牺牲，使孤岛人民受到极大的教育。

这一阶段，新闻界的斗争十分紧张、尖锐，而以这四家报纸为中心的抗战阵营，占了绝对优势，绝大多数的孤岛人民，都看这些报，热烈支持这些报，单单《文汇报》的销路，就超过了一向发行数占第一位的《新闻报》，而那些《新申报》《神州日报》等汉奸报，则几乎无人过问。

到了一九三九年五月，出于租界当局和敌伪的预谋，把这四家坚决宣传抗战的报纸扼杀了。"五九"国耻纪念，这几家报纸当然要发表激昂慷慨的社论，工部局抓住这机会，说这四家报纸，"宣传抗日，言论激烈"，下令停刊一周，而在这一周内，他们买通英籍发行人，使这四家报纸，无法复刊。

《文汇报》的发行人克明，原是一个破了产的冒险家，他由华北大汉奸董康的侄子董俞（律师）拉拢，接受大汉奸汪精卫的收买，代价是十万元，汪的企图，原想偷梁换栋，让《文汇报》变色。我们识破了他们的阴谋，但按照英国公司法（《文汇报》的股份虽然全是中国人的，股权则有百分之五十一挂在英商的名下），必须二分之一以上的股权，才能决定营业方针，因此，我们无法斗过克明，只得先由编辑部全体声明，揭露克明的阴谋，声明在克明的问题未澄清以前，决不复刊，接着，设法集中三分之一的股权（英国公司法又规定，有三分之一股权不同意，不得继续营业），向英国大使寇尔申请不再复刊，彻底粉碎了克明的出卖阴谋。《译报》《导报》《大英夜报》，也因发行人出了问题，无法再出版。

这四家报纸的停刊，标志着第二阶段的结束。

从此以后，只有几家挂美商招牌的报纸继续出版，它们是《申报》《大美晚报》，还有一张由CC分子主办的《中美日报》。后来，吴绍澍到上海，任国民党"地下"的市党部主任委员，他和冯有真创办了《正言报》。此外，就是那些受日方检查的报纸和宣传"和平""大东亚共荣圈"的报纸。显然，在人、鬼斗争的力量对比上，起了较大的变化，激烈、尖锐的程度，也不如上一阶段了。

我于《文汇报》被迫停刊后不久，即转往香港工作。对于上海情况就隔膜了。

只知道，一九四一年十二月太平洋大战爆发后，敌军冲进租界，各抗日报纸当然全部停刊，人员星散，《申报》由汉奸陈彬龢接办，《新闻报》由吴蕴斋接收。从此，上海的新闻界，清一色由鬼控制，直至抗战胜利。

我参加《文汇报》的经过

　　一九三七年"八一三"抗战，先后调到淞沪战场的军队，有几十万，作战是十分英勇的。无奈统帅部没有全盘计划，战略战术上更有失误。"孤注一掷"了三个月，只得"战略转移"。从此，上海成为"孤岛"，越来越远地被抛在敌后。"孤岛"里的三百多万居民，顿时成了孤儿，开始在腥风血雨下艰苦挣扎、奋斗。

　　几家不愿接受敌方新闻检查的报纸，于十二月十四日宣布自动停刊。《大公报》也是其中之一。

　　《大公报》总经理胡政之在报纸停刊的次日，立即宣布：工厂暂时维持，其余职工，除留一部分清理善后外，一律遣散，给薪三个月作为遣散费。我也在被遣散之列。

　　对我来说，这不啻是闷头一棍。第一次尝到失业的痛苦，还在其次，主要是多年来的一个幻想破灭了。

　　我是《大公报》这个"科班"出身的。从一九二七年参加《大公报》所属的国闻通信社起，即受到胡政之的"青睐"，不次提拔，并不止一次勉励我要以《大公报》为终身事业。我一直怀着知遇之感，勤奋工作。

一九三六年上海《大公报》创刊，我由汉口调到上海，任要闻编辑，每天熬夜到天明；一周中，还有两个晚上，要在发完稿子后赶写《国闻周报》的"一周大事述评"和"大事记"，往往在回家的时候，大儿子已背着书包上学了。

"八一三"抗战开始，工作更繁重，每晚要守候长江（当时任采访主任）等从前线打来的电话，报告最后的战讯。同时，《国闻周报》改出"战时特辑"，内容是主要由我辑选的抗战新闻和国内外评论。那时，我患了慢性阑尾炎，医生一定要我住院动手术，我怕影响工作，每天还依旧忍痛上班。

所有这些，说明我是的确把《大公报》当作终身的事业，忠心耿耿地为它工作着的。想不到老板忽然铁面无情，一脚把我从这个"家"里踢出来了！

不久，我接到重庆《国民公报》总编辑杜协民兄（原天津《大公报》的同事）来信，请我担任该报驻沪记者，月给四十元。这样，我算有了半个职业。

那时，李子宽兄（原上海《大公报》副经理）是被留下来负责办理沪馆的善后事务的，每天仍到报馆办公。他还经常要给汉口《大公报》拍发新闻电。为了交换消息，我也不时去报馆，和他晤谈。

有一天上午，我们正在闲谈，忽然有两个人来找他，一个穿西装的，四十岁模样；另一个年轻一点，是在《大公报》当过广告员的。李陪他们到排字房和机器间看了一遍，回来时还在边走边谈，随后他们就告辞走了。我问李："他们来和你谈些什么？"李说："他们要创办一个新报，想找我们代印。还有，他们还没有请到总编辑，托我介绍。老兄有意一试吗？"办报而没有总编辑，岂非笑谈？我只哈哈一笑，回绝了。

为什么胡政之把职工解散了，独独保留工厂？据我事后了解：一则，他怕解雇工人，比较棘手；二则，他怕一旦战事结束，重装机器和排字设备，需要时间，影响立即复刊；而重新组织编辑、经理两部人员，他认为是比较容易的。这也可以反映，那时他没有估计抗战时期会拖得那么长。另外，他还有一个更现实的打算，这是过了更久以后，李子宽兄才告诉我的。后面再谈。

在和李会晤后几天，大约在一九三八年一月二十日左右，储玉坤忽来访我。他是我的同乡，半年前才参加《新闻报》的。他说，因为反对《新闻报》受敌方检查，他已和郭步陶等四五个人一起退出《新闻报》。"现在，我已参加了即将出版的《文汇报》，任国际版编辑。此来，是奉命专程约请你写社论的。"我问："每月写几篇？"他说："每天一篇。"这就是说要我包办了，忙问："言论有没有限制？""题目和内容，一切由你决定，报社保证不加修改。"他还补充说："是按篇计酬，每篇十元，但目前营业尚无把握，暂按四折实付。我们职工的薪金，也是这样计算的。"我问明了创刊的大约日期，答应稍加准备，即按日交稿。

我去找了也在孤岛赋闲的老同事杨历樵兄，请他分担这一工作，每月写十篇有关国际问题的社论。这样，我每写两篇，有一天可以休息和思考一下。

到了一月二十五日，就送来了《文汇报》的创刊号，一看字模和拼版格式，就知道它原来就是在《大公报》代印的。而馆址设在福州路四三六号，分明是原《大公报》营业部的地址，一定是由《大公报》转让给他们的。

报纸标明是英商，报头下注明发行人兼总主笔是克明H.M.Cumine。创刊号第一版还刊载他的一篇发刊词："为本报创刊告读者"。其中有一段说："本报本着言论自由的最高原则，绝不受任何方面有形与无形的控制。如不幸遭受外界的阻力，余必设法排除之。"显然，他是以发行人的名义，担任着保镖的角色的。

我们写的社论，于二十八日开始登载，第一篇的题目是《淞沪之役六周纪念》。内容大意是缅怀十九路军的英勇抗战，希望读者学习他们的爱国精神，共救国家的危亡。

到二月初，上海纷传敌人将在南京筹备组织伪府，温宗尧、梁鸿志等跃跃欲试，我于八日写了一篇《告若干上海人》，对那些民族败类做最后的警告。想不到十日报馆就挨了炸弹，炸死了营业员陈桐轩，广告员萧岫卿、毕祉芬被炸伤。据报载，报馆九日接到署名"正义团"的恐吓信，说："贵报言论激烈。识时务者为俊杰，今后务望改弦更张，倘再有反日情绪存在其中，即将与对付蔡钓徒者同样对付。"

蔡钓徒是出版不久的《社会晚报》社长，原来听说他早和日方有勾结，后因所求不遂，又在报上登了一些"反日"消息，结果被敌人绑去杀死，悬首在南市与法租界交界处的萨坡赛路底。当时中外文各报曾刊载此事。

我看到这消息后，既愤慨又不安，立即打电话给储玉坤，问社论要不要继续写？"如果要改变态度，我就不准备写了。"他说："当然还是要写。"我说："这不是一件小事，最好你去问问报馆的当局为好。"过了半小时，他打回了电话，说："已请示过严宝礼，严斩钉截铁地嘱咐我，务必请你照样写下去。"

　　胡政之的嗅觉是很灵敏的，他看了几天《文汇报》，就看出社论是我和杨历樵写的，特地让李子宽去问杨："《文汇报》社论的风格，很像《大公报》，你知道是谁写的吗？"杨兄的性格一向谨慎而胆小，红着脸回答："我不知道。"

　　就在《文汇报》被炸的那天下午，胡政之忽然派汽车来接我。（他那时留沪正准备续弦，和顾维钧的侄女结婚。）我和他同住在辣斐德路（今复兴中路）上，相隔不过几百步，本来是用不着车子的，如此"隆重"邀约，颇使我有受宠若惊之感。

　　他一反平常的严肃态度，含笑问我与李子宽所问过的同一问题。我说："这是我试着写的，胡先生看还可以吗？"他说："很好，很好，流畅得很，措辞似乎激烈些，怕会出事。"我连忙说："已经出事了，今天报馆已被敌人投掷了炸弹。"他安详地说："我在报上已看到了。我请你来，想和你商量一件事，如果我们和他们合作，你估计他们的态度会不会变？"我说："我想不会。"我就把上午和储玉坤通话的内容告诉了他。他说："那好，我的想法是，向他们投资一万元，条件只有一条，由你和王文彬参加，你主持编辑部，文彬任采访主任兼编本市新闻。""经理部不参加什么人？""不，我们投资的目的不在于营利，只要它保持言论态度不变就好了。"接着他说："你如果同意，我让子宽找严宝礼具体商谈。"

商谈的经过很顺利，据李子宽告诉我，《文汇报》原来的资本，号称一万元，实际只收足约七千元，所以经营十分困难，出版了二十天，不仅排印费未付过，白报纸也全由《大公报》垫用。"如果不增资，他们将难以维持下去。至于你和文彬的参加，他们更求之不得。他们正苦于编辑部群龙无首，胡惠生（当时《文汇报》的总编辑）只在《民报》编过各地新闻，掌握不了全局。"我问："难道他们是无条件接受合作吗？"李说："他们只提一条，他们原来的资本要作为原始发起股，升值为两万元。""胡先生同意了？""完全同意了！"我听了很纳闷。投资的比例明明是七千对一万，股权却变成了两对一，也就是说，《大公报》只占总额的三分之一。胡政之的算盘一向是很精的，怎么这次却如此慷慨、大方？

总之，我于他们双方合作谈妥后，就立即到《文汇报》"走马上任"了，时间大约在一九三八年的二月二十日左右，距创刊不到一个月。

我"履新"的那天中午，严宝礼特别请我吃饭，由储玉坤作陪。严说了些"久仰"和"一切仰仗"的话，还谈了些具体问题：一、我的月薪，规定为四百元。他说："目前只能按四折实发。这样实在太少了。你写的社论，仍另外计酬。"他还说，我们已向全体职工宣布过，如果销路超过五千，广告费达到月收五千元，即改为五折发薪，照此类推，广告和发行都超过一万，即十足发薪。二、希望我把《文汇报》当作自己的事业。他愿意把"发起股"让给我和储玉坤各一千元。我们实付五百元，可以分十个月在薪资里扣缴。

我正式参加《文汇报》约两个月后，严宝礼给我看了一张股东的名单，其中，《大公报》的一万元，分别列在李子宽、费彝民和胡政之的两个女儿的名下，胡本人却未列名。我便中向李子宽问其所以。他这才告诉了我一段内幕。原来，在上海《大公报》停刊后，蒋介石在汉口交给张季鸾两万元，嘱转交胡政之，在上海办一张挂洋商招牌的报纸。胡政之决定办一张"法商"的报纸，定名《正报》，想不到法租界公董局很胆小，怕得罪日本人，说："你们《大公报》原来是设在法租界的，如果复刊，我们负责保护。要创办新的报纸，我们决不同意。"胡保留工厂，本来也是为了创印《正报》的，计划未能实现。恰巧，看到我为《文汇报》写社论，就移花接木，和《文汇报》合作。这样，就可以向蒋介石交账。而且投资的一万元，言明分月在排印费及垫付白报纸项下扣除。这样，他并没有付出现款。这两万元，他不久就带往香港，作为创刊《大公报》港版的经费。他和严宝礼都打好了如意算盘，各得其所。

《文汇报》的摇篮

　　《文汇报》已经做过四十大寿了，现在已发行到一百几十万份，而且曾经是上一个时代留下来的唯一报纸，至少是这个报名。在内战时期，曾与反动势力做出过坚决斗争。封了，再到香港去出报。当时的《文汇报》在国际上也有一定的影响了。这些，大概都是创办人和当时参加工作的人所始料不及的吧。至少我是如此。

　　它不是由一个或几个商人创办的，也没有任何政党做后台。这在中国近代新闻史上，可以说是一个创例。

　　它是由少数并无多少资财的中小职员偶然凑合兴办的。据其中的一位，对我详谈经过如下：

　　在南京路的新新公司（旧上海的四大百货公司之一，现在的上海食品公司旧址）附设的新新旅馆里，也和其他较大的旅馆一样，不少大的房间被人包租，作为吃喝玩乐的"俱乐部"。其中，三一三号有两大间，被租为"俱乐部"的历史最为悠久。它的成员，主要是以严宝礼为中心的一批两路局——沪宁、沪杭铁路局的中级职员。

严是江苏吴江人，曾肄业南洋大学，在路局任会计处稽核；又集资开办了一个交通广告公司，主要经营路牌广告，也代办报纸的广告。因此，他和若干大小报馆的人员有关系，如《新闻报》的严独鹤、徐耻痕以及《社会日报》（小型报）的胡雄飞等，都被吸收参加了这个"俱乐部"。

"八一三"抗战爆发后不久，路局遣散了绝大部分职工。严宝礼等拿到从千余元到几千元不等的遣散费（其中，大部分是按路局章程规定，每月在本人工资中扣存的储蓄款）。

拿到了这笔钱，是坐吃山空呢，还是做些生意营利？他们在俱乐部里议论开了。严宝礼一向被目为"智多星"，他想出了个主意，说租界已发生粮食恐慌，而他的家乡吴江是盛产大米的，他自告奋勇，愿意冒险去采办。于是，有的出一千，有的出五百，连不是路局职员的胡雄飞、徐耻痕等也认为有大利可图，各认股千元，总共凑集了一万元。正当严准备动身的时候，敌军已侵占了沪西和南市，并宣布粮食禁运。他们的计划落空了。怎么办呢？徐耻痕等提出："目前，好几家报馆停刊了，而上海市民都十分关心抗战。如果以这笔钱办一张报纸，不愁没有销路。"大多数"股东"赞成其议，主张立即着手。也有胆小的或认为是冒险而无利可图的，借口退出，有的则缩回去一部分。结果，实际集资约七千元，这就是《文汇报》的开办费。

要刊载抗战新闻，避免日方检查，就必须挂洋商招牌。恰好"俱乐部"成员中，有一个叫方伯奋的，是跑马厅的职员，他说，他和跑马厅的英人克明相熟，而克明是曾担任过英文《文汇报》（*The Mercury*）记者的，如果请他出任发行人，相信他会愿意的。

果然，方伯奋第二天来回报，说克明已经满口答应，提出的条件是，他要兼任董事长兼总主笔职，每月薪金三百元；他的儿子小克明（取中国名字为小明）任董事会秘书，月薪一百元。设董事会，中、英董事各五名，英籍董事都要由他介绍，每人每月各送车马费百元。

于是，就赶忙筹组董事会，并根据英国公司法，向上海英国总领事馆立案。

五名英国董事，有怡和洋行的路易·乔治，有某汽水公司的萨门，其余三人，我不清楚。中国的五名董事，则为：严宝礼、胡雄飞、沈彬翰（上海佛学书局的经理，也是"俱乐部"的主要成员）、徐耻痕和方伯奋。方没有加股，他被推为董事，是由于他起到了"桥梁"作用。

报社的主要职员，经五个中国董事互推：严宝礼任经理，胡雄飞任协理兼广告课主任，徐耻痕任编辑秘书（实际掌握编辑部的日常事务，如审批稿费，等等）。

班子配好后，接着是租定报馆地址，接洽承印手续等等。这些，前面已经谈过了。

这里，就我所知，要着重地再介绍一下克明的其人其事。

《文汇报》创刊号所刊载克明的发刊词后面，加了一段"编者按"，原文是："克明先生于一九〇七与一九〇八年曾任汉口英文日报编辑。赴汉前，则在华北任唐山路矿学校教授。且其他兴办事业甚多，并曾应上海公共租界工部局法律顾问费当（Feetham）之聘为其协理。更有一时期，供职于上海地产公司与议价公会。……"看文法，大概是克明的自我介绍。

这并不是他的全部"辉煌"历史。据严宝礼向我介绍，他是苏格兰人，二十几岁就到了上海。一九三八年我看到他时，他已头发斑白，五十开外了，他还曾担任过英文《文汇报》的记者。该报停刊时，曾将报名出卖给某西文报。所以，在《文汇报》定名的时候，有人曾提出此问题。克明的回答是："当时出卖的是英文报名 Mercury，并不妨害我用中文报名出报（所以，我们的《文汇报》创刊后，特殊标出英文报名为 Standard）。"这是他强词夺理的说法。所谓"供职于地产公司和议价公司"，实际是在英文《文汇报》停刊后，他曾挪用他婶母（听说是一个富孀）一笔钱做地产投机，结果是失败了。万般无奈，在跑马厅租了一间房子，靠养马、赌博为生。他说一口流畅的上海话，也能讲几句宁波话（他的婶母是宁波人，嫁给苏格兰人的）。他的这段经历可以说明，他是一个相当典型的"冒险家"。所以，当方伯奋和他联系时，他如此喜出望外地愿意出任《文汇报》的"保镖"，而后来他在《文汇报》兴风作浪，敲诈勒索，最后还企图出卖《文汇报》，看了他这段"辉煌"历史，就不足为奇了。

和克明的初次较量

《文汇报》创刊以后，由于宣传抗战，立场鲜明而坚定。受到"孤岛"人民的热烈拥护，发行曾近六万，擢为上海各报的首次。有一天黎明，我从报馆回家，曾去当时的法国花园（今复兴公园）兜了一圈，看到大树下、池塘边，坐在靠椅上看报的，几乎全部是《文汇报》。

当时，我感激得眼睛也润湿了。

那时，我们首先要和敌伪做针锋相对的斗争，还要提防国民党的企图插手，而"附骨之疽"则是英籍发行人克明的企图控制和破坏。

前面已经提过，《文汇报》创刊之初，克明要索每月三百元，作为"董事长"的"待遇"，另外，给他儿子小克明一个董事会秘书的名义，月索一百元。两个多月后，经严宝礼请了汇丰银行总会计师来查账以后，他知道报社营业飞跃发展，就向严提出要求，他的"薪水"要改为每月一千元，而给他儿子的，也要改为每月三百元。严宝礼忍痛答应了。

当时，我们编、经两部职工的工资，按照原约定，早应十足发给。但严宝礼一再强调报馆现金调度有困难，大家为了维护这张报纸，同意只按七折发薪。

照理，克明父子只挂一个名，不劳而获，每月白得一千三百元（还有他在跑马厅的"办公室"的房租约二百元），应该心满意足了。但这个外国流氓，得寸进尺，还想控制报馆，以达到他不可告人的目的。

有一天，严宝礼来邀我，说克明请我们两人到他家里吃饭。原来，克明得了《文汇报》的高"薪"后，已在愚园路租了一幢三层楼的花园洋房，地屋里，还布置了一个酒吧间，做宴客前闲谈的地方，雇两个"仆欧"穿着白色上衣侍候着。

这个流氓，瘦长个子，蓄着小胡子，以一口上海话和我们交谈。先恭维了一阵，然后，他慢慢地引入"正题"，说："现在领事公馆（指英国总领事馆）已非常重视《文汇报》。如果能办成一张中文的《字林西报》（当时在上海出版的代表英国官方的英文报），那末，我们的前途就更加光明了。"我问"怎样光明呢？"他笑嘻嘻地回答："那时，只要领事公馆发个通知，凡是英商企业，都应在《文汇报》登广告。你想，上海有多少英国洋行，还有多少与英商有关的公司企业，都来登广告，《文汇报》岂不要大大地发财了？"我也微笑地说："我实在没有办这样的报纸的能力。作为中国人，当务之急，是抵抗侵略，救亡图存。如果不宣传这些，就失去严先生等创刊本报的原意了。"

他看我话不投机，也就不再说下去了。

但他并不甘心。过了不久，就开始伸出他的触角。有一天，严来对我说："今天克明把我找去，发了一顿脾气，说报上登的游击队的消息都不可靠，一定要把写这些新闻的外勤记者邵伯南免职。"我清楚这是克明的杀鸡吓猴的把戏。问严是否同意了？他说："有什么办法呢？"我气愤地说："要调走编辑部任何一个人，我就先走。"严说："何必呢，想想办法吧。"

　　我们一起找邵伯南来商量，他说，他本来想去武汉采访战事新闻。于是，我和严商定，给邵以特派记者的名义，派往武汉。后来听说克明知道后，对严大加申斥。以后，克明一再由严转告，要把有关抗战的新闻，先送给他看，但我没有理睬。

　　到了一九三八年"八一三"纪念日前夕，我刚写好"八一三"周年纪念的社论，严宝礼忽然来编辑部，说克明马上要来看稿子。我即关照好编辑部的同事，等我回来再截稿。说完，就避往大方饭店。

　　大约到一时许，编辑部来电话，说克明来过，已走了。我回到报社，看到克明把社论和主要新闻的小样删改了很多，就通知排字房，一律按原稿照登，不做任何改动。

　　第二天下午，我到报馆不久，克明就和严宝礼同车来了。见了我，就气势汹汹地说："你这样把持报馆，太不把我放在眼里了。你要知道，日本人要杀我的头。"说时，把手在颈部比划了一下。我说："这个你不必担心，要杀，只会先杀我的头，他们哪一次威胁，都没有对着你。"他更加咆哮地说："现在，我们不能合作了，有我就没有你。"我说："那好，我先给你机会，我辞职，让你来干。"他盯着严说："那么，密斯脱严，由你决定吧。"严迟疑了一阵说："编辑部怎么能离得开密斯脱徐呢，再好好商量商量吧。"严是知道我们编辑部是团结的，而且工厂都是原《大公报》的设备和旧人，克明能指挥得了吗？

克明听了严的话，大失所望，气呼呼地走了。

过了两天，严找我谈话，说克明是一时冲动，现在很后悔，"我看，过去的事就算了，不必再记在心上"。我说："我对这事是认真看待的。有他无我这番话，是他当众说的。他要再挂名总主笔，就得先当众声明，取消这句话。"这样，逼得克明只能辞去董事长和总主笔的"职位"，由董事会推请路易·乔治任董事长，报名下的发行人，改为"英商文汇出版公司"。另外，还请当时任雷氏德学院院长爱德华（曾担任过公共租界工部局总办）任特约撰述，大约每隔十天半月，写一篇中英文合璧（中文由储玉坤翻译）的专论，这也创了中国报坛的新花样，那时，主要是为了加添些"英商"招牌上的油彩。

大概是方伯奋他们出的鬼主意，对克明父子的一千三百元，丝毫不加减少，给路易·乔治的车马费，却只由一百元改为四百元。

看来乔治这个人还老实，每月白得四百元，不计较多少，也从不问报馆的情况，更不找编辑部的岔子，相安无事。

大约过了三个月，很可能是方伯奋串通其他三个中国董事，向严宝礼施加了压力。严有一天来找我，说："路易·乔治这个人，没有'肩胛'（意即不负责任），董事会考虑，还不如仍找克明回来，你的意见怎样？"我说："董事会怎么考虑，我无权过问，编辑部是断断不和他合作的。我为你着想，乔治老老实实，不兴风作浪，有什么不好？何必再找鬼上门呢？"他说："雄飞、彬翰他们全这样主张，我一个人做不了主。"这样，董事长又换上了克明，而总主笔这个名义，由于我的坚持，没有让他"复辟"。

　　事后证明，严这一着十分失算，报馆引来了无穷麻烦，最后几乎被这个流氓出卖了。对严个人说来，也是打虎不死反成仇，他一时心软，后来反被这只豺狼狠狠地咬了一口。

《文汇报》初期的编辑部

　　《文汇报》创刊之初，日出一大张，售价二分五厘。
（《新闻报》原出四至五大张，加上本市增刊，多至八九张。
"八一三"后，改出两大张，仍售三分六厘。）第一版要闻；
第二版国际新闻；第三版本市新闻；第四版副刊"文会"。
总编辑是胡惠生，他是胡朴安的侄儿。胡朴安曾在两路局挂
名拿干薪；胡惠生则曾在路局任过文牍员；后来，在胡朴
安任《民国日报》社长时，他曾入该报任过短期的编辑。严
宝礼等物色不到总编辑，就把这位旧同事找来了。

　　国际新闻编辑储玉坤，前面已介绍过了。本市新闻编辑
吴农花，长期任小报的记者、编辑，是胡雄飞介绍参加的。
他和徐耻痕一样，在"鸳鸯蝴蝶派"盛行时，都发表过作品，
大概都算是没有飞高的"蝴蝶"吧。

　　副刊编辑是高季琳（柯灵），当时已是相当知名的作家；
创刊初期的"文会"，即刊载了不少从延安和敌后寄来的书

简，和上海一些进步作家的文章、小品，还长篇连载了史沫特莱的《中国红军行进》。

我主持编辑部后，先是由王文彬任本市新闻编辑，兼采访主任。不久，因事被我"请"走。调来许君远继任，也不久就被辞去了。

要闻版开始由我自己主编。扩充篇幅后，我一个人编两版要闻，当然也不可能了。先是让程玉西试编一些小条新闻，如"要闻简报"之类；以后，才先后增聘曾在《时事新报》当过编辑的朱云光和余鸿翔为要闻编辑，徐绪昌为国际新闻助理编辑。

到四月初，又扩展为日出三大张，增加了教育与体育新闻版，社会服务版，并增出了一个较"世纪风"为通俗的副刊"灯塔"，由一向任小报编辑的陈灵犀主编。教育与体育由周福宽主编，社会服务版由张季涯和严荫武两个律师主编。还请李平心、潘序伦（实际由立信会计学校的顾准负责）等分别编辑了青年、会计、教育等周刊。此外，还聘请了两个翻译、两个外勤记者，并招考进了四个练习生，协助收发信稿，学习编、采工作。

五六月间，发行已超过五万份，广告收入则已远远超过了一万元，而且很多广告，都要压了一两天才能登出；有些客户，宁可多出广告费，要求第二天见报。

有一天，遇着严独鹤，他说："这几天，我们的老板汪伯奇先生发急了。"我问为什么？他说："你们的销路已超过《新闻报》，这是多年来从未发生过的事。"（《新闻报》发行一直占第一位，最多时号称日销十八万份，那时发行限于孤岛，又因受敌方检查，跌至五万份左右。）

总之，当时的《文汇报》真可说是"异军苍头突起"，蒸蒸日上。据严宝礼说，他曾聘请汇丰银行的总会计师来查账，根据营业情况，票面为二十元的每股股票，实值应升为七百二十元。

为什么当时的《文汇报》会受到如此广大的读者支持和欢迎呢？我们的编辑来自四面八方，一般说，编报的经验都很少。就我个人而言，根本谈不上有什么进步思想，又和普通百姓缺少联系。相反的，却从旧《大公报》沾染了不少污泥浊水。至多只是一个历史不长的编辑匠，而且是第一次领导一个编辑班子。其原因最主要的，是由于被远远抛在敌后的孤岛几百万爱国同胞，需要鼓舞，需要希望，都想从报纸上听到抗战的声音、胜利的声音。

而当时上海报界的情况怎样呢？《新闻报》《时报》以及不断出现的汉奸报（如红帮头子徐朗西主办的《生活日报》等），不必说了，老牌的洋商报如《大美晚报》中文版（早被宋子文收买）等，也都竭力保持中立的态度，唯恐触犯敌人。而进步的报纸如《导报》，当时尚未创刊；《译报》虽已出版，还未改为大型报，只翻译转载一些同情中国抗战的外文报刊的记载和评论（所以，最初取名《每日译报》），不能满足广大读者的要求。

《文汇报》可以说是应运而生。编辑的基本方针，就是坚持民族大义，宣传抗战救国。我们首先冲破了"洋商"报"中立"的界线，热情地歌颂抗战，反对投降卖国。当时，报馆虽挂着洋商招牌，编报的人却是爱国的中国人。不论在社论、标题以及新闻写作和副刊编辑等方面，都堂堂正正而毫不隐讳这个立场。后来，我和克明由发生矛盾而公开冲突，焦点就在这里。

当时（从一九三八年一月创刊到一九三九年五月被封），国共还没有发生大的摩擦。在我们这一群编辑之中，思想真正进步的不多，十分顽固的也绝无仅有，一般是单纯、幼稚，却坚守着爱国、抗战的立场；而且年纪都比较轻。"初生之犊不畏虎"，敢说敢写，敢于冒险。对于坚决抗战的，我们就拥护、歌颂，不存任何成见，不受任何影响。比如，一九三八年三月十五日写的社论《西北大战之展望》，就热情歌颂八路军："陕北现为八路军之中心，人民经两年余之严格训练，抗日思想最为浓厚；武装民众，遍地皆是。彼等已厉兵秣马，准备为保卫国土，献身祖国。八路军主力，现集中于陕晋边境者无虑二十万，经多年之苦斗，万里之长征，耐劳苦，守纪律，有浓厚之政治意识，高远之政治理想，每一个士兵，均能成为一个作战单位。……"最后则指出："西北为中华民族发祥地，数千年来，屡摧强敌，驱逐胡虏，保卫中原。今日中国男儿，又跃马横戈于西北疆场矣！"

正由于这些原因，《文汇报》才受到孤岛广大读者的欢迎，发挥较大的影响。

和敌伪针锋相对的斗争

　　《文汇报》创刊不久，即挨了敌人的炸弹，一死两伤。我们斗争的态度更为坚决。当时，敌人开始酝酿在南京组织傀儡政府；一面拉拢民族败类，一面竭力制造恐怖，恫吓上海人民。他们曾在法租界边界，高挂了六颗人头，并在租界到处投弹、暗杀。

　　另一方面，有些跃跃欲试、想出面当汉奸的人，如陆伯鸿（天主教人士）、傅筱庵等先后被暗杀，而梁鸿志、温宗尧等，不仅自己甘当敌人爪牙，而且四出拖人下水。三月八日，原国民党杂牌军将领、后被国民政府通缉过的周凤岐（"四一二"事变时，曾在闸北屠杀工人群众）在其寓所被暗杀，据说他已决心投敌，内定出任伪"华中政府"的"军政部长"。

　　翌日，《文汇报》在一篇题为《周凤岐之死》的社论中，最后说道："过去多年的内乱，使中国许多旧式军人和官僚，失去了把握自己的力量，环境使他们动摇腐化，高度的私生活，迫他们不能安于沉寂。……

"现在，中国正在施行大手术的过程中，强度的 X 光，射入体内，纤毫毕露，每一个细胞，都无法隐藏其本质。是健康的还是腐败的，是强壮的还是脆弱的，都无法遁形。

"大家要自强不息，成为一个人健康强壮的细胞，为全体增加生力。否则，终有被排除、抛弃的一天。"

到了三月二十八日，以梁鸿志为首的伪组织——"维新政府"在南京登台。

二十九日，《文汇报》发表了一篇《无题》的社论，指出他们是敌人刺刀下扶植起来的工具，像僵尸一样，假借"中国政府"的尸体，白昼现形，迷害好人。结论说："一切自暴自弃的废物，让它们去曝尸露体，供人玩弄，受人唾弃罢。所有有灵魂的人，都应足踏实地，奋发自雄，为未来的光明世界，增加光辉。"

就在社论旁边，登载伪组织登场消息，主题是："南京一幕喜剧"，下加三个副题："登场人物：梁鸿志、温宗尧等。布景：国府旧址，悬五色旗。时间：昨日上午十时。"外加一条短讯："老牌汉奸，郑孝胥死。"

这些对敌伪的揭露，也是对动摇者的劝告。

当时，敌伪方面对《文汇报》及其他抗日报纸当然更加恼火。《文汇报》先后受到几次恫吓。

详细情况，前面已叙述过了。

《文汇报》第一次被迫停刊

　　《文汇报》幼年是多灾多难的。它在抗战的烽火中诞生，在"孤岛"苦斗了一年零四个月，就被敌伪勾结租界当局扼杀。

　　一九四五年"在胜利中复刊"（当时以此作为号召）以后，因主持无人，几乎落入国民党的罗网，幸而时间很短，一九四六年初，就重新整顿，调整阵容，革新版面，焕发了青春，毅然站到争民主、反独裁的前列。这样生龙活虎的战斗生活，也不过一年零四个月，到一九四七年五月，又被国民党魔手堵住了呼吸。解放后第二次复刊，应该是长寿长命的了，但正像我们国家经历的曲折一样，也饱受了风霜，先是盲目学习苏联的模式，自动停刊，去参加《教师报》。不久复刊了，正想为社会主义建设放出光彩的时候，兜头一盆污水泼下来了，觳觫惶恐，"臣罪当诛"，虽然手足无措地维持下来，仍不时受到极左思潮的干扰。"文化大革命"一起，便被林彪、"四人帮"之流把前十七年判为"两度复辟"，而"十年浩劫"中，则沦落成为"四人帮"的帮报。直到一九七六年"四人帮"垮台以后，才见光明，恢复生机。

现在是健壮地进入中年（"四十而不惑"了吧）了。

回顾过去，在我的思想上，有两段时期是剔除在报史以外的。一是抗战胜利后那段短时期，再就是这"十年浩劫"中。因为，这两个时期，尽管表现不同，都和《文汇报》的风貌、传统太背道而驰了。在广大读者的心目中，是不会承认它们也是《文汇报》的，虽然挂着同一的招牌。（《文汇报》原来的报头，是三十年代在上海鬻书的谭泽闿写的。）在前面几节，我已把《文汇报》诞生的经过、同敌伪斗争、同克明较量的经过，简要地回忆了。

下面，再谈谈和国民党各派控制力量战斗的经过。

在"孤岛"初期《文汇报》生存这段期间，还是国共合作抗战，国民党对抗战表面还比较积极，离开发动第一次反共高潮的时间还远。《文汇报》尽力宣传抗战，反对投降（当时，蒋企图通过德大使陶德曼等对日妥协），同敌伪进行短兵相接的斗争。国民党如果真是"天下为公"，那应该喜出望外，竭力给予支持，至少，不该有什么不放心而加歧视的了。

但是不然，在那些党阀党棍们的眼里，不抓在他们手里的东西，就是不放心；不放心而不紧紧把它捏死，就是不甘心。

一九三八年春，《文汇报》的声光初露，CC系就首先企图插手，当时任国民党中宣部副部长的潘公展（部长还是尚未落水的周佛海）放下了钓饵，从汉口转来电报，说愿意帮助《文汇报》解决印刷问题，把上海《晨报》（原由潘公展主办）存沪的一部印报机拨给《文汇报》。严宝礼本为印刷问题焦心（托《大公报》代印，他怕一旦抗战胜利，《大公报》复刊，《文汇报》就落空了），得到这一纸电文，极为高兴，连忙找着《晨报》的留守人员宓季方联系，答复是冰冷的，说机器是有的，押在某银行仓库里，要一笔钱去赎出来。问多少钱呢？说是要五万。当时，买一部普通的旧卷筒机，不过两万多，明精公司开始自制成功的印报机，只要一万多元。谁愿意花五万去"赎"这部旧机器呢？

过了一些时候，宓季方来说，说已接到"潘先生"的复电，这五万元由他们自己拿出，就作为潘先生的"投资"吧。图穷匕首见了，原来是借"支援"之名，来控制、吞食。《文汇报》当时新旧股款，名额上也不过三万元，来了"五万"，不是大鱼来吃小鱼了吗。经严和中国股东们商议，断然回绝了。

第二次企图插手的是"孔财神"（孔祥熙）。有一天，我看到严宝礼和李秋生陪着一个清瘦老头到编辑部、排字房上下兜了一圈。事后我问严，那个老头是甚等样人？严答："他叫胡鄂公，是孔祥熙的驻沪代表，由李秋生介绍来联系，准备投资的。"当时，《文汇报》的营业情况很好，本来不需要新的资金，但严的事业心很重，一心想作长治久安之计。我劝他小心，不要再上当。过几天，他对我说，对方的条件很苛刻，一是要派人参加编辑部，二是要派人当会计主任。我和严都坚决反对，这一关又过去了。

不久，"宋财神"（宋子文）又通过他在沪的代理人张似旭（《大美晚报》中文部经理），来和严商谈，手面更大，说要投资十万元，大大扩充设备和规模，条件也更苛刻，要参加若干人，包括一副总编辑、一副经理和一个会计主任。严和我商量后，毅然回绝了。

回绝的后果是严峻的。从此，《文汇报》结不到分文的官价外汇。当时，租界里还通用"法币"，它和英镑的比价，规定为一元合一先令两便士半；抗战开始后，由于国民党通货膨胀，黑市价日益跌落，到那时，已跌到一元只合八便士左右。白报纸是要用外汇结算的，而官价外汇，掌握在宋子文控制的中央、中国银行之手。结不到官价外汇，只能以高价去黑市结汇，这样，报纸的成本就要提高三分之一以上。而且黑市一天数变，"瞻望前途，不寒而栗"。

更可气愤的，他们对受敌方新闻检查、噤若寒蝉的《新闻报》和态度可疑的《时报》，照样按月给以官价外汇；至于《大美晚报》，不仅充分满足，还有多余的大量外汇向黑市抛售。

而对艰苦冒险站在抗日宣传第一线的《文汇报》《译报》《导报》，却不准结一分外汇。迹其用心，等于是和敌伪配合，来绞死这几张抗日报纸。

这一手的确很毒辣。由于黑市的日益狂跌，而报纸又不能涨价（别的报有官价外汇，不涨价），《文汇报》本来是先天不足的，至此，现金日益周转不灵，有时，严宝礼难免为了应急，开了些空头支票，这就为克明及其他中国董事提供了借口，乘机对严攻击，并进一步对付编辑部，企图出卖《文汇报》。

那年的五月九日，各抗日报纸当然要写社论，写新闻，纪念国耻。第二天，租界工部局和敌方勾结，以"抗日言辞激烈，影响租界秩序"为"罪名"罚令《文汇报》《译报》《导报》《大英夜报》停刊一星期。

停刊的第二天，我忽然接到徐耻痕打来电话，约请我去新新旅馆三一三号闲谈，说他们几个都在那里。平时，董事会和我接触，总是严宝礼通知的，怎么这次是徐耻痕？一路带着疑问到了新新旅馆。更奇怪的，在房间里等着我的五个中国董事中，独缺严宝礼。

刚落座，他们就说，克明已把严免职了，经理由克明自己兼任。我问为什么？他们说，因为严不善经营，胡乱花钱，使报馆周转不灵，乱发空头支票，克明知道后急了，把严叫去骂了一顿，决定自己出来整顿。徐耻痕和沈彬翰还相互补充说："宝礼哥这个人，我们是多年的朋友，脑筋是很活络的，就是私心太重，花钱无计划。这次克明把他免职，完全为了报馆；对老兄，他一点没有意见，还是很敬佩的。"方伯奋马上接着说："是啊，克明对老哥的道德、文章，一向是敬佩的，上次的误会，全由于宝礼的挑拨。克明这个人，对办报是内行的，怎么会不识好歹？他这人是苏格兰人的脾气，有话说过就完了，从不记在心上。昨天他还对我说，《文汇报》今后还要依重老兄全力主持，他保证不再掣肘。"我听了，知道其中大有文章，只简单地说："宝礼的进退，是你们董事会的事，我不便插嘴，至于我的工作，让我好好考虑后再答复，好在离复刊还有几天。"

我从新新旅馆出来，忙去找严宝礼和李子宽，约略谈了刚才会晤的经过,并问严究竟是怎么回事?严说:"克明是前几天就找我的,问我空头支票的事。这只是一个由头,因为上海滩上,这也是难免的事,开出后,只要设法调头寸去补足好了。他是借此要来抓报馆,说要投资五万元,来把报馆大加整顿。"我问:"克明是一个穷光蛋,哪里来这五万元?"严说:"据克明自己说,是他婶母的钱,说他婶母是一个孤孀,宁波人,很有钱,是他向婶母说服决定投资的。"接着,严还说:"克明开始还对我说:'报馆非加五万元无法继续,你能筹到五万元,经理就仍由你做下去。否则,就由我来干。'我前天去找陈训念(原上海新闻检查所副主任,那时留在上海,做国民党中宣部的联络员)商量,他说市党部有一笔钱,我请他陪着去看童行白(当时'地下'的市党部主任委员),说明并不真要用这笔钱,只要拿这张支票给克明看看,搪塞一下,就送回来;但是童坚决不答应,因此,只能让克明挤进来了。"

我问:"徐耻痕他们四个人,为什么这样支持克明?"他说:"他们以为报馆有许多'甜头',克明答应他们,今后有什么好处,和他们朋分。"

据李子宽说,他已听到风声,克明已受汪伪的收买(当时汪已由河内秘密到了上海),这五万元就是汪伪的钱。我主张一面继续调查,一面立即准备应付,登报揭露克明的阴谋。严为主慎重,最后决定召开股东会商量此事。

以后来的消息,证明克明确已被收买了,代价不是五万而是十万。牵线的人是华北大汉奸董康的侄子董俞。联想到一个月前,严曾陪着一位矮矮胖胖、白净的中年人来编辑部参观，事后我问严，是什么人？他说是董俞大律师，是克明介绍来，准备请他当法律顾问的。我告诉严，董俞是董康的侄子，要他千万提防，以后才无下文。联系此事，蛛丝马迹，就更加清楚了。

召开股东会那天，参加的有二十余人，严和我揭发了克明的阴谋，徐耻痕等则极力为克明辩护，大多数股东莫知适从，只有余鸿翔等三四人坚决支持我们的意见，会议无结果而散。

会后，我邀请编辑部全体人员（一共只有二十余人）开会，讨论应付办法，大家主张立即登报，说明编辑部的正义立场，戳穿克明的阴谋。大家推我起草了一个广告，大意说，风闻有人与敌伪有勾搭，企图出卖本报，同人等坚守正义立场，在此事未澄清以前，决不复刊。二十多人全都签了名。正在这时，严宝礼赶来，主张暂不登此广告，说这样一来，就没有调和的余地了。我说："在这关头，还有什么余地，假使让克明抢在前面，颠倒黑白，比如说，他可以说是要整顿经理、编辑两部，放出迷人的烟幕，那我们就被动了。所以，我劝你也登一类似的广告。"

第二天，广告在《申报》《新闻报》登出后，克明他们果然手忙脚乱，知道先稳住编辑部、各个击破的阴谋失败了，急忙把原会计主任周名赓找去当他的参谋（周原是严的心腹。克明找他去委以重任，这个谜，我一直没有猜透），到处订机器，购排字房设备，准备自己印刷。编辑方面，则由汪伪推派一个叫彭年的（此人后来还当了汪伪政府的次长）任总编辑，收集一些败类作为班底。

我和严宝礼、李子宽商量，不仅要继续揭露克明的阴谋，还应想法不让《文汇报》三字遭他们玷污。但我们没法运用股权，阻止他们改变言论态度和编辑方针，阻止克明的出卖勾当。因为根据英国的公司法，要经半数以上的股权通过，才能决定经营方针，而公司法又规定，所有英商公司，必须至少有百分之五十一的股权属于英国人。所以，《文汇报》的资本，虽然百分之百是中国人的，但最初登记时，有一半以上的股票挂在英国股东的名下（他们另出一张转让证，给股权所有人），而这些名义上的英籍股东，全是克明找来的，自然无法劝他们反对克明。

　　幸而英国公司法还有一条：有三分之一以上不同意，公司不得继续经营。我们计算一下，在我们手中及其他可以支配的股权（不算挂在英商名下的），只有四分之一左右。于是，决定由严收购股票。那时，有不少散股的持有人，看到报纸已停刊，怕股票变成废纸，愿意打折扣脱手，而克明他们还未想到这一着。所以，很快我们就收集到超过三分之一股权的股票。正好这时，英国大使寇尔从重庆来到上海。原在《大公报》编过副刊的马季良（唐纳）兄，那时在英国新闻处工作，我们找他商量，他对我们的打算，极表赞成。于是，我们写好了一份“说帖”，请他代为递交寇尔。

　　没过几天，寇尔就给上海英国总领事馆一个批文，注销英商文汇出版公司的登记，这就从根本上粉碎了克明出卖《文汇报》的阴谋。

　　以后，他为了要对汪伪做交待，只得另外取个报名（是否叫《中国日报》我就不清楚了，因为我不久就离沪赴香港），出了一张纯粹以汉奸面貌出版的报纸。

《文汇报》这三个字，得以保持了她的洁白无瑕。

后来我想，寇尔此举，是否出于对我们的同情呢？显然不是，他是为英国考虑，如果出现一张挂着英商招牌的汉奸报，一定激起中国人民的愤怒，这对英国是不利的。

另一方面，在那次取缔抗日报纸事件中，这四家报纸，都是英商招牌，挂美商招牌的《申报》《中美日报》等，却一家也未波及。而且，这四家报纸，都因发行人出了花样，在停刊一周后未能复刊。由此可见，这也是英方的预定计划。

既怕得罪日本人，不让上海存在一张"英商"的抗日报纸；又怕中国人民，不让出现一张"英商"的汉奸报纸。这和当时英国政府采取的远东外交政策——软弱无力，对中日双方都不得罪，是完全吻合的。

别了"孤岛"

　　在和克明做最后搏斗的时候，胡政之就"函电交驰"，促我立即赴港，回《大公报》主持港版编辑工作。所以，这次《文汇报》停刊，并没有重尝失业的滋味。但我不想立即离开上海，曾与之冒危险、共呼吸，共同苦斗了一年半的"孤岛"，感情上一时割不断；停刊以后，除掉有些同事已参加《大美晚报》《中美日报》和哈瓦斯通信社等外，还有好几位没有找到新的岗位。我先拍拍屁股走了，道义上不容许。再则，对家庭也要做一番安排。

　　好久没有这样宁静地在家中生活了。乘此机会，和父母妻儿，一起去看看电影；还看了两场话剧，一次是晚上，在复兴路西头一个什么地方，看苦斗剧团的演出，是全家去的，是什么剧本，记不起来了。另一次是下午同妻一起到浦东同乡会看于伶和上海剧艺社组织排演的《葛嫩娘》(阿英编剧)，印象非常深刻，宣扬民族气节，提倡再接再厉的战斗精神，给孤岛人民的鼓励，该是很大的。全神倾注在剧情中，没有注意外面的狂风骤雨，散戏出场时，马路上已积水成河了。我们脱了袜子，卷起裤腿，步行回家。走过巨鹿路附近，水几乎没到胸口，好不容易，凫水走到了家，真变成一对落汤鸡了。

到八月初，才捆挡行李，坐上南驶的荷印邮轮"芝沙达尼"号。

三天到了香港，船停在海心，胡政之已派庶务主任徐某雇一小舟来迎迓。很顺利地到了报馆，和胡、张季鸾及其他老同事见面。

提起这位庶务主任，顺便还可谈一个插曲。我在保定河北大学读书时，曾和一位姓伍的同学颇莫逆，他曾一再谈过，自己是孤儿，是受过住在天津的广东人姓徐一家抚养、照顾成长的。这位庶务主任，就是这家的儿子。我们初次见面后，他就和我攀谈起这个关系。《大公报》在香港出版，因为人物生疏，要找一个广东人当庶务；曾在天津搞电影公司的罗民佑，向胡政之推荐了他。

他是真有一套本领的。听说，胡政之第一次召见他时，一再嘱咐，干庶务工作，一定要手续干净，千万勿公私不分。他一脸诚恳地说："我在天津南开上学时，胡先生来校演讲，说做人第一要老实。给我的教育很深刻，牢记作为终身的座右铭。我做事可能很笨拙，但老实一点，是有自信的。"胡听了极满意，从此信任不疑。哪里知道，不到两年，他忽拐款潜逃，经调查，有一批白报纸被他押在某仓库，他私自提货变卖，《大公报》损失近万元，这在当时，是一笔不小的数字，后来，会同香港警务区把他从上海押捕回来，投入监狱，而钱已用光了。按照香港的法律，被告系狱，伙食费要原告负担。所以，关了一年多，《大公报》也不再要求关禁他了。

这是后话。我所以叙这段插曲，是说明像胡政之这样察察为明的人，也很难逃过"马屁"这一关。人家量好头寸，给他定制了一顶高帽子，他竟舒适地套上了，还自以为识拔了一个老实人呢。

香港《大公报》是"八一三"一周年创刊的，地点在闹市"大道中"的一座破旧的二楼，下面设有商务印书馆。楼上，除《大公报》租用大部外，还有照相馆、女子理发店等，仿佛是一个杂院。一年以后，搬到利源东街，这幢三层的陈旧木屋，从外表看，仿佛是弄堂小报了。正在这时候，它获得美国密苏里大学的奖章。除日本《朝日新闻》外，它是东方报纸得到此荣誉的又一家。

那时，胡政之续弦不久，深居简出，只抓"大政方针"和社评，经理金诚夫还兼管一般编辑事务。

我到香港时，张季鸾也适在港，他是主要抓重庆版，大约每隔半年，来住上一两个月，说是治疗晚期肺结核病。后来我才知道，他之频频到港，也是受张群等的委托，来寻找对日"和谈"的门路的。那时，蒋介石虽然还口口声声说要抗战到底，暗下却在多方寻找对日妥协的门路，张所试探的，是其中的一条。

我大概是八月中抵港的，记得初到报馆，翻阅前几天的报纸，看到"八一三"一周年那天的本港版，头条是报道港、九市民为抗战捐献的消息，大字标题十分生动，铿锵有力。据本市编辑说，那天晚上，适张季鸾来馆，看到本港版的大样，大概嫌原标题太噜苏，信手提笔把它划去，写上两行十六个字的标题：《可歌可泣"八一三"，人山人海献金台》。

我那次到港，因为有了《文汇报》苦斗的一段经历，在张、胡两位看来，似乎大有"士别三日"之概，让我休息一天后，就把编辑工作全委给了我。开始几天，社评还由他们口授大意，写成后，由胡润色；以后，就完全由我负责选题、撰写，并修饰别的同事写的稿子。当时，分担社评工作的，有金诚夫、杨历樵、李纯青，还有一位姓袁的老先生，已记不起他的名字了。有时也选载一些重庆版的社评，多半是没有时间性的泛论。当时，渝港间每周有几班飞机，为了防空，都是夜航。

我那时只有三十二岁，正是年富力强。也像在上海《文汇报》一样，分发稿件，看各版的小样、大样；带一位助手，主编要闻版。除社评外，还每天要写两到三段短评。所不同的，是可以自由自在地工作，不像上海那样紧闭在铁笼子里，随时准备有炸弹的威胁了。

生活方式也大有改变，中午，吃了点东西后，看一小时书，然后安步下山。宿舍初在坚道，后迁至半山的罗便臣道。那里是一条界线，在此以上，基本是洋人的住宅，只有极少数的豪绅如何东爵士、周寿臣爵绅之类可以混迹其中，而一般平民，则拥塞于山下、海隅，而罗便臣道一带房子较高级，大都为有钱的华人居住。所以，香港人称高等华人为"半山人"。

到报馆翻阅报纸，并布置一些工作后，照例有友朋相约，去咖啡馆坐上一小时，有时还要转几个地方，喝咖啡，谈时局。那时，普通话已通行，上海口音到处可闻，也时常碰到上海时的熟朋友，情况和一九三一年我第一次到港时，完全不同了。

香港当时的报纸，有老牌的《华字日报》（创刊比《申报》还早好几年）、《循环日报》《华侨日报》，还有何东爵士主办的《工商日报》，汪精卫派的《南华日报》，还有出刊最早（天亮时，劳动人民饮早茶时就可人手一份）、发行最广的《成报》。这些是属于"本帮"老报。抗战后新出版的，有以万金油起家的永安堂老板胡文虎主办的《星岛日报》，有国民党机关报《国民日报》，有桂系主办的《珠江日报》，还有《大公报》和成舍我的《立报》，这些新兴的报纸，为了应付老板的歧视，有一个聚餐的组织，每两星期举行一次，参加的除上述报馆外，还有中央社和国新社。此外，还有一个特别组织——荣记行。那时，香港当局不许中国方面有官方组织，重庆政府港澳特派员吴铁城的庞大办公机构，取了这个怪名义。

各参加单位轮流做东，每次两席，经常参加的，有《星岛日报》的金仲华和邵宗汉（正副总编辑）、国新社的恽逸群，《国民日报》陈训念（经理）和王新命（总编），《珠江日报》的黎蒙、《立报》的成舍我、吴范圜和中央社的梁士纯以及一个姓英的编辑主任，《大公报》则由我和金诚夫参加。"荣记"的代表，则是汪荣宝的小儿子汪公纪，他当时是吴铁城的机要秘书。

当时，国共还未发生大的摩擦，反映在这个聚餐会上，表面还是一团和气，团结抗战。相互对酌时，还交换些时局消息，商讨发行和广告价目等。有一次互叙年龄，我和仲华、宗汉以及陈训念都是同庚，还合饮了一杯。后来，随着国共关系的恶化，《星岛日报》和国新社被排除在外，但我和仲华等，一直维持着友谊。我们都是认真办报的，每天晚上，我和仲华总要通一两次电话。互通消息，并相互核对所收到的外电。还不时约定，在看完大样后，一起到高升茶楼（香港最早开市的大茶楼）去饮早茶，吃点叉烧包子一类的早点。我同着夜班编辑蒋荫恩、马廷栋等，仲华则常常同宗汉和羊枣一起来，有时还有刘思慕。

　　不久，国民党和胡文虎进行了秘密勾当，把仲华等排除出《星岛日报》，条件大概是允许万金油和毒品运至大后方畅销吧。总编辑换进了程沧波，从此报纸面目全非，销路一落千丈。

　　当时曾流行一个政治笑话："胡文虎为什么花这么多钱办这张《星岛日报》呢？"答曰："让读者看了头痛，可以推销他的万金油和头痛粉。"这些，都是一两年后的事了。

　　我在香港的工作刚刚上路，准备安居乐业，忽然，严宝礼兄一连几封电报，催我回沪，只说："复刊已有头绪，盼速回沪主持。"我商之胡、张两先生，胡不赞成我去，张则认为上海的工作，意义更大，支持我回沪。这样，我又卷起铺盖，重回"孤岛"，临行，胡还一再嘱咐："你去看看，如果工作不称心，欢迎你立刻回来。"

　　他还特别关照庶务，给我订了一张"总统"号大邮船的二等票，这使我开了一次"洋荤"。绝似一座水上大饭店，头、二等舱在顶层，电梯上落，两人一间很舒适的卧室，还附有卫生间；餐厅像是大舞场，午、晚开餐时有乐队奏乐。晚上不是放映电影，就是开跳舞会。此外，图书馆、贩卖部、游泳池、网球场等一应俱全。只要能叫出名称的食品、水果、饮料，随叫随到，一切都免费供应，因为在票价里都打进去了。

它也像火车一样，从香港到上海，四十八小时准时到埠，泊十六铺码头。上岸后，我却遇着一次意外的围攻。也怪自己太没有经验，看到一个乞讨者追着我的黄包车要钱，一时心软，看看四下无人，给了他几分钱。这下，闯了祸了，从弄堂、小巷里跑出来几十个衣衫褴褛的汉子，围住黄包车不让走，"为什么不给我们"！他们声势汹汹地拦住车不让走。经车夫"调解"，拿出了一块钱，才被放行。

那时，《大公报》编辑部的旧址，已大部转租出去了，李子宽和严宝礼在那屋顶平台上，搭了两间简易的房子，作为他们聚谈、议事的地方。此时，则是"复刊"的筹备处。我到那里和他们见面，才知所谓复刊，其实是另办新报。原来，重庆当局看到《文汇报》被封，上海没有一张有力宣传抗战的报纸，因此，拨了五万元，要它的驻沪人员协助《文汇报》的人重创一新报，主要的条件，是要编辑部的"原班人马"。我听了，凉了半截。

接着，对于如何办起这张报，我和他们两位发生了歧见。主要是：一、自然还要挂洋商招牌，他们主张仍找英国人，我则以为，鉴于前车之覆，还是挂美商招牌比较可靠。

二、他们已拟定了一个报馆简则，规定编辑部要接受经理的领导，我则坚持总编辑应独立行使指挥，否则无法办好报纸，尤其在这样的"非常时期"。

当时，重庆方面驻沪的负责人员，是"中委"郑异（字亦同），他躲在沪西一座大楼里，由他的秘书邓友德出面和各方联系。我和他们都素不相识。邓一次来参加商议，同意我的两点意见，他还引我去见过郑异，郑也表示支持我的看法。而另一方面，有一个上海"名律师"江一平，以 CC 的骨干自居，竭力怂恿严坚持己见，说他可以代表"果老""立公"（陈果夫、陈立夫兄弟），作这个主。

双方各执己见，找不出妥协的办法，原编辑部的同事，也大都支持我意见。

我把这些情况，写信告诉胡政之。回信说，他早估量这局棋不好走，劝我下定决心，速回香港。

邓友德听说我决心要走，也不强留，只说："你们编辑部尚未有工作的，我负责设法安置，你放心好了。"

这次我在上海，只住了半月光景，却遇上一个碧空澄清的中秋。为着逗三个小孩（最大的七岁，最小的只一岁多），还买了些月饼、水果，"供"月亮。"几家欢乐几家愁。"我想，这清澈的圆月，同样也照着孤岛以外的一片焦土和刺刀下的广大农村啊！但我却要再一次离去了。

回到香港后，依然负责编、写工作，胡政之则开始盘算筹设桂林馆，为香港版开辟一条退路。在这一点上，应该说他是很有眼光的。

我不久就接到邓友德的来信，说他们决定不支持严、李等的筹备计划，已拨一部分钱，创办了平民通信社，凡是《文汇报》编辑部没找到职业的，全部容纳进去了。后来，吴绍澍（任"地下"的国民党上海市党部主任委员）、冯有真（国民党宣传部驻沪特派员）到了上海，就用这五万元创办了《正言报》，把平民通信社的骨干李秋生、程玉西请去作为台柱。太平洋大战后，冯有真把这个班底带到屯溪创刊了屯溪《中央日报》。抗战胜利后，又移沪出版上海《中央日报》，李一直任总主笔，程任总编辑。到上海后，我不久又重回《文汇报》，和他们唱着完全不同的调子。他们和我相见时，只问声好，就无言各走西东。

天下事真有难以逆料的，想不到初期《文汇报》编辑部的"乌合之众"，却为国民党培养出一套新闻班子。

在《文汇报》的历史上，两度被摧毁后，都曾酝酿另创一新报，继续努力，而都未能实现。后一次是在一九四七年被封后筹备出版《国民午报》，经过详情，以后再谈吧。

杰出的女报人

　　和其他战线一样，在新闻阵地上，女战士也前仆后继，人才辈出。当孙中山、章太炎、梁启超等创刊《民报》《时务报》等报纸，宣传各自的救国主张，冲决封建樊篱的时候，鉴湖女侠秋瑾也挺身而起，发刊《中国女报》，大声宣扬民族主义，倡导妇女解放。一九〇三年发生的震撼清廷的"苏报案"中，幕后也有一位女英雄默默地起着作用。她就是《苏报》主人陈梦坡的独生女儿陈颉芬。陈梦坡原是一个落职的江西铅山县知县，至多只有一点维新的思想；由于女儿的推动，才大胆接近革命，聘请章太炎、蔡元培等十人为撰述，章士钊为主编。《苏报》被封后，据章士钊的回忆，陈颉芬还变卖衣饰，凑了二千元，无条件地资助继起出版的《警钟日报》。她多才多艺，除帮助他父亲办《苏报》外，还创办《女报》。戈公振所著的《中国报学史》中，影印有《苏报》，可以看出广告中有"颉芬女史鬻书润例"，可见她多方面有才华，而以笔耕补助她所经营的事业。应该承认，在我国近代报业草创时期，她是一位踏实工作的女英雄。

北洋军阀统治时期，邵飘萍先生壮烈牺牲后，他的夫人汤修慧女士继起肩挑《京报》这副重担，艰苦备尝，维持了十几年。

最近读陈学昭女士的回忆录，谈到她多年任《大公报》巴黎特约记者。我记得《大公报》当时有三位女记者，除陈外，还有吕碧城和蒋逸霄，前者是驻伦敦特约记者，后者编《妇女周刊》，三位都文笔清丽，各有特点，写的通信、文章，深为读者所喜爱。以后，又有孝隐女士。

根据我的记忆，在三十年代以前我国报馆从来没有认真派驻国外的记者。所谓国外通信，只是特约留学生或使领人员做些副业而已。"九一八"后不久，中央社才设驻东京记者。至于报馆派驻外记者，则以香港《大公报》为起头。

第一个派出的是萧乾，时间在一九四〇年春，但去了很久，并无来稿。那时正在希特勒狂炸英伦，进行所谓"不列颠之战"的时候，他跑到人地生疏而又硝烟弥漫的英国，一下子就展开采访活动，是有困难的。

那时，我任《大公报》港版的编辑主任，正在苦于栽花待发之际，忽然，"无心插柳"，送来了奇葩。有一天，收到一封从巴黎围城中寄来的厚厚的航空信，拆开一看，有四五张密密的蝇头小楷，署名"孝隐"，字迹十分工整而秀丽，内容则是描述马其诺防线被突破后，法国统治者如何惊惶失措，举棋不定，以及巴黎围城中各阶层的生活和精神面貌。写得十分生动，文笔极好。我喜出望外，翌日就作为专栏刊出。来信仅写"凌寄","孝隐"是她的真名还是笔名，就不得而知了。

我立即回她一信，请她任驻法特约记者，她欣然同意，以后，大约至多隔半月，必来一稿，开始还寄自巴黎，以后则随着法国政府的搬迁，换了几个地方，最后是从维希发出。她寄来的通信，每篇都相当长，有时要分三天才能登完，而字迹总是那么工整，而行文流畅，刻画入微，又善于恰当地运用成语、典故，以描维希政府那些人物的狼狈相。记得她曾引用了我国民间的俚语，讽刺贝当和魏刚："七十三，八十四，活受罪，老不死。"真可说是信手拈来，恰成妙喻。大家知道，在第一次世界大战时，贝当和霞飞、福煦一样，都是有名的统帅，他们都是战后受法国人民崇敬的人物，连上海的法租界，也把三条主要马路改用了他们的名字。魏刚也是当时的民族英雄，率部坚守过凡尔登要塞。而此时两人却卑躬屈膝，向希特勒低头，做了纳粹的傀儡。而贝当当时正好八十四岁，魏刚也恰是七十三岁。

孝隐的通信，吸引了广大的读者，我也十分心折，老实说，从年轻时倾倒于飘萍、彬彬等通信以后，孝隐之作，给我留下的印象最深。太平洋大战发生，自然关系就中断了，以后再也没有得知她的下落。

解放以后，间接得知她还有亲属在国内工作，而且知道她的丈夫就是萧瑜。

萧瑜是何许人呢，斯诺的《西行漫记》曾提到，毛泽东曾对斯诺说，在中学时代，曾与一个同学叫萧瑜的步行视察了长沙附近的许多县市和农村（读李维汉的回忆录，《记新民学会的发起人》中有萧子升，后来去法留学，可能就是此人）。"而这个人，现在（指三十六年前后）已跑到国民党那里去了"。

据我所知，这个人最初是赴法国留学，后来跑到了北京，在李石曾控制的中法大学任职，一九二八年，国民党攻占北京后，李石曾想控制北方教育界，模仿当时法国的大学区制，攫占了所谓北平大学校长，成立了大学区，不仅囊括京津各大学，连普通教育和社会教育如图书馆、博物馆之类，也被一网打尽，记得萧瑜就被任为"校长办公室"的重要人员之一。因为北京学生的坚决反对，李石曾的迷梦终于破灭，连"校长办公室"也被示威的学生砸烂。我那时已开始当新闻记者，一面还在北京师大挂着学籍，曾参加了这次游行示威。以后不久，易培基被任为故宫博物院院长，萧瑜是该院的秘书长。他们干了没有几个月，报上就哄传发生"故宫盗宝案"，"宁国府"的监察员也吵吵闹闹要撤查。究竟如何，以后也未见什么下文，不过，易培基这个名字，从此就在"要人行踪"中失踪了，自然，更不用说萧瑜。

依我的主观推算，大概在此以后，萧先生就成了巴黎的寓公。

至于孝隐女士的经历、学历，则我一无所知。如果她还健在，该已是年逾八十的老人了。

四十年代之初，又有两位女记者崭然露了头角。一位是《新民报》的浦熙修，一位是《大公报》的彭子冈。一时瑜亮，活跃于"大后方"。

我这里指的女记者，是就狭义的意义而言的。当时，还出了不少优秀的女新闻工作者，如杨刚、戈扬等等，但有的以文艺显其才华，有的主要做其他实际工作。以戏剧来比喻，有的以花衫应功，有的还反串老生戏，而她们两位，则纯粹以"青衣"——采访记者而闻名。

当时重庆的新闻界，鱼龙混杂，而泾渭分明。在记者招待会上，口齿犀利，敢于提出质询，每每使那些达官贵人脸红舌结的，首推这两位女将。记载翔实，分清黑白，揭露底蕴，使读者称快，而为要人们摇头叹气的，也首推这两位女将。

当时的《大公报》，也不是"铁板一块"的。子冈写的新闻，每多被目为过于尖锐而遭刊落，她就寄给桂林《大公报》，我们一字不改加以发表，成为桂林《大公报》的特色之一。

抗战胜利以后，我和杨历樵、朱启平等主持复刊上海《大公报》，曾企图大力宣传民主，反对独裁内战。除约请马叙伦、郑振铎、傅雷等先生撰写"星期论文"，社评一般不转载重庆版的之外，新闻也力求报道真实，如"沧白堂事件"和"校场口事件"，子冈和徐盈、高集等都特地拍来真实情况的新闻电，与渝报显有不同。昆明血案，更是上海《大公报》首先揭露真相，使国民党顽固派看了暴跳如雷，它们的鹰犬如《救国日报》的龚德柏，公开"揭露"上海《大公报》是中共的喉舌，还说我是"地下党员"，做过什么秘书等等，真是信口雌黄，白昼见鬼，我们只一笑置之。

解放以后，浦熙修参加《文汇报》，任北京办事处主任，子冈则不久转入《新观察》。她们那时都不过三十多岁吧，精力旺盛，写作更加成熟；歌颂光明，写出了不少感人肺腑的报道。但她们有一个共同的特点，爽直、敢言，有意见当面"开销"，而最不喜欢当面恭维、退有后言那一套两面派作风。

比如，有一次我到北京，独自坐了办事处的汽车去听一个报告。当晚，"浦二姐"（朋友们对浦熙修习惯的称呼）就不客气地对我说："徐先生，我看你有些家长作风。我也要去听这次报告的，你不说一声独自去了，害得我只能雇洋车赶去。"她不时给我这样的批评，而在工作上则尊重我的意见。

在写新闻报道时，她们也出于对新中国的热爱，眼睛里夹进一粒砂子就要说出来，因此，往往为喜欢歌功颂德、喜欢报喜不报忧者所侧目，而贤明的领导人，则喜欢她们这种直言的风格。

是"自由主义者"么？事实已做出回答。当子冈被派去《新观察》和《旅行家》工作时，就一心一意把这两本杂志办得有声有色。我和熙修参加《教师报》工作时，她抛弃原来的爱好，埋头钻研教育学、深入了解学校情况。即使在挨了棍子以后，她还竭力想为人民多做些工作，一九六○年她到福建去参观，回来时经过上海，我看她神采依然，一点没有委曲、颓丧的样子。后来参加全国政协的文史资料工作，一九六二年还特地到上海了解情况，组织稿件。

最近，有一位朋友向我提出一个问题：李逵曾大吵忠义堂，斧劈杏黄旗。而燕青、乐和之流，则跟随宋江出入李师师之门。原其心迹，究竟是哪个更爱护梁山事业，爱护梁山的名誉呢？作为替天行道，究竟是多几个李逵这样的人好呢？还是多一些浪子燕青之流的帮闲好呢？

大家知道，"浦二姐"在和谈期间，经常出入梅园新村，大胆揭露国民党顽固派假和真打的阴谋，被视为眼中钉。一九四六年"下关事件"时，遭特务毒打，一九四八年还被捕入狱。直到"宁国府"濒于崩溃，"李代总统"出任"危局"之际，才被释放。这样为驱赶黑暗，曾手执板斧，拼命厮杀过的人，会嫉视新社会，有谁信服呢？

十年动乱期间，一直得不到她的消息。三年前，一位京友函告，才知她早于一九七○年就饮恨病逝了！子冈则精神上虽已恢复青春，经过长期磨折，体力已大为衰弱。但愿她在即将复刊的《旅行家》中，重新发挥她的才华。

人才难得，关键在于培养和爱护。如果真正有一个安定团结的气氛，从思想上消除那些祸乱之源，那末，在新闻这块阵地上，有秋瑾到"浦二姐"这样的传统和榜样，优秀的女记者，女战士，也一定会不断成长起来吧。

从晚报想起的

一

接到《羊城晚报》复刊的征稿信，十分高兴。

除同行外，我和《羊城晚报》还有一层更深的关系。林彪、"四人帮"最为猖狂的时候，陈伯达、姚文元控制的《红旗》上，一九六八年曾发表过一篇"两报一刊"评论员的文章，题为《把新闻战线的大革命进行到底》，点了邓拓、吴晗、廖沫沙、吴冷西、梅益等一大批名字，说他们是中国赫鲁晓夫在新闻界的代理人。也点了我的名，并蒙赐以"鼎鼎大名"的"桂冠"，说我所"控制"的《文汇报》，是"很合乎中国赫鲁晓夫的口味的"。最后，他们狂妄地叫嚣："现在已进入全面夺权的新阶段，……那些什么《羊城晚报》《南方日报》之类的旧报纸，一个一个被封了，被冲了，好得很，好得很。"多么得意忘形啊！

到了一九七〇年左右，他们又在"两报一刊"上着重"批判"《羊城晚报》，还点出陶铸是"黑后台"，也照例又揪出我来"陪斗"，算了我一通旧账。我当时在"五七"干校，工宣队头头还特地把我叫去，脸色铁青地训话："两报一刊又点了你的名，而且只明白点了你和陶铸两个名字，你该认识你的罪行是多么严重。好好检查，等候批斗罢！"

　　这些往事，说明我和《羊城晚报》，虽然"罪行"的轻重有不同，但曾被他们同关在一个"牛棚"里，同被"打翻在地，踏上一只脚，永世不得翻身"的。现在天日重光，《羊城晚报》光荣复刊，重新与渴望已久的广大读者见面，我真从心底里感到高兴。

　　"一朝被蛇咬，三年怕草绳。"老实说，我自从不再"把持"《文汇报》以后，曾暗暗下定决心，不再关心这劳什子的事，好在，不订报的自由总还该有的。要检查，要"学习"《人民日报》的社论怎么办呢？听广播，在机关里（那时我在上海出版局工作了）看看报。不久，旧习难改，又暗暗地爱上了两份报，一份是《北京晚报》，一份是《羊城晚报》。前者，着重看它连载的《燕山夜话》；后者，则更仔细地从头看到底，特别被吸引的是欧阳山的《三家巷》。后来，局里管资料的同事知道我的爱好，每当外埠的报纸送到，就抽出这两份报先送给我看。

　　我当时曾想，《燕山夜话》和《羊城晚报》不仅同是狂风中高扬的旗帜，而且从字面上看，也是很工切的对子。南北辉映，像在一片随风点头的杨柳丛中，两株傲然挺立的青松，又像在迷惘的天地里，吹来的两股清新的气流。

我曾是广东选出的第一届人大代表，却无缘面见陶铸，每引为生平的憾事。而邓拓，则相交虽浅，相知却是相当深的。在我接触的中共的新闻工作者中，他是我最为钦佩的朋友之一。一九四九年九月召开的第一次全国政治协商会议中，我们首次相识，我便被他的艰苦奋斗的事迹所感动。一位朋友告诉我，邓拓在主持《晋察冀日报》工作时，工作极端认真、负责，每每工作到天明，长期劳累，生活又十分艰苦，患了脊椎炎，有一段脊骨突了出来，深夜工作时，一定要在椅子背上绑一团旧棉絮，压压酸痛，才能靠着写稿审稿。这一事例，使我深深感佩老解放区同业们的艰苦奋斗精神。

　　以后，除到北京开会外，很少有和他接触的机会。一九五六年《文汇报》停刊，全班人马到北京参加创刊《教师报》，那年全国人代会召开期间，我到前门饭店看一位香港朋友，在楼梯口遇着邓拓，他问我什么时候到的？我说："我已迁居北京了。"他笑着说："对，我已知道你在主持《教师报》。不过，《文汇报》停下来实在太可惜，它是有别的报替代不了的特点的。"短短的几句，引起我反复的沉思。特点是什么呢？无非是活泼些，多样化，经常和知识分子接触，有些，我们还正在进行自我批判。他当时主持《人民日报》，兼任全国新闻工作者协会主席，他注意《文汇报》这些微不足道的特点，可见他的眼光已看到整个中国新闻事业的前途，除继续发扬老解放区办报的优点外，也注意到一些老报纸的经验。取长补短，批判吸收，找出一条中国的社会主义报纸的道路。

　　不久，毛泽东提出"双百"方针，《人民日报》在贯彻这一方针中多方努力，做出很大的贡献。《文汇报》也决定复刊了。我听说邓拓对这事非常关心，特地到煤渣胡同的《人民日报》宿舍去拜访他，向他讨教。我首先谈自己对百家争鸣的看法，以为争鸣不是乱鸣，应该在党的方针指引下，各抒己见，各显所长；像一个乐队，在统一的指挥下，丝、竹、金、木，发出不同的音响，合成一曲和谐的社会主义交响乐。根据这个认识，我以为，报纸也该按照各自的分工，不同的读者对象，在内容上有所取舍，发挥各自的特点，正如乐队根据不同乐器发出不同的音响一样，不该要求千人一面，千人一腔。他基本上同意这些看法，而以极坦率热忱的态度，提出他对《文汇报》的希望。他说，《文汇报》一直是和知识分子有密切联系的，有条件鼓励他们打破顾虑，各抒所见；只有让知识分子畅所欲言，消除思想障碍，才能发挥他们的积极性，为社会主义建设尽其所长。也要尽力介绍国际的学术、科技情况，扩大知识界的视野。同时，要关心他们的工作和生活情况，帮助他们好好安排工作、学习和休息、娱乐。他还说，《文汇报》既以文教工作为重点，应该放眼于广大农村即将到来的文化高潮。他具体提到长江过去在《大公报》写的旅行通信，认为这种体裁大可提倡，可以派记者到各地深入基层，了解第一手情况，而不必一定通过上级机关层层转下去，这样就可能避免报道的片面性，报喜不报忧。像对多年知心的老朋友一样，他毫无保留地谈他对《文汇报》的其他希望，也谈了他自己在工作中的经验和困难。他学识渊博，眼光远大，一夕交谈，使我真有胜读十年书之感。

钦本立是《文汇报》的老人，当时在《人民日报》担负着相当重要的工作，由于我的请求，邓拓答应把他调到《文汇报》，任副总编辑，兼领导党的工作。《文汇报》复刊后，邓拓曾一再来信给我鼓励，并号召《人民日报》的同志，支持《文汇报》。后来，我参加新闻代表团赴苏访问，出国前和回国后，又和他做了多次坦率的长谈，他给了我很多教益。

回忆这些往事，使我深深怀念这位中国新闻界目光如炬的巨人，那棵压不弯的青松；想到林彪、"四人帮"的残酷迫害，给新闻界造成多么严重的损失！

当时我"控制"的《文汇报》，当然有许多错误，这笔账，历史将做出公正的结论，我当负起任何严肃的责任。一分为二，如果它有什么创造性或可取的地方，那应首先归功于邓拓的启示和鼓励。他没有想到，结局会是这样的。

后来，我看到一个文件，说当时有些党员，和党外人士"亲如兄弟"，无话不谈。我立刻联想到我和邓拓的交往。不错，他没有牢记"内外有别"的戒条，而是推心置腹地和我交换意见。我也不把他当作一个领导，而是真诚地对他知无不言。但是，我们并没有结党营私，他没有请我吃这一顿饭，我也从没有送过他一星半点的礼，我们没有说过一句不能公开的话，他是一心一意把"双百"方针当真的来贯彻，希望《文汇报》以及其他报纸都能为此而做出各自的贡献。能够使知识分子感到"亲如兄弟"的亲切，感到党的温暖，而尽力献出他们的力量，有什么可指摘的呢！

历史是公正的，一切被颠倒过的是非，在实践的检验下，都逐渐做出应有的评价。事实证明，共产党有这么多久经考验的领导人，又有像彭德怀、陶铸、邓拓、张志新那样一大批中流砥柱，所以能终于粉碎了"四人帮"这一群附骨之疽，拨乱反正，创造出今天这样安定团结、生动活泼的局面，并将不断完善法治，发扬民主，解放思想，向实现现代化的目标迈步前进。

新闻战线也将和其他战线一样，逐步打破老框框，总结出它的客观规律，创造出自己的社会主义道路，在总的目标下，百花齐放，繁花似锦。《人民日报》和其他首都报纸，已在大步前进，而沉落多年的一颗巨星——《羊城晚报》，又在美丽的南天，重新升起，灿烂地闪闪发光了。

二

几个月来，天天以兴奋的心情，细读《羊城晚报》，觉得它不仅保持了传统的特色，而且不断有所创新，有所突破。

掌过勺的人，大概最能体会厨师的甘苦。

我是常常把报纸的主编者比作厨师的。他要把报纸编得生动活泼，丰富多彩；各版都有特点，每一条新闻，每一个标题，都能吸引读者，非看不可；而整张报纸，又融为一体，保持一个风格。仿佛厨师办一桌筵席，每个菜都色、香、味俱全，而整桌菜有主次，甜、咸、酸、辣，适味可口，搭配合度，让顾客看了就垂涎欲滴。如果端上来的尽是大鱼大肉，尽管营养价值极高，胃弱者会望而生畏，即使消化力强的，日久也会"倒胃口"的。

而且，多年以来，我们似乎习惯于做罗宋大菜，一切要按这个规格来办，勉强想做桌满汉筵席，在用料上又禁忌甚多，不合时令的不要，稍带辛辣的又不准采用，往往令人无所措手。

　　"十年浩劫"中，报纸几乎全是压缩饼干，而且，多半还带有霉味和毒汁的。

　　三年半来，拨乱反正，各地报纸都大有生气，像菜馆一样，纷纷办出了自己的拿手名肴。但是思想解放，在新闻界似乎也要一个过程。

　　看到五月十五日的《羊城晚报》，更加强了我这个看法。那天，中央负责人和王光美一家到郑州迎接刘少奇的骨灰，以及河南各界开大会悼念的新闻，只有《羊城晚报》独家有专电报道，并配有其他悼诗、悼文。我含泪读完了这些报道和诗文，真正生动地受到一次教育，对林彪、"四人帮"更加痛恨，对中央实事求是、有错必纠的方针、政策，有了进一步的体会。

　　刘少奇被残酷迫害逝世，是最大的冤案，在我国历史上，恐怕只有"风波亭"等案，可以与之相比拟。中央彻底加以平反，全国称快，举世称庆。尽量翔实地报道这一特大新闻，这有助于恢复刘少奇的形象和他的功绩，就像他本人落难时所说"好在历史是人民写的"。

　　这里，有什么可以顾忌的呢，回顾历史，宋孝宗为岳武穆恢复名誉，立庙造坟，受到人民普遍的赞扬，"白铁无辜铸佞臣"，永远跪在岳墓前受人唾骂的，只有秦桧，而宋高宗开创南宋基业的功绩，并未受到大的影响，泥马渡康王的故事，千年受人传诵。相信人民能分清是非，历史毕竟要由人民来写。

长期以来，把新闻的时间性和准确性对立起来，好像快的新闻，必然不准确，这是想当然的看法、低能的表现。加强报纸主编的主动性，加强记者的责任感，密切和人民的联系，一定会做到既及时又准确无误。三年多来，中央的重要会议，大都及时发表，树立了很好的榜样。

晚报，是时间的产物。因为群众对每天出版一次的报纸不能满足，晚报才应运而生。所以，尽快报道当天发生的新闻，应该是晚报最主要的职责。说晚报只是为了活跃文娱生活，作公余的读物，因此，只强调趣味性等等，我以为，这主要是套上了《莫斯科晚报》等苏联模式的桎梏。

越是生动活跃、日新月异的社会，越需要报纸及时报道新事物、新情况，来推动继续前进。

林彪、"四人帮"时代，把晚报"宣判"为大毒草，一齐斫掉。这是因为，他们做的尽是见不得人的事，怕人及时揭布，而他们要编造谎言，掩盖真相，又需要时间。那时，日报不仅变成了"晚报"，而且真正成为断烂朝报了。

记范旭东

一

一八八四年，发生了中法战争。从此，西方"列强"在古老的中国身上，进一步划分势力范围，强行宰割。全国人民陷于豆剖、瓜分之惧。

那年，湖南湘阴县一个姓范的穷书生家中，又添了个儿子，取名锐，字旭东。这个穷书生，是靠坐馆——当私塾老师为生的。大儿子叫源濂，字静生，虚龄已九岁，很聪明，在父亲的督教下，文章已能成篇。但从生了老二后，家中多了一口，生计更加艰苦。范旭东五岁那年，父母先后去世，哥哥抚养他，教他识字。那时，这个十四岁的哥哥，已入学成了秀才，在长沙岳麓书院攻读，每月有二两"膏火金"。他把弟弟接到长沙，租赁半间草房，勉强维持饱一顿饿一顿的生活。每到寒冬腊月，破被无温，哥哥常把幼弟拥在胸口，度过寒夜。

到一八九七年，梁启超从上海到长沙，应湖南巡抚陈宝箴之聘，任长沙时务学堂总教习，提倡"西学"，讲维新富强的道理，年轻学子，趋之若鹜。范源濂也报名进了这个学堂。他虚龄已二十二岁，只比梁小三岁，但执礼甚恭，学习成绩优秀，深得梁的喜爱。此时，范旭东也已十三岁，能够读懂哥哥带回家的讲义和笔记，在幼小的心灵里开始萌发爱国救国的思想。

没有几个月，梁遭到保守派王先谦等的激烈攻击，在长沙存身不得。临去时，向陈宝箴推荐时务学堂几个他最得意的门生，陈即以官费送他们东渡留学，范源濂亦在其列。留下一个少年的兄弟，托同学好友照顾。

范源濂到东京后不久，戊戌政变失败。他抱着"教育救国"的理想，认为要救祖国，应从开学校、"迪民智"入手。他先进了东京的弘文学院速成师范科，一年毕业后，又进日本政法大学深造。他生活节俭，一年中，从官费中节余了一二十两银子，托朋友把兄弟带到日本，读了一年日文补习学校，也考取了大学，入预备科。从此哥哥的一份官费分一半给弟弟节约花用。兄弟却另有见解，认为救国要靠科学，因此学的是理化科。

哥哥于一九〇四年学成归国，先任学部主事，曾参与创办清华学堂，同时也继续接济兄弟在日攻读。辛亥革命后，范源濂后来曾多次出任北洋政府教育部总长，还曾和黄炎培等共同发起设立中华职业教育社。范旭东也学成归国，在北洋政府财政部所属的铸币厂做化学分析。

袁世凯当国后，兄弟两个都不愿到北京做官，静生先生应聘到刚成立的中华书局任编辑所长，旭东先生则邀集几位志同道合的友人，以少量资金，于一九一五年在天津塘沽创办了久大盐业公司，以抵制日本在我国倾销的精盐。

　　一九一六年，袁世凯阴谋复辟帝制，自称洪宪皇帝，静生参加了讨袁的"护国之役"，任护国军政府驻沪代表。袁失败后，静生随他的老师梁启超到北京从政，曾先后任教育总长和内务总长，并曾赴美考察教育。他在教育界深得人心，声望仅次于蔡孑民（元培）先生。一九二二年弃官后，任北京高等师范学校校长。一九二六年该校扩大改组，成立了我国第一所师范大学——国立北京师范大学，静生先生续任校长。擘划伊始，积劳成疾，翌年病逝，年仅五十一岁。那年，我刚由清华转学师大，半工半读，开始跨进新闻界的大门。全校师生集资修建"范静生校长纪念碑"，上有半身像，我曾参加了揭幕仪式。

　　一九二九年，我调任天津《大公报》编辑，那年冬天，曾去塘沽。那时旭东先生的久大盐业公司已大大扩充，另成立了永利制碱工厂，延请我国著名工程师侯德榜任总工程师。除制碱外，兼制造硝酸、硫酸等化工产品。听说德国的"卜内门"公司（正在我国大力推销肥田粉）曾几次企图以高价收买或加股，均遭旭东先生严词拒绝。

　　九一八事变后，他又在浦口附近筹创大规模的化工公司。一九三七年全国抗战开始后，敌军侵占平津，曾一再诱胁，企图以"合作"的名义吞并塘沽的"永、久、黄"——久大、永利外，早已成立一黄海化学研究所。旭东先生大义凛然，宁为玉碎，千方百计将机器设备运入四川，在乐山五通桥附近筹建新厂，不久就生产出化工产品，为抗战提供重要的军火原料。

一九四〇年他与美国某化工机械公司签订草约，订了几部新式的机器，他偕侯德榜一起赴美参观并商定新购机器的项目。

经过初步洽商后，范旭东先生要求参观该公司。这个公司早知道侯德榜先生是中国最有名的化学工程师，以为旭东先生不过是一位企业家，所以提出条件，只准范先生一个人参观，不准侯先生陪同。以为这样，他们的业务机密便可以保住，不致被"偷走"。侯先生衣着朴素，恂恂如一"乡巴佬"，到美以后又深居简出，从未在公开场合露过面。他们两位约定，由侯先生假扮为范旭东先生的侍役，一同去参观，默记所有机器的主要部分和先进的部件。这样，到约定的那天，两人去工厂尽可能观光了一遍。归旅舍后，两人各就所得，记下了数据，草出一份草图。旭东先生为着资金等问题要向该公司重要股东周作民——金城银行总经理商量，提前偕其夫人去香港，侯德榜先生还有事要多留下几日，相约回国后即互相对照参观时的所得，以便尽可能改进旧机器，少进口新机械，努力改进和扩大产品。

他们夫妇是一九四一年十二月六日晚抵港的，想不到第二天深晚日军突袭珍珠港，第三天清晨即围攻香港，他们陷身在炮火纷飞的危岛之中。

二

四十年代的香港,市面远不及上海繁庶。主要的热闹马路只有两条——皇后大道和德辅道。滨海还有一条干诺道,那主要是码头、客栈、酒店、海关和邮局等集中的地方。德辅道有不少高层建筑,大银行、大洋行、大酒店、大百货公司如先施、永安、大新,多半集中在这条马路上。香港的有轨电车——英式双层的——几条线路都从这里出发。金城银行香港分行也设在这里,是一幢六七层高的"石屎"(水泥)大厦,建筑很坚固,是当时比较高的大厦之一。

太平洋大战爆发后,日军很轻易地占领新界——就是一九九七年将满期的九龙扩大的租借地。为了迫使香港英国当局投降,日军昼夜不断向香港炮击,偶尔还派少数飞机轰炸,加重了香港的恐怖空气。

金城银行的地下室变成了临时的防空招待所,范旭东夫妇和经济学家何廉都被周作民邀请住在这里。《大公报》的总经理胡政之也是周的多年好友,他本已移家桂林,亲自主持《大公报》桂林版。从张季鸾逝世(一九四一年九月)后,他补上了国民参政员,不时要去渝参加活动。那年十一月,国民参政会刚开完一次大会,胡政之为了添置一些桂林馆需要的器材,会毕即飞港,也陷在炮火中,被招待住在金城的地下室里。

一天上午,我去探望胡先生。隔室住着一对老夫妇,男的五十多岁,中等身材,面清癯,双目却炯炯有神,穿着一套半旧的西装。经胡先生介绍,我才首次认识这位慕名已久的范旭东先生。他的湖南口音很浓重，但说话很热情，不断问我收听到的太平洋大战发生后国际的新局势。同时我也认识了何廉，他却沉默寡言，似乎对处境忧虑重重。

到了十二月十二日，日军已全部占领九龙半岛，海面的交通断绝了，听说日军司令部已向香港总督致了严厉照会，限期无条件投降。香港各报经过相互协议，一致决定停刊，十三日晨出版了最后一期。我在《大公报》的终刊号上写了一篇《暂别读者》的社评，指出香港不久势将易手，但分析形势，展望前途，日军终必溃败，希望在今后的黑暗岁月中与读者互勉，尽力保持民族气节，将来重新见面时大家不内疚，不脸红。还引用了文天祥《过零丁洋》诗"人生自古谁无死，留取丹心照汗青"作结。

那天晚上，日军的炮火特别密集、频繁，德辅道、干诺道一些大建筑尤为集矢之的。我们的集体宿舍在半山的罗便臣道，是租用一位南洋华侨建造的五层楼，那夜顶楼也中了一枚不大的炮弹，楼梯口的玻璃窗全被震得粉碎。

清晨，我冒着不时从头顶"嘘嘘"而过的炮弹，下山去慰问胡政之先生和范旭东夫妇。金城的大厦上弹痕累累，旭东先生似乎一夜没有安睡，但他见了我很兴奋地说："看到你的社评很得体，很有中国人的气概。"又说："我昨晚听了一夜炮，很高兴，了解到日军炸弹的爆炸力很有限，可见它的炸药制造并不怎么先进，我们再努一把力，完全有可能追过它。"我听了这段话，由衷地产生一股敬意。在这炮火纷飞中，他完全不考虑个人的安危，还一心想着如何发展中国的化学工业。他说这番话时，这么自然，这么安详。这种爱国主义的思想，深深地使我感动。

我们一起吃了早餐后，旭东先生特地邀我到他的房里闲谈。他侃侃而谈了他对"立国大本"的看法。

他说："立国于现代的世界上，主要要在科学、文化各方面打下现代化的坚实基础。政治制度和政治风气是重要的，但比之前者，没有决定的意义。比如，你们能把《大公报》办成一张真正反映民意、敢言而伸张正义的报纸，受到国内外的重视和尊重，那就在舆论界立下了一根坚实的柱子。再如，我们在化学工业方面，力求进步，产品在国际上列入先进的行列，那就在这方面也立了一根坚实的柱子。中国有这样几十根柱子，基础就牢固了。政府好比是一个屋顶，好的屋顶会在这些柱子上牢牢建立、铺盖上去；不好的，它自然安放不住，会垮下来，要重新修造，但不会影响下面的柱子。有了这些柱子，终有一天，会盖好一幢举世瞩目的堂皇大厦。"这些议论，现在看来，透露出他一贯的"科学救国"理想，当时我受到了很大的感动和鼓舞。

三

不久，香港总督终于在投降书上签了字，炮火停了，日军蜂拥进了香港，而且到处搜查，发生了好几起抢劫和奸淫事件。皇后大道和德辅道等处，到处由"烂仔"——流氓摆设了赌摊和打劫来的旧货摊。一些与中国政府有关的知名人士，如颜惠庆、陈友仁等等，被拘押起来，先集中在九龙的半岛酒家，过几天又移押香港大酒店。周作民也在被拘押之列。胡政之则早已躲避在铜锣湾的一位同乡家里。范旭东还安居在金城银行，日军当局没有发现这个干瘦老头儿是中国化工界的重要人物，因此得到幸免。也有甘心自投罗网的，有一位曾任国民政府外交部次长的桂系政客甘某，本不在日军预定搜捕之列，他特地在寓所门前贴出一张醒目的条子"前国府外交次长甘某某之寓"，自然也被"请"去香港大酒店做了"座上客"了。

原来被人不齿的几张汉奸报，特别是汪精卫系主办的《南华日报》，日军侵占香港的第二天就加张大事宣传"大东亚新秩序""大东亚共荣圈"，还发表了南京伪政府《告港九同胞书》，要大家"各安生业"，与"皇军"合作。它还雇了许多流氓、小贩到处送卖。过了两三天，几家当地老牌报纸也一一复刊。"山中方七日，世上已千年"，我只在半山宿舍里躲了三天，下山去"行街"一次，真是"举目有山河之异"。最使我骇异的，是平时也曾激烈地写一些抗日文章的人，有些还是我认识的报界"名人"，都已在袖子上套上"皇军报道部"的袖章，昂然在人丛中穿行。那时，市上的电车、公共汽车及人力车都已停驶，海面上只有日军的小轮船往来穿行，并搜捕、射击偷渡的小船。我看到这种混乱情况，只匆匆走了一小时许，连忙回到宿舍。

那天傍晚，和经理金诚夫兄，步行去铜锣湾看望胡政之。他说，已雇好了一条小船，由妥人带领，准备第二天黎明前即出发去广州湾（今湛江市），间道回桂林。因为晚上要戒严，而且天黑了有"烂仔"到处抢劫。匆匆谈了几句话，向他珍重道别，我们又混在人丛中步行回到罗便臣道宿舍。

当天晚上，我正在开始"说书"，宿舍里几家同事的大嫂和孩子们，还有几位同事，忙着把我的房间拉紧黑色窗帘——为了防空，点上蜡烛——电灯已不亮了，围坐四周，听我从多年在上海评弹中听来的故事，如《英烈传》《珍珠塔》等等，以冲淡四周袭来的恐怖气氛。

忽然听到楼下捶门声大作，我们连忙把"临时书场"解散，各归自己的房中。说时迟，那时快，一下就冲上来四个端着枪的日兵，后面还跟着三五个便衣短装的汉子，有的握手枪，有的执短棍，先到各房间巡视搜查一遍，问哪个是房主？金诚夫兄出面应付，说明是报馆的职工宿舍。为首的一个日兵叽里咕噜几声，又去厨房里搜查一会儿就下楼出门去了。

第二天，大约上午八点半钟，又闯来了两个日兵，看样子地位比昨天的高一些，像是军曹、尉官之流，还带来一个翻译，指名要见我和金诚夫，说多田报道部长约我们去谈话。不由分说，一人"伴"着一个走下楼，一辆吉普车已停在门前。上车后即开到山下，停在皇后大道上的娱乐戏院门前，原来，这里已作为"驻屯军报道部"了。他们把我们带上二楼的一个大客厅，已经有一个军官模样的人坐在一张长方桌的一端，三十岁上下的年纪，戴着一副眼镜，照例留着两撇"仁丹"胡子，见着我们，似站非站地向我们狞笑一声："你两位是《大公报》的？"以手示意，让我们分坐在他的两旁。一位陪同的尉官之类，会说中国话，担任翻译，他先介绍说："这位是多田部长阁下。"然后向多田说了我们的姓名。

多田先开口：“今天请两位来，商量如何尽快使《大公报》复刊。”

我说：“《大公报》的态度，你是知道的，今天怎么能复刊呢？”

“《大公报》过去对我国很不友好。现在‘皇军’已发动了‘圣战’，我们不咎既往，希望你们改变态度，支持‘大东亚新秩序’，我们就成为朋友了。”

“香港不是已恢复不少报纸了么？何必还要《大公报》复刊？”

“它们的作用小小的，《大公报》有国际影响，如果两位能和我们合作，可以把报办得更好，我们还可向大陆各处及日本、南洋推销，你们的销路就更大了。”

“这次战争发生后，我们就估计今后不可能在香港再出版，所以早把全部职工遣散了。前几天，九龙仓中弹起火，大概我们的存纸也烧光了，其势没法复刊。”

金诚夫兄也补充说：“我们的资金也在遣散职工中几乎全用光了。”

多田装出微笑说：“只要两位肯合作，这些事全好办。钱、白报纸以及一切器材，我们可负责供应。要吃多少白米，你们造出花名册来，也可充分供给（当时香港白米奇缺）。”

他看到我们没有就范的表示，接着威胁说：“两位究竟愿做我们的朋友还是为敌到底，就由你们自己决定了。”

那位坐在另一端的汉奸接着说：“我的家就住在你们宿舍的对面。不瞒两位说，两个月前我就搬在那幢房子的顶楼，以后我可经常拜会。”显然，他是进一步进行威胁，我们已被抓在他们手心里，想逃也逃不了了。

最后多田说："今天要两位做出决定可能有困难，但我们也不能等待太久，三天后我们再在这里见面，做最后的决定吧。"接着他脸色一变说："今天的谈话是秘密的，谁也不许泄露，请你们注意。"他说完就起立送"客"，依然由这两位军曹之类的军官用车子送我们回到宿舍。

晚上，金诚夫兄把我请到他房中说："我们已变成笼中鸟了，怎么也挣不出这樊笼了。"

我说："根本的一条，决不能复刊，这是千万不能动摇的。"

他的夫人在旁插话说："诚夫已一点办法也没有了，徐先生，你决定怎么应付，多出点主意吧。"

我说："我的家眷没有带来，脱身容易，诚夫兄要冒险逃出怕不放心你和双双（他们的小儿子）。"

金夫人连忙说："只要你替诚夫设法逃出虎口，我们不要紧。"我盘算了一夜也想不出安然脱险的妥善办法。

四

第二天清早，我从底层房东的厨房溜出来，从小路走下了山，跑到金城银行范旭东的房间里，他们老夫妻正在一个打气炉子上煮稀饭。他迎我坐下后说："几天不见，今天你怎么起身得这样早。"接着，他看着打气炉说："自从作民抓走后，我们已成了不受欢迎的人了，何廉他们已搬走，我们无处可投奔，自己将就起个火，对付着生活再说。"

他草草吃完了早餐，定神对我说："看你的脸色，仿佛有什么心事。"

我说："日本报道部已找到了我们，威迫我们要出报，你是政之先生的好朋友，是我敬重的前辈，我只有冒险到您这里讨教。"

他凝神想了片刻，慢慢地说："我想，你先要有自信，一定能战胜困难。日本派到香港来的这些文武官员至多不过是他们三四流的人物。而我们，都是中国的第一流人才，相信我们的聪明才智一定能斗过他们。其次，你要把握主动。他们要强迫你出报，你就是怕出报，这样，他掌握了主动权，你处处落入被动。你应该多想想，想出几个他们没法解决的问题，你就变被动为主动了。争取了时间，再设法离开香港。我相信你一定能够战胜这个困难的。我们也急于回国，正在找门路。"

我站起来向他们两位告辞时，他紧握我的双手，深情地说："三个月后，我们在重庆再见。"

我回到宿舍，偷偷地把会见范先生的经过告诉了诚夫兄，他也像凭空增加了勇气。

正在那时，听说日军部以香港粮食紧张，已开始每天向广州等地遣散难民。我想"攻其不备"，估计敌方料我们决不敢去广州——当时敌伪的巢穴——这一路，就暗中先准备走这一路的手续等等。

到了多田约定再见面的一天，金夫人再三叮嘱诚夫兄说："你少开口，一切请徐先生去应付。"

依然是那两个军曹和那个翻译驾车来接我们，多田仍在原来的地方会见我们。

"两位考虑得怎么样了？"他又一脸狞笑地问。

我说："我们是民办的报纸，可以继续营业自然很好，就苦于职工已遣散了，怕再也凑不齐一副班子。"

他说："那好办，你们缺什么人，我们想法给补上。"

我说："要复刊《大公报》，自然要恢复《大公报》的老面孔，否则，马马虎虎和别的报一个样子，又何必多此一举。"

他高兴地说："自然，自然，一定要保持《大公报》原有的特色。你徐先生是老手，请你全力主持，一定会办得原样的。"

我笑笑说："凭我一个人，无论如何也唱不出独角戏。《大公报》不是凭一两个人，编辑部有一整套人马。尤其是好几位熟手的编辑、记者，缺一个就凑不成一台戏。"

"那也容易办，你把他们全找来。找不来的，把他们的地址开给我们，我们代你们去请。"

我看他已一步步落入我的"井"中了，就装出忧愁地说："难就难在这里，我们遣散后，再也不知他们这些人的下落，能不能请你们四处找找？"

他说："好，你把名单先开来。"

我当即要了一张纸，开了一串名单，其中，我知道大都已离开香港了。

我还装出很迫切的样子追问："据你估计，大约有多少天可以把这些人找齐？"

他说:"没问题,我通知各部下一家家查问,大约一星期可以给你们答复。"

第二天黎明,我们换了一身"唐装"——短衫短裤,由一个粤籍同事带领,连郭根兄共四个人,走到油麻地码头,混入难民的队伍,"再会吧,香港。"挤上小火轮,像沙丁鱼似的,饿挤了一天,傍晚到了广州。

我们在广州的魔窟里,如何担惊受怕,如何机智地躲过敌人的耳目,最后如何仍挤在难民群中,从三水附近的西南小镇混出沦陷区,从芦苞经清远到了韶关,稍事休息,即去桂林《大公报》"归队"。我曾写了一篇《魔窟历险记》,刊在那年二月初的桂林《大公报》上,这里不再重复了。

过了约一个月,胡政之先生告诉我,范旭东夫妇也已逃离了香港,到了重庆。他们是结伴经过东江辗转到内地的。

后来,重庆传来消息,说永利公司已和美国商定了贷款订购设备的合同,但美方坚持要中国官方签字担保,宋(子文)、孔(祥熙)两家垄断集团趁机要挟,一定要加股、控制,范旭东先生坚决不屈服,已气病入医院疗养。

一九四五年十月,抗战是胜利了,这位毕生从事化学工业,在这方面为民族奠定基础的爱国志士却饮恨离开了人间,享年仅六十一岁。

噩耗传到上海,是一九四六年初夏,我已辞去了上海《大公报》总编辑的职务,曾写了一篇《悼范旭东先生》,刊在《文汇报》,沉痛怀念这位在困难中曾给我莫大启发和鼓励的前辈。

竞争与互助

——回忆金仲华与"孤岛"报纸

现在，一个地区大都有一家以上的报纸，这些报纸相互间要进行协作，这是毫无疑问的；但它们互相之间是否也要比赛，或者说进行一些竞争呢？另外，这种竞争会不会影响协作呢？这使我想起了一段往事。

一九三九年五月，《文汇报》在"孤岛"被敌伪封闭后，胡政之"函电交驰"，催我立即赴港，回《大公报》主持港版编辑工作。料理完《文汇报》的后事，我于七月底出发，坐船到了香港。当时，胡政之、张季鸾都在港馆，把编辑部的全部工作托付给我，从撰写社论到指挥采编，我一揽子包了下来。此外，还要代表报馆参加对外酬应。

香港在抗战后新成立的新闻机构，除《大公报》外，有永安堂老板胡文虎主办的《星岛日报》、国民党机关报《国民日报》、桂系主办的《珠江日报》、成舍我的《立报》，还有中央社和国新社。这些单位发起、组织了一个聚餐会，每两星期举行一次。各参加单位轮流作乐，每次两席。经常出席的是：国新社的恽逸群、《星岛日报》的正副总编辑金仲华和邵宗汉、《国民日报》的陶百川和陈训念、《珠江日报》的黎蒙、《立报》的成舍我、吴范圜和中央社的梁士纯等人，《大公报》则由我和经理金诚夫参加。我和仲华、宗汉等结为朋友，是从这时开始的。

从政治态度讲，《大公报》是中间偏右，《星岛日报》则态度进步，很受青年读者欢迎。而办报态度的认真，如在采访、标题、编排等方面精益求精，这两家报纸是同样闻名的。这样，便在无形中形成了两家报纸的竞争。不光读者每天看报时，会把两家报纸放在一起比较、评议，看谁的社论写得好、谁的标题更醒目；就是两报编辑部的人员也是每天一上班，就认真阅读对方的报纸，从中同自己的报纸比较优劣长短。虽然在业务上是竞争的对手，但抗日是共同的大目标，因此并不妨碍彼此间的交往；而且，在许多地方是密切协作的。

我和仲华同年，当时都年富力强，精力十分旺盛，事无巨细，都亲自过问，常常忙到夜里很晚。那时路透社、中央社等已停止发稿，只能由各报自己设电台抄收电讯，但收听不清，经常会有脱落、漏字或错抄。为此，或是他打来，或是我打去，每天晚上总要通两三次电话，问问对方某条电讯共多少字、因听不清而漏掉的地方是什么内容，等等。不管谁问，只要自己知道，总是及时查出详告，让对方一一补全。有时，我们还相约，在看完大样后，一起到香港开市最早的高升茶楼饮早茶，吃点叉烧包子、虾肉烧卖之类的点心。我和夜班编辑蒋荫恩、马廷栋等一起去，仲华则常常同邵宗汉和军事评论员羊枣同来。餐间，照例互相询问今日有些什么新闻、写些什么内容的社论，等等。

白天，如无特别约会，我和仲华都到一家名叫 Wiseman 的咖啡馆喝下午茶，交换时局消息和各自的看法。我们那时都无党无派，彼此畅所欲言。仲华是很会团结人的。他和胡文虎和胡的义子胡好以及经理林霭民，关系都搞得很好。

后来，国共摩擦加剧，国民党在香港同胡文虎秘密达成交易，即允许永安堂的"万金油"和毒品进入内地销售，而由胡把仲华等几位排挤出《星岛日报》。果然，这一交易完成了。国民党派程沧波任总编辑，另一位从海外回来的吴颂皋为副总编辑。从此，我们同《星岛日报》就无来往了。这些人并不认真办报，领了胡的高薪，整天酒绿灯红，弄得报纸销路一落千丈。所以，当时曾流传这样一则政治笑话："胡文虎为什么花这么多钱办这张《星岛日报》？"答曰："让读者看了都头痛，可以推销他的头痛粉和万金油。"

仲华离开《星岛日报》后，办了一个介绍国际知识的刊物。我和他还一直保持深厚的友谊，也不时应邀去他的寓所吃饭。记得有一次还遇见刚由重庆逃到香港的韬奋。

解放后，强调社会主义的计划性，不讲竞争，而提倡竞赛，要发扬互助协作精神。其实，从早年《大公报》与《星岛日报》的关系中，可以证明报纸间的竞争与互助并非水火不相容。一方面，两家报纸确实是在开展竞争，比谁办得好，谁更能吸引读者；另一方面，又在互通消息，例如，有的电讯需要核对，有的传言需要查证，有的公开事件可以互告新闻线索。自然，有些特稿、独家新闻，还是保守秘密的，这关系到报纸的风格、特色问题。同样道理，社会主义报纸要办得丰富多彩，百花齐放，也完全可以有一些竞争。通过竞争，促使各家报纸精益求精，显出特色。

报纸在竞争中，不妨发扬一点"费厄泼赖"的精神，从而增进友谊，不必也不会争得"你死我活"。例如，《星岛日报》出现几个好的标题，我们也击节赞赏，并当面祝贺。记得张季鸾先生有一次曾对我说："我看《星岛日报》的社论，尽管有点偏，但偏而不陋，材料很丰富，内容很有深度，你要注意一下。《大公报》的社评要力求写得深一些，不能单凭激情，单凭文章写得漂亮。"可见，张季鸾对其他报纸的长处是很注意的，也时常提醒我们认真吸取。旧时代的新闻工作者尚且能如此，可以相信，今天的报人，一定会在民主制度下，认真比赛，密切协作，工作越做越好。

桂林杂忆

听说清末曾流传这样一个故事：

端方任湖广总督时，委任一个亲信去当恩施知州。这个亲信嫌鄂西太穷，没什么油水可捞，要求另派一个肥缺。端方一脸正经地说："州、县都是朝廷命官，哪能挑肥拣瘦？假使官能够自由挑选，我宁愿去当桂林的知府或阳朔的知县了。"端方是热心利禄的清室权贵，他这些话，不过随便胡诌，假装风雅而已。

一九四一年底太平洋大战爆发，翌年初我化装逃离香港，直到一九四四年秋桂林沦陷，我曾在这个山水甲天下的名城工作、生活了近三年。那里的一山一水、一人一事、一草一木，迄今还像一幅幅长长的画卷，不时浮现在我的记忆中。把这画卷一截截写出来，也许可以稍慰我的怀念吧。

一、星子岩

旧《大公报》的总经理胡政之，是颇有点远见和魄力的。当香港还在纸醉金迷、灯红酒绿，"敌军决不会南进"论甚嚣尘上的时候，他就看到这个"海外桃源"总有一天会毁灭。在一九四〇年初，他就未雨绸缪，亲自到桂林觅地造屋，并陆续运进几架平版印报机及其他必要器材，建立起一个报馆；一九四一年初，创刊《大公报》桂林版，作为香港版一旦被迫停刊后的退步。

那时，《大公报》另一"巨头"张季鸾已病入膏肓（肺病已到末期），还在汪山病榻上力疾为桂林版每天起草专电稿。现在如能翻到桂林《大公报》旧报，还可在创刊初期的几天中，看到他生动流畅、别具风格的"重庆专电"。他那种一息尚存、工作不停的老报人的优良传统，是令人感念的。

胡政之选定的馆址，是在七星岩左侧的一个小山麓。这座小山，高不过几十米，山脚有几个小洞，大的可作机器间，小的则备职工防空，不知是原有的名称，还是自己杜撰的，我们大家叫它星子岩——是七星岩的"小仔"。

周围风景是十分优美的，但地段太偏僻，过当时木架的东江大桥，还有三四里的距离，而且过了祝胜里以后，就连小板车也难通行了。先还有羊肠小道，近星子岩的一段，全是荒坟，报馆创立后，才在坟堆中踏出了一条小径。

我初到桂林时，一位当地的朋友对我说："你们住的都是二层楼。"我说："不，全是木结构的平房。"他哈哈大笑。原来，这馆址也是造在坟堆上的，下面还埋着不少无主孤骨。

因为我是后来的，报馆给我造的宿舍在岩的侧面，离编辑部有一段距离，深晚看完大样回家，常常听到狼嗥声，时近时远。所以，我每天上班，不忘带一根粗硬的木棍。

二、祝胜里

从东江大桥到星子岩，中间有一个"转折点"，叫祝胜里，不知以前是否有一个小圩，当然，也不知现在已发展到什么样子了。从当时的取名来看，它是抗战初期发展起来的一个小镇，有几十户人家，八九家小店，其中两家是饮食店。对我们来说，它像是一个"码头"。在此以前，路比较宽，可以两人并行，边谈边走，晚上，还有微弱的路灯光依稀照出道路。到了祝胜里，就要折入一条曲折的小路，过小石桥，沿山边的曲径，最后走向坟地。入晚，即一路漆黑，看不到任何光亮。遇上雨天，则一路泞滑。

所以，到了祝胜里，必得全副"武装"起来，用相当于现在的五分钱（当时通货已恶性膨胀，说不清什么时候是多少"法币"了），买一盏极简单的纸灯笼，还要觅一根木棍，然后再上路，仿佛船行到此，要起岸进山一样。

我那时壮年好饮，香气扑鼻的三花美酒当前，更不能自制。所以每次进城有酬应，必醉至步履踉跄。但是，有几点是不可改变的：一、当晚必得赶回报馆，否则明天就出不了报；二、必得一步一步走回去，没有任何代步；三、过了祝胜里后，必得单独行走，任何人不能搀扶。人的精神力量真是可惊的，不论饮得如何醉，我总能借助手杖的帮助，全神贯注，走回到报馆。但看到我的床铺，精神就失去控制，往往鞋子也来不及脱，倒下去就昏昏入睡了。

尽管如此，总还记住有工作要做，到了一定的钟点，工友一声叫唤，我就霍然而起，饮一杯清茶，点上一支烟，上班照样看稿子，修改标题，推敲文字，而且多半要赶写出一篇社评。

照《大公报》的惯例，总编辑总要等当天的重要新闻看清楚后，才开始构思和落笔写社评的。有时最后来了重要消息，还要在大样上加以补充和修改。

祝胜里有两家小馆子，陈设简单，对我和我的同事们来说却极有吸引力。一家是湖南馆，两开间门面，是田汉的兄弟开的。我每次进城，必进店中落落脚，田老三胖胖的笑脸相迎。一碗菌油面或臊子面，十足湖南风味，现在想来，还要垂涎。另一家是北方小馆，简陋的一间竹屋，两张桌子，门上贴一张"故都风味"的市招，听说还是《大公报》营业部的一个职员代为题名和书写的。女老板和一个伙计，是从北京流亡来的，烧不出什么菜肴，拿手的面点也只有两种：水饺和馅儿饼，却都十分地道，韭菜猪肉都选料鲜嫩，饺子皮薄薄的，馅儿饼煎得透黄。如果有北方同事一路进城，我总被拖进去解解馋。

那时，我平均每星期要进两三次城，如果没有"饭局"，往往去下江馆吃一碗面，然后去榕湖边一个叫"风社"的票房吊一段嗓子，向教戏老师学上一段，到该走的时候，一路哼着走回星子岩。

沿路遇上小吃担而肚子又不太饱，则吃一碗冰糖莲子，或据说有老鼠肉掺和的鲜美馄饨。

三、白鹏飞

以李、白、黄为核心的新桂系，它的骨干人物，并不都是广西人，如北伐初期参与密勿的潘宜之、多年任厅长的邱昌渭，都是外省人。反过来说，广西人回本省工作或定居，也未必都可纳入桂系。最明显的，如老同盟会的马君武先生，晚年曾受聘任广西大学校长，但他清风亮节，从不参加桂系的任何会议；主持校务之余，偶然听听桂戏而已，而且不久，就离开广西，"一枕相思过衡阳"了。白鹏飞（擎天）先生也是一例。

我对白擎天先生，也是"久仰大名"的。二十年代我在北京上大学时，他就是"北京国立九大学"之一的法政大学校长，张作霖任大元帅时期，把九大学合并为京师大学，他和当时的有名学者如徐炳昶、徐诵明、林风眠等，分别任院长，他往往是向"政府"索薪的带头人。

抗战初期，他至少已年逾花甲了，退居广西，仅在省参议会挂一个"名誉"职，甘于寂寞，过着清苦的生活。

一九四二年初我初到桂林，就去拜访他。他住的是几间旧屋，离祝胜里不远。他的起居间里只有几架图书，几张竹椅，陈设十分简单。一口桂林乡音，声如洪钟，面貌清癯，谈吐如泉涌。我和他从此订了忘年之交。每有对局势看不清的时候，常去向他请教。

《后汉书·许劭传》："劭与靖（其从兄）俱有高名，好共评论乡党人物，每月辄更其品题，故汝南俗有月旦评焉。"白先生就是这样一个擅于月旦人物的高手。他不仅对李、白等人，分析他们的个性、利害得失、相互关系和矛盾，刻画入微；而且对蒋及重庆政府的其他"要人"，也无情剖析，鞭挞入里。比如，有一次李宗仁由陕南前线回桂，他笑着对我说："他们的家长回来了，要大斗分金了。"谈到白、黄，他只淡淡地说："白健生在桂系中只是一个高级幕僚，其实谁都不听他的。这位'小诸葛'，虚有其表而已。"他对时局的分析，也颇有先见之明。当敌军大举南侵，方先觉大张旗鼓宣传保卫衡阳的时候，他对我说："国民党已经肉臭鱼烂，再也无力组织认真的抵抗了。你看吧，方先觉必定投降，衡阳陷落后，日军必定长驱直下，张向华（发奎，时任广西战区司令长官）是光杆司令，又萎靡不振，桂林是指日要遭劫难的了。"

我的工作习惯，每到一地，总喜欢结识一两位超然物外而又对内幕了如指掌的人物，作为随时请益的朋友。比如，在太原采访时的李书城、王鸿一，在武汉四年中的李书城和韩达斋（玉辰），都给予我不少帮助。在桂林三年，除白擎天先生外，还有一位，是迄今还健在（居重庆）的方镇华兄。

一九四四年桂林沦陷前夕，我曾最后去访问，则已门窗洞开，杂物满地，不知白先生避难到哪里去了。以后，再三打听，一直没有知道他的下落。

四、文化城

抗日战争期间，桂林有"文化城"之称。

一九三七年平津和上海相继沦陷后，不少文化人和文化机关如书店、印刷厂等纷纷流迁到桂林，增强了桂林的文化气氛。一九四〇年国共摩擦加剧，一九四一年初发生皖南事变，在重庆的进步人士，一部分远走香港，一部分流亡到桂林。到一九四一年太平洋大战发生，香港陷落，进步文化人随逃难的人流，来到桂林，刊物、剧团一时如雨后春笋，俨然成为"大后方"的一个文化中心。单举剧运来说，田汉、洪深、欧阳予倩几位进步大师及阳翰笙等优秀编导人员，都在桂林领导几个剧团，团结和培养了不少演员，经常演出《法西斯细菌》《忠王李秀成》等话剧，鼓舞着西南广大要求团结抗战、要求民主的人民群众。

那时桂林有四张日报，桂系的机关报《广西日报》由李宗仁的亲戚黎蒙主持。他为了扩大销数，延揽了几个进步人士参加编辑工作，金仲华也不时为该报撰文。《大公报》的桂林版，比重庆版开放得多。我以私人交谊，延请千家驹、张锡昌等为特约撰述，参与写社评和专文。《大公报》的进步记者如子冈等，把在重庆版刊不出的新闻，每周寄桂林版发表。《力报》先后由冯英子等主持笔政，副刊有邵荃麟、葛琴、聂绀弩等编写。坚持国民党立场的只有《扫荡报》一家，发行最少，十分孤立。

由于桂系和蒋系有历史的矛盾，那时李宗仁、白崇禧虽已出外任战区司令和参谋长，但他们的"老家"——广西，还对"中央"保持一定的独立性。军统、中统等特务分子，不通过"当方土地"，不能为所欲为。

更主要的，李济深（任潮）将军任军委会桂林办公厅主任，名义上是西南最高的军政长官，他那时日益不满蒋的消极抗战政策，加上陈劭先、陈此生等朋友的影响，逐渐倾向进步。还有，省参议会的李任仁，是李宗仁所一向尊敬的人，他为人耿直，正气凛然。这两位李先生，对进步文化事业，多少起了大小两把保护伞的作用。陈劭先和宋云彬主持的文化供应社，出版了不少进步书刊，成为当时文化界的一个支柱。

李任潮为什么会被容忍？因为他是北伐时第四军的老军长。那时——一九四〇年左右，南方几个战区的司令长官，如驻长沙的薛岳、韶关的余汉谋、柳州的张发奎，全是老四军出身的。在蒋的眼睛里，他们都是杂牌军，要暂时利用他们，又不能对他们任意指挥。特别像张发奎动不动发酒疯，耍脾气，蒋奈何不得。他所以派李济深长驻桂林，主要是想通过李，对这些悍将，起些桥梁、润滑作用。另外，李是广西人，和桂系沾点边，一九二八年蒋桂战争时，任潮先生还被目为桂系头目，在汤山关禁了几年。

一九四四年衡阳沦陷后，桂林人心激愤，李任潮曾倡议发动广大军民，保卫大桂林。文化界人士走上街头，发动国旗大献金，一时进步、团结抗战空气，如火如荼。我也受到感染，写了几篇激动而"越轨"的社评，"煽风点火"，并曾应田汉之约，到先锋队去做过一次形势演讲。

这个运动终于被蒋、白严厉取缔，桂林随即沦陷。但在抗战史上，留下了光辉的一页。

五、七星岩

一九四二年一月下旬，我初到桂林，就像置身阿丽斯所漫游的奇境之中，清澈见底、卵石可数的漓江，四周千姿百态的峰岚，从任何一个角度看去，都像是一幅名家挥笔的山水画。

那时，只有将军桥有两家资源委员会的工厂，市区丝毫没有污染，空气清新，气候宜人，工作无论怎样紧张，一觉醒来，又神清气爽，浑身是劲了。

那时，《大公报》的营业部设在旧城区，什么街道已记不清了，出门抬头就可以看到独秀峰。

到桂的翌日，职工们宴请，为我们"洗尘"。大概是在桂林饭店吧，也记不清了，吃的是本地菜肴。饭后，由桂籍同事导游七星岩和月牙山。

我是江苏宜兴人，家乡有两个闻名江南的洞——张公洞与善卷洞（最近又发掘并修缮出一个灵谷洞）。幼年就读的小学，离这两洞都不远，曾一再去"远足"过。和七星岩相比，各有特色，但以洞的幽深、奇幻来说，七星岩仍使我叹为观止（我还没有游览后来发现的芦笛岩的机缘）。

洞里没有装电灯，那时桂林的电力，即使装了，也不过像萤火一样。由一位向导以火把照着解说，同事则以电棒指引着高低起伏的路径。看到各种奇形怪兽和葡萄等花果丛，妙就妙在似与不似之间。印象最深的，向导高举火把照着一个鳖状的奇石，似伸头向上。他高声解说："这是乌龟抬头看。"我们都正抬头观赏，听到这一语双关的解释，有啼笑皆非之感。这也可见普通百姓的幽默、机智，像刘三姐一样，变着法儿发泄一下对"资产阶级"的忿忿吧。

从后洞出来，绕登月牙山，小径曲折崎岖，俯瞰漓江如碧玉带，同伴指点哪里是屏风山，哪里是象鼻山，初步看到了桂林的概貌。水东门外的浮桥，尤引起我的注意。

在山顶一个小庙里，品尝了有名的月牙山豆腐，真是名不虚传。汤不过是蘑菇竹笋等佐料，豆腐却煮得实在好，咬一口，里面全像蜂巢一样，而依然鲜嫩无比。我一连吃了两碗，每碗代价是两角？两元？天晓得那时是什么币值了，只记得我们给了相当于代价一倍的钱，似僧似道的主人合十称谢不置。

归途经花桥，这是我生平看到的第一座有顶的桥，而且从桥脚到桥顶建筑坚固，彩绘富丽，处处可见我国少数民族同胞的智慧和创造力。

这一日游，使我对甲天下的桂林山水，有了初步的实感。

六、月夜游

桂林的秋天是迷人的，它不像重庆入秋就起雾，也不像北方已开始刮风沙，又不像江南的秋风和秋雨。桂林之秋，天高气爽，晴朗的日子居多，特别是月夜，一片澄澈，把千奇百怪的山岚，照得都像在活动着一样笑脸迎人。每当这样的月明星稀之夜，从星子岩来往祝胜里，就不必买灯笼了。

一九四二年秋，我在桂林已工作了半年多，一切已有了安排。那时，作为后方最有影响的报纸，编辑部的工作人员，包括校对也不过三十人上下，其中五位记者，全是在当地新招考录取的，需要一段训练的过程。作为总编辑，我每天正午十二时起床。饭后，翻阅本市、外埠报纸及各种新出的书刊，初步构思当晚准备写的社评，如果没约会进城，就认真看一二点钟书。晚饭后，小睡，约九时上班。审阅各版发的稿子，一条条都要过一遍目，才发下去。十一时后，开始写社评。过了十二时半，留给总编标题的重要新闻的小样开始打上来了。接着，副刊、本市、国际版的大样先后送来，社评的小样也已打出。在繁杂中也要保持井井有条，一一处理。要闻版一般在午夜二时截稿，签发最后一版大样，往往已晨鸡四唱了。应该说，工作是够繁重而紧张的了。

那年中秋之夜，我请杨历樵兄写好一篇国际问题的社评，其他工作，请经理金诚夫兄代庖，自己放了一天假，去游一游想慕已久的阳朔。

预先雇好一叶扁舟，同行的有总经理胡政之先生夫妇及副经理王文彬兄。先请厨房烧了几样熟菜，各带了一床毯子。在暮日刚落、红霞泛天的时候，即轻摇启行。

刚开出市廛，皎洁的明月，已一轮升起，向东望去，映得漓江泛起一片闪烁的银鳞，迎面则灯火点点，是一只渔筏，忙着撒网捕夜鱼。他们三位不喜欢饮酒，我偷偷带了一小瓶"三花"，开樽对月独酌，比之《后赤壁赋》里的苏东坡，自感寂寞多了。

在欸乃声中，小舟徐徐前进，两岸的树丛中，时有惊鸟飞起，叽咕有声，迎面扑来的山峰，愈来愈怪，有时峰回路转，连山峰的倒影，也像要压上来，使人透不过气。

最使人惊奇的是，远远就逗人的画壁，平削千丈，藤萝密布，在月光照耀下，活现出各有神态的九匹骏马，造化的神工鬼斧，真令人观止。

半夜皓魄当空，渔歌此歇彼扬，耳目有应接不暇之势。三位游伴，饱食之后，已拥毯昏昏了。我是熬惯了夜的，一杯在手，对月成三，苦于自己不娴吟咏，微醺中哼京戏"八月十五月光明"，以抒发衷心的欢畅。

到阳朔，已日上三竿，辞别了船家登岸。阳朔那时还是一个不大的市镇，平房居多，那千形百态的山峰，比桂林更密集。太绚烂，反而觉得平淡了。

借潘宜之的别墅休息半天，在阳台上远眺四周的群山，到下午三时许，乘汽车返回桂林。晚上工作时，心头还充满着甜甜的回忆。

七、陈劭先与宋云彬

文化供应社是当时桂林文化出版的中心。它编印了不少进步书刊。门市部是当时最有规模的书店，生活、新知等书店出版的书籍，都有出售；如果是熟人，也可以买到"违禁"的书。经理是一位年青的朋友，听说曾是生活书店的职员，轻轻地向他说个书名，他就从里面把书包好递给你了。

文化供应社的主持人是陈劭先先生，负责编辑工作的是宋云彬兄。

陈先生是江西人，老同盟会会员，早年曾在孙中山的大元帅府任职，也曾在江西随李烈钧参加革命，历光复和湖口之役（一九一三年"二次革命"）。"宁国府"成立后，他没有做过什么官，一直站在反蒋的一边。

他团结了一批进步的朋友，如陈此生、杨东莼等，无形中成为李任潮（济深）左右的"智囊团"，帮助李先生前进，保护了不少进步人士。国共摩擦加剧后，不少共产党人逃离重庆，在桂林也存身不得，由李、陈等先生帮助购得飞机票，飞往香港。

陈先生那时已五十多岁，谈吐非常诚恳而质朴。云彬那时也年近五十，经常面带笑容，板烟不离手，抽的当然是广西土制的烟叶。他博学多才，大革命时曾在广州任周恩来秘书。大革命失败后，退居上海，与叶圣陶、王伯祥、傅彬然诸先生同事，任职开明书店。

抗日战争胜利后，不久国共"和谈"破裂，内战爆发，文化供应社被迫迁往香港，只经营些印刷业务。陈、宋两先生同住在九龙弥敦道附近的一幢三层楼上，各居一间。

一九四八年初，我到香港筹备创刊香港《文汇报》，得到李任潮和劭先先生等的大力支持。创刊前后，经常去九龙就商于劭先先生。陈夫人好客，烧得一手地道的江西菜，我每去必留餐。我能够喝几杯，陈先生伉俪则都滴酒不沾唇。每次总是云彬一手板烟一手端着已斟满的酒杯，笑眯眯地从邻室走来陪饮。

报纸出版后,云彬为我们主编"青年"周刊。陈此生、梅龚彬、千家驹等则参加撰写社论。

解放后,劭先先生任全国政协常委、民革中央常委,长住北京。云彬兄在出版总署工作,不久调职杭州。每次北京开会,我和他总同去访问劭先先生,陈夫人也总以名酒佳肴款待。劭先先生大概是六十年代中期逝世的,十年动乱初期也遭磨难;我和云彬则早在五十年代末期就"在劫难逃"了。他后来参加中华书局编辑所工作,主持注释的《后汉书》,是二十四史注释本中最出色的一部,可见他倾注了不少心血。

"文革"期间,云彬被调到河南"五七干校",过重的劳动使他得了难治之症。直到已近膏盲,才被"恩准"调回北京,缠绵床褥多年,总算看到这些妖魔的覆灭。一九七九年他得到平反,恢复名誉,才撒手人间。

陈、宋两位,都是我在桂林结识的"亦师亦友",今天回忆桂林,特别怀念这些已经作古的故人。

八、忆桂剧

一九四二年我到桂林不久,就有朋友对我谈桂剧名演员小金凤的表演艺术,也谈起小金凤和马君武先生的故事,最后不胜惋惜地说:"她现在已退出舞台。可惜你来迟一年,看不到这种好戏了。"

这位朋友很热心，过几天请我吃饭，同席有一位桂剧演员，经介绍，才知道是接替小金凤的剧团的台柱。可惜年深日久，现在再也想不起她的"芳名"和艺名了。

当天，同去欣赏了桂剧，立即对它发生了兴趣，觉得无论唱腔、念白、舞姿，都很有特色，艺术水平并不逊于京戏或汉剧。

给我印象最深的，是一出《哑子背疯》。剧情非常好：一对住在荒岛上的贫苦夫妻，丈夫是又驼又瞎又哑，妻子长得花容月貌，却患了疯瘫。一天，所住的茅屋忽然失火，哑子忙背着妻子逃出荒岛。两个角色是一个人扮的，边走边唱边表演许多惊险的动作。上身是妻子，婀娜多姿，下身却是拙笨的蠢汉，表演时要显出截然不同的身段，而又不显出"一身耐二任焉"的痕迹。最惊险的一个"镜头"是，当跨上独木桥离开荒岛时，她——平时当然没有什么菱花镜，忽然从水中看到自己秀丽的面目，引起身世的感叹，一时忘了指引瞎子丈夫，因而几乎失足落水，唱得婉转凄凉，做得十分合情合理，舞蹈惊险而曼妙。我当时真为这剧情和高超的表演艺术所沉醉。这种艺术享受，前此，只有在看京剧的梅兰芳、小翠花，汉剧的老牡丹花（也忘记他的真名）的表演时，同样经受过。解放后，戴爱莲曾把这出戏移植为舞剧，别的剧种也有移植的，但在我看来，都缺少桂剧那种浑然的泥土气。

桂剧还有不少表演上、服装上的特点。主要角色，圈着一个领帔，上面绣着剧中人的姓名；出场时，在锣鼓声中，往往做一跳跃动作。我当时猜想，这些是不是傀儡戏的遗传？后来，我和周信芳先生谈及我的看法，他完全同意，并说，我国旧剧，都是从木偶戏发展来的，京剧也不例外。比如演员的出场、进场，武剧的开打，文戏的从台口步进座位，多要按"之"字形弯出弯进，就是因为木偶戏台上角色的行动，一定要按规定线路，彼此错开，以免牵的线混在一起，纠缠不清。

四十年没有再欣赏了，不知桂剧已"推陈出新"到了什么程度。现在我的脑海里，似乎还有"哑子背疯"的清晰图像。

九、养鸡记趣

一九四一年初，《大公报》桂林版创刊。最初是由蒋荫恩任编辑主任，王文彬任经理，职工极少，是为香港馆的人员"留有余地"的。太平洋大战爆发后，港馆人员纷纷间道抵桂，《大公报》总管理处做出决定，渝桂两馆分设总编辑——渝版由王芸生负责，经理为曹谷冰；桂版由我负责，经理为金诚夫。

《大公报》在旧中国的报界，是第一块"金字招牌"。所以创刊不久，畅销桂、粤、湘、赣、黔各省，也和重庆版一样，发行数几乎等于当地各报的总和，当然，也靠全体职工的努力。

目前香港《大公报》《新晚报》的骨干，如李侠文、马廷栋、陈凡以及香港《文汇报》的曾敏之等同事，全是当年桂林版的编辑、记者。

职工们的业余生活也比渝馆正常、严肃，从来没有人以打牌等为消遣。天晴的日子，多半打打板羽球，或去附近游览山水。经理部的部分职员和工友，则多喜唱京戏。我们特地请来一位教师，每星期来两次，带拉胡琴。到时，简易的礼堂里，便传出锣鼓丝竹声，生、旦、净、末，一一唱开了。

我那时才三十六岁，兴趣较广，也打板羽球，也爱好京剧。不过，我的戏是请名家莫敬一先生传授的，前面早已谈到过了，唱的是"正宗余派"。

不久，我又有了新的嗜好，喜欢养鸡。先是买几只才孵出的小鸡，黄毛小嘴，放在手心里还仰头斜视，毫无惧色，怪可爱的。想不到几天以后，就一只只被老鹰叼走了。朋友指点我，在郊区养鸡，一定要养整窝的，小雏们有妈妈的卵翼，才能存活。于是我托人买了一窝鸡——一只母鸡带着它十几个子女。

那时，新闻界前辈邵飘萍先生的夫人汤修慧先生，也寄居桂林，不知怎么，她听到了我喜欢养鸡的消息，特地把她心爱的一窝纯白毛鸡赠送给我。因此，我豢养了大小二十多只鸡，为此，特地购置了两个鸡笼。

两位鸡妈妈，非常善尽抚育、保卫的责任。它们活动范围很广，领着孩子们到处觅食，一面时时偏着头警惕上空，天空一出现老鹰的影子，它们就连声呼唤，子女们很快躲进妈妈的翼下。有了这样的"保护伞"，小鸡们平安成长，再未被叼去一只。

它们似乎很能体会我的钟爱，每当我从编辑部步回家中，它们就群集在前后，一直送我到家，在窗外等待我给它们撒米。也很能辨别彼此，别家的混进来，一个个被老母鸡啄走。

从这些小的动物中，也能深深地体会出母爱的深厚。妈妈觅到一条小虫，都依次喂给子女，整粒米太大，啄小了喂，自己从不贪嘴。有时，我故意把米放在盆里，小鸡够不到吃，它们的妈妈就一粒粒扒出来喂。但妈妈对子女并不一味溺爱，后来小鸡们"长大成人"，能够自己觅食了，妈妈就让它们"自食其力"，偶有偷懒，还想依靠妈妈生活的，妈妈从不姑息，把它啄走。

一九四四年衡阳"弃守"后，桂林即风声鹤唳。那时，我的小鸡也全长大了。每天生的蛋，平均有十几个，装满满的一大碗。我的妻杀了一只，清蒸全鸡，但我的两个孩子，全不肯下箸，说看鸡的眼睛，好像还在瞅看着。他们对鸡是有了感情了。

后来，敌军过了黄沙河，妻儿们先撤往柳州。听说汤恩伯的援军已开到，报馆准备把喂养的十几头猪劳军，我也准备把二十多只鸡全部奉献。想不到报纸刚停刊，就有军队开进报馆，一夜之间，把猪和所有各家养的鸡，全部宰光了！

十、巧遇

香港沦陷后，不少侨居香港的人士涌到桂林。咖啡店、舞厅、西餐馆一时如雨后春笋在山城开张，桂林一时便有

"小香港"之称。拍卖行也应运纷纷设立，时髦的旗袍、半新的西服，甚至整块的毛料、各式化妆用品，乃至听头的"架克力"、咖啡、外国的扑克牌也可以买到，代价自然是相当高的。当时曾流传一件颇为轰动的故事，牵涉到两位女性。胡蝶女士当时还在"翩翩当行"之际。还有一位杨女士，上海人都熟知的。当日军侵占了上海四周，谢晋元部的八百孤军退守苏州河畔的四行仓库，英勇做最后抵抗，有一位姓杨的女童子军曾冒险冲过枪林弹雨，向孤军献上一面国旗。这种英勇爱国行动，当时上海各报普遍赞扬，有的还赋诗歌颂，几乎与八百孤军将并传青史。

又过去四年了，这位小姑娘已长大成人，大概因原籍广东的关系，投笔从戎，在东江一带参加了国民党方面的"游击"活动。

香港沦陷之顷，这位杨女士忽出现于胡蝶的寄寓，谈判了什么条件不清楚，总之，她一力承担护送胡蝶及其丈夫潘有声脱离虎口，并负责所有箱笼近二十件，由她随后携带出港，送到桂林面交。

果然，这位"电影皇后"及其丈夫安全到了桂林，由他们的好友在桂林近郊觅到一幢以桂林当时标准说来是相当舒适的寓所，胡息影在家，潘则已开始从事贸易。过了些时候，行李也送到了。杨女士抱歉地说，因为辗转躲避敌军，登山涉水，不幸把一个箱子丢失了。这是一口铁皮箱，据说藏了些金银珠宝等最值钱的东西，但值此兵荒马乱，哪有万全的，丢失一件，该是万幸了。所以，胡蝶夫妇对"保驾"人没口称谢，照付了保险费，泰然没有责怪和追究的表示。

也是"一滴油刚落在瓶口里",事情太巧了。不久,有一位他们的朋友——自然也是过惯富裕、西式生活的商人,邀请胡蝶夫妇去参加一个舞宴。胡蝶打扮起来倒不太费事,潘有声则找出几件西装,都嫌太旧,不合适,向朋友们借,他是出名的高个子,朋友们没有一件西服能合身的。

于是,一位朋友向他献策,说:"桂西路一带,新开了不少拍卖行,挂着很多旧西服,连夹大衣、女子的仄背大衣也可以买到,你何不去这些地方'淘淘'试试。"潘由这些朋友陪同,果然去试了几家,没有合适的,后来走过一家开张不久的拍卖行,见有一件西服,身架特别长大,颜色、料子也很合意,连忙取下一试,简直像自己量准尺寸定制的那么合身合意。他又惊又喜,连忙脱下来翻开领口一看,赫然绣着"潘有声"三个英文名字。

于是向店主质问来历,回复寄卖人是成批送来的。翻出底账,则另外还有不少衣服、内衣和首饰,有些则已售出了。

过天,就由潘出面,向法院状告店主和这位杨女士。

这自然成为报纸的一条热门新闻,各报连续刊载了好多天。杨女士一度被拘留盘询,但一直没有下文。

当时,桂林市中心开设了一家三教咖啡厅,布置了一个露天茶座,相当空旷,夏夜凉风习习,是纳凉休息的好地方,我也偶尔去坐过几次,喝杯冷饮。但发现顾客很杂,真正汇集了"三教九流"。以后,就不大去光顾了。

在那里,偶然听到些流言,说杨女士背后有大力者(不是当地的)撑腰,经这些人说合、调处,"大水不该冲龙王庙",此事就不了了之了。

现在，事隔已四十年，胡蝶女士已年近古稀，在加拿大纳福了。听说她依然眷恋祖国，想回来看一看。这位杨女士，可能也已儿孙绕膝了吧。

十一、一桩小批评

一九四二年的一件往事，一直想写而迟疑难以下笔。因为作为主角的梁漱溟老先生，不仅是民主的斗士，还在学术上很有成就；解放后不久，他曾长期受到批评。现在重提这一旧事，会不会有损于他已恢复的本来形象呢？一位也熟知这段往事的朋友说："寸有所长，尺有所短"，任何人都不会十全十美的。何况，这件事，只反映一个人的性格和个性，至多不过是白圭之玷，无损于大节。经此一谈，我的顾虑才打消了。

事实是这样：那年春，他从香港逃到桂林定居，曾在某报发表谈话，说他乘小舟离港之际，敌军巡逻追缉偷渡，枪弹密集，同船的某人神色紧张，他却泰然自若，自信决不会蒙难牺牲，理由有二，大意是：一、"目前中国的政治势力，各走极端，能斟酌国情，加以调处，使中国走上一条和平民主富强的道路，责在区区。""除非天决心亡我中华，自信决不会死。"二、中国的文化，每个朝代都有代表人物加以继承发扬。"目前"，这任务"落在区区头上。除非天一定要毁灭中国文化，自信决不会死"。

这篇谈话一出，舆论哗然，我也认为这位先生"自信"

得有些近于自大狂了。曾作一小文刊之报端，提出商讨。文中还提到他续弦与某女士结婚时，曾公开说自己心如止水，这次是对方向他"进攻"的，这样的话，似乎也太不近人情。

当时，秦牧、秦似两位，还是青年作家，经常写杂文，笔锋犀利，像两柄匕首。对于件事，秦牧也写了相当尖锐的批评。不久，梁先生曾在报上刊载《答徐铸成、秦牧两位先生的公开信》，有所辩解，具体内容已记忆不起了。

这一件小事，以及所引起的争论，曾在文化城中轰动有几个月之久。一九八〇年秋我在香港旅游，适秦牧率一文学代表团到港讲学，席间，他还谈及这段往事，风趣地说："我们还曾同榜遭到反击。"

那本是一件小事，而且大家都识大体，"勿为仇者所快"，尽管还有很多话好讲，我们却适可而止，并没有再进行反驳，这一小段公案，也就逐渐归于平息了。梁先生也不耿耿于怀，不久还亲书对联赠我。

十二、人杰地灵

抗战期间，桂林人物荟萃，新旧文化人很多，"武化人"也不少。大体可以太平洋大战为界线，分为两个阶段。比如，夏衍曾在前一阶段把《救亡日报》移到桂林出版，后来，他在香港沦陷后重回后方，就去重庆参加革命文化斗争了。方振武将军在抗战之初，从海外回国请缨，被投闲置散，报国无门，愤而到桂林近郊办了一个农场，以安顿他的旧部，搞了半年多，遭到特务的破坏，被迫流亡香港。我在一九三九年到港后，和他颇有交往，曾听到他絮谈这一段经历。香港沦陷时，他逃出虎口，却遭特务暗杀。后一阶段到桂林寄居的，有柳亚子、梁漱溟以及金仲华等人。范长江匆匆来桂，有一天我见到他，过天再想访谈，他已摆脱"尾巴"，辗转去苏北解放区了。

桂林《大公报》初创刊时，在当地招进了五位外勤记者，经过一段培养，都很能干、称职，像曾敏之（现任香港《文汇报》副总编）等和文化、教育界接触最多。还有一位是由朱琴可先生介绍来的，我请他负责资料工作，当时只有十五六岁。

朱琴可先生博学多才，工诗词，章士钊先生一九四二年来游桂林山水，朱先生和他多所唱和。他是当时桂林有名的年轻才子之一——另一位大概是吕集义先生吧，后来也成为我的朋友。

那时桂林有一所办得很认真的中学——汉民中学，校长是任中敏先生，词学大家——是吴梅（瞿安）先生的得意大弟子，也工隶书，曾当过胡汉民的秘书，听说很多胡的"墨宝"，实际是他代笔的。他创办汉民中学，显然是纪念去世不久的胡汉民。他办学的精神，十分可佩，对老师和学生的要求都很严格。

朱琴可在该校任国文教员（一说是桂林师范），他介绍这位学生来《大公报》时，说这是他的得意门生，年龄最小，却最聪明，语文已有一定根底，也勤于做事。果然，我看他工作负责，且善于学习。他把资料室搞得井井有条，对编辑工作提供了很大的方便。举个例子，我的工作习惯，向例在下午休息后，即到编辑部翻阅各地报纸和新出的书刊，初步决定当晚打算写的社论。比如说，准备写斯大林格勒正在紧张进行的战役，就告诉他，最近看到哪些可供参考的资料。到晚上我九时左右上班时，他已把这些资料和有关剪报整整齐齐叠放在我桌边，不多不少，恰如我所希望要查的，每次都是如此。大约半年后，增出《大公晚报》，我鼓励他试写些稿子，不久就派他兼任副刊的助编，翌年升为正式编辑。一九四四年桂林沦陷后，我去重庆主持晚报编务，他仍编副刊。一九四七年《大公报》香港版复刊，主要骨干是桂林版当年的旧班子。那时，我早就辞去《大公报》职务，重新主持《文汇报》了。一九五〇年创刊的《新晚报》（香港）长期由他任总编辑。一九八〇年秋，我应邀去港住了约三个月，适值《新晚报》创刊三十周年，我被邀参加庆典，还为它写一专栏，每天一篇，回沪后，还继续了相当一段时期，受到海外读者的偏爱。

一九八三年，他因充当外国间谍，出卖国家机密而被我政府逮捕判刑。我大吃一惊。是知人不易呢，还是那个社会陷阱太多呢？我迄今不解这个疑团。

一九四三年夏，我把在沪的妻儿接到桂林，草草布置了新巢，有一间客厅兼书房，购置了一套樟木做的硬沙发，朋友们赠的字画，张之四壁。其中，对联就有三副，一是柳亚老写的，一是梁漱溟先生写的，另一就是任中敏先生的隶书，都可称为精品。那时，我和柳亚老还不太熟。我自幼不吃鱼腥，亚老的下联，恰是"渡江须及有鱼时"，仿佛有意刺痛了我的疮疤。

　　翌年秋，日寇发动入侵湘桂的战争，国军兵败如山倒，一路溃退，等到汤恩伯部所谓"援军"开到，就分片洗劫，到处放火。在这一片人间地狱中，我才把报纸停刊，"急急如丧家之犬"，只能携一手提箱，赶到将军桥电工厂，搭上他们的撤退卡车，愤怒离开了哺育我近三年的文化城。这几件墨宝连同我一些心爱的书籍，都没法带出来，大概都变成劫灰了。

李宗仁与新桂系

饶有兴趣地看完了李宗仁的《回忆录》，引起了我对往事的不少回忆。

从辛亥革命到全国大陆解放这三十八年，大体可分为两个时期，前十七年是北洋军阀统治时期，后二十一年是国民党统治时期。即使在他们的全盛时候，中国也从来没有真正统一过。袁世凯称帝前，势力只及于长江中下游；到曹锟、张作霖盘踞"中央"时，就"号令不出都门"了。蒋介石权势最大时，实际能控制的，也不过中原和长江一带的十个省。其余，除中共根据地外，全由大大小小的军阀割据。"有枪斯有权，有权斯有土"，谁能拉起一支队伍，就能霸占一方；"弱肉强食"，经过不断火并，强者吞并弱者，就可能霸占一省或数省，挂起总司令、督军、省主席等头衔，成为一方"土地"。

他们"崛起"和"发迹"的过程，因缘时会，有时是很快的。记得一九二四年江浙齐（燮元）卢（永祥）战争时，我还在中学读书，我的家乡宜兴开到了一团奉军。团长叫丁喜春。第三营的纪律最坏，官兵到处抢劫，营长叫褚玉璞。时隔不过三年，我在北方上大学时，褚玉璞已变成直鲁联军的副总司令，成为直隶（今河北省）的军务督办兼省长了。"乱世出英雄"，在动乱时代，这种例子是俯拾即是的。那时叱咤一时的蒋介石，从黄埔练兵到"荣任"总司令，不也只有三年时间么？

李宗仁，从连排长变成新桂系的首领，领导一个集团军，纵横南北，时间也不过三四年。

军阀混战，像赌博一样，"筹码"则是军队。桂系在参加北伐时，只有一个军，至多只有几千人吧。两年之间，就扩充为一个集团军，而且人数、实力，仅次于冯玉祥的西北军——第二集团军，而超过了蒋的嫡系部队。因为它曾发过两次"洋财"，一次是在一九二七年宁汉合流后，奉命讨伐唐生智，把唐的部队全部收编"吃进"。另一次是国民革命军于一九二八年"底定平津"后，白崇禧在冀东全部"吃进"了直鲁联军张宗昌的残部。每次都有几万到十几万人、枪。而追本溯源，唐生智的这种"本钱"，绝大部分是在北伐军攻克武汉时，收编吴佩孚的部队；而张宗昌所以有力量从奉军中分出来，成为独立的直鲁联军系统，也是由于一九二四年第二次直奉战争中，大批"吃进"吴佩孚的残"卒"和"车、马、炮"。旧时代的加、减、乘、除，就是那么一本烂账。

我曾在桂林工作过两年多，（一九四二年初到一九四四年九月），却从未和李宗仁谈过一次话。他那时在鄂北、陕南一带指挥抗战，广西由黄旭初任省政府主席，给他看"家"，而由李任潮（济深）先生任军委会桂林办公厅主任，我和李比较相熟。他名义上也是桂系的头领，而且还因此在一九二八年的蒋桂战争中，被蒋介石幽禁在汤山达三年之久，但他在桂系中，只是一个空头元老。李、白要利用他时，尊他坐第一把交椅，时过境迁，就分道扬镳了。比如，李济深在福建主持"人民政府"时，李、白就坚决不参加。一九四七年他在香港成立国民党革命委员会，曾一再劝说李、白弃暗投明，也遭白眼。因为李济深虽也是广西人，却出身于粤军，粤军第一师是拥护孙中山最坚决的部队，自从邓铿被刺后，他继任师长；北伐前夕，改组成为国民革命军第四军。他任军长，还兼任国民革命军副总司令，留守广州。四军是北伐的主力，张发奎、陈铭枢、陈济棠等都曾是他的部下，与桂军却并无渊源，只是在北伐前一年，把李、白引进国民革命军的行列。

桂系的领袖，最初李（宗仁）黄（绍竑）并称，以后加上白崇禧，称"李、白、黄"。到一九二八年蒋桂战争时，黄投奔了蒋，从此只称"李、白"。他们把广西作为根据地，进则纵横南北，逐鹿中原，失败后则退居老"家"。他们统治这个"家"，先后达二十余年之久。我在桂林时，李宗仁每年必回来一次。每次回来，文武百官，像梁山英雄迎接宋大哥回寨一样，当作一件头等大事；李也必大摆筵席，慰问百僚。白崇禧也曾回来过，就没有这种景象和场面。听说，那时广西所经营的企业如广西银行、贸易公司之类，每年有一笔账外的盈余，总数大约合现在的币值约达千余万元。这笔钱，是每年要留待李回来"大斗分金"的，由黄旭初开列一笔总数及文武要员的名单，呈交后，由李按地位大小、功绩高低，亲笔批写分配的数目。这笔钱，李济深从不染指，白虽然领到仅次于李宗仁的份额，也从不参与分配权。

举这一例，就可见他们各自在桂系中的地位。

我印象最深的，当一九四四年日军逼近桂林时，湘桂铁路拥塞着逃难的人群，车辆很少，每有列车进站时，人们争先恐后，一拥而上，爬窗而入，为了逃命，车顶及车底下也爬满了人。一次我去送朋友时，曾目击一幕惨景：一个青年妇女，抱着婴儿在喂乳，汽笛响了，她忽然把婴儿放在座椅上，一面啼哭，一面飞快跑向列车，吊着扶手走了！而另有一列车厢，则是载运官员眷属的专车，后面还挂有两节货车，载着箱笼行李，还有一排排木椅，听说是桂林戏院的座椅，而这个戏院，桂林人都知道是某夫人独资经营的。

黄绍竑虽然早已远走高飞了，但和李、白的关系，还一直是藕断丝连。他在广西的余势，一直保持着。我和黄绍竑先生初次见面，是一九四九年一月在香港。那时，在淮海战役以后，国民党政府已呈土崩瓦解之势，中共中央为筹备召开全国政治协商会议（当时称"新政协"），邀接大批民主人士分批由香港到华北解放区，第一批有李济深、沈钧儒、郭沫若、彭泽民等人，因为那时香港当局的态度并不那么友好，而台湾海峡又不大平静，因此，接运的专轮，是秘密启行的。李济深等走了才几天，黄绍竑来了。他是为李、白与李济深接"线"来的。那时，白崇禧已在武汉发难，逼蒋"下野"，扶李宗仁出任代总统。黄则力主应通过李济深，取得中共的支持与谅解。他到港后，四处找不到李济深的踪迹，因此，找到了我。我劝他直接去与中共代表联系。

据我的看法，在"李、白、黄"这三位中，黄绍竑最有政治头脑和政治手腕。他投身于蒋，而自己有一套做法，对蒋仍保持一定的距离，充分利用蒋与桂系间的矛盾。白一向以"小诸葛"著称，但在军事上是否那么孔"明"，越来越使人怀疑；政治上则多谋而不善断，反共意识，则相当顽固。这三人中，李宗仁看来最为平庸，但接触过他的人都说，他比较质朴，对部下比较宽厚，不察察为明，也不使用权术，对知识分子，比较尊重。所有这些，和蒋介石恰成一对照。他起自陇亩，不数年间，成为一个方面大员，参加北伐后，能够保持一定的清醒，顺利时不太骄纵，失败后，退守广西，还能保持残局于不垮，看来也不是偶然的。记得《论语》里有两句话："晋文公谲而不正，齐桓公正而不谲。"这大概也可以移作对蒋、李的评断吧。

李的缺点，也在不"善断"。在一九四九年春北京和谈期间，他处处受到在奉化遥控的蒋介石的掣肘，不敢毅然接受和谈条件。当时，朱蕴山先生曾专程赴宁做最后的忠告，未得结果。

据朱老事后告诉我，他赴宁前，周恩来曾对他说，李德邻说他在夹缝中，左右为难；其实，他只要把背靠过来，就有了依托，蒋就奈何他不得，他就主动了。朱老说："我去南京，曾反复对德邻陈说利害，说明中共方面对他的期望与支持，他就是不敢下这个决心。"当然，也由于他那时对美援还抱有幻想。最后，他终于毅然摆脱一切，回到祖国的怀抱。这个"断"，很了不起，在他的晚年，写了很绚丽的一笔。

这本《回忆录》，是李宗仁的自传。他以个中人的身份，从一个侧面描述了国民党新军阀的兴起和覆灭，写蒋的个性，以及蒋如何施用权术，不择手段地排除异己，残杀忠良，建立个人独裁，描绘得入木三分，而基本上也是真实的。所以，这也是一部很难得的国民党新军阀统治时期的野史。

两过贵阳

一、下马威

那都是四十年前的事了。

一九四二年初，我由香港到了桂林，任《大公报》桂林版的总编辑。

那年十二月，听说美国邀请重庆新闻界组团访美，《大公报》重庆版的总编辑王芸生兄亦在预定的名单之中。胡政之——《大公报》的老板，派我先期赶往重庆，代理王的"笔政"。

到了那里，才知王去不成了，说是蒋介石亲自把他的名字勾掉了。这是我第一次到战时的"陪都"，既然代无可代，乐得在那里清闲一阵，趁机观察一下重庆的政治局势。

在浓雾弥漫中巡礼了一个月。过了春节，即束装回桂。

来时是坐飞机的，回程，我想顺便游历贵州，胡政之也函嘱我访谒一下吴鼎昌。于是，便决定乘公路车离渝。吴原任《大公报》社长，自从一九三五年到南京"服官"后，即登报辞去社长职务。那时，他任贵州省政府主席。

重庆馆总务处给我订了邮政班车的一个位置，说一般公路车烧木炭，最快要四天才到贵阳，而且司机到处带"黄鱼"——无票的乘客，还到处有"小公馆"，因此经常"抛锚"，走上五天、六天是常事。邮政车是烧酒精的，保证两天半可到，过十八拐、"吊尸岩"等险路也比较保险。

总算在车厢里挤到一个座位。上午九时许开车，第一站停海棠溪，照样也挤上了不少"黄鱼"，而且，"抛锚"的事也时有发生。从旅伴口中，我才了解到后方司机权威之大和"油水"之丰。哪里有"相好"，照例就要停车，等到酒醉饭饱后才回来开车。乘客一律要听指挥。

他命令在哪里打尖、休息，只能匆匆吃完，在车旁干等着。他到了，才如指挥员一样，命令上车，他口叼香烟，发动、上道。

一路有观不尽的山景、雪景，道路也的确处处艰险。侥天之幸，总算都平安过去了，只抛了两次"锚"。第二天宿在乌江，估计第三天午后，就可安抵贵阳了。

想不到清晨就道后，就"一去二三里，停车四五回。抛锚六七次，八九十徘徊"，到了傍晚，已依稀可看到贵阳的炊烟了，车子又突然停了下来，而且司机下令说："这回，要好好修一下，不定今晚能否修好，大家先找个地方吃夜饭去吧。"

到哪里去解决"民生问题"呢？一位旅伴指点，半里外有一家荒村野店，可以果腹。我跟着他沿着曲曲小径，在昏暗中大约走了十分钟，果然找到了一家小店。进去一看，已有捷足者先到了。忙占了一个座头，想叫一盆卤菜，四两曲酒，和同伴一起解解乏。伙计却直摇头，说只有红油抄手水饺，别的早卖光了。就红油抄手吧，各要了两碗。

我虽是"下江人"，却一向喜欢吃辣，加上在重庆一月的训练，自己满有把握，红油的面食，不在话下。端上来一看，就吓了一跳，不是几圈几点，而是厚厚的一层火红的油，把抄手全浸红了。尝了一口，舌头就直打秋千，额上立即冒出了汗。好不容易，把抄手一一夹出来吃下了肚。大概也不完全是"饥者易为食"吧，味儿的确很鲜美。至于这些红油汤，实在不敢再品尝了。

趁着初升的上弦月，回到车旁，听司机钧谕，车子即可发动了。

这一顿迄今难忘的野餐，是贵州给我的见面礼，也可以说是一次"下马威"吧。

二、旅行社

在旧中国，旅舍、饭店，特别是高级旅馆，大都乌烟瘴气，藏垢纳污。洁身自爱的旅客，只有两种地方可以放心投宿，一是青年会宿舍，一是中国旅行社招待所。前者只有京、沪等大城市才有，而且有浓厚的基督教气，后者则中等城市及旅游胜地普遍设立，它的陈设比较朴素，被单、枕套勤于换洗，服务也比较周到，特别是消毒较好，极少跳蚤、臭虫，可以安然入睡，所以深受旅客欢迎。还有，它可以电、信预订房间，到期在车站、码头接迎。这些，似乎在解放三十多年后的今天，也是少见的。

我当时出门，多数寄寓旅行社招待所。比如，一九三五年我游浙江四明山水，在登奉化雪窦山的两天中，就寓居山顶新建的旅行社招待所中，每天食宿不过两元多钱，饭菜也素净可口。那是一所完全木结构的房子，粉刷淡雅。白天游山，看崇岭、瀑布，晚间安然休息，真有宾至如归之乐。一年多以后，这个招待所就化为灰烬了。原来，西安事变后，张学良"摆队送天霸"，到了南京，就变成阶下囚，先在陆军监狱拘押，后移奉化"严加管束"，就被安置在雪窦山这个招待所里。时令正值严冬，又没有装暖气设备，只能燃炭缸取暖。一天深晚，张大概越想越懊悔，越想越烦躁吧，伸腿用力一踢，把炭缸踢翻了，刚油漆的木房子，立即蔓延起熊熊大火，附近监视的军警、特务虽不少，也来不及扑救，忙把张拖出，房子转瞬烧成白地。当时我听到这消息，惋愤不已。

这次到贵阳，也事先函请《贵州日报》一位朋友，代在中国旅行社招待所订了一个房间，设备也相当好。当时的通货已直线膨胀，已记不清每天的房金的具体数字，合今天的人民币，也不过三四元一天吧。

《贵州日报》的社长，由省府秘书长严慎予兼任，他原在上海国闻通信社当记者，和我有朋友兼同事之谊；经理赵某，也是吴鼎昌手下的"红人"，他又善于交际，贵阳的饭店、酒肆都很熟，我在贵阳住了三天，招宴排得满满的。记得当时最好的茅台酒，是华家老窖出产的，称"华茅"，其次是红色包装的"赖茅"。自然，每次宴会，赵经理必张罗几瓶"华茅"来。我的酒量不大，但那时年轻气壮，美酒当前，加上主人利用我不服输的弱点，频频"进攻"，也就每餐必狂饮，每饮必酩酊了。

我在拙著《旧闻杂忆》中曾提到过，我幼年出痧子，医嘱不可吃油荤，天天吃鱼虾，愈后条件反射，闻到鱼腥即恶心。所以，像贵州娃娃鱼这样的名菜，也无福品尝，好在贵州的菜肴，也和四川菜差不多，鱼虾并不多，而像汽锅鸡那样的特色菜，是生平所未经的美味，现在回忆起来也还会垂涎三尺的。

当时的贵阳，有"天无三日晴，地无三尺平，人无三分银"之称，记得闹市在"大十字"附近，三层的店面房子极少，还记得中心矗立着一座铜像，大概是周西成（贵州军阀）的吧，真是一个时代的讽刺。

自然，花溪最值得留恋，溪山如画，宛然江南。

所有这些美好的印象，深深地刻在我的记忆里。时光如逝，匆匆四十年了。现在，贵阳已成为西南的重镇，铁路、公路四通八达。如果重游旧地，定然要刮目相看，咋舌不止了。

三、记"儒将"

到筑的第二天，吴鼎昌即约见。他是《大公报》真正独一不二的老板。因为我相当熟悉辛亥以来的历史，在《大公报》"三巨头"中，对他最难发生敬意。自从他投身"宁国府"后，就几乎有点鄙视了。

见面后，除照例谈谈渝、桂两馆的情况外，他对我叹了不少"苦"经，说贵州地处后方冲要，但多年在军阀统治下，生产荒芜，民穷财尽，省府开支多赖"中央"接济。他说，他的治理方针，以宁静养民为主，逐渐培养地方元气。他送给我一本《花溪闲笔》，多半也是谈的这些"从政"经验。

他的"治绩"如何，贵州父老百姓自有评说，我没有发言权。看来，总该比王家烈、周西成以及后来的新军阀好一些吧。他那时早是"北四行"的财阀之一，而黔省又如此贫瘠，即使竭泽而渔，也未必能使他的"宦囊"加重多少分量吧！

我在倾听他的诉述时，抬头打量一下客厅的四壁，除"总理遗像"及"总裁玉照"外，赫然有他一张穿着上将军服的"近影"，因为他那时不仅兼黔省保安司令，还是什么"滇黔绥靖副主任"。历来，军人喜欢舞文弄墨，文人一旦升为"方面大员"，则每喜戎装挎刀，以"儒将"自炫，他大概也不脱这个老套。

到抗战末期，他"内调"任"蒋主席"的文官长，很为蒋出谋划策。比如，抗战胜利之初，蒋电邀毛泽东到渝"共商国是"，听说就是他的献策。他们估计毛泽东决不敢来，以此"将"了一军，想不到毛泽东果然来了，深入虎穴，促成了国共和谈，签订了"双十协定"。

解放前夕，他被列为战犯，逃往香港。一九五○年在港病故。

写到这里，联想起一段往事：从一九三九年到一九四一年，我曾主持香港《大公报》编辑工作，有一位英文翻译梁邦彦，是我清华的先后同学——他比我低好几班，工作很出色。由他介绍，我认识了他的姐姐梁淑德和姐夫曹亮，他们给了我不少帮助和鼓励。一九四○年左右，梁邦彦赴新加坡工作（后在日军进攻新加坡时遭难），曹亮伉俪，仍是我敬畏的好友。

一九五○年，为调停香港《文汇报》人事纠纷，我曾去港住了一个月，和他们两位不时叙晤。有一天，曹亮对我说："吴鼎昌在香港，你何不去看看他，问他有没有回去的愿望。"我讶然问："像他这样的人，难道容他回国么？""只要他愿意回去，还可以发挥一定作用的。"

我正想去尝试，想不到吴恰在那时谢世了。

曹亮、梁淑德两位，后来受"潘杨事件"的牵连，关禁近二十年，中共三中全会后，才平反恢复名誉。现在潘汉年已彻底平反昭雪，恢复名誉，而且对他的革命功绩，做了很高的评价。

因"潘案"牵连的许许多多，当然都要一一恢复名誉，平反落实。

以前，我曾含含糊糊写过吴鼎昌最后的结局，现在，可以谈谈清楚了。

四、抢和溃

第二次过筑，是在一九四四年秋，停留的时间比较长些。

那年，日寇要打通从北平到越南的所谓"大陆走廊"，继"扫荡"河南之后，发动了对湘桂的进攻。没有几天，就越过墙子河，侵占长沙，直逼衡阳，真是"一路如入无人之境"。

衡阳演出了一幕丑剧，先是抵抗了几天，守将方先觉就大肆宣传，并打电报给他的"校长"——黄埔军校的蒋校长，表示"城亡与亡"的决心，最后还悲壮地喊上一句"来生再见"。岂知，当后方各报大力宣传"黄埔精神"的时候，东京、上海报上，已刊出方先觉到宁拜见汪精卫并与汪及日酋一起举杯的照片。重庆当局看了，大概会啼笑皆非吧。

这里，要插上几句"闲文"：香港沦陷后，《大公报》只剩重庆、桂林两个版，当时被国民政府统治区称为舆论的权威。这从发行数字上也可以看出：重庆《大公报》订户有九万多，桂林版日销六万多份。在今天看来，是微不足道的，在民国时期，能销到二万份，就是了不起的畅销报了。抗日战争前，上海《新闻报》是全国发行最广的报纸，它的最高纪录是十八万份。战时的陪都，有九家大报，除《新华日报》因有特殊功能不计外，其余七家，包括国民党的机关报《中央日报》，合起来也不及《大公报》的数字，桂林当时有四家大报，《大公报》的发行，也超过其余三家的合数。

湖南、广西的读者，都爱看桂林的《大公报》。贵阳处于重庆、桂林交通线之间，距离差不多，桂林版的读者，却远比重庆版多。原因是重庆版地处"中枢"，适应官方多一些，桂林是当时的文化城，我们力求报纸多一点民间气，有些重庆版不敢登的内幕消息，记者寄给桂林版，我们全部披露，言论也比较"自由"些。在"国旗大献金"时，就大大出"格"，突破了报纸的传统了。

这仿佛像我在"王婆卖瓜，自卖自夸"，其实是想说明，即使是在那时的岁月，读者的眼睛也是雪亮的，些微的不同，也能辨别的。

衡阳沦陷，桂林立即吃紧。李济深将军等发起的"国旗大献金"很快就被重庆当局严令取缔，而调来的援兵，恰恰是在河南一触即溃的汤恩伯部。它的先头部队开到后，即与桂系军队划分"防区"，严令"坚壁清野"，勒令居民火速逃难，而且规定不许带大包小包。总括一句，是"分区包干"加以洗劫，劫无可劫后，即燃起一把大火。报馆饲养的十几头猪，我家里留的二十多只鸡，一夜之间，也被捉去杀光了。

总之，前方是溃，一泻千里地狂退；后方是乱，是明火执仗地抢。这就是那次湘桂大撤退的概括语。《大公报》于桂林沦陷前五天停刊。翌晨，我乘坐资源委员会电工厂的车子，匆匆离开了旅居两年多的八桂名城。

这次的见闻，是给我上了一堂生动的课，说明这个政权已病入膏肓，不可救药了。从此以后，我对它断了念，不再存丝毫幻想了。

五、丧犬行

桂林"疏散",大概可以说是抗战八年中的一次大劫难。死于兵燹的还在其次,流离于道路、倒毙沟壑、妻离子散、全家遇难的,就难以数计了。

我离桂的那天清晨,从七星岩后侧的星子岩——《大公报》所在地步行到将军桥,约有十华里光景,一路拥塞着逃难的人流,好不容易,挤挤跑跑,到了电工厂——是当时国内唯一能制造电子管的工厂,挤上该厂疏散职工的交通车,逃离这个指日将陷落的危城。

一路经过沙田等处,每经过一道大河,汽车就要排队等渡,一次至少要耽误个把钟头。在晌午时,又到了一个渡口,路旁有个饭摊,大家就拥上去就餐。价钱很公道,大块的肉,合今人民币不过一毛钱一块,旁边有一大锅滚沸的煮鸡,一毛五一大块。吃白饭的,免费供应煮得很咸的黄豆,最稀奇的,浇一大勺鸡汤,也不收费,山区人民的淳厚,实在可爱可敬。

停停行行,到深晚才到了柳州。

车子还要开回桂林,接第二批职工,等接来后,才把这批人送往独山。我问该厂的经管人员,大约要在柳等多少日子,答复是至少要三天。正在我心急如焚的时候,遇到一位湘桂铁路的职员,说他们有一列火车,也是疏散职工的,已到了柳州站,即将开行。他答应我搭上这趟车。

真是"经一事,长一智",车子每到一小站,总要停几个小时,原来,过柳州后,就属于黔桂路范围,湘桂路的车子,站站要付"买路钱",而且,车头烧完了煤,必需驶回柳州去装载。

第二天到了离南丹约五里路的小站，索性开入岔道，不知何时何日再续进了。

万般无奈，向车窗外看看山景，看到不远处有一小溪，车上的妇女，不少在溪边清洗衣衫。

其中，有一位垂双辫的少女，明眸皓齿，特别引人注目。

几个同车厢的年轻人不耐久等了，决定步行去南丹搭"黄鱼车"，我把箱子托给那位铁路上的朋友，携着小包，也跟他们一起走。

循着路轨大约走了一小时，到了南丹车站，才知离公路线还有二三里，同伴急急先走了。我找到站长室，掏出名片，问有无便车把我那口箱子带回？站长姓王，很客气，但万分抱歉地说，南开的车子一时不会有，这事怕很难照办。

我正在为难的时候，突然从后屋走出一位中年妇女，含笑对我说："听到您是《大公报》总编辑，刚从桂林逃出，我急于想知道桂林的消息，请问，最近怎样了？"

我简单地说了些所闻和目击的情况，她既满意，又叹息。接着，她决断地说："先生的那口箱子，没问题，您开个条子，写明第几节车厢，找哪个旅客，我派一辆手摇车开去运来。我有一个亲戚也在车上，顺便一起接来，您放心好了。"接着又说："今天已不好上路了，先生就在我们客房里委屈一宵，明天清早再走吧。现在我先领您去休息一下。"她谈吐很文雅，而指挥若定，眼角都不瞧站长一眼的神气，使我很惊讶，我请教贵姓，她微笑说："我姓黄，黄季宽（绍竑）是我的哥哥，先生想必熟识的。"看来，这位站长先生，是沿着她的裙带爬上去的，无怪这位王夫人有这样大的权威了。

六、萍水伴

客室很清幽，午睡一觉醒来，已近傍晚，餐厅里已摆好相当丰盛的酒菜。墙角，我那口小箱，已安然放在那里。王夫人出来时，携着一位少女，含笑向我点点头，分明就是小溪旁那位明眸皓齿的姑娘。王夫人介绍说："她是我的表侄女，上海人，在桂林银行里工作，明天请先生照应，一起带她到独山。我已雇好一名挑夫，明晨送两位去公路车站。"

翌日清晨，六时即起，主人伴我们吃了早餐，送我们到站门口，一位大概是瑶族的同胞，挑了行李，我们这对萍水相逢的旅伴，跟着步行。这位小姐，态度大方，一点也不腼腆，我倒有点拘束，低头赶路，九时不到，就到了公路车站，等车的，已挤了不少。

我太缺少出门的经验，以为"黄鱼车"挥手可搭，不料北行的车子虽不少，却辆辆满载，拒绝再增新客。直到近午，我几乎已完全绝望，忽然一辆似曾相识的卡车开到，乘客下车休息，见了我，都说："徐先生怎么还停留在这里？"天下真有这样的巧事，原来这就是电工厂的车，运送第一批职工去独山的。我简单谈了几天来的坎坷，他们说："那么，徐先生还是坐我们的车子走吧。"我把旅伴向他们介绍，要求一起搭车，领队的说："挤一挤，没有问题。"几位年轻职工，相视一笑，神色中，似乎在怀疑，我在逃难中，这样轻易就"轧"上个女友了。

南丹到独山，不过二百里吧，这是酒精车，当天开到是没有问题的。不料到了六寨，车子就抛锚，司机说，毛病不小，当天修不好，只能在此过夜了。

同车的纷纷结伴去寻宿处，并不招呼我们一声。我们提着行李，一家家旅店去问，都回说已无空房。直到村边一间农舍，一位老大爷笑着说："这里有一间空房，你们两位正好。"显然，他老人家也误会了。

我迟疑不定，想再到别处去找找，这位旅伴却毫不犹豫，跟着老人进去了。

房子不大，只有一张床，一把破椅子，一个搁几，几上有一个脸盆。

我正在再度犹疑，这位小姐已打进一脸盆清水，一脸天真地说："您把汗衫脱下来，我给洗洗，晾干了，明朝好上路。"天气还相当热，一路灰沙，的确，我的内衣已湿了又干、干了又湿，好几回了。

"怎么敢劳驾您？"

她说："出门人互相照应，不必客气，再说，我自己的也要换洗一下。"

我独自出门在四周巡视一番，回到房里，她已把两人的内衣和手帕洗得干干净净，晾在绳子上了。

同到一家饭铺里叫了两个菜，塞饱了肚子，回到这村屋。

她取出一条毯子，先自躺下，我坐在破椅上，就着灯光看书，准备倦了就这样打个盹。她大概不好意思，笑着说：

"您也快睡吧，明天还要上路。您把我当个小妹妹，不要那么多顾虑。"说毕，把身子向外挪了一下。

我只得和衣躺下，实在困倦，谈了几句，就入睡了。

正当酣然入梦时，她把我推醒，指指床下，轻声对我说："我有些害怕。"

我下床向床下一看，见有一个圆形的洞口，下面灯火通明，"呵呵"有声。我立即联想到旧小说里的"黑店"，莫非真会有人从床底钻上来，结果我们的性命？心里也有些忐忑难安。

再静静细看，原来这个房子下面，有一层土屋，是畜养牲口的，房东老人和一个后生，正点着火把，在呵斥牛马归栏，并分撒饲料。看清了这些，我们相视一笑，一场虚惊过去了。

清晨，我们在镇口吃了些东西，赶到停车的地方，司机说车子已修好；不一会，电工厂的人也纷纷来到，互道早安，即登车出发，一路顺利，近午就到了独山。我先伴她去找到中央银行办事处，然后独自寻找《大公报》的物资转运站。

这位患难中的旅伴，以后再未见过面。至于好心相助的王站长夫妇，后来我见到黄季宽先生，曾再三托他致我由衷的感激。

七、烽火中

在独山几乎没有停留，第二天走了一天，深晚才到贵阳。

事前我们在贵阳租了一大间大概是工场的废址，作为落脚点。所以，我们到了贵阳，就有了栖身之地。

房子是泥地，四壁都已剥落，阴湿得很。入晚即以油灯照明。一共住了四房，各以芦席分隔，十足是过的逃难生活。

但酬应却相当忙。金诚夫兄原是《大公报》的元老，是胡政之的左右手，胡政之、张季鸾等接办《大公报》（一九二六年）后，他即任首都（先是北京，后是南京）的办事处——相当于现在的记者站主任。吴鼎昌到南京当实业部长，金被"借"去当该部的机要秘书。抗战期间，吴任贵州省政府主席，他也跟来了。

关于《贵州日报》的历史，我不清楚，是否由他创立的呢？可以肯定，他是吴鼎昌到黔后的第一任《贵州日报》社长，自然还兼任省府机要秘书，任期不长，不久，《大公报》香港版创刊，胡政之把他"要"回去当了经理。他是我的老搭档，从香港到桂林，合作达六年之久，可以说是相当"将相和"的。

所以，他到贵阳，颇有回到老家之感，省政府的厅长、委员，多半是老同事;《贵州日报》的主要编辑、职员基本还是他当年聘请的。"老上司回来了"，自然要殷勤款待，我也沾了光，团体请，个人请，真是欢宴无虚夕。吴鼎昌及其僚属，也几次约谈邀宴。总之，那次在贵阳停留了八九天，我们没有在家吃过一顿饭。

在这些人中，我特别对周贻春先生有好的印象。他本是清华的老校长。在清华的历任校长中，任事最久的，前有周贻春（寄梅），后有梅贻琦（月涵）。旧清华的建筑和规章制度，可以说都是在这两位校长手中奠定的。国民政府成立后，周贻春一直以在野之身，在平津从事文化公益事业。不知吴鼎昌用了什么"三顾茅庐"的办法，先是请他"出山"当了实业部的次长，以后跟吴到了贵州，好像是当了建设厅长。吴对他不敢以僚属对待，大概遇有机要，总请他咨询吧。他在黔的"政绩"如何，干了多少建设，我无权评论。那次我在筑期间，见过几面，看来，他还保持书生本色。对国民党当时的统治，他的评议，态度也像是超然的。

那次离筑，我们包了一辆车，把几家眷属全部运渝——只留下我的大儿子，在贵阳一个国立中学读书。临行，我还托《贵州日报》的赵经理，买到两瓶"华茅"，以便沿途独酌。

到了重庆，就听说就在我们投宿的两三天后，六寨被轰炸成为一片废墟，美国飞机以为那里已被日军占领了，结果是我军民死伤枕藉。同时，还听说抗战中繁荣起来的市镇金城江发生了一场空前的大火，全市大半烧成了瓦砾场！

紧接而来的消息，是独山沦陷，敌军逼近都匀，不仅贵阳人心惶惶，连重庆也谣诼繁兴，说"蒋主席"准备退到峨眉山去做"最后抵抗"，而有些官员，则暗中下了决心，宁死也不走了。

听到这些消息和流言，谁都会气愤莫名，我曾在渝报一连写了几篇评论，发抒我的愤懑。

一位隐名的来访者

——忆"一二·一"惨案揭露经过

读到刘时平写的《采写"李公朴事件"的始末》,钦敬他在四十年代勇敢而机智地揭露反动派这一血腥罪行,感激他对当时《文汇报》的支持。的确,正如文中说的:"徐铸成同志到现在还念念不忘《文汇报》刊出这条轰动一时的新闻,还在寻找这条新闻的作者是谁,他是怎样冒着危险,突破封锁,从昆明到上海,传出这条新闻的。"

这个谜总算得到解答了。但我还有一个相似的谜悬在心头,还在此事发生的七个半月以前,昆明早发生过一次特务冲进西南联大会场,杀害学生的血案——"一二·一"惨案。这一新闻,我也得自一位勇敢的提供者。他当时不肯说出姓名,我迄今还没法表达我的感念。

那时,我还在刚复刊的上海《大公报》当总编辑——四个多月后才辞职重回《文汇报》,宦乡、陈虞孙、孟秋江、唐海等也还未参加《文汇报》。

为了说清楚这一谜面的背景，我把当时及前前后后的情况，细细回忆了一番：

　　抗日战争胜利时，我在重庆主编《大公晚报》。这突如其来的喜讯，是晚报出版后从空中收听到的，我们出了号外。这个山城立即沸腾起来，一扫年前湘桂大溃败以后的抑郁低沉空气。"总算熬到'底'了。""无论国家和个人，都光明在望了！"这是社会上普遍的想法，那几天爆竹连天、狂欢彻夜的情景，我在《杜月笙正传》里已略加描述，不再细表了。

　　狂热过后，经过一段沉寂，据外电报道，日本军部中的少壮派——当然是迄今还相当嚣张的国粹派的先知先觉，还不甘放弃"大东亚共荣圈"的美梦，还想继续挣扎。最后终于拗不过天皇的命令，扭不转大势已去的败局，接受了这个他们认为难以咽下的"苦果"。日政府乃决定派出代表，正式向战胜国无条件投降。

　　《大公报》早已派出两个随军记者，一位是朱启平，在美国太平洋舰队尼米兹总部活动；一位是黎秀石，随麦克阿瑟总部采访。九月二日在密苏里战舰举行的受降典礼。由麦克阿瑟主持，中国首席代表是军令部长徐永昌。

　　黎秀石有幸采访了这一历史性场面，并拍摄下珍贵镜头。后来，他洗印了一张赠送给我作为纪念，上面还写着"铸成先生珍藏"。

　　我的照片簿上，有两张自以为最珍贵的照片，一张是毛泽东到重庆后，与蒋介石的合影，那也是《大公报》记者拍摄赠给我的。另一张，就是在密苏里舰中照的这一张。在十年动乱初期，"破四旧"之风匝地卷起时，我怕无限上纲，被指为怀旧复辟的"罪证"，偷偷地忍痛焚毁了。

正式受降的消息传出后，人心大定，重庆政府匆忙布置接收，在芷江设了"前进基地"；另外，派汤恩伯部去抢先接收京（南京）、沪及江南地区；在柳州也设下基地，由美方提供飞机，准备昼夜空运。汤的驻渝机关，还和各大报接洽，愿意输送记者赴沪。《大公报》也派了几名记者，包括准备去当复刊后的上海馆经理的李子宽兄，火速乘车赴柳州，随机东下。

我是被派去负责组织编辑部并任总编辑的，因为晚报的事一时脱手不了，听说国民党中宣部将派机送各报记者赴宁参加中国战区的受降典礼，乃决定缓一步出发，搭乘这架专机东下。

九月四日晚，接到通知，匆匆收拾好一个行囊。第二天清早五时，晨曦微吐，赶到九龙坡机场，看到陆续来到的同行者，大多是各报的负责人，显然，也是去收复区赶着复刊或创刊报纸的。他们中，有《世界日报》的成舍我，有《中央日报》的陈训念和卜少夫，中央社的曹荫稚，《时事新报》的张万里，有受《新民报》委托去筹办沪版的赵敏恒，也有《新华日报》的徐迈进和《商务日报》的陈落，此外，还有"中宣部"派到上海的宣传专员詹文浒。真是青龙与白虎同行，凑成一出新闻界的"群英会"。

因为还要和南京机场取得联系——南京机场还在日军控制之下，直到上午九时，才获准登机，开动起飞。这是一架美国军用运输机，面对面两排硬座位约可坐十三四人，中间一块地方，堆放着我们的行李。机务人员全是美国人。当时算是新式的运输机，两个涡轮发动机，时速大约不过三百公里。在三峡上空飞行时，依稀可鸟瞰瞿塘峡和神女峰。过午近武汉，低飞盘旋一周。三镇是我十年前旧游之地，辨认出黄鹄矶和江汉关大楼，仿佛重逢劫后故人，她是衣衫褴褛、面目蒙尘了。到九江上空，嗡嗡的马达声忽然减轻，机身有些倾斜，一个机务人员走来关照，要大家把绑带束好，并指指右面的窗口，我们一看，才知一个发动机坏了。

好不容易，紧张地挨到下午五时左右，机身才徐徐降沉，下视钟山、石城在望，不久便降落在明故宫机场，中央社、《大公报》先日由芷江到宁的记者拥上迎接我们。在日军的"保护"下出了机场，把行李安顿在国民大会堂，我立即拉着《大公报》同事张鸿增君，到新街口一家广式餐厅去解决"民生问题"。先要了几样点心，狼吞虎咽，饿了一天，真是饥肠辘辘了。然后再点菜，要酒要烟，大大享受了一番，接过账单一看，才花了法币五元——合伪币一千多元。清早离重庆前，吃了一只广式月饼，却花了六元。

张鸿增君告诉我，因为有些细节尚未谈妥，受降典礼要延期举行。有他在宁采访，我大可不必留此看热闹场面，于是和他驾车赶到下关车站，去订当晚开出的快车票，问头等包厢要多少钱？说是八百多元伪币，才合法币三元多。于是就冒充阔人，订了一间。所以出此豪举，是听说其他车厢太杂乱，车上还由敌军持枪维持秩序。关起车厢门，可以少看他们的嘴脸。

吃罢晚饭，《商务日报》的陈落问我："去上海的车票好买不好买？"我反问："你也准备就去上海？""是的，想今晚就动身。""那好，我请客，坐我的头等包房。"他喜出望外。

大概，在此以前，只有敌伪的大官才有此排场吧，当我们登车时，车厢上下的敌军都举枪致敬。我们昂然而过，相视一笑。

大约花了十元伪币，买一叠上海出版的小报，关门各据一座，相对品茗，翻阅小报，午夜才朦胧入睡片刻，黎明到了又离别两年（两年前曾冒险到沦陷区接迎家眷）的上海。

雇不到汽车，看有些三轮车很别致，车座在前，车夫在后。听说名叫"孔明车"，看来的确与舞台上孔明"羽扇纶巾"，由车夫推着巡视战场的假车款式一样。我们各雇了一辆，分别奔赴前程。到家后，母亲问我，花了多少车钱？我说法币四元。她惊讶地说："合伪币有八百多元，叫它在上海兜几个圈子，也要不了这么多钱呀！"我笑着说："在重庆，一元的法币扔在地上，乞丐也懒得去捡了。"

我那时有三个儿子——以后也没有再添，老大、老三都在两年前由我接到内地读书，老二留在上海陪伴他祖父母。他那时才十岁，那天尚未上学，在弄堂口玩耍，看到我，高叫一声"爸爸"，返身就奔回家去。等我见到喜出望外的父母，母亲说："这孩子像疯了一样，上楼来就对天磕了个头，连声说：'好了，不用操心了！'这才说你回来了。"原来，我留在家中的家用，因为伪币天天狂跌，孩子也天天在计算，只够买二三十斤大米了。

《文汇报》那时已复刊出了临时报，每天出半张，我连忙电约严宝礼兄晤谈，得知绕道柳州搭机的李子宽兄已先我一日抵沪。

翌日清早，宦乡兄和曾在上饶一带工作的徐明诚兄联袂来访。

据李兄说，复刊办报，找房子最困难。严兄则说，白报纸已下令封存，非有市府执照，不能运到报馆应用。

正好那天下午，我和吴绍澍见面。我们是汉口时结识的朋友，那时，他是副市长代行市长职权，又是国民党市党部主委，三青团书记长，又是军事委员会驻沪特派员，真是集党、政、军大权于一身，红极一时。

他见面就说："这次，你一定要帮我个忙，《正言报》准备复刊，请你全权负责，我绝对不管，也不推荐一人。"

我笑着说："《大公报》决不会放我。此来，就是叫我负责复刊上海版的。"

他还是关切地说："你的住所还没有安排好吧？我给你幢房子；如果要住公寓，也可以代你安排一套宽敞的。"

我谢谢他的好意："我的老家还在，不劳你代为操心。《大公报》还找不着馆址，是否可借重你的大力，代为找找？"

他很爽快，立即说："那好办，南京路江西路口有一幢房子，是日本人开的大可乐咖啡店，已由青年团（三青团）接收了，本准备设个俱乐部，如合用，就拨给你们吧。"说毕，他马上关照随从："叫他们领徐先生去看看。"

听说我们要购纸运纸，他也关照开给一张通行证。

第二天，三青团的人员就找李子宽办好了交接手续，没有索取任何费用。这房子三开间，后部很深，有三层，每层大约有两百多平方米。据严宝礼兄估计，南京路闹市"顶"

进这样一幢房子，大约要几十根"条子"（黄金几百两）。

吴绍澍这样慷慨的举动，完全出于对我个人的友谊，他和《大公报》素无渊源，和胡政之或张季鸾也从来没见过。

我和国民党从来没沾过边，吴是三十年代初任汉口市党部主任成员时，偶然在打乒乓球时认识的，以后，在抗战初期，才又在香港相逢。他似乎对我相当尊重。一九八一年，我在京遇着他的爱人，谈起吴的为人和抗战胜利后直至迫害逝世的经历，她说："雨生（吴字）对你的确非常敬重，当年每次见到你，回家总笑容满面，说：'今天我又见到铸成兄了。'"

上海《大公报》复刊（一九四五年十一月初）之初，重庆政府曾发表了"上海特别市临时参议员名单"，约五十名，其中有我，听说是吴极力推荐的。《大公报》电台深夜收到这个新闻稿，我在发稿时，把自己的名字划去，改打了三个×，并注了几个字："电码不明"。以后也从未去报到。

我和他的交往，以及他在上海解放前起义、立功的经过，我在前文中已简要叙述过了。

《大公报》把南京路这幢房子，作为经理部和门市部，另外，在民国路（今人民路）厚德大楼租下底层及二楼——是一家姓丁的香烟厂老板的房子，安排工厂部和编辑部。但粉刷、收拾，布置排字房，安装机器，需要一两个月。那时，《申报》和《新闻报》正在国民党派员接收后改组中，李子宽兄找汪仲苇商量《大公报》复刊，先请《新闻报》代印，当然，也要借用他们的编辑部。讲明一旦《新闻报》复刊有期，即行让出。

那时，《时事新报》原有的房子也在装修中，也借《新闻报》代印。《新闻报》有一层全是编辑部，相当宽敞，"一分为二"，暂由这两家报纸使用。我发稿、写稿的桌子，就占用了李浩然先生（《新闻报》的老总编辑，那时已逝世）多年使用的办公桌。

当时，在重庆的"下江人"，都急于还乡，而飞机既少，可航的轮船也寥寥可数，非有"特权"和"后门"是没法如愿的。在筹备复刊时，编辑部只有杨历樵兄到了上海，我又不敢多招聘新人，一则怕将来重庆的人下来多了，将人浮于事；再则，沦陷了八年，介绍来的陌生人，怕混入曾落过"水"的。我把从海外回来要飞重庆的朱启平兄"截留"下来，任要闻版编辑，请杨历樵兄编国际版兼翻译主任，还要帮我写国际问题的社评。聘蒋天佐编副刊"文艺"，把原《文汇报》的魏友棐、周福宽及原《大公报》的季崇威调来分任各版编辑，在后方各报来沪记者中，选聘王坪、周雨两位记者。整个编辑部，连校对不过二十余人，每天要出版三大张，每人工作量之大，可以想见。

我从一九三九年重回《大公报》以后，一直有一个苦闷——或者说是疑团吧，见着人，甚至是极熟的朋友，提到《大公报》，总有意无意联系政学系。而我在报馆工作多年，在香港、桂林，还独力负责言论工作，从未接受过任何方面口头指示，更不要说书面了。究竟两者之间有什么瓜葛呢？张季鸾和蒋的亲密关系，我是知道的。张逝世后，还有没有什么"约束"呢？但我究竟不是真正做主的人，真相如何呢？只好一切由时间和事实来考证了。

抗战胜利后，我认为，考验的时候到了，假使过去有些"右袒"，可以在"抗战第一、胜利第一"的华衮下掩盖起来，那末，此时，这件"披风"已不存在了。

　　所以，我在奉命筹备复刊上海版的时候，就决定以"民主第一"为沪版的言论方针，对"传统"试做一个突破，看看当局什么反映，以测定葫芦里究竟是什么药。

　　我到沪以后，即约请马叙伦、郑振铎、傅雷、夏丏尊诸先生撰写星期论文，不像香港、桂林版那样，有时转载渝版，社评也全部由自己撰写，标题、版面也大有不同。马先生等原来对投稿有些疑虑，至此也释然，尽力给我以助力。

　　复刊刚刚一个月，记得是十二月二日傍晚，我正在沉思准备写社评，工友来对我说："一个年轻人冲到客厅里，指名要面见徐先生。"我到客厅，见是一个二十多岁的青年，一身美军服装，他只问一声："你是铸成先生吗？"我点点头，他马上解开军服，从里面口袋里掏出一卷纸头，不胜愤激地对我说："昨天，昆明发生了大血案，军警特务包围西南联大，对正在集会的各校学生，开枪射击，死伤教员、学生于再等十余人。血案发生后，封锁新闻，一切对外的交通及邮、电都中断了。我是《和平日报》特派记者，所以被特准搭乘美国运输机，刚刚在大场机场降落，就来见先生。这一卷，是学生们发的传单宣言，还有我昨晚赶写的现场情况真实报道。我相信先生一定敢于发表，所以冒昧求见。"

　　我请问他的姓名，他说："我是出于中国人的良心才这么做的，不为什么名，说出姓名，对我，对先生，都无必要，再见吧。"一握手，他就匆匆离去了。

我把这卷珍贵的笔录和传单，整理出一条新闻，刊登头条，加上十分愤慨而醒目的标题——《昆明发生屠杀惨案》。社评已来不及改写了，写了一篇愤怒的短评，质问当局。第二天，成为轰动中外的"独家新闻"。在此前后，连外国通信社对此惨案，也并无只字报道。报纸到渝，渝版也不敢转载，直到第三天，中央社才发出颠倒事实的报道。

　　以后，重庆又发生沧白堂事件和较场口事件，《大公报》名记者徐盈、子冈、高集、曾敏之等，多以渝报登不出的真相，发电给沪馆，我全部予以披露，并及时写社评加以配合。

　　当时，蒋"主席"乘机巡视了收复区各地后，恰来沪小住。听说，他看到《大公报》，气得拍桌子大骂"娘希匹"。在旁的张道藩——国民党文化委员会主委，进言说："上海《大公报》的总编辑是徐铸成，总裁是否要找他来谈谈？"蒋把眼睛一瞪说："不，我回重庆去找胡政之算账。"算的什么账呢？后来我才知道，胡此时以复员、添购机器为名，通过吴鼎昌——当时做蒋的文官长，向蒋申请到了二十万官价外汇（那时，美金黑市已涨到二千法币兑一元，官价还是二十作一，实际等于白送）。

　　那时，新闻界有名的龚大炮——龚德柏也在刚复刊的《救国日报》点名"揭露"我，说我曾当过中共中央的秘书。朋友们看到后，对我说："你被疯狗咬着了。"

　　过了些时候，编辑部已搬到厚德大楼。胡政之忽然来到上海，"尘装甫卸"，就找我谈话。他装着笑容对我说："重庆方面，有你的朋友，也有芸生的朋友。芸生的朋友都说，你一手抓住《文汇报》，一手极力把《大公报》往左推，一定有政治野心。"我气愤地回答："别人的风言风语我不管，胡先生对我什么看法？"他迟疑一会儿说："我也觉得你的态度太激烈一点。我们一共有职工四百多人，万一报馆被封了门，怎么办？"我说："以《大公报》的声望，我相信蒋不敢下这一手，他究竟怕美国人。再说，我认为，上海版的言论，没有越出民间报的范围。沦陷了八年的上海和广大收复区的人民，对后方回来的报纸，都睁眼辨别哪家是代他们说话的真民间报，哪张是挂羊头其实出卖狗肉的。他们的眼睛真是雪亮的，为什么我们复刊不久，发行就超过十万，订报的排了长队，而比我们在上海历史悠久得多的《时事新报》，少人问津，销路只有几千。"

他听了还是说："万一被封门，几百职工的生活怎么办？你想过没有？"

我对他从来没有这样放肆地说："办报只为了吃饭？如果这样，卖油条大饼不也可以吃饭么！"

这次不愉快的谈话后，我再三思考，最后下了决心，委婉写了一封信给他，坚决辞职。他再三挽留，以后我终于离开了前后工作了十八年的《大公报》——曾抚育我成长的"家"，重新回到参加开辟草莱的《文汇报》，全力主持笔政。这一段经过，我在前文中已详叙过了。

在进步力量的支持和广大读者热烈拥护下，《文汇报》的发行数直线上升，成为进步报刊中发行最广的报纸，尽管当局多方压制，销数在当时上海的一二十家大报中，跃居第四位，仅次于老牌的《新闻报》《申报》和《大公报》。

当时的英文《密勒氏评论报》曾评价说：中国有两张严

肃认真的民间报，一张是中间偏左的《文汇报》，一张是中间偏右的《大公报》，这大概可以代表国际间一般的看法吧。

那位不肯留名的青年给我的印象极深，使我注意不拘一格求人才，对在反动报纸工作的青年，也不敢抱有成见。在随后的一年多时间中，有不少南京、上海《和平日报》青年编采人员，写信给我，陈述自己的苦衷，向往《文汇报》，我分别约见，恳谈考察，先后录用了四人。这四位，以后都勤勤恳恳工作，努力自求进步，现在，有两位早已入了党，在中央报刊出色地工作。

遗憾的是，我迄今还没有打听到那位向往真理、冒险冲破禁网、揭露真实新闻的青年的姓名。解放后不久，谢蔚明即由浦熙修介绍参加《文汇报》北京办事处工作，我一直以为就是他，个子、外貌都仿佛相似。三中全会以后，他从东北重回《文汇报》工作。有一次闲谈中谈及此事，他说："这决不是我，我那时还没有去过昆明呢！"

是谁呢？这个"谜"，可能永远解答不了了！

我想，如果他解放时跑往台湾，按照他的性格，肯定不会"飞黄腾达"。如果留在祖国大陆，他的"历史包袱"，在历次政治运动中，特别是"史无前例"的"大革命"十年，也一定够他受的。

我希望，将来的新闻史上，不要忘了记这位"无名人士"一笔。

一个志同道合的战斗集体

——略记抗战胜利后的《文汇报》

一九四二年二月起，我任创刊不久的《大公报》桂林版总编辑，直至一九四四年初冬桂林沦陷。

一九四三年初春，曾亲赴东南前线采访，并曾冒险进入沦陷区，接取家眷，先后写了两组通信：《东南视察记》和《陷区进出记》，陆续刊载《大公报》桂林版和重庆版。

那次的旅行，可以说，是决定了以后《文汇报》的一段命运。

在上海逗留的一个星期，自然要和老战友严宝礼兄不断接触，他那时正以商人的身份出现，暗中做复刊《文汇报》的打算。

一天下午，我们在八仙桥附近边走边谈，轻声倾谈了两小时，我最后问他："你究竟有没有复刊《文汇报》的决心和把握？"

他毅然说："如果你再回来主持编辑部，我就有此决心。

否则，我就死了这条心了。"

我也极诚恳答复说："《大公报》自然不肯放我，但《文汇报》是我们共同奠定的事业，好比自己身上落下的肉，当然更加关心，我一定回来，但希望你答应两个条件：一、胜利后复刊，自然不用挂英商招牌了，希望重起炉灶，和那些旧董事们一刀两断，我们吃这些人的苦头太多了；二、要给我编辑的全权，编辑方针和人员聘用，希望你不加掣肘。"

他十分坚决地说："一定照办。"

另一件更重要，我经过江西铅山时，特地去《前线日报》住了一天，通夜参观该报的工作，并和宦鑫毅（乡）兄一见如故，做了长谈。他那时是该报副社长兼总编辑，全力办报。我平时就十分留心看《前线日报》，报纸的内容和编排都十分出色，高出其他各报。这次面谈后，深深感到他的学识和魄力，为生平仅见的畏友。而且精力旺盛，治事细密，"前线"的编辑人员，都心悦诚服地团结在他的周围。

回到桂林后，有一天和胡政之先生闲谈，胡先生说："一旦抗战胜利后，《大公报》至少要出四个版，上海、天津、香港版都要恢复，重庆也不能抛弃不管，也要继续出版，资财还好办，要凑四个编辑班子，实在不容易，你也该多多留心，物色人才。"

我说："据我的观察，经过抗战的考验，《申报》和《新闻报》已走下坡路，不是我们竞争的劲敌了；今后，可注意的是《东南日报》和《前线日报》。《东南日报》有 CC 做后台，资金没问题，胡健中雄心很大，也颇有魄力，搜罗了不少人才，战后一定会打进上海，争取全国性报纸的地位。《前线日报》尤其不可轻视，我这次去该报实地参观，看到他们的总编辑宦乡真是一个了不起的人才，学识丰富，办事认真，中英文都好，而且精力充沛，全部精力扑在报上，把一张小型的四开报精雕细琢，可以说，做到'官报商办，小报大干'。尤其难能的是善用干部，编辑部人员对他都心悦诚服，合作团结得像一个人一样。这个报将来迁入大城市，一定会在全国畅销。"

"我听说《前线日报》的社长是马树礼，对经营很有一套，不知道还有宦乡这样的人才。"胡政之惊讶地说。

"马树礼是顾祝同的溧水同乡，听说还有亲戚关系，人是能干的，但对编报是外行，只抓经济和存积纸张、油墨等等，可贵的是他能把编辑部放手让宦独力负责，自己不加掣肘。他也清楚，宦是《前线》的灵魂，离开他，《前线》不会有前途。"

胡政之先生听了这番话，微笑点头说："这倒的确是一个人才，不过，你说的怕有些过分夸张吧？"

转年春天，宦兄因事赴渝，在桂林小作勾留，到《大公报》访问，我请他参观，并设便宴招待。政之先生也亲自接谈和陪宴。事后，他认真对我说："你的观察不错，听他的谈吐，的确是新闻界不可多得的人才。"

在香港那几年（一九三九年到一九四二年初），我和宜兴同乡徐明诚就经常有来往，他和他的爱人潘丽华，曾参加一九二八年发生的宜兴暴动，这是我早有所闻的。那时，他是重庆政府国际问题研究所的驻港代表。太平洋战争爆发后，他们一家也迁居桂林。他们是中共派进这个研究所的，受潘汉年的领导。一九四三年底，徐明诚向我辞行，说奉派到上饶工作，我也谈起宦乡，他说，到那里，准备和宦交往。

一九四五年抗日战争胜利后，我于是年九月五日到达上海，刚复刊的《文汇报》翌日即刊出我已回沪的消息。上午，宦乡和徐明诚即联袂来访，说明他们两年来有频繁接触。那时，《前线日报》已搬到上海出版，因为新馆址尚未装修就绪，和《文汇报》一样，托上海《中央日报》代印，也都借该馆的房子编辑。《中央日报》是接收汪伪《中华日报》的房子及印刷设备（在河南路大江路口）的。以后，我积极筹备《大公报》上海版的复刊，曾几次去那里会晤宦乡及严宝礼、柯灵等。

那时的《文汇报》，以"在抗战中诞生，在胜利中复刊"为号召，但日销不过五千份，副刊很受欢迎，新闻及言论态度则十分灰色，曾刊出《欢迎杜月笙先生回沪》这类的社论，受到读者鄙弃。严宝礼兄每向我感叹所托非人，而我又一时无法摆脱《大公报》，实现当年我们的约定。

那年年底，听说宦乡已辞去《前线日报》的职务，我特地赶到他的寓所去访问，了解他辞职的经过，并征询他的意见："我可以介绍你参加《大公报》，这几天，胡政之正在上海，他对你的印象很深，我向他推荐，料无问题。其次，《文汇报》乏人主持，你愿去，更受欢迎。你的意见如何？"

"论影响，当然《大公报》大，我愿和你合作。"宦兄这样答复。

我当天就找到政之先生。我说："宦乡已离开《前线》了，是否要邀请他参加我报？机不可失啊！"

他说:"好,你马上去敦聘他。"

"你准备请他担任什么职务?"

"副编辑主任。"

"你准备派谁任编辑主任?"

"费××。"

"这,你是不准备重用这个人才了?"我很怂然地说。

他反过来问我:"你的意见该请他担任什么职务才合适?"

"我的意见,至少应请他担任副总编辑。他屈居我的助手,也许愿意参加。"

"我是重视人才的,但我们提拔人才,要经过一定的步骤,我一出手就请他担任副编辑主任,自以为对他是很重视了;不少人进来想当个编辑也不能够。而且,上海版是我们的重点,安排干部更要郑重。如果他愿意去重庆,我愿意派他担任重庆版的总编辑兼经理。"

我微笑说:"人才,是要破格录用和提拔的。看来,胡先生的'格'似乎太小了。"

我把这些经过转告宦乡,他果然不愿意。我说:"那你到《文汇报》去吧,先把言论负责抓起来。我去对严宝礼兄谈谈,没有问题。总主笔的名义还由我挂着,你来当副总主笔。"

他说:"这也好,但是,每天要我写一篇,是势不可能。我想介绍两个人一起参加,一个叫陈虞孙,以前当过《浙江日报》副总编辑;一个是张若达,是我《前线》的同事,可以帮写一些国际问题的文章。还有,我想介绍孟秋江参加外勤(采访记者)工作。"

我说："秋江我是认识的，曾为《大公报》的战地记者，可以请他来担任外勤主任。他们两位，担任什么职务呢？"

"虞孙应该也担任副总主笔，张若达，一般编辑或特约撰述员都可以。"

那时，《文汇报》正苦于声望日落，我和严宝礼兄一谈，他完全同意。

从此以后，《文汇报》的言论态度，就使读者耳目一新。但报纸上出现了两个怪现象，一是社论和新闻版面"打架"，同一件事情，社论给以批评、抨击，新闻的基调和标题却加以拥护；相反，社论支持的，新闻则加以讽刺、斥责。二是新闻版面与副刊"打架"。使读者对《文汇报》有"丈二金刚摸不着头脑"之感。另外，我每次去《文汇报》，秋江总向我陈诉，记者写的稿子，常常被编辑删改，面目全非。明明写的揭露当局某一措施的稿子，被改成拥护和歌颂的，而且常常与一些反动通信社的稿子混在一起。

这些，常使宦乡、虞孙、柯灵、秋江等啼笑皆非，严宝礼兄也难于应付，他一再催我早日履行当年的"诺言"。正在这时，由于《大公报》上海版对昆明惨案及沧白堂事件、校场口事件的态度日益违反"传统"，我在压力下正式向胡政之提出辞职（详情见《一位隐名的来访者》）。乃于一九四六年三月底离开《大公报》，再次回《文汇报》主持编辑。

经过一个月的筹备并和宦、陈、柯灵等反复商讨改版计划和改版后的编辑方针，五月一日起，正式实行改版，充实内容，并公开宣布我们的方针是反内战、争民主，反对依违两可的假中立，坚持明辨是非黑白的独立立场。

编辑部的人事也大改组、大充实，反对进步、革新的听任其离去。新补充进来的，有以下几个渠道：一是继续由宦乡、秋江等推荐参加；二是我争取张锡昌、秦柳方二人加入。他们都是我的中学同学，锡昌还在抗战后期和千家驹一起，应我的邀约，为《大公报》桂林版写有关经济和社会问题的社评和专文。这次约他们参加《文汇报》后，撰写社论，柳方并主持经济版编辑。以后，陆续由他们介绍参加《文汇报》的，有寿进文、杨培新、王易今、王思曙、钦本立等；三是同情我的主张，由《大公报》转来的王坪、李肇基等；四是不少在别的报纸工作（包括《和平日报》），甘愿来《文汇报》一起艰苦奋斗的（当时《文汇报》编辑记者的待遇，远比《申》《新》《大公》等报为低，而且常常欠薪，在通货一日数变的情况下，等于又大大打了折扣）；五是金仲华等人向我推荐的，如刘火子、李龙牧等。还有，副刊方面，一向由柯灵主持，改版后，副刊版面也扩大，增加了"笔会"等，由他先后推荐唐弢、以群及黄裳、梅朵、陈钦源等参加。到一九四六年底，马季良辞去《时事新报》总编辑职务，我们把他和夏其言、麦少楣一起邀了来。

　　这一阶段的《文汇报》，编辑部工作人员不到六十人（包括校对在内），其中，由孟秋江领导的外勤课有十八位。在这不到六十人中，解放后才知道有中共党员十六七人。

　　从一九四六年五月一日改版，到一九四七年五月下旬被国民政府封闭，前后只一年多，而这一阶段的《文汇报》，可以说是我们的一个"黄金时代"。阵容整齐，团结一致，确实形成了一个坚强的战斗集体，得到进步民主人士的热情支援和广大读者的关怀爱护。严宝礼兄也和编辑部密切合作，多方张罗，克服国民政府和各种势力加于我们的种种经济困难（如配纸等等的歧视和扼杀）。

在这短短一年中，我们打了一个又一个的"硬仗"。首先是坚决反对国民党在上海的"警员警管区制"（变相的保甲制度），为此，我们曾被停刊一星期。接着是宣传反内战，支持各民主团体赴京请愿（南京国民党发言人曾公开在记者招待会上说，下关事件是《文汇报》一手鼓动起来的）。当年在下关遭特务殴打的雷洁琼先生，在最近发表的《血溅金陵忆当年》一文中，也说："解放区的舆论和国统区的公正舆论，都支持我们，站在我们一边。在国统区的报纸中，重庆《新华日报》和上海《文汇报》态度最为鲜明。"以后，摊贩事件、李泽事件（新新公司职工反对汉奸老板）、李（公朴）闻（一多）追悼会、劝工大楼血案、申九罢工、臧大咬子事件（美兵杀害人力车夫）、沈崇事件以及其他工潮、学潮，《文汇报》均站在前列，和《联合晚报》等进步报刊一起，披露真相，撰文支持民主势力，揭斥国民党当局及其官报和半官报的颠倒黑白的伎俩。

到一九四七年春，国民党当局玩弄一套由"第三方面"出面恢复"和谈"的把戏后，中共代表团撤退。国民党单独召开"国大"，全面内战爆发在即。《文汇报》是他们的眼中钉之一，先企图收买（经过见我写的《一次鸿门宴》，见《旧闻杂忆》）；收买的阴谋失败，就决心撕破"言论自由"的最后一层薄纸。《文汇报》的遭毒手，只剩下时间问题了。

周恩来同志对《文汇报》的关怀

　　《文汇报》于一九三八年一月创刊，坚持抗战，一九三九年五月，被敌伪勾结租界当局加以扼杀。

　　抗日战争胜利后，一九四五年九月初复刊，曾走过一段短期的曲折道路。一九四六年二月，我重回《文汇报》，和宦乡、陈虞孙、柯灵等，一起负责编辑工作，鲜明地以争取和平、民主，反对独裁、内战为编辑方针，因而，团结了广大进步读者，跟国民党展开了日益尖锐的斗争，直至一九四七年五月二十五日被封闭。

　　当时，《文汇报》纯是一张无任何政治背景的民间报。它所以能日渐走向进步，主要是由于各界民主人士的支持和广大进步读者的推动。就我的个人感受而言，周恩来同志的关怀和爱护，给我们的鼓舞很大。

　　举个小的例子来说明：

　　全面内战爆发以来，和谈空气已不绝如缕。忽然，由张君劢拉拢几个所谓"第三方面"的旧政协代表如胡霖、傅斯年、左舜生等，发动了所谓"重开和谈"。国民党方面，马上"积极"响应，由雷震出面，到处拉拢。从南京"谈"到上海，又由上海"谈"到南京。国民党机关报和一些准机关报，也大肆放出"和平"空气。我们分析当时的情势，认为这是南京当局的假戏真做，目的显然是为了掩饰国民党顽固派进一步扩大内战的打算，并借此分化"第三方面"的代表，拉拢一些动摇分子，为单独召开"国大"做准备。正在他们的假戏演至高潮的那一天，我们在头条新闻的导言里，简要分析了当时的情势，并用特号字写了一个标题：《内战还打下去！》

第二天深晚，我们的驻南京记者郑永欣在报告了当天的新闻以后，特地要我听电话，说："我们今天去梅园新村，周公（当时一般对周恩来的尊称）很赞扬我报的标题，说是态度鲜明，切中要害。"

不久，"和谈"收场，"国大"召开的锣鼓喧天，国民党和青年党、民社党之间，还演出了分赃的丑剧，青年党公开要多少代表名额，要多少部长和委员；民社党却扭扭捏捏，装出羞羞答答的样子，先说不准备参加"国大"，后来又声明不参加"政府"，张君劢还发表谈话，说他将"飘然出洋"，今后将以在野之身，监督政府。实际上，是暗中和国民党在讨价还价。针对这个丑态，我写了一篇"编者的话"，大意说，袭人虽然装腔作势，口口声声说不忘宝玉的情意，最后还是乖乖地上了花轿了，题目是《袭人改嫁》。

第二天，我们的采访部主任孟秋江对我说，周副主席正在上海，很称赞这篇短评，说写得风趣、深刻。

我当时的政治水平很低，当然不会像解放以后那样，受到中央领导人的表扬而深感光荣。

古人说："文章千古事，得失寸心知。"在当时的环境下，作为一个有良心的新闻工作者，要辨明是非，揭露黑暗，往往是在写一篇短文，标一个标题，甚至在选用一个字上面，需要反复推敲，耗去大量的心血。而恰恰在这方面，有过办报经验的周恩来却看出此中甘苦，及时给以鼓励。我当时是有些知遇之感的。

我近来为写有关《文汇报》史的回忆录，曾写信给余鸿翔，请他提供亲身经历的资料。他是《文汇报》最初的发起人之一，当时任南京分馆经理，现任香港《文汇报》副社长兼总经理。他回信说：年深日久，有些事已记不清楚了。只记得当时《文汇报》销路最广的是在大中学校，单单中央大学，就每天要我们保留五百份，由学生自己来取。还有，印象特别深的是周恩来的关怀。"记得有一次我报记者王思曙对我说，见到周副主席，周副主席说：'你们《文汇报》办得很好，很有战斗精神。我们办事处的同事都爱看。'当时，中共办事处的朋友如长江、梅益等，也不时来分馆，了解我们的工作和发行情况。"

短短的一段回忆，也可以说明，周恩来当时对《文汇报》，乃至对国民党统治区所有有进步倾向的团体、事业及个人，都是非常关心、注意团结的。

长江和我，曾是《大公报》的老同事。那一段时间，他不时来上海；每次总来馆和我谈当前形势，有时则托秋江给我传话。大约在一九四六年冬,他又来找我,给我几张请帖,说:"周副主席明天中午在马斯南路请客,被邀的是两家进步报纸的负责人。周副主席想单独找你谈谈,希望你提早一小时去。"第二天,我于上午十一时准时到了马斯南路,由长江引进客厅,见到了久闻大名的周恩来。陪同接见的,有邓颖超、陆定一、李维汉等,还有华岗,是否还有董必武,记不清了。周恩来和我同坐在一张长沙发上,他问我《文汇报》的历史、内部人事情况,以及我如何脱离《大公报》的经过。我扼要做了回答。他不时含笑点头。从他的炯炯目光中,我看出,他对于这一切,都是了然于胸的。随后,他又详细询问国民党的压迫,以及《文汇报》的经济情况。我说:"国民党除政治压迫威胁外,还在白报纸配给和银行周转等方面,给我们种种歧视和限制,想困死我们。但我们有广大读者的支持。我们公开征募读者股,得到出乎意外的响应,短期内就收足了预定额的三分之二以上,大都是一股、两股的零散户,相信我们能支撑过去的。"周恩来说:"对,只要紧紧地依靠群众,什么困难都是不难克服的。"

我们《文汇报》内部,也是相当复杂的,特别是经理部人员,鱼龙混杂。当时的馆址十分狭小,只占一层楼面,经理室和总主笔室,合设在一间不过二十平方米的房间里。有一个姓张的副经理,原是苏北的地主,还在国民党里当过什么委员。每次见面,不是吵着说《文汇报》太"红"了,就是威胁说"苏北难民"要来馆"算账"。还不时说,寄往苏北解放区的《文汇报》,都被没收,读者一份也看不到。我们当然不全信他的这些话,也曾多次予以驳斥。但老实说,我思想上多少曾受了一点影响。

在和周恩来的谈话中，我感到毫无拘束，畅所欲言。因此，提出了一个现在看来十分荒谬的问题："《文汇报》在解放区能不能进一步推广？"周恩来似乎很理解我的"幼稚"，依然含笑对我说："《文汇报》在解放区是受欢迎的，特别是知识分子出身的干部，很爱看《文汇报》。但是，解放区的环境和这里大不相同，人民享受充分的民主，忙于土改、战斗和支援前线，解放区的一般群众，喜爱当地报纸，因为它们主要刊载有关这些方面的消息和经验，使他们感到亲切。至于外地的报纸，无论多么进步，所刊载的东西，一般群众总会感到新奇而非切身有关，所以，要普遍推广就有困难；解放区报纸和国民党统治区的进步报纸，任务不同，对象不同，这也是自然的分工嘛。"这一番谈话，我当时倍感亲切，多年后又悟出其中的深刻含义。谈到这里，严宝礼、王纪华、陈翰伯等《文汇报》和《联合晚报》的负责人陆续到了，一次使我难忘的谈话，就此结束。

我再次见到周恩来，是在一九四九年三月，我刚从香港回到解放不久的北京，住在东交民巷六国饭店。一天下午，统战部通知，周恩来在北京饭店接见。我准时到该饭店饭厅，只见大约二十多桌，已坐满了被接见的人。

同桌的宋云彬说："周公的记忆力是惊人的，凡见过的人都牢记不忘。"我说："周公只和我谈过一次话，未必还记得。"同桌的还有王寅生，原在中央银行经济研究处工作，为了逃避特务的追捕，蓄须化装逃出上海，混过封锁线，刚到北京，来不及剃须改装，就来参加接见。满脸胡须，连我这个老同学（我们是中学先后同学）也认不出来了。他说："我这个样子，当然更不易认出了。"我们正说着，周恩来已来到我们桌前，一一握手问好。和我握手后，立即说："到京好几天了吧，宦乡同志见过面没有？"和王寅生握手时，周恩来凝神注视了一忽儿，接着问："今天刚到么？过封锁线时碰到什么危险没有？"显然，他熟悉接触过的人，关心每一个人的进步和遭遇，他的惊人的记忆力，正是在长期的革命生涯中，以对事业高度负责的精神养成的。

南京解放不久，我们随南下人员去江南某地等待上海解放。出发前夕，周恩来同志在居仁堂为我们饯行，同席有王芸生、杨刚、李纯青等。席间，他谈起《大公报》，回忆曾劝阻胡政之参加伪"国大"的经过。并说："旧《大公报》的主持人虽然立场站错，却培养出不少人才。"说到这里，还含笑对我说："铸成同志，你不也是《大公报》出身的么？"

周恩来已逝去多年，但他的音容笑貌，他对《文汇报》的关心，永远在我的记忆里。

真诚的人　真诚的书

——悼念傅雷同志

　　我含泪读完了《傅雷家书》，一个刚正、高洁、真诚、勤奋、热爱祖国、热爱真理的知识分子的高大形象，矗立在我面前，使我受到鼓舞、鞭策。

　　我边读边回顾长期和他交往的经过，证明他所写的，字字发自肺腑，没有一句空谈，更没有半句矫情的话。他就是这样一个"书生"，正如他自己说的："学问第一，艺术第一，真理第一，感情第二。"对于学术和艺术，他广博精深，勤于探索，永不满足。对于真理，他努力追求，决不人云亦云，等到自己认为看清楚了，就执着地热爱，衷心加以维护。对于黑暗和他看不顺眼的事物，"如蝇在食，不吐不快"；有时纵使不容许大声揭斥，也必暗中唾弃，由衷鄙恶。这些高尚的品质，在我过去的接触中，特别在他每一封家书中，处处可以清楚地看到。

　　我和傅雷认识，开始于一九四五年抗日战争胜利以后。

是年八月，日本宣布无条件投降。九月初，国民党中宣部商请美军派一架飞机，运送重庆各报记者赴南京参加受降典礼，每报只限一人。《大公报》当局派我参加，主要是赶到上海，筹备复刊上海版。五日晚到南京，听说受降延期了，马上乘夜快车，第二天清晨到了上海。

所以，我虽不是"劫收"英雄，却是文化人中"天上飞来的"最早的一个。

大约在到后的第二天，老友柯灵对我说："有些潜居上海的朋友，听到你来了，想请你叙叙，谈谈后方的情况。"翌日傍晚，柯灵陪我到吕班路（今重庆南路）巴黎新村傅雷的寓所。

已到和陆续到的，还有马叙伦、郑振铎、夏丏尊、周煦良、徐中舒诸先生，酒过三巡后，好像是马先生先开口，大意说抗战终于胜利，我们该打起精神，为国家的文化事业多贡献力量；铸成兄刚从后方来，我们很想了解后方最近的消息。我先介绍了湘桂大溃乱那一段见闻，又把一年来当局加紧压制进步势力、反对组织联合政府以及小民生活凄苦的情况谈了个大概。傅雷听了首先忍不住地说："那样，我们还得好好看看。"并愤愤地说："想不到国民党已腐烂到这步田地！"其他各位先生，也先后谈了类似的意见。

这一夕谈话，傅雷给我的印象，是热情、豪爽，博学多才。

来接管上海的"国军"，是汤恩伯部队。看到他们的皇皇布告以及军官们的神气，俨然是一副征服者的面孔，我十分气愤；在汤恩伯到沪——曾举行盛大的欢迎游行那天，我在已复刊的《文汇报》上写了一篇社论:《希望大家不要脸红》。大意说:抗战八年,终于胜利,沦陷区人民热烈欢迎国军的来临,心情是可以理解的。趁此机会,大家应认真回忆。上海人民,在敌伪八年蹂躏下,绝大多数坚贞不屈,备历苦难,他们面对胜利,是无愧无疚的。被欢迎的胜利英雄,似乎也应严肃反省,回顾八年,是否会有些脸红呢?

经过匆促筹备,《大公报》上海版于是年十一月一日复刊,我决心对"传统"做一些突破,以"民主第一"为言论的中心思想。我在先后主持香港、桂林《大公报》时,星期论文全是由重庆版组织,同时刊载,重要国内问题社论,亦多转载渝版。这次,我特地商请马叙伦及上述诸先生撰写星期论文,傅雷对我支持尤力,除星期论文外,还不时撰译专文赐寄。

那时,马先生等已组织民主促进会,并创刊《民主》等刊物,积极参加争民主的斗争。傅雷没有参加组织,而同样勤于写作,抨击日益浓重的黑暗。他还是学问第一,艺术第一,对于真理第一,他要经过探索,自己去证实。

翌年三月间,我终于向《大公报》当局辞职,重新回到《文汇报》编辑部工作。在筹划改版的过程中,我多次向傅雷请教,我越来越钦敬他对文学艺术各方面的知识渊博,见解透辟。对办好一张以知识分子为主要对象的进步报纸,他提供给我很多宝贵意见。

《文汇报》于五月一日改版,扩充篇幅,丰富内容,以崭新姿态出现,得到中共和进步人士的大力支持,受到读者的爱护，在反动政府的高压和右翼报纸的重围中，冲开一条出路。

郭沫若、翦伯赞、吴晗、邓初民以及上海的马叙伦等诸先生，经常为《文汇报》写稿，其他民主人士如黄炎培、包达三、张絅伯等也给予十分关切。

傅雷的寓所，我是常客，不时去就教和索稿。

有一天，他对我说："新看到根室的一本《苏联内幕》，谈到了不少我们全然不知道的问题。当然他有偏见，但有些问题，我看可以引为教训，将来注意防止。他写的那篇序言，比较客观。我想写一篇读后感，《文汇报》敢不敢登？"我说："只要写的是事实，我当然敢登。"他下笔勤快，第二天就送来了。我细细拜读，觉得态度很诚恳，而且字斟句酌，深恐引起误解。

当时，已出现一个公式："苏联是光明的象征，而且是白璧无瑕的，如果说太阳里有些黑的斑点，那就是反苏，反苏就是反共、反人民，至少是想走第三条道路。"

果然，傅雷的读后感刊出后，立刻遭到了围攻，只有少数人予以支持。这些义正词严的围攻文章，我都一字不改加以披载。

那时，傅雷对我说："你把这些文章都照登是对的。我有许多理由可以反驳，但今天还不是自由讨论、真理愈辩愈明的时候，我宁可沉默，宁可背黑锅，大敌当前，不要为亲者痛、仇者快，说进步营垒中分裂了。我看，这种讨论，从长远看，还是有益的。"因此，他只写几篇必要的答辩，就把这场论争结束了。

一九四七年五月，《文汇报》终于被封了。

翌年，我准备去香港筹创香港《文汇报》，他十分高兴，给了我很多鼓励。

香港《文汇报》于九月初创刊，大约在十月中，忽然接到他从昆明来信，说已全家移住昆明，我很奇怪，为什么上海快要解放，他还移住昆明呢，如果是因为他思想上还背着这个"黑锅"，我太对不起朋友了。

以后又来信说，昆明什么也看不到，希望我把新出的中外文书刊，寄给他一些。我根据他的爱好，收罗了一批新出的书刊，寄赠给他。

一九四九年三月，我离港到京，五月底，回到上海，听说傅雷已由滇去港。一九五○年初，一位也是他好友的我的亲戚，说傅雷一家已回到上海，觅寓在离我家不远的江苏路。那时，我忙于办报和开会，他则闭门勤于翻译文学名著。我们很少见面，而经常由这位亲戚互通音问，互致慰勉。那几年，他每翻译出版一本巴尔扎克小说和《约翰·克利斯朵夫》等，必先寄赠给我。我是不懂法文的，从他的"信、雅、达"的译文中，获得优美的文学欣赏，也看出他偿付了多大的劳动和心血，对人民做了多大的贡献。

一九五六年春，我奉命结束《文汇报》，去京参加创刊《教师报》。不久，中共提出"百花齐放，百家争鸣"的方针，我又奉命筹备复刊《文汇报》。我向党内几位富有办报经验的朋友请教，拟订了编辑方针，得到批准。决定复刊后的读者对象，以文化教育界的高级知识分子为主。这样，内容也该偏重文化、教育和艺术。在筹备期间，就分别征询京沪这方面的专家意见，以后，还组织了馆外编委会，请党内外的专家如罗竹风、周谷城、周予同、陈虞孙、傅雷、周煦良等为委员，除每月开一次会外，时常分别登门征询意见。在北京，也请三位党员专家——夏衍、姚溱、罗列为编委，着重指导北京办事处的工作。

在文学、艺术方面，我多次去向傅雷讨教。那时，他已不再专门闭户译书，开始参加作协工作，也参加上海市政协的学习和其他活动，正如那年六月一封家书所记，他曾去安徽参观煤矿和水库，看到了国家现代化的前景，十分兴奋。

他给我提了不少宝贵的意见，但他很谦虚，说他对绘画艺术是"半瓶醋"，在这方面，他建议我多访问林风眠先生和沈知白先生。

有一次，当我在他的书斋里和他及梅馥夫人畅谈的时候，客厅里忽然传来悠扬的钢琴声。我知道这是傅聪在练习。傅雷微笑地告诉我，傅聪正在休假，准备出国表演。他还说："这孩子有天才，从小我就注意严格要求，这几年，我经常要他多读中外的名著，特别是我国古代文学家诗词，欣赏古代绘画，以培养他的情操。一个音乐工作者没有高尚的情操和文学素养，是无法攀登高峰的。"现在，读到他的家书，更证实他对培养儿子灌注了极大的心血，他细心介绍外国音乐、艺术家的长处和缺点；对李、杜及苏、辛、白居易等古代大家的一诗一句，指点、比较，多么周详细致。正如楼适夷在序言中所说的："这也是一部充满着父爱的苦心孤诣、呕心沥血的教子篇。"为了教育儿子，也为了提高国家的音乐艺术，耗费如此大量的心血，我看，在中外古今是罕见的。

那时，他的社会活动多了，更激起了对社会主义事业的热爱，也带来了新的苦恼。"社会活动与学术研究真有冲突，……不可得而兼，……一个人的精力有限，时间也不会多于二十四小时。……自己的兴趣又广：美术界的事又要多嘴，音乐界的更要多嘴。……而且一般社会上的情况，我也关心，也常提意见，提了意见常常追问下落。"（《家书》一九五六年七月二十三日）

但是，在翌年夏季匝地掀起的一场大风暴中，这位认真加天真的人被"扩大"进去了。

到一九五九年底，第一批"右派"摘去"帽子"。傅雷呢，既不参加开会、"学习"，更拒绝任何检查。不知经过哪一位领导的好意，说只要他形式上参加一次会，就给他摘帽，但傅雷拒绝了，说他根本不承认是什么右派，不需要这个形式。最后，还是由一位政协负责人，到他家里做一个宣布。

记得一九五七年三月全国宣传工作会议，我和傅雷都应邀赴京参加，住在百万庄招待所，先去听了毛泽东"关于正确处理人民内部矛盾的问题"的讲话录音，后来又在会议中听到毛泽东的两次讲话，与会者都十分兴奋。有一天，会议休息，我和傅雷相约到中山公园茶叙，我们互谈心得体会，结果一致认为，毛主席真英明，发展了马列主义，在党正确的领导下，应该更加竭尽智能，在各自的岗位上，为社会主义建设做出更大的贡献。那年三月十八日的家书中，他给儿子谈了自己的心情："毛主席的讲话，那种口吻，音调，特别亲切平易，极富于幽默感，而且没有教训口气，……他的马克思主义是到了化境的，随手拈来，都成妙谛，出之以极自然的态度，无形中渗透听众的心。讲话的逻辑都是隐而不露，真是艺术高手。……他的胸襟宽大，思想自由，和我们旧知识分子没有分别，加上极灵活地运用辩证法，当然国家大事掌握得好了。毛主席是真正把古今中外的哲理融会贯通的人。"又说："千万别忘了我们处在大变动时代，我国如此，别国也如此。毛泽东只有一个，别国没有。"他这样热爱中共，热爱毛泽东，热爱社会主义，不正代表当时千千万万正直、爱国、力求进步的知识分子的心情吗？他又说："我的感觉是百花齐放、百家争鸣确是数十年的教育事业，我们既要耐心等待，又要友好斗争，自己也要时时刻刻求进步，——所谓自我改造。"这哪有丝毫的迹象，能说明是"各取所需""向党进攻"呢？

"帽子"虽然摘去，帽痕宛然还在，紧箍咒还时常发挥威力，我是不想做也不想写，只是奉命学习，按指示工作，不敢发挥一点主动性。

这次读了《家书》，才知他在那几年还是拼命工作，竭力和病痛搏斗。"不病不头痛的时候本来就很少，只能抓紧时间做些工作；工作完了已筋疲力尽，无心再做旁的事。……我素来对生死看得极淡，只是鞠躬尽瘁，活一天多做一天工作。"（一九六〇年八月五日）

一九六五年初，当年的上海市政协主席魏文伯，特地邀宴文化界人士，其中有我和傅雷，还有魏金枝等，征询对于江青正在号召的现代题材京戏——当时还不叫样板戏——的意见，我和傅雷都踊跃发了言，并相互补充。他态度开朗，对我依然是老朋友的态度。这是我和他最后的一晤。

这样不顾利害、不计冤屈、始终想尽力为国家为社会主义工作到底的博学多才的知识分子，还不被"四人帮"放过，"文革"初期就被抄家、狠批狠斗。"士可杀而不可辱"，终于和梅馥夫人双双含屈逝世了，呜呼！

　　三中全会以后，一切含冤受屈的人都得到平反或改正，傅雷夫妇的追悼会，也已隆重开过了。一位朋友写信给我："活下来就是胜利。"这是不错的。但幸存下来的人，必须真正吸取教训，尽力使这种惨局不致再现。同时，只要一息尚存，要为国家多做些工作，才能不愧对已看不到光明重临、充满希望的今天的死者。

　　这几年，我在重握秃笔时，就常常记起傅雷、平心、邓拓、姚溱、仲华、逸群、熙修、云彬，这些死友的形态笑貌，有力地鞭策着我。

《文汇报》第二次被封前后

一九四六年下半年起,《文汇报》除受到官报、半官报的"围剿"外,国民政府还加紧施以经济上的压力,不准银行兑款,减少白报纸配给,对广告户加以威胁等等。为了渡过难关,只得向读者求助,公开发起征集读者股。我们的读者,绝大多数是处于饥饿线上的工人、店职员、学生、教师以及其他知识分子。他们把《文汇报》当作自己的报纸,束紧肚子,踊跃应募,实在认不起一股的——每股十元,几个人合认一股。感谢他们的热情支持,十万元总额的读者股,到是年年底基本认足,我们在经济上冲破了一重难关。

一九四七年一月起,我们进一步刷新版面,充实内容,那时,郭沫若早已退居上海,负责进步文化工作,我和宦乡向他请教改版的计划,他很高兴,建议除星期天仍为"每周座谈"外,其余六天的周刊,一律冠以"新"字,他愿意亲自主持,并和杜守素(国庠)主编"新思潮"——哲学性周刊,和杨晦等合编"新文学"。其余，"新青年"由平心主编，"新经济"由吴大琨、吴承禧等合编，还有"新教育""新妇女"，也分别由进步的朋友编辑。发刊后，读者更感耳目一新，纷纷来信表示，《文汇报》更耐看了。

正在这时候，进步与反动、光明与黑暗的斗争进一步白热化，反内战、反饥饿的吼声，响彻国民政府统治区各地，罢工罢课事件，此起彼伏。不久，南京把 CC 的骨干、中宣部次长方治调来上海，兼任市党部主任委员，指挥中统，加强对进步力量的镇压。

记得在劝工大楼血案发生的次日，《文汇报》用醒目的标题，详尽报道了血案的真相，并发表了各界知名人士表示愤慨的谈话，其中有一位是富有正义感的律师张老先生。方治咆哮如雷，在当天的御用晚报上发表谈话，公开指名攻击《文汇报》，说我们公然造谣，调唆学生、工人。他举出的"证据"是，张老先生根本没有发表过谈话。我看了晚报后，立即和孟秋江商量，能否请张补写一张书面谈话？秋江立即去张老家，说明来意后，张老表示决不畏惧任何后果，立即写了一张和前一天讲的相类的书面发言，并签名盖了章。孟秋江欣然取回后，我们立即制了锌版，刊之次日报端，并加了简短的说明，标题是《请问方部长，究竟谁说谎？》。

当时，国民党当局定期召开各报负责人会议（当然，是撇开《文汇报》《联合晚报》《新民报·晚刊》这三张进步报纸的），"交换"情况，"洽谈"编辑方针，另外，每星期有一次"党团汇报"，分组进行。比如，工业组是决定如何应付工潮，教育组商讨如何应付学潮，拟定拘捕的名单，等等。新闻组的"党团汇报",连半官报和青年党的报纸也不让参加。

据说,在五月初的一次"汇报"上,决定封闭《文汇报》,呈请"中央"批核。这时,国民党政府已决定逼走中共代表团,单独召开"国大",策划发动全国内战,对《文汇报》正收买不成,恫吓无效,束手无策。于是,就悍然撕破"言论自由"这张薄纸,批准上海的汇报,"相机行事"。

五月二十三日,大批军警、特力,包围复旦大学,严禁出入,搜捕学生。我们的记者麦少楣、李肇基前往采访,特务们看到是《文汇报》记者,分外眼红,围着麦少楣毒打。他们回来后,写了一篇详细的报道,孟秋江审稿时,又加了些激烈气愤的话。我看后,立即电邀宦、陈、柯灵诸兄来社,并请严宝礼兄一起参加商量。我说:"照我的估计,这篇报道如照样刊出,报馆一定要被封门,请大家斟酌利害,是尽可能多拖些日子,保留这一块阵地好呢?还是决心宁为玉碎?"大家反复考虑,认为,即使把语气改得缓和些,也拖不了多少时间,国民党的决心是下定了。我最后说:"既然大家已经决定,那就把文章做足,来一个慷慨就义。"于是,我就写了一篇《向当局严正抗议》的短评,和这篇报道一字不易地刊之显著地位。

第三天,反动当局果然把《文汇报》《联合晚报》《新民报·晚刊》三家一起封闭了,还派军警到报馆搜查,编辑部各个桌子都被翻查,时达三小时,麦少楣及《联合晚报》的记者姚芳藻、黄冰等三人被捕。经多方营救,约半月后才被陆续释放。我和宦乡、陈虞孙、柯灵诸兄,均被暗中监视,其余如马季良、孟秋江、唐海等，或者远走香港，或辗转进入华北解放区。

三报被封的次日，《大公报》刊出一短评，题为《请保障正当舆论》。大意说，三张报已被禁止出版，希望当局今后切实尊重言论自由，保障正当的舆论。潜台词是很清楚的，这三家都是不正当的舆论，是为"奸党"所操纵，为了"戡乱"，加以封闭，是理所当然的。至于其他报纸，则属"正当舆论"，请予一体保障。

这一投井下石的举动，引起了人民及报界的愤慨。公开站出来斥责的，一是英文《密勒氏评论报》，它委婉地说："中国有两张严肃认真的报纸，一张是中间偏左的《文汇报》，一张是中间偏右的《大公报》，应该正当竞争，相互协作，不该相互排斥，更不该幸灾乐祸，投井下石。"另一家是《观察》周刊，它以编者个人的名义发表一篇文章，刊之卷首，大意说："徐铸成这个人很傲慢，本刊创刊前，曾请他担任特约撰述，他连复信都没有。虽然如此，我还要说几句公平话，……《大公报》短评作者乘人之危，这样投井下石，不仅有伤新闻道德，也为人格所不许可。"

至于我个人，当时自然没有反驳的可能性，现在，早已时过境迁，不会再计较这些往事了。但也许是"寒天吃冰水，点点在心头"，所以迄今记忆犹新。

此外，在被封闭前后，还有两件事，应该简单叙述一下：

一、大约在那年三月左右，《新文学》周刊刊出一篇署名"白木"的文章，对鲁迅有不公正的评议，唐弢、柯灵看了很有些愤愤。众所周知，二十年代，鲁迅和"创造社"曾有过论战，而《新文学》又是郭沫若"挂帅"的，自然要引起读者不少联想和猜测。那天清晨，宦乡兄来电话把我叫醒，他建议立即约郭沫若面谈，请其补救。郭沫若立即应邀到南京路口的华懋饭店咖啡座，那里外国顾客居多，估计不会引起特务的注意。入座后，郭沫若不等我们开口，就说："这篇文章，我事前的确没有看过，是我失职，两位放心好了，我一定负责纠正。"

下一期《新文学》上，郭沫若署名写了一篇《砍樱桃的故事》，引用了华盛顿的故事，大意说明，当前的进步力量，像花园里的鲜花，应该好好保护，不该轻易砍伤，为仇者所快。从此，浮言浮议都平息了。

二、《文汇报》停刊不久，叶元来找我和严宝礼兄，说他早已领到一张《国民午报》的执照，愿意和我们合作，他出面，编辑和经理工作，完全由我和严兄负责，他还表示对宦乡兄也很钦佩，希望他和我一起负责编辑工作。为了麻痹敌人，我们都主张请朱云光兄名义上担任总编辑，宦乡还介绍原《前线日报》的同事来当采访主任。

为此，我和叶元兄曾冒暑到朱家角，转乘小轮到周庄朱云光的家中，经再三邀请，云光答应过天即出"茅庐"，来上海参加筹备。

一切都筹备就绪，准备不登广告，突然出版，使敌人措手不及。

想不到预定创刊的前夕，一个国民党控制的小型报，刊出一条"花边新闻"，大意说，上海即将出版一张进步报纸，闻名报人徐铸成在幕后主持云云。

是告密，还是国民党有意放的"风"？不清楚，反正，第二天，市长吴国桢就下了手令，吊销了《国民午报》的登记执照。这个宁馨儿，就胎死腹中了。

最初协议，股本由叶元、严宝礼等三位分担。在筹备期中，大约花去约合今人民币币值两千多元。叶元兄说是他发起的，不要连累别人，由他一人慷慨负担了。

香港《文汇报》创刊初期

——怀念潘汉年同志

一九四七年五月《文汇报》被封闭以后，国民党的有力者曾对我下了"警告"："你如果不试图离开上海，我们不会难为你。"言外之意是很明白的：你是《文汇报》的"罪魁祸首"，动一动，就要"不客气"了，"新账老账一起算"。他们知道我不会投奔解放区，就怕我到香港去办报。

从此以后，每隔几天，总有一个相识的或不相识的打来电话，敷衍几句就挂断了，三个月以后，这种"侦察性"的电话，就逐渐稀少。在此期间，陈布雷曾先后派人向我示意，要我去《正言报》或《申报》主持"笔政"。我的答复都是："我是唱惯麒派老生的，要改唱正宗谭派，唱不了。"

翌年三月，正当我百无聊赖、"甲胄生虮"的时候，忽然一天下午，来了个不速之客——马季良，他原是《文汇报》的总编辑，报纸被封后，出走香港的，怎么忽然回来了呢？我愕然良久。

坐定后，他告诉我，此来是奉派护送华岗过沪去山东解放区的，"顺便给你带来一个口信"。他接着说："李任潮（济深）等已正式成立了国民党革命委员会，决定要办一个机关报，房子、机器都已租定了，任潮先生一定要你去主持。"我说："我从来没有办过机关报，也从未参加国民党，怎么行呢？"他说："小 K（朋友们对潘汉年习惯的称呼）的意思，你去，能够把好该报的舵。民革中央有陈劭先、陈此生、梅龚彬几位，你都是熟识的，和他们紧密合作，可以把报办好。"

我对此举，仍迟疑难决。第二天，约严宝礼、宦乡、陈虞孙等三人商谈。我说："除非去香港创刊《文汇报》，否则我不想搞。"他们都同意我的想法，认为最好先去香港问问李任潮的意见。

那年三月底，我秘密飞港。行前，又和马季良见面。他说：在沪经办的事还未完成，要再留几天。他告诉我夏衍在港的住址，并告诉我，只要访问到张建良，就能和潘汉年取得联系。

李任潮先生对我在港创刊《文汇报》的计划极表赞成，陈劭先、陈此生几位先生也愿尽力协助。我把创刊计划和编辑方针向夏衍征求意见，并通过张建良，和潘汉年取得了联系。

潘汉年是我的宜兴小同乡。我初当新闻记者时，就知道他参加"创造社"，是文化界的一员斗士。七七事变后，《大公报》当局胡政之、张季鸾两先生已知国共将再度合作，政治局势将有大的转变，立即调范长江来沪（当时他在绥远前线任战地记者），任采访部主任。我知道，他们曾通过长江，和在"地下"的潘汉年见过面。那时，我才知道汉年多年在国统区负责一部分"地下"工作。这次去港，是我第一次和他会晤。他四十来岁，态度和蔼，善于倾听和分析对方的意见，不轻易表态。我向他陈述《文汇报》在港创刊的计划，并说明严宝礼不能来港的原因，报馆一切筹备工作以及今后经理部的工作，将由我兼管。他说："李任公对你办报的能力十分赞赏；有陈劭老等的协助，相信你一定会把报办好。"他并表示，一定给我全力的支持。

那次在港，我曾分别拜访了沈钧儒、郭沫若、谭平山、马叙伦诸先生，勾留一周，即飞回上海。

正当我和严宝礼兄等密商筹备大计，资金、调港职工等问题大体就绪，准备再次赴港时，有一天，一家和国民党CC系有关的小报，刊出一则"花边新闻"，大意说，徐铸成最近曾秘密赴港，已引起当局的注意，闻已通知机场、码头，如再发现其行踪，将相机扣留，这显然是变相对我发了"警告"。

那时，吴绍澍先生有意起义，托我代为联系，我和他商量，请他代购一机票，届时，我略加化装，由他驾车送我上了飞机。

我是五月初第二次到港的，"行装甫卸"，即积极从事具体筹备工作，先以我个人名义——作为"督印人"，向港政府办理登记出报手续。

关于报社组织，经与潘汉年、夏衍及李任潮先生等反复商酌，董事会不公开，由李济深、蔡廷锴、虞顺懋（沪报股东）、严宝礼、徐铸成五人任董事，组织社务委员会，由陈劭先、徐铸成、严宝礼、陈此生、梅龚彬、马季良为委员，徐铸成为总主笔，马季良为总编辑，柯灵为副总编辑，严宝礼为总经理，未到任前由徐兼代，杨培新为副经理。

民革原已租定的房子在香港荷李活道，只有单间四层，总共不过二百平方米，十分狭窄。底层有平版轮卷机一部，每小时只能印八千多份。决定二楼前半部为编辑部，后半部为经理部，三楼为排字房，工人大多由上海调来，以四楼为工人宿舍。

筹备之初，我和其他无家可归的编、经两部职员，暂住在二楼。创刊以后，才在云咸街及荷李活道附近，租了两处不大的宿舍。

六月以后，上海的职工及铅字、木架等等，开始陆续运来。

那时，英、港政府，对我国人民态度并不友好，对进步报刊，尤抱敌视态度。《文汇报》的登记证，经多方设法，到八月初才发出。

夏衍当时领导香港文化工作，并亲自主持《华商报》。他曾告诉我，《华商报》一再受港政府刁难、警告，说不定哪一天会被封闭，希望《文汇报》色彩不要太浓，以中间偏左姿态出现，这样，既便于多争取读者，也可以作为第二线，万一《华商报》被封，可以"顶"上去，如果面目和《华商报》一样，一旦逆潮来临，可能同归于尽。潘汉年也一再劝告并鼓励我要沉着临战。

我在一九三九年至一九四一年间，曾在港主持《大公报》

编辑工作，对香港社会的思想情况和读者的接受水平，有一定的了解。对《文汇报》来说，香港虽是新的"码头"，但在沪出版时的声誉好，大部分编辑、记者，都已调到港馆，加上一些新"血液"，阵容相当整齐，社论除我外，有陈此生、梅龚彬、吴茂荪、千家驹、胡绳、狄超白等执笔。副刊部分，仍由柯灵主持。周刊则由郭沫若全力支持，他和侯外庐编辑哲学周刊。茅盾除主编文学周刊外，还把他刚写好的一个长篇小说交我们连载。翦伯赞主编历史周刊，千家驹主编经济周刊，宋云彬主编青年周刊，孙起孟主编教育周刊。此外，经济新闻版的内容，则由章乃器代为设计，并介绍了采访市场新闻的记者。可以毫不自夸地说，当时《文汇报》内容之丰富扎实，阵容之整齐，编排之灵活多彩，不仅为香港报纸所少见，在国内，也可说是一时无两的。

加上中共在各方面的支持，我们的记者如胡星原、陈朗等，又配合发行课同事，与当地工会组织及进步学生组织密切联系，组织"文汇读者之友"，广泛推广。从那年九月九日（那天是中国战区对日抗战受降纪念日）创刊，到年底，《文汇报》每日发行已突破二万，涨势之猛，为香港新创刊报纸所从来未见。

租用的那部印报机，老牛破车，刚创刊不久，就没法应付。经与《新生晚报》的黎蒙先生商量，请他们每天代印一万五到两万份。

我从来没有搞过经理工作，不知道此中甘苦，杨培新长于经济学识，对经营管理和香港市场，也不熟悉。主管广告和总务的课长以及广告员等，都是严宝礼兄托他在港的朋友阮某介绍的。广告不少，广告费却被拖欠，每天收不进多少钱。原来决定开办资金由沪、港各筹十万港币。上海方面，除工人旅费、排字设备外，还扣除工人安家费等等，我只收到一万多元现款。香港方面，交的股款也零零落落，开办时也只交一万多元。我订了三十吨白报纸，就用去一万多元。职工一百多人，每天伙食及其他开支，逼得我几乎每天像过"大年三十夜"，晚上编报，白天要张罗经费，应付"开门八件事"——主要是白报纸，每天最多只能睡四五小时。有时晚上写社论时，忽然一阵困倦，靠在后面的保险箱上，睡了几分钟，才重新握管。

潘汉年经常关心《文汇报》的情况。他的工作很忙，要经常联系各民主党派和民主人士，还有其他重要工作。他不可能经常和我见面，我有事和张建良联系，或请马季良转达。每逢我经济上实在支持不住，濒临山穷水尽的时候，他总给我开辟新的生路。比如，在创刊之初，我已感周转失灵了，他叫马季良陪我去拜访李一平先生。李先生原是云南参议会的副议长，和龙云先生一起被迫下台的，那时客居香港。他对《文汇报》极表同情，由他介绍，龙先生在港的经理人，一次投股二万元，以后，又陆续加股，共约四五万元。《文汇报》得以维持，这是主要的"续命汤"。还有一次，接近年关，各项开支——特别是续订白报纸，我穷于应付。潘汉年请梅龚彬连夜赶往澳门，向梅文鼎先生（后曾为香港《文汇报》董事长）征募股款一万元，我才得以渡过难关。

一九四九年初，李任潮先生介绍张稚琴先生来继任总经理，说一则可以分担我的重任，二则，张愿加股五万元，可以改善《文汇报》的经济情况。那时，中共正分批邀约在港及由沪过港的民主人士赴解放区，准备参加将要召开的新政协（后改为中国人民政治协商会议），我决定第三批随柳亚子、陈叔通诸先生北上，经与陈劭先先生商定，经理部由张接办，编辑部则交金仲华主持。后来我才知道，张所入的五万元股款，主要是上海的中共组织，策动金元钱庄（党员叶先芝任经理）出钱支援《文汇报》的。

潘汉年这样关心《文汇报》，对我的工作，多方予以鼓励，并时刻关心我的困难，暗中给予及时的帮助。

他知人善任，能充分调动党外人士的积极性。他知道我喜欢京戏，和在港的京剧演员有来往，那年（一九四八年）十一月，他找我谈话，说东江游击队要添置冬衣，中共的经费一时汇不来，"你是否可以去联络一下马连良和张君秋，请他们唱几天义务戏？"我联系好了，他还请李任潮先生出面，先宴请了马、张诸位。他并发动工商界推销票子，结果是筹了一笔钱。

他了解人，深知人的甘苦、处境，千方百计帮助人们进步。他也提出适当的批评，语气温和、适度，听了使人只感到温暖和理解。

有时，我在评论上有些失误，他总耐心为我分析敌我形势和中共的政策，让我以后注意。比如，在淮海战役以后，国民党曾联络一些美国政客，提出上海国际化的主张，我不察内情，写了一篇社论，认为为了保护上海人民的生命财产，保全这个工业城市，可以考虑上海非军事化，首先应由国民党军撤出上海，拆除工事，双方保证不在上海地区作战。第二天，汉年同志看到我，微笑地说："你这个论点，固然很有理由，但在此时提出，不怕别人利用、歪曲吗？"我听了恍然醒悟。

编后记

《报海旧闻（修订版）》中的内容曾由上海人民出版社（1981）、浙江人民出版社（1983）和生活·读书·新知三联书店（2010）出版，本版在上述各版的基础上重新做了核对和文字规范处理，校正了部分错讹之处。

徐铸成先生是近代中国的著名报人，也是老一辈的新闻家，他数十年从事新闻工作，已形成了其自身的且带有时代特征的文字表达习惯，其中包括不少口语化表达，与今日的文字规范略有不同，编辑认为此类情况应予尊重，尽量保持其原汁原味，不属于文稿硬伤的，则不宜修改。

对其中确实需要做统一处理的情况，编辑做了如下处理：

（一）根据《现代汉语词典（第七版）》中的汉字使用规范订正了以往版本中明显的

错别字，包括人名、地名、书名等内容，其中书名、报纸名、戏剧名，无论是全称还是简称，未加书名号的，本次修订统一加上了书名号。

（二）更正了个别因作者记忆差错导致的事实错误。

（三）书中少量与现行用法差异较大的字，诸如"的""地""得""象""那""做""作""功夫""措词""言词""致词""惟命是从""惟恐""勾心斗角""抹煞""成分""卤荤""希奇"等，因规范与统一要求，据《现代汉语词典（第七版）》中的汉字使用规范进行了修改。

（四）正文中，作者同时使用"国闻通讯社"和"国闻通信社"两种称谓，为保证行文统一，本次修订根据当年用法，将"国闻通讯社"统一改为"国闻通信社"。

（五）作者在书中使用的部分用语有其特定的表达方式和时代习惯，如"酬应"即应酬之意，"通信"即为"通讯"，"所以"在当时作为"之所以"用……本版均保留原貌，不予修改。

2022 年 8 月

图书在版编目（CIP）数据

报海旧闻 / 徐铸成著. —修订版. —上海：
上海三联书店，2022.9
（徐铸成作品）
ISBN 978-7-5426-7701-3

I. ①报… II. ①徐… III. ①报刊—新闻事业史—史
料—中国 IV. ①G219.29

中国版本图书馆CIP数据核字（2022）第044165号

报海旧闻（修订版）

著　者 / 徐铸成

责任编辑 / 朱静蔚
特约编辑 / 李志卿　齐英豪
书票插画 / 罗雪村
装帧设计 / 微言视觉 | 苗庆东　沈君凤
封面设计 / 要中 DESIGN WORKSHOP | 熊琼
监　制 / 姚军
责任校对 / 齐英豪

出版发行 / 上海三联书店
　　　　　（200030）中国上海市徐汇区漕溪北路331号中金国际广场A座6楼
邮购电话 / 021-22895540
印　刷 / 唐山楠萍印务有限公司

版　次 / 2022年9月第1版
印　次 / 2022年9月第1次印刷
开　本 / 889×1194　1/32
字　数 / 356千字
印　张 / 16.5
书　号 / ISBN 978-7-5426-7701-3 / G · 1634
定　价 / 89.00 元

敬启读者，如发现本书有印装质量问题，请与印刷厂联系022-69381996。